춘향전의 수용문화

황혜진

도서출판 월인

머리말

춘향전은 우리의 대표적인 고전이라고 한다. 그런데 왜 춘향전이 고전일까? 여기에 모은 논문들은 바로 이러한 질문에 대해 답을 찾는 과정의 산물이다.

필자는 고전문학을 공부하면서부터 춘향전과 사귀었다. 나는 춘향전을 제멋대로 오해하기도 하고 깊이 이해하려 애쓰기도 하며, 때로는 무심했다가 가끔은 혼자 짝사랑을 하는 등 다사다난한 사귐의 과정을 거쳤다.

아주 가까운 사람을 남에게 설명하는 경우 주저하게 된다. 볼 것 못 볼 것 다 봤는데 뭐가 그 사람의 실체이며 진실일까를 고민하게 되기 때문이다. 춘향전도 그렇다. 똑부러지게 춘향전은 이렇다고 할 만한 답을 찾기는 힘들다.

여기에 모은 논문들도 춘향전 자체를 연구하여 그 진면목과 진리를 드러내고 있지는 않다. 그러나 춘향전을 향유하고 다시 쓰고 새로 만드는 수용문화 속에서 춘향전은 그 존재의 빛을 드러낸다. 잠깐 동안 비치다가 이내 사라지고 마는 그 빛 속에 춘향전의 존재가 반짝인다.

이 연구물들은 그런 빛들을 담아내려고 하였다. 가까운 사람을 소개하자면 뭐라고 딱히 규정할 만한 답변은 못하지만 그 사람과 겪었던 일화가 오히려 그의 인간적 향기와 빛깔이 드러내주기도 한다. 춘향전의 수용문화에서 반짝이는 춘향전의 빛, 이것이 춘향전의 존재 진리이며 그 빛이 여전히 반짝이기에 춘향전은 고전이다.

1부의 「춘향전 개작 텍스트의 서사 변용」은 1997년에 쓴 석사학위논문이다. 10년이 지난 시점에서 이 논문을 다시 보니 참으로 부끄러운 말들이 많다. 그렇지만 이 글은 이어지는 연구들의 인식을 주도하는 관심들을 보여준다는 의미에서 실었다.

석사학위논문을 쓰고 나서, 나의 관심은 도대체 사람들은 왜 춘향전을 즐겨 듣고 읽고 보았던 것인가로 옮아갔다. 「춘향가 수용자의 즐거움」에서는 판소리 향유자들이 똑같은 이야기를 되풀이해 즐겼던 이유를 생각해 보았고, 「<광한루기> 비평의 취향과 소통」에서는 춘향전을 한문본으로 향유한 한 무리의 인간들이 춘향전을 즐기는 방식을 살폈다.

이후에는 좀더 적극적으로 춘향전을 '이용'하려고 했다. 석사학위논문에서는 누군가에 의해 만들어지는 전통문화를 의심스러운 것으로 보았다. 이후, 그 의심은 오히려 나도 전통문화에 참여할 수 있는 존재라는 자각으로 바뀌게 되었다. 「신재효본 춘향가의 은유적 표현」은 은유적 표현의 보고인 춘향전에서 가치 있는 전통을 구성해내려는 시도의 일환이다.

전통은 과거와 현재의 '대화'의 산물이다. 대화를 위한 공통의 '화제'로 생각해 본 것이 '낭만적 사랑'이다. 이를 매개로 현재 청소년들이 즐기는 순정만화와 춘향전의 사랑을 비교해 볼 수 있었다. 이로써 춘향전에 대한 나의 관심은 현재의 문화에 갈마들어 있는 춘향전의 속성을 발견, 재구해내는 영역으로 확장되었다고 할 수 있다.

마지막으로, 현재 지배적인 매체인 영화와 드라마에서 우리 시대의 춘향이 어떻게 살고 있는지를 살폈다. 이러한 맥락에서 고전적 리얼리즘에 충실한 드라마 <춘향전>과 판소리를 영상으로 옮기려는 새로운 형식 실험을 행한 임권택 감독의 <춘향뎐>을 비교 검토하였다.

춘향전은 판소리로, 창극으로, 연극으로, 소설로, 만화로, 영화로 계속 수용되고 창작될 것이다. 아직 춘향전의 수용은 진행 중이며, 춘향전의 의미도 완결되지 않았다. 이 책은 춘향전의 수용문화에 대한 잠정적인 결론을 담고 있다.

이 연구가 가능할 수 있게 해준, 춘향전을 읽고 새롭게 해석하며 자신의 해석을 덧붙인 텍스트를 생산하는 수많은 연구자들과 문화실천가들에 이 책을 헌정한다. 또, 내 석사학위논문을 읽으시고 원고지 30매 분량의 따끔한 비판을 해주셨던 돌아가신 할아버지, 내 모든 논문의 1차 독자가 되어 교정을 봐준 엔지니어 남편, 아직도 딸의 뒷바라지를 하느라 애쓰시는 부모님, 이기적인 며느리를 참고 견뎌주시는 시부모님, 엄마가 논문 쓴다고 하면 인터넷 게임을 하다가 자리를 비켜주는 딸에게 감사한다.

모교의 교수님들은 학문의 길로 나를 인도해주신 분들이다. 인간에 대한 관심과 교육에 대한 열정을 가르쳐주신 김대행 선생님, 학문적인 글쓰기와 문학적인 사유 방식을 지도해주신 우한용 선생님과 윤여탁 선생님, 학문하는 자세의 모범이 되신 故 김광해 선생님과 민현식 선생님, 고전문학을 전공하면 풍류생활이 가능할 것 같은 상상을 하게 해주신 이상익 선생님, 어디로 튈지 모르는 분방한 관심을 교육으로 다잡아주신 윤희원 선생님.

지도교수이신 김종철 선생님께는 특별한 고마움을 표하고 싶다. 선생님은 나에게 생각하는 법, 글을 읽고 쓰는 법, 학문하는 법, 일하는 법, 사는 법을 일깨워 주신 살아있는 '고전'이시다.

가족들이 베푸는 최상의 배려와 선생님들의 훌륭한 지도를 받았음에도 이 책에서 저지른 실수와 잘못은 오로지 불초(不肖)한 필자의 탓이다. 부족한 글을 묶어 책으로 낸답시고 지가(紙價)를 올리는 것을 비롯, 환경 파괴에 일조한 죄 또한 크다. 이 모든 잘못에도 불구하고 이 책이 이 시대 못난 연구자가 춘향전과 춘향전 문화를 일궈온 사람들에게 바치는 오마주가 되길 바란다.

마지막으로, 이 책의 산파 역할을 해주신 월인 출판사의 박성복 사장님을 비롯하여, 최형필 상무님, 편집을 맡아주신 전명희 선생님, 디자인을 해주신 최고은 선생님께도 감사드린다. 초고를 받아든 날, 단오날 그네 뛰던 춘향이 보았음직한 잔꽃들이 책날개에 펼쳐졌던 감동은 오래도록 남을 것이다. 그러한 감각을 갖춘 전명희 선생님의 정성에 대한 고마움과 함께 말이다.

2007년 7월

황혜진 씀

목 차

2부: 춘향전 즐기기

춘향가 수용자의 즐거움

〈광한루기〉 비평의 취향과 소통

3부: 춘향전과 관계 엮기

신재효본 춘향가의 은유적 표현

춘향전과 순정만화를 통해 본 '낭만적 사랑'의 형성과 변화

4부: 춘향전 만들기

드라마 〈춘향전〉과 영화 〈춘향뎐〉의 비교

1부: 춘향전 다시 쓰기

춘향전 개작 텍스트의 서사 변용

1. 서론

1) 문제 제기

춘향전은 대표적인 고전으로 꼽히는 텍스트이다. 그러나 어떤 이본의 춘향전을 교육적으로 읽힐 것인가에 대해서는 논란이 있어 왔다.[1)] 각 시대마다 '어떤 춘향전이 원본인가'라는 문제가 제기되었고, 새로운 이본이 발견됨에 따라 '가장 우수한 춘향전'이라고 선택되는 대상은 달라지기도 하였다. 이처럼 교육적 대상으로서의 '원본' 확정이 상황 의

---

1) 김동욱은 <남원고사>를 발굴하여 소개하면서, 민중문학으로서 최고 걸작인 이 춘향전은 19세기에 이루어진 것이 확실하며, 자수로 보아 10만자 정도이므로 '춘향전 가운데서 웅편'이라고 하였다. 그는 이런 발굴을 계기로 '지금까지의 춘향전 연구를 반성하고 춘향문학을 다시 열어야 한다'고 주장하였다(김동욱 외, 「춘향전 비교 연구」, 삼영사, 1979, 6면). 박희병은 김동욱의 의견에 동조하여, 완판 84장본 중심의 춘향전 연구 태도를 비판하였다. 그에 따르면, 84장본을 텍스트로 하여 춘향전상을 정립할 경우, 일반적인 춘향전상에서 이탈할 위험이 대단히 크다고 한다(박희병, 「춘향전의 역사적 성격 분석」, 『춘향전 어떻게 읽을 것인가』, 서광학술자료사, 1993, 78면). 한편, 김종철은 완판 84장본이 이해조가 정리한 <옥중화>와 함께 판소리의 구비전승이 시대의 추이에 조응하여 이루어낸 일정한 도달점에서 특정한 작가와 결부되어 이루어진 것으로 평가하며 교육 정전으로서 가치를 밝힌 바 있다(김종철, 「<춘향전> 교육의 시각(1)」, 『고전문학과 교육』 1, 청관고전문학회(한국고전문학교육학회), 1999).

존적일 뿐만 아니라 춘향전이 지니는 가치 또한 시대와 평자에 따라 달리 조명되었다.2)

적층문학인 춘향전에 대하여 '가장 우수한 춘향전'을 찾으려는 노력은 모든 시대와 문화에서 수용될 수 있는 춘향전의 위대한 진리나 보편적 문학성이 확고하게 존재한다는 가정 아래 이루어지는 것이다. 만약 공자와 소크라테스 이래로 인간은 언제 어디서나 동일하고, 고전에 모든 인류의 지혜와 인류 문화의 정수가 담겨져 있다면, 춘향전의 의미와 해석은 고정될 수 있을 것이며, 따라서 고전 텍스트3)와 현대인의 만남과 대화는 수월하게 이루어질 수 있을 것이다.

그러나 "수신자의 언어능력이 반드시 발신자의 언어능력4)과 동일하

---

2) "신흥계급의 승리를 대변하는 봉건 시대의 걸작"(김태준, 1939) "춘향이 근대 사회의 인간형인 게젤샤프트적 인간으로 부각되고 있다는 점에서 높이 평가받을 수 있다."(이상택, 1966)
"표면적 주제와 이면적 주제의 공존과 대립을 통해 신분적 제약과 인간적 해방의 갈등을 여주면서 인간적 해방을 주장한 작품"(조동일, 1970)
"희극적 구조의 제특징을 구비한 가장 관습화된 대중 문학"(김병국, 1974)
"조선 봉건 사회 해체기, 곧 17세기 후반으로부터 19세기에 걸친 역사적 전환기에 있어서 민중의 현실 인식과 이상을 반영하고 있는 작품"(박희병, 1985)
"우리 민족의 영원한 고전으로 아로새겨질 수 있게 된 문예미의 바탕은 서사 구조의 탁월성과 문체의 다양함에 있다"(설성경, 1990)

3) '고전'(classic)이란 종종 "고유의 탁월한 성질 덕분에 문학사에서 오랫동안 널리 공인되는 위치를 차지하고 있는 최상급 작품"(이상옥, 「고전문학연구의 효용성」, 『고전 활성화 방안 연구』, 서울대 인문과학연구소, 1993)이라는 가치 평가가 함축된 채 쓰인다. 그러나 본고에서는 근대 이전의 문학 텍스트를 지칭하는 의미로 '고전'을 사용하겠다. 그리고 '텍스트'란 "의미가 생산되며, 생산적인 의미화 실천이 행해지는 장소(locus)이다. 텍스트란 단순히 하나의 의사소통적 장치만은 아니며, 종전의 의미화 체계들에 대해 질문하고, 그것들을 새롭게 하며, 또 어떤 때는 그것들을 파괴해 버리기도 하는 하나의 기법"(U. Eco, 『기호학과 언어철학』(서우석, 전지호 역), 청하, 1987, 46면)이라는 기호학적인 관점에서 사용하겠다.

4) 여기서 말하는 언어능력이란 촘스키류의 추상적인 언어능력을 말하는 것이 아니라 상황적 요인, 사회적 요인까지 포함하는 코드의 활용 능력을 포함하는 개념이다. 촘스키는 언어능력을 문법적으로 완벽한 문장들을 자유롭게 연결시킬 수 있는 이상적 화자의 능력이란 의미에서 사용하였다. 그러나 부르디외는 이와 같은 언어능력의 추상적인 용법을 비판하면서, 언어능력이 활용 능력을 포괄할 것을 주장한다. 활용 능력을 이용하여 화자는 다양하게 기능하면서 암묵적으로 화자들 간의 권력 관계에 의해 조정된 전략들을 이해하고 그 전략을 사용하여 표현할 수 있다.

지 않다."는 화용론적 입장에서 볼 때, 고전 텍스트에서 요구하는 언어 능력과 수용자인 당대인의 언어능력이 다른 이상, 문학 텍스트에 대하여 '올바른' 해석을 확정하고, 고정된 가치를 규정하여, 이를 교육적인 입장에서 '민족 문학의 유산'으로 전수한다는 가정은 반성되어야 할 것이다. 물론 당대의 합의되는 가치에 따라 고전(classic)이 설정되는 것 자체가 무의미하다는 것은 아니다. 그러나 이런 과정에서 전통에 대한 반성, 즉 고전에 대한 가치를 주입식으로 가르치는 교육 과정에 대한 반성적 인식관심이 필요하다는 것이다.[5)]

영원히 불변하는 가치의 담지체로 제시되는 고전에 대하여 학습 주체는 수동적으로 텍스트에 내재하는 가치를 추출해 내는 것과 같은 활동만을 할 수 있을 뿐이다. 그러나 과거에 대한 이해는 항상 현재적인 이해와 연결되어 있으며, 학습 주체가 과거의 문학 텍스트를 대하는 과정은 단순히 과거 의미의 복원이 아니라 과거와 현재의 대화여야 한다는 관점을 가질 때, 학습 주체의 수동성을 비판할 수 있다. 학습 주체는 대화적인 관계로 과거의 문학 텍스트를 접하여 현재성과 과거성을 동시에 의식할 수 있을 때, 과거에 대한 이해를 바탕으로 현재의 문화 형성에 주체적으로 참여할 수 있을 것이다.

문학 텍스트가 경전이 아닌 이상, 인간의 구체적인 삶 외부에 영구적인 보편적 가치를 지닌 것으로 존재할 수 없다. 텍스트의 진리치는 인간 상황의 역사적 변화와 다양하게 관련되어 있으며, 고전 텍스트는 어쩔 수 없이 그것을 수용하는 당대의 기대 지평 안에서 잠정적이고 미확정적인 것으로 해석된다. 따라서 모든 문학 텍스트는 무의식적이긴 하

P. 부르디외, 『상징폭력과 문화재생산』(정일준 편역), 새물결, 1995, 52~53면.

5) 하버마스는 삶에서 비롯된 관심이 인식을 이끈다고 주장하며 인식을 이끄는 관심을 '인식주도적 관심'이라고 한다. 학문들은 인식을 주도하는 관심들에 대해 반성하려 하지 않고 자신들의 원칙을 확신하면서 실제로 학문을 이끄는 근본적인 관심을 간과하게 된다. 그러나 비판적 학문은 반성을 통해 학문을 주도하는 인식관심을 알게 된다.
이구슬, 「전통과 비판: 가다머와 하버마스의 해석학 논쟁」, 서울대 박사학위논문, 1993 참조.

지만 그것을 읽는 사회에 의해 다시 쓰여진다고 할 수 있다. 즉, 우리는 항상 어느 정도로는 우리의 관심사에 비추어 문학 작품들을 해석하고 수용한다는 것이다.

물론 우리는 한 문학 텍스트와 많은 관심사를 공유하고 있을 수 있다. 그러나 사람들은 자신들의 생각과는 달리 실제적으로 '동일한' 작품을 두고 평가를 내리고 있는 것이 결코 아닐 수 있다. '우리의' 춘향전은 조선 후기의 춘향전, 개화기의 춘향전과 같지 않다는 것이다. 서로 다른 역사 시기들은 그 목적에 맞추어 '서로 다른' 춘향전을 만들어 냈으며, 그 텍스트들 속에서 반드시 동일한 것들은 아니지만 높게 평가할 혹은 낮게 평가할 요소들을 찾아냈다.6)

춘향전은 시대적으로 상대적인 가치 평가가 행해질 뿐만 아니라 실제로 창작 텍스트의 형식으로 변형된다. 춘향전은 문학 텍스트의 역사적인 수용 상황을 보여 주고 있는 대표적인 텍스트라고 할 수 있다. 모든 문학 텍스트가 다른 시간과 공간의 수용자에 의해 '다시 쓰여진다'는 운명을 피할 수 없지만, 춘향전의 경우에는 생산적 읽기까지 포괄하는 비유적인 쓰여짐을 넘어서 문학 텍스트의 형태로 지속적으로 생성되기 때문에 대표성을 갖는다.

이렇게 과거의 텍스트를 참조로 한 춘향전의 개작은 상호텍스트성의 산물이다. 상호텍스트적인 관점에서 개작은 이전의 춘향전 텍스트를 읽는 것이며, 다른 춘향전 텍스트에 몰입하고 자기 응답을 하는 것이 된다.7) 이러한 관점에서 춘향전 개작은 과거의 춘향전 텍스트와 개작자

---

6) T. 이글턴, 『문학이론입문』(김명환 외 역), 창작과비평사, 1994, 22면.

7) 이와 같은 상호텍스트성에 대한 고찰은 크리스테바의 연구에서 찾아볼 수 있다. 크리스테바는 바흐친에 대해 완전무결한 실체로서 존재하는 문학 텍스트를 정적으로 분석하는 모형에서 다른 구조와의 관계에서 생성되는 모형으로 대체한 최초의 사람이라고 평가하면서, 상호텍스트성의 대화적 성격에 의의를 부여한다. "구조주의에 동적인 차원을 허용하는 것은 하나의 요점(하나의 고정된 의미)이 아니라 텍스트 표면들의 교차로서, 여러 글 사이의 하나의 대화로서, 즉 작가와 청중(혹은 인물), 그리고 당대나 이전의 문화적 상황의 대화로서 바흐친의 '문학적인 말'의 개념이었다."

간의 대화의 산물이라고 이해할 수 있다.

이 연구는 적극적인 수용자로 자신의 수용 텍스트를 또 하나의 창작 텍스트로 만드는 행위자의 실천, 즉 읽기에 대한 상호텍스트적인 응답으로서의 개작 텍스트[8]의 생산에 주목한다. 개작 텍스트의 생산은 고전인 '타자'를 의미 있게 만드는 실천 중의 하나로, 창작 행위인 동시에 당대의 고전에 대한 태도가 드러나는 비평 행위이기도 하다. 따라서 고전을 다시 쓴 텍스트를 통하여, 고전인 '타자'에 대한 당대적이고 이데올로기적인 이해와 해석을 발견할 수 있다.

춘향전 개작 텍스트는 선행텍스트를 수용하는 동시에 변형한다. 이렇게 생성된 춘향전 개작 텍스트는 현재적 관점에서 변형시키는 개작 행위자의 지평이 작용한다는 의미에서 당대적이며, 변형의 방식 속에 개작 행위자의 실천이 개입한다는 의미에서 이데올로기적이다. 이렇게 당대의 사회문화적 지평에서 사회적 행위자의 이데올로기에 따라 달라지는 춘향전의 개작 활동은 춘향전 수용의 역사를 보여준다.

그러므로 춘향전이 역사적으로 어떻게 이해되고 재생산되었는가를 보여주는 것은 수용사적인 연구가 될 것이며, 이를 통해 야우스가 말하는 수용의 생산성을 구체적으로 드러낼 수 있다. 야우스는 문학적 텍스트란 이미 주어진 답변을 동반한 물음들을 우리에게 설정해야 하는 교리 문답서가 아니라고 하면서 "문학적 텍스트는 일종의 대화적 이해의 보다 자유로운 유희 공간에, 그 안에서 질문과 답변의 중재적인 지평에서 아직은 '현시되지 아니한' 의미가 수용을 거쳐 가는 과정에서 계속 구체화되는, 그러한 유희 공간에 놓여 있다."[9]고 하였다. 이렇게 문학 텍스트가 수용자와 대화적 관계를 가질 때, 해석적 이해란 재생산적인 것일 뿐만 아니라 생산적인 계기를 포함하게 된다.

J. 크리스테바, 「말, 대화 그리고 소설」(여홍상 역), 『바흐친과 문학이론』(여홍상 편), 문학과지성사, 1997, 235면.

8) 이본과 개작간의 본질적인 차이는 없으나, 본고에서는 개화기 이후, 전문 작가에 의해 생산된 텍스트를 개작 텍스트라고 하겠다.

9) H. R. 야우스, 『도전으로서의 문학사』(장영태 역), 문학과지성사, 1983, 308~309면.

야우스가 수용의 생산성을 부각시키고 있으나 여전히 그가 기반하고 있는 틀은 생산과 수용의 이분법이다. 이에 대해 지마는 "생산과 수용을 소통적인 그물망으로 포섭"10)해야 한다는 주장을 하면서, 야우스의 이분법을 비판하였다. 지마는, 수용은 의미를 출발시키는 생산 과정에 대한 이해 없이는 이루어질 수 없으며, 텍스트가 설정한 맥락과 텍스트의 구조에 대한 인식은 수용을 구체적으로 이해하기 위한 기본 조건이라고 강조한다. 본고는 이와 같은 관점에 동의하면서, 생산과 수용의 이분법을 넘어 수용자로서 생산자, 생산자로서 수용자라는 이중적인 지위를 지닌 개작자의 역할에 주목함으로써 생산의 수용성, 수용의 생산성을 포괄적으로 드러내려 한다.

야우스가 말하는 '지평'은 당대인에게 필연적으로 주어진 선험적인 것인 동시에 행위자에 의해 변화시킬 수 있는 구성물이기도 하다. 춘향전은 다시 쓰이고 읽히면서 지평의 영향을 받는 동시에 새롭게 지평을 형성하기도 하였다. 그러나 야우스가 말하는 지평은 사회학적 토대를 결여한 단순히 문학적인 기대 지평일 뿐이다. 이에 대해 문학 외적 요소를 포함하는 사회학적 지평이 되어야 한다는 주장이 가능하다.11)

지평의 개념이 과거와 현재의 상호텍스트적인 대화의 결과인 지평의 융합을 설명하는 데는 유용하게 쓰일 수 있는 장점이 있지만, 통일된 하나의 문화와 추상화된 수용자 일반을 의미하는 경향이 있기에 사회학적 관점에서 비판이 되는 것이다.12) 특히, 문화란 한 시대에 하나만

---

10) P. V. 지마, 『문예미학』(허창운 역), 을유문화사, 1997, 308면.

11) 야우스 자신도 '기대 지평'이 문학 내적 요소에 밀착되어 있음을 부인하지 않았다. "나의 '기대 지평'이라는 개념의 도입에는 문학 내적인 유래가 아직도 밀착되어 있고, 어느 특정한 문학적 공공성의 심미적 규범은 사회학적으로 여러 집단, 계층 혹은 계급들의 기대 차원으로 분류될 수 있으며, 또한 이것을 제약하고 있는 역사적 및 경제적 상황의 관심과 필요성에 비추어서도 되돌려 연관될 수 있으며 또 그렇게 되어야만 한다."
H. R. 야우스, 위의 책, 320면.

12) 야우스에 대해 "그렇게 정력적인 힘을 지니고 문학 과정을 관장하는 독자가 도대체 구체적으로 어떤 독자인지가 불분명하다. 그에게는 문학의 수용자라는 속성만을 지닌 독자 일반이 존재할 뿐"이라 비판하면서 수용자의 차별화를 주장하는 독

존재하는 것은 아니기에 하나의 지배적인 문화를 무비판적으로 가정하는 '지평 융합' 혹은 '과거와 현재와의 대화'는 문제적 개념이 된다.[13] 이 연구도 이러한 해석학에 대한 비판적인 입장에 동의한다. 문화란 결코 단일한 과정이 아니어서 정태적인 지평의 설정이란 의미가 없으며, 가다머가 행하고 있듯이 '전통'이라는 끈으로 과거와 현재를 단순히 묶어 낼 수도 없다.

이와 같은 관점에서 이 연구는 수용 미학에서 과거의 문학 텍스트에 대한 이해가 현재에 의해서 영향을 받는다는 관점만을 취하며, 가다머가 상정한, 이성으로 논증될 수 없는 정당성을 지니는 전통이라는 생각과 문학 텍스트가 유기적 통일체를 이룬다는 가정은 수용하지 않는다. 그리고 이 연구에서는 한 시대의 지평은 결코 하나가 아니며, 행위자의 이데올로기적 실천에 의해 변형이 가능한 대상이라는 의미로 이해할 것이다. 그럼으로써 '과거와 현재와의 대화'라는 해석학의 추상적인 구도는 사회적으로 특수한 이데올로기적 입장에서 전통을 전유하는 것으로 이해될 수 있을 것이다.

개작자들이 어떤 이데올로기를 바탕으로 어떤 형식의 변화를 통해 어떻게 새로운 의미를 창출했는지를 살피는 것은, 지평의 융합을 통하여 고전 문학이라는 '타자'를 의미 있게 하는 작업으로 구체적으로 제시될 수 있으며, 이는 고전을 해석하여 현대적 의미를 덧붙이는 연구의 경향과는 달리, 각 시대의 문화적인 구조 안에서 고전에 대한 의미화 실천 작업을 구체적으로 가시화해 준다는 점에서 문학교육 연구에 새로운 가능성을 제시할 수 있다.

서 사회학의 연구도 이런 문제점에서 기인한다.
P. V. 지마, 위의 책, 309면.

13) 해석학에서 설정하는 대화의 상황은 이데올로기의 문제를 거부하는 경향이 있기에 비판을 받기도 한다. 이글턴은 "인간 역사의 끝없는 대화가 때때로 권력을 가진 자들이 권력이 없는 사람들에게 하는 독백이라는 사실, 혹은 그것이 실제 대화라 하더라도 그 당사자들(예를 들면 남자와 여자)이 동등한 위치를 갖지 않는다는 사실과는 타협할 수가 없다"고 지적한다.
T. 이글턴, 위의 책, 95면.

고전이 생산되고 수용되는 과정에 대한 이해를 통하여 학습 주체는 고전 문학을 골동품화되고, 형이상학적인 것으로 접하여 결국 전통에 매몰되는 것이 아니라 진행되고 있는 의미 형성 과정을 파악하고, 그 과정에 행위자로서 참여할 수 있는 능동적인 주체로서 형성될 수 있을 것이다.

2) 연구사 및 연구 방법

춘향전은 광대로 대표되는 서민 예능집단이 다양한 근원 설화를 바탕으로 이 도령과 춘향의 이야기를 만들고, 그것을 놀이판에서 판소리 춘향가로 부르면서 형성되었다. 정확한 시기를 확정할 수는 없지만 춘향가가 판소리 광대에 의해 연행되기 시작한 것은 대체로 숙종 말 영조 초로 추정된다. 후대에 내려오면서 춘향가는 판소리 광대의 노력으로 성장하여 18세기 중기 이후에 어전이나 여항부호를 비롯하여 일부 양반층의 관심을 끌었고, 특히 19세기 들어와서 양반층과 왕실까지 수용자가 확장되면서 다양한 수용자의 요구를 충족시키는 방향으로 변형을 겪게 된다.

춘향가가 확장 · 발전하면서 서로 다른 개성적인 유파가 형성되었고, 춘향가의 세계는 그만큼 다양해졌다. 한편, 춘향 이야기는 소리판에만 머물지 않고 감상층의 욕구를 만족시키려는 노력으로 소설로 정착되기도 하였다.[14] 춘향전의 장르와 매체의 전환은 현대에도 이어져, 창극, 마당극, 영화 등으로 형성되기도 하였다. 이러한 수용자의 확산 과정을 통하여 춘향전은 계층과 역사를 초월한 '국민문학'이라는 평가를 받기도 한다.[15]

---

14) 이와 같이 판소리가 판소리계 소설로 이어지는 과정은 김동욱의 '근원설화→판소리→대본으로서의 정착→서민소설'이라는 판소리선행설에 바탕을 둔다.
임동철, 「판소리와 판소리계 소설의 선후문제」, 『한국문학사의 쟁점』(장덕순 외), 집문당, 1990.

15) 김석배, 「춘향전 이본의 생성과 변모양상 연구」, 경북대 박사학위논문, 1992, 3면.

그러나 많이 생산되고 계속 향유되었다고 하여 춘향전을 '국민문학'이라고 규정할 때, '국민'이란 추상적 수용자의 속성으로 인하여, 다양한 수용자가 향유하였던 춘향전의 차이가 소홀히 다루어질 수 있다. '국민문학'이란 것은 가상적인 통일체로서 춘향전의 변형이 보여준 사회적인 다양한 의미화 실천을 은폐시키는 효과를 갖는다.[16) 춘향전은 '국민문학'으로 추상될 수 있는 하나의 동질적인 작품이 아니라 차이를 가진 텍스트의 집합으로 존재하는 것이다.

춘향전의 등장인물의 신분과 이름만 하더라도, 한시체의 晩華本을 보면 춘향은 기생으로 되어 있고, 경판본에는 본읍 기생에다가 성이 안씨이며, 완판본에 와서는 성참판의 서녀로 설정되어 있다. 이 도령 또한 경판에는 이등의 아들 이령, 이고본엔 이한규의 아들 이 도령, 완판에는 남원 부사의 아들 이몽룡 등등 다양하게 나타난다.[17) 김동욱의 지적대로 "본문은 플롯을 공유하고 있을 뿐 그 사설이 각이한"[18) 것이다.

판본간의 이런 혼란은 서지학적 검토 및 문학사적 관찰에 의해, 대체로 합의되는 '설화→판소리→소설'이라는 양식의 변천과 계통 분류로 정리되기도 하였다. 그러나 춘향전은 80여 편에 이르는 이본이 현존하고 있을 뿐 아니라 현대에 이르러서도 계속적인 개작이 이루어지고 있다. 판소리, 구전설화, 소설, 드라마, 영화, 창극, 마당극 등으로 형상화되는 춘향전은 다양한 매체를 통한 문화적 실천의 소재이기도 하다.

이러한 현대적인 변형과정은 본격적인 연구가 이루어지지 않았으며, 춘향전 이본의 연구도 <옥중화> 이후의 춘향전에 대해서는 거의 다루

---

16) 국민문학에 대한 비판에 대해서는 정채찬의 논의를 참조할 수 있다. 정재찬은 국민문학에 대해 "국민 공동체의 이상이 제도화 된 것이고 이를 학교제도와 같이 국가가 소유하고 있는 구체적인 물질적 차원을 통해서 전수하는 것 또한 국민적 합의"라고 하여 학교 교육이라는 이데올로기적 국가기구가 특정한 가치를 지닌 텍스트를 국민문학으로 내세워 정전을 구성하고 있음을 밝혔다. 정재찬, 「사회문화적 맥락 중심의 문학교육과정 내용체계」, 『문학 영역 교육과정 체계화 연구』, 서울대 국어교육연구소, 1996.

17) 김흥규, 「춘향–천의 얼굴」, 『춘향전 어떻게 읽을것인가』, 신영출판사, 1993, 257면.

18) 김동욱 외, 『춘향전 비교 연구』, 삼영사, 1979, 14면.

지 않는다. 이본 비교를 통해 춘향전 연구를 심화한 김동욱도 신소설 이전의 춘향전만을 연구 대상으로 한정하였다. 그는 현대 문학으로서의 춘향전을 "서민문학의 한 보람으로 귀중한 유산이기는 하나 이는 현대 문학의 발전하고 있는 과정에서 고전 문학의 이식이며 재생이라고 보겠는데, 조잡한 목판이나 사본에서 내풍기는 옛스런 맛을 서민문학의 본령으로 하는 의도에서 제외"[19]시킨다. 이렇게 춘향전 연구를 과거에만 한정하는 것은 현재와 과거를 단절시키는 효과를 가져오며, 현재에 이르러서도 계속해서 변형이 이루어지는 춘향전의 적층문학적인 속성을 무시하는 것이라 비판할 수 있다.

이 연구가 대상으로 하고 있는 텍스트는 이해조의 <옥중화>(1912), 이광수의 <일설춘향전>(1924~1925), 최인훈의 <춘향뎐>(1967)이다. 이렇게 연구의 대상을 설정한 이유는 각각 신소설, 근대소설, 현대소설로서 춘향전의 통시적 변화를 보여줄 수 있기 때문이다. 그리고 이 텍스트들은 매체 변형이 이루어지지 않아 같은 분석 도구의 활용으로 비교가 용이하다는 점도 고려되었다.[20]

텍스트의 차이를 만드는 변형에서 살펴봐야 할 것은 '무엇이 어떻게 바뀌었으며, 어떤 행위자가 왜 그렇게 하였는가'이다. 먼저 서사 변형의 양상을 살피기 위하여 춘향전의 이본과 개작간의 상호텍스트적인 관계를 살피는 것이 요청된다. 개작 춘향전은 다른 춘향전 텍스트들을 특정한 사회적 동기에 의해 변형하고 가공한 결과물이다. 따라서 각 개작 춘향전에 대한 적합한 이해를 위해서는 각 텍스트간의 대화적인 관계

---

19) 김동욱, 『춘향전연구』, 연세대출판부, 1995, 71면.

20) 텔레비전, 영화, 연극, 판소리 등의 매체로 전달되는 춘향전을 비교하려면, 매체의 '언어'에 대한 연구가 선행되어야 한다. 매체의 형식 자체도 의미를 변화시키기 때문에, 단순히 시나리오, 대본 등에 의존하여 춘향전의 내용만을 문제 삼는 분석은 한계가 있다. TV를 연구하는 피스크와 하틀리의 발언에서도 매체의 특수한 형식에 따라 특수한 분석 방법이 필요함을 확인할 수 있다. "모든 매체는 그 자체의 독특한 특징들을 가지고 있다. …(중략)… TV 텍스트를 문학 텍스트처럼 해독하겠다는 시도는 실패할 수밖에 없다." J. 피스크 & J. 하틀리, 『TV읽기』(이익성, 이은호 역), 현대미학사, 1994, 19면.

를 고려해야 한다.

그런데 개작 춘향전의 상호텍스트성은 어떤 구성 요소가 어느 이본으로부터 차용된 것인지 입증하는 것만으로는 밝혀지지 않을 것이다. 오직 인용문만이 상호텍스트성의 증거로 간주되는 이런 경험주의적 접근은 개작 텍스트의 의미와 관련된 구조적 맥락을 시야에서 사라지게 할 위험이 있다. 개작 텍스트의 생산자는 단순히 춘향전의 이본에서 개별 단어나 문장 혹은 특정한 단락에만 반응하는 것이 아니라 자신이 처한 사회언어적 상황 속에서 자신의 입장과 관련되는 의미론적, 서술적 구조에 대응하게 마련이다.21)

그리고 개작 연구에서 반드시 포함되어야 할 것은 상호텍스트성에 대한 해명 못지않게 사회적인 행위자와 사회적 조건이다. 텍스트와 텍스트는 특정한 사회적 상황 안에서 관계를 맺는다. 따라서 어떤 행위자가 어떤 사회적 조건에서 무엇을 목적으로 춘향전을 변형시켰는지에 대해 고찰해 보는 과정이 있어야 한다.22)

사회적 조건과 행위자라는 콘텍스트는 단지 춘향전 텍스트의 배경으로만 다루어져서는 안 된다. 그래서 이 연구는 텍스트에 대한 형식적 관심과 역사적인 관심들은 대립된 것이 아니라 분리될 수 없는 것이라는 신역사주의의 관점23)을 수용하여, 역사주의와 형식주의를 온전히

21) P. V. 지마, 『이데올로기와 이론』(허창운 외 역), 문학과지성사, 1996, 408면.

22) 이렇게 이 연구는 행위자와 사회적 조건이 의미를 형성하는 기본적인 출발점이 된다는 입장을 견지함으로써, 의미란 단지 담론의 효과이며, 모든 언어가 불가피하게 수사적이라고 보는 담론 분석의 관점과 거리를 두고자 한다. 담론 분석은, 의미가 외부 세계의 대상이나 개인의 내적인 본성과 감정으로부터 생긴다는 가정 아래 이루어지는 기존의 분석 방식에 대한 비판적인 지적 조류로, 의미작용이 외부 세계와 개인의 속성이 아니라 언어의 속성이라는 점을 강조하며, 의미는 의미작용(signification)의 결과물일 뿐임을 주장한다(J. 하틀리 외, 『비판커뮤니케이션과 문화이론』(박명진 외 편역), 나남, 1989, 78면). 그러나 의미는 안정적인 언어생산물의 속성인 동시에 다양한 생산 및 수용 조건과 사회적 상황에 의해 제약되는 다차원적이고 유동적인 현상이다. 따라서 의미가 생산되는 사회 역사적 조건들과 의미가 수용되는 현실적인 조건을 검토해야만 한다.

23) "문화 연구에서 나타나는 역사에 대한 탈구조주의적인 지향은 교차배열법으로 텍스트의 역사성과 역사의 텍스트성에 대한 상호 관심으로 특징 지워진다."

결합시킬 수 있게 하는 데 도움을 받고자 하였다.

이 연구는 문학 텍스트는 특수한 역사 시기에서 의미와 형식을 통해 문화에 물질적으로 개입하는 실천이자 사회적인 '사건'이라는, 형식과 역사에 대한 통합적 인식을 바탕으로 한다. 이런 관점에서 개작 춘향전의 상호텍스트적 서사 변형을 고찰할 때 텍스트와 텍스트간의 비교 분석과 더불어 텍스트와 텍스트가 서로 관련될 수 있게 한 사회적 환경과 이데올로기 분석을 함께 행할 필요가 있다.

이하의 서술에서는 이 연구의 개요를 정리해 보도록 하겠다.

Ⅱ장에서는 먼저 상호텍스트적인 개작 텍스트 생산을 분석하기 위한 예비적인 고찰로서 서사 변형의 대화적 원리를 밝히고, 상호텍스트적 서사 변형의 전제가 되는 선행텍스트로서 완판 84본 <열녀춘향수절가>의 서사 구성을 분석할 것이다. 이 텍스트는 개작자들에게 읽힐 수 있는 잠재적 가능성의 풍부한 자질을 함의하는 것으로서 의미가 있다.

Ⅲ장에서는 개작 텍스트가 Ⅱ장에서 분석한 완판본의 가능성의 구조를 기초로 의미화 실천을 행하였을 때, 상호텍스트적인 서사 변형을 통해서 어떤 가능성을 열고 어떤 가능성을 닫았는지, 혹은 어떤 새로운 가능성을 현실화하였는지를 텍스트 내적인 담론 층위, 구성 층위, 의미 층위에서 각각 분석해 볼 것이다.

Ⅳ장에서는 이런 서사 형식의 변화가 어떤 사회문화적인 조건에서 비롯된 것이며, 개작 텍스트가 당대의 문화에 개입하는 이데올로기적인 실천으로서 어떤 의의가 있었는지에 대하여 개작자들에게 춘향전을 다시 읽게 만드는 텍스트 외적인 사회적 조건과 개작자들이 생산한 텍스트의 내적인 효과라는 두 접근 방향에서 개작 텍스트의 이데올로기성을 밝힐 것이다.

Ⅴ장에서는 이상의 논의를 바탕으로, 수용자들에게 끊임없이 다시 읽히고 새로 쓰여지는 텍스트인 춘향전이 수용자와의 대화가능성을 열

F. 렌트리키아 외, 『신역사주의론』(김옥수 역), 한신문화사, 1994 참조.

어 놓는 '관계적 가치'를 지닌 고전이라는 점을 확인하고, 교육적 입장에서 통시적인 춘향전의 서사 형식의 변형 과정이 줄 수 있는 시사를 검토하겠다.

2. 개작 춘향전 생성의 원리

1) 서사 변형의 대화적 성격

서사란 문화 속에서 광범위하고 다양한 형식들로 나타날 뿐 아니라 모든 시대, 모든 문화에서 인간 역사의 시초에서부터 존재했던 것으로 문화적으로 보편적인 것이다. 그처럼 서사는 언제나 삶 자체만큼 자연스러운 것으로 출현해 왔다.[24] 인간의 삶이 바뀌는 역사적인 상황에서 그 당대의 삶에 '자연스러운' 서사의 형식 또한 바뀌게 마련이다. 왜냐하면, 서사란 당대인이 지속되는 시간의 흐름 속에 경험 세계를 이해하는 한 방식 중의 하나이기 때문이다.[25]

사회문화사의 입장에서 보았을 때, 각 시대의 서사 형식도 당대 인간들이 세상을 파악하는 문화의 '정신적 도구'[26]로 당대에 특수한 것이며,

---

24) R. 바르뜨, 「이야기의 구조 분석 입문」, 『구조주의와 문학비평』(김치수 편저), 홍성사, 1980, 91면.

25) "지속되는 시간의 흐름 위에서 자신의 삶을 영위해 나아가는 인간은 시간을 서사화함으로써 인식할 수 있게 된다. 즉, 인간은 논리적이든 경험적이든 원인과 결과, 시작과 끝을 갖는 것으로 시간 속에 존재하는 경험 세계의 대상을 인식하는 것이다." 김상욱, 「소설 담론의 이데올로기 분석 방법 연구」, 서울대 박사학위논문, 1996, 1면.

26) "모든 문화는 제 나름대로 정신적 도구를 가지고 있다. 같은 문화의 각 시대라도 각 문화의 성격을 규정하는 기술적이거나 과학적 발전단계마다 새로워진 도구가 있게 마련이다. …(중략)… 이러한 문화, 이러한 시대가 그 뒤를 잇는 문화나 시대에 완전히 이전해줄 수 없는 것이 바로 정신적 도구이다. 그것은 훼손되거나 퇴행하고, 상당히 변형될 수도 있다. 아니면 그 반대로 발전하고, 풍부해지며, 새로 보충되기도 한다. 그것을 만들 수 있는 문화만이 그것을 누릴 자격이 있다. 그것을 사용하는 시대만이 그것을 누릴 수 있다. 그것은 영원히 존재하지 않고 인간성에 관계되지 않으며, 그렇다고 해서 문화의 내적 발전의 과정과 관계된 것도 아니다."

그것을 사용하는 시대만이 그것을 누릴 수 있다. 이렇게 각 시대와 문화에 따라 세상을 이해하는 방식이 다름을 전제로 할 때, 이해의 방식을 드러내는 재현의 양식은 시대적으로 결정된 특수한 것으로 볼 수 있다.

텍스트들은 역사적 문화적으로 특수한 절차와 구조를 통해서만 의미를 생산한다. 각 시대의 춘향전도 역사적이며 특수한 형식으로 다시 쓰여졌다. 즉, 개별 춘향전의 서사 형식은 각 시대의 사회문화적인 조건과 글쓰기 관습 안에서 선택할 수 있는 서사적 의미 형성의 몇 가지 가능성 중의 하나, 혹은 몇 가능성들의 조합이라는 것이다.

이렇게 춘향전이 하나의 작품이 아니며, 많은 사람들에 의해서 각 시대의 서사적 의미 형성의 가능성 안에서 다시 쓰여져 온 텍스트라면, 무엇이 춘향전을 다시 읽고 쓰게 만들었는가라는 질문을 할 수 있다. 먼저 모든 고전 텍스트가 개작되는 것은 아니라는 점에서 춘향전의 특수한 속성을 개작을 유발하는 요인으로 상정할 수 있다. 김윤식은 춘향전과 구운몽을 비교하면서 춘향전은 생성의 형식이며, 구운몽은 완결된 형식임을 논증하였다.[27] 춘향전이 완결되지 않은 생성의 형식이라는 것은 다른 고전 텍스트보다 왜 춘향전이 개작의 대상으로 선택되는지에 대한 해명을 해준다.

그러나 비록 춘향전이 생성의 형식을 가진 '열린 텍스트'라 할지라도 춘향전을 수용하는 당대의 현실이 춘향전을 왜 필요로 하였는지에 대해서는 충분한 답변이 되지 못한다. 따라서 춘향전을 수용하는 현실에 대한 논의가 필요하다고 할 수 있다. 각 특수한 역사적 시기의 개작들은 춘향전을 수용하는 현실의 변화에 따라 의미가 달라진 당대의 춘향전을 읽고 쓰는 것이다. 이렇게 춘향전의 서사 변형의 추동력을 춘향전 자체의 속성과 함께 사회문화적 요인에서 찾는 것은 춘향전의 변형이 기원을 가진 하나의 원형적인 춘향전에서 파생되었다고 보는 관점과

R. 페브르, 「16세기 무신앙의 문제-라블레의 종교」, 1942(주명철, 「프랑스 역사학의 새 경향-사회 문화사 연구 방향」, 『역사비평』 23호, 324면에서 재인용).

27) 김윤식, 『한국문학논고』, 법문사, 1977.

구별된다.

춘향전의 근원설화에 대한 논의[28]는 춘향전이 어떤 설화에서 기원했다는 믿음을 전제로 한다. 이렇게 춘향전의 기원을 찾으려는 것의 선험적 요소 중의 하나는 춘향전에서 불변하는 '기본적인 줄거리'가 존재한다는 가정이다. 이런 관점에서 보면 춘향전의 이본은 내용은 같은데 단지 표현 형식만이 다른 각편(version)으로 존재하는 것이다.

춘향전의 근원설화나 기본 줄거리는 플라톤의 이데아와 매우 흡사하다. 즉, 형체도 없고, 그림이나 글, 언어로 표현되지 않은 채, 아주 특별하고 순수한 '존재'의 세계에 영구불변한 형태로 남아 있다는 것이다.[29] 그러나 스미스는 영국 민속학회가 1893년에 펴낸 『신데렐라 이야기의 345판본 : 요약, 도표, 중세 작품들과의 비교 연구 및 주석 포함』을 통해 신데렐라 이야기 하나하나가 얼마나 다르며, 기원을 밝히는 것과 공통된 구조를 확인하는 것이 얼마나 불가능한 것인지를 보인다.

스미스는 이런 논의를 바탕으로 "원형이라는 개념 자체가 이론 체계나 방법론에서 나온 하나의 환상"이며, 신데렐라 이야기의 원형은 "콕스의 책에 실려 있는 345개의 판본들보다 먼저 나왔거나, 그 배경이나 심층에 깔려 있는 어떤 추상적인 존재가 아니라 그 판본들로 **이루어진**"(강조는 스미스)[30] 것이라는 주장을 한다. '원형'이나 '기원'은 일종의 빈 공간이라고 할 수 있다. 이 자리에는 "판본들로 이루어진", 일종의 상호텍스트적인 무한한 과정만이 존재한다는 것이다.

---

28) 춘향전의 근원설화에 대한 논의는 김종철에 의해서 정리되었다. 그는 근원설화는 설화에서 판소리로 이행하는 전환과정에 능동적으로 변화하면서 시대성과 사회성을 반영할 수 있는 것이어야 한다면서, 유력한 근원설화로 최래옥이 제시한 관탈민녀 설화를 들었다. 이 관탈민녀형 설화에 암행어사 설화가 종속 설화로 수용되고, 수기설화, 신물설화 등이 신분적 갈등을 해소하기 위한 종속 설화로 수용되어져 춘향전이 형성되었다고 한다.
김종철, 「춘향전의 근원설화」, 『한국문학사의 쟁점』(장덕순 외), 집문당, 1990.

29) B. H. 스미스, 「서술의 판본과 서술 이론」(손영미 역), 『현대 서술 이론의 흐름』(석경징 외 편), 솔, 1997.

30) B. H. 스미스, 위의 글, 125면.

그러나 춘향전의 기원과 원형을 부정한다고 하더라도 개작 춘향전 텍스트 생산 이전에 이미 존재하였으며, 개작에 영향을 준 실체적인 텍스트까지 부정할 수는 없다. 개작자들에게 읽히는 선행텍스트에 대한 이해는 텍스트와 텍스트간의 상호텍스트적인 관계를 살피기 위하여 반드시 필요하다. 춘향전의 개작은 선행텍스트를 읽고 다시 쓰는 '행위'를 지칭한다. 선행 춘향전의 발전 과정은 개작자의 지평에서 읽을 수 있는 텍스트로 존재하며, 기존 춘향전에 대한 개작 주체의 '반응'의 산물이 춘향전의 개작 텍스트이다. 즉, 이미 생산된 선행 춘향전은 다시 개작자에게 읽히는 텍스트로 간주되며, 개작자는 그 텍스트들을 다시 쓰는 행위를 통하여 다른 텍스트에 대한 자신의 반응을 개작 텍스트에 삽입한다.[31]

바흐친에 의하면, 빠롤의 대상이 무엇이든 그 대상은 어떤 방식으로든지 이미 한 번쯤은 대상이 되었던 것이며, 빠롤의 과정에서 대상에 대해 이미 행해진 이전의 담론들과의 만남은 불가피한 것이라고 한다.[32] 적층문학으로서 춘향전은 무수한 광대들에 의해서, 筆寫의 주체들에 의해서, 혹은 판각업자들과 출판업자들에 의해서 언술의 대상으로 존재하여 왔으며, 춘향전에는 다양한 목소리들의 흔적이 담겨져 있다. 춘향전의 개작은 춘향의 이야기와 관계되는 모든 면에서 타자의 담론을 만난다. 그리고 춘향전 개작은 이 타자의 담론과의 생생하고 강력한 상호작용을 피할 수 없다.

실로 "신화적인 아담만이 그의 첫 담론으로 아직 처녀지이며 한 번도 언급되지 않은 세계에 접근하며, 고독한 아담만이 진정으로 그의 담론의 대상에 대해 이루어진 타자의 담론과의 상호적인 유도에서 완벽하게 제외될 수 있다."[33] 만약 태초에 원형으로 존재하는 춘향전이 있

---

31) 이런 관점은 크리스테바의 상호텍스트성의 개념을 바탕으로 한다.
J. 크리스테바, 「말, 대화, 그리고 소설」(여홍상 역), 『바흐친과 문학 이론』(여홍상 편), 문학과지성사, 1997.

32) M. M. 바흐친, 위의 책, 89면.

33) M. M. 바흐친, 『장편소설과 민중언어』(전승희 외 역), 창작과비평사, 1988, 89면.

었다면(원형을 밝히는 것은 불가능하지만), 바로 그 춘향전만이 다른 춘향전 텍스트와의 상호작용을 유일하게 피할 수 있었을 것이다. 그러나 그 춘향전도 다른 허구적 텍스트나 실제적 텍스트와의 상호작용을 완벽하게 모면할 수는 없었을 것이다.

춘향전 개작 텍스트를 포함한 모든 담론은 상호텍스트적이다.[34] 상호텍스트적인 활동의 흔적이 드러나지 않는 텍스트라 할지라도, 작자의 담론은 외곽에 남아 있는 타자의 담론을 의식하고 있으며, 그것과 관계를 맺고 있기 때문이다. 춘향전 개작 텍스트는 타자의 담론을 개작자의 담론의 외곽에 위치시키는 것이 아니라 개작의 상황 안으로 적극적으로 끌어 들인다. 이런 의미에서 춘향전의 개작은 상호텍스트의 흔적을 찾을 수 없는 다른 담론보다도 더욱 상호텍스트적이다. 요컨대, 춘향전 개작 텍스트는 상호텍스트적인 차원을 텍스트 내에 지니며, 다른 춘향전 텍스트가 이미 존재한다는 것을 의식한 상태에서 생산되는 것이므로 상호텍스트성이 강한 담론이라고 할 수 있다.

이렇게 상호텍스트적인 과정으로 춘향전의 개작 텍스트 생성을 이해하는 것은 춘향전의 사적인 변형 과정을 추상적인 역사로 설명함을 피할 수 있게 해 준다. 춘향전과 춘향전을 향유한 문화가 하나의 선적인 전통이나 역사로 존재한다면, 개작자는 읽기-쓰기의 과정을 통해서 춘향전 전통의 역사를 변화시키는 것이다. 이와 같은 과정을 통하여 춘향전의 역사는 하나의 추상적인 선이 아닌, 개작 행위자에 의해 변화하는 구체적인 과정으로 제시될 수 있다. 개작자는 기존의 춘향전에 대하여 다른 방식으로 접근하거나 혹은 기존 춘향전에 대립하여 다른 기호화 구조를 실행함으로써 형이상학적인 춘향전의 역사를 '위반'하는 것이다.[35]

이와 같은 춘향전 텍스트의 변형과정은 단지 글로 쓰여진 텍스트의

---

34) 토도로프는 모든 담론이 상호텍스트적이므로, 상호텍스트적인 차원을 지니는 담론들과 그렇지 않은 담론을 구별하는 것을 불가능하다고 하면서, 상호텍스트성이 강하게 작용하는 담론과 약하게 작용하는 담론의 구분만이 유용하다고 한다.
T. 토도로프, 『문학사회학과 대화이론』(최현무 역), 까치, 1987, 96면.

35) J. 크리스테바, 위의 글, 235면.

변화에만 한정되는 것은 아니다. 역사와 도덕, 문화도 텍스트의 하부구조 내에서 쓰여지고 읽혀지는 텍스트이기 때문이다. 문학은 多價的이고 다중-결정된 언어를 사용하여 관습화된 담론의 논리를 능가하려는 특성이 있다. 바흐친은 이런 문학 텍스트의 전복적인 논리를 최초로 연구한 사람이었으며, 그는 축제에서 그 뿌리를 찾았다. 그에 따르면, 축제적인 담론은 문법과 의미론에 의해 검열된 언어의 법칙을 허물어뜨리며 동시에 사회적, 정치적 항변이라고 한다. 이렇게 바흐친은 언어와 사회의 경계를 허물면서, 언어적인 저항이 곧 사회적인 저항이 됨을 강조하였다.

바흐친의 관점에서 볼 때, 공식적인 언어의 약호에 도전하는 것과 지배적인 법률에 저항하는 것 사이에는 이중성이 없으며, 오히려 동일성이 있다고 할 수 있다.[36] 이러한 맥락에서 전통적인 춘향 이야기를 새로 쓰는 것은 몇 가지 서사의 요소를 기준으로 일렬로 배열할 수 있는 변천 목록 이상의 것이 된다. 춘향전의 개작은 지배적인 춘향전에 대한 도전이자, 당대의 이데올로기적인 행위자가 선행 춘향전의 하부구조로 존재하는 지배적인 전통문화 자체를 능동적으로 변형시키며 위반하는 상징적인 실천이 되는 것이다.

춘향전 개작 텍스트는 선행텍스트를 수용하는 동시에 변형한다. 이런 개작의 상황은 춘향전 개작 텍스트가 과거를 수용하는 목소리와 현재의 관점에서 그것을 변형하는 목소리를 지닌 담론이라는 것을 말한다. 이중적인, 혹은 두 목소리를 지닌 담론은 동시에 두 언술의 맥락, 즉 현재적 언술의 맥락과 그 전의 언술의 맥락에 연결되어 있다. 이런 의미에서 춘향전의 개작은 과거의 맥락과 현재의 맥락 사이의 대화라고 할 수 있다. 대화란 단순히 주체와 주체가 취하는 언어를 넘어, 선행텍스트를 읽고 다른 텍스트를 생산하는 과정으로 확장될 수 있으며, 이런 의미에서 춘향전의 개작은 상호텍스트적인 대화의 산물이다.[37]

---

36) J. 크리스테바, 위의 글, 235~236면.
37) '대화'가 이렇게 텍스트와 텍스트간의 관계로 확장될 수 있듯이 '목소리'도 서술자

상호텍스트적 대화란 단순히 어떤 춘향전을 어떻게 참조로 하고, 어떤 방식으로 어느 부분을 인용하였는가를 말하지 않는다. 선행 춘향전의 의미와 구성, 서술 방식을 어떻게 변화시켰는지에 대한 구조적인 시야를 확보할 수 있는 포괄적인 상호텍스트성에 대한 분석이 필요하며, 이런 상호텍스트성에 대한 분석만이 사회문화적 조건에 대한 반응으로서 이데올로기적인 춘향전의 개작 실천을 설명해 줄 수 있다.

이렇게 구조적 시야를 통해 상호텍스트성을 고찰하는 과정에서 서사 텍스트의 기호론적 구조의 특수성이 고려되지 않으면 안 된다. 문학 텍스트의 기호론은 작자와 작품, 독자를 기본항으로 하는 의미작용의 양태를 띤다. 서사 텍스트의 경우 대상, 구체적인 상호작용, 의미작용의 코드에 해당하는 언어체라는 요소들이 추가되어 그 작용이 이야기, 서술, 주제의 세 차원에서 이루어지며, 이들 사이에 다시 상호작용이 이루어진다.[38)]

그리고 소설 텍스트는 일상어와는 달리 복잡한 소통 구조를 가지고 있다. 소설은 이야기의 한 양태라고 하더라도 이야기된 이야기와 이야기하는 이야기를 포함하며, 이야기하는 서술 행위의 주체인 서술자는 작가나 주인공과 동일한 인물이 아니고, 소설 텍스트에 설정된 이야기를 듣는 수화자도 실제 독자와는 다른 인물이다.[39)] 이러한 소설 텍스트의 특수성을 고려하면서 상호텍스트성을 살펴보는 작업은 담론 층위, 인물과 시간의 구성 층위, 의미 층위에서 이루어질 수 있다.

나 등장인물의 실제 발화만이 아니라 실제 주체의 '입장'이나 언술의 맥락으로 확장되어 사용될 수 있다.

38) 우한용은 바흐친이 언어의 기호론적 작용을 설명하면서 설정한 요소들을 이끌어 내고, 소설 텍스트의 분석 층위가 복합적인 상호작용 양상을 띠고 있음을 밝혔다. 스토리와 담론, 스토리와 주제, 담론과 주제 차원의 상호작용이 이루어지면서, 작품의 의미는 다시 독자의 문화체계와 관계를 가지고 드러난다는 것이다. 우한용, 『한국현대소설구조연구』, 삼지원, 1990, 289면.

39) 이러한 복잡한 소설의 소통 상황은 소설의 기호학은 "의미작용의 기호학"이 되어야 한다고 주장하는 근거가 되기도 한다. 우한용, 위의 책, 256면.

2) 완판 84장본의 서사 구성

개작 텍스트의 상호텍스트적인 서사 변형에서 선행텍스트를 확정하는 어려움은 이본의 연구에서도 지적된 바이다.[40] 이본의 생성 원리를 밝히는 일은 판소리 춘향가의 경우 선행이본을 바탕으로 한 판짜기의 원리를 밝히는 작업이며, 소설 춘향전의 경우는 개별 이본이 어떻게 구성되어 있는가를 밝히는 작업이다. 후대의 이본이 더늠의 적층적 집적체라는 점을 고려한다면, 가장 이상적인 방법은 보다 앞선 시기에 존재했던 모든 이본을 선행텍스트라고 규정하고 꼼꼼히 비교 분석을 하는 것이지만, 이는 그 자체로 방대한 작업이 될 것이다.

이 같은 어려움은 개작 연구에서도 마찬가지이다. 개작자들이 어떤 춘향전 텍스트를 읽었는지를 확인하는 것은 불가능하며, 특히 변형이 두드러진 개작에서는 일반적인 이본처럼 모본을 거의 그대로 수용하고 있는 경우조차 없어 선행텍스트의 단서를 찾기 힘들다. 그렇다고 하여 선행 춘향전 텍스트 전부를 선행텍스트로 규정하여 연구를 하기도 어렵다.

이러한 난관을 극복하기 위한 방편으로 설정할 수 있는 것은 춘향전의 '기원'이나 '원형'을 찾는 것이 아니라 이전 텍스트들의 영향을 가장 많이 받으면서 춘향전의 변화 양상을 충실히 수용한 텍스트를 선행텍스트로 삼는 것이다. 이 텍스트는 개작자에게 반드시 읽히지는 않더라도 적층문학인 춘향전의 다양한 가능성, 즉 개작자에게 읽혀질 수 있는 가능성의 집적체로서 자격이 있는 것어어야 한다. 이와 같은 필요에 따라 본고에서는 20세기에 이루어졌으며,[41] "모순, 당착이 가장 심하게

---

40) 김석배는 모든 이본의 선행이본이라고 할 수 있는 최초의 이본을 발견할 수 없다는 점, 개별 이본의 정확한 생성 연대를 알 수 없다는 점, 계통이 뚜렷한 이본군을 제외한 대부분의 이본들은 모본으로 삼은 선행텍스트를 밝히기 어렵다는 점 등을 들어 선행텍스트 확정의 어려움을 토로하였다.
김석배, 「춘향전 이본의 생성과 변모양상 연구」, 경북대 박사학위논문, 16면.

41) 유탁일, 『완판방각소설의 문헌학적 연구』, 학문사, 1981, 177면.

나타나는 본"[42]이라는 부정적인 평가가 내려지기도 하는 완판 84장본[43]을 선행텍스트로 삼겠다.

우선, 완판본은 판소리 연행자들의 집적된 더늠의 성과를 가장 잘 보여주고 있어 춘향전의 적층문학적 속성을 잘 드러내준다고 볼 수 있다. 대별된 춘향전의 계통, 즉 남원고사계, 경판본계, 완판본계 중, 완판본은 30장본에서 33장본으로, 다시 84장본으로 거듭 판각되게 되는데,[44] 이는 여러 명창들에 의해 지속적으로 발전하여 후대로 내려올수록 다채로워지는 판소리를 수용하기 위해서이다. 따라서 20세기에 이루어졌기 때문에 선행텍스트로서 자격이 없는 것이 아니라 오히려 더욱 후대에 형성되었기에 다양한 더늠이 축적되었을 가능성이 크다고 볼 수 있다. 또, 같은 맥락에서 텍스트 내에 갈등하는 요소들을 모순이나 당착으로 폄하하지 않고 다양한 의미 생산 가능성의 구조라고 적극적인 평가할 수 있는 것이다.

그리고 완판본은 현실에 개입하여 다양한 수용자층을 만족시킬 수 있었던 텍스트이다. 현장에서 연행되던 판소리는 송만갑이 지적한 대로, "비단을 달라는 이에게는 비단을 주고 무명을 달라는 이에게는 무명을 주어야"[45] 하는 것처럼 수용자에 따라 변개되기도 하는 특성을 갖고 있다. 따라서 어느 한 수용자층을 만족시키는 판소리 사설은 그 수용의 특수성으로 인하여 내용이 일면적 특성을 갖는다. 그러나 특정한 수용자층만을 염두에 두지 않고 문자 텍스트로 정착된 이 텍스트는 이질적인 수용층의 요구를 동시에 충족시켜야 할 필요성으로 인하여 의미의 층이 다중적이다.

---

42) 성현경, 「'남원고사'본 춘향전의 구조와 의미」, 『춘향전 어떻게 읽을것인가』, 신영출판사, 1993.
43) 이하 완판본이라 칭할 때는 이 완판 84장본을 가리키는 것으로 한정하겠다.
44) 이와 같은 완판본의 발전 과정은 경판본과 사정이 다르다. 완판본은 경판본처럼 축소되지 않고 오히려 확장되어 경판본과 안성판본에 비해 세 배 분량으로 나타났다. 김동욱, 「방각본소설 완판 · 경판 · 안성판의 내용 비교 연구」, 『연세논총』 10, 연세대 대학원 편찬위원회, 1973.
45) 정노식, 『조선창극사』, 동아일보출판부, 1940, 182~184면.

특히 완판본은, 문자 텍스트로 정착한 다른 텍스트와는 달리, "서민의 발랄함과 비속함, 그리고 양반에 대한 비판과 풍자만 있는 게 아니라 전아함과 규범성, 그리고 서민에 대한 비판과 풍자도 나란히 존재하는 양면적인 텍스트"46)라는 것이 일반적인 평가이다. 완판본이 이렇게 형성된 원인은 판소리 문화를 주도적으로 이끈 향리층의 중간자적 성격, 즉 문화적 마찰을 경감시키는 활동에서 찾기도 하며,47) 판소리 수용자의 이질적인 요구를 충족시켜야 했던 판소리 광대에 의한 주제의 분화에서 찾기도 한다.48)

이런 완판 84장본은 '언어능력'에 비유될 수 있으며, 개작 텍스트는 '수행'에 비유될 수 있다.49) 여기서 언어능력을 촘스키류의 추상적인 언어능력이 아닌, 상황적 요인, 사회적 요인까지 포함하는 코드의 활용능력을 포함하는 개념이라고 규정할 때, 판소리의 발전에 발맞추어 자신을 변형시켜 왔고, 다양한 수용자층의 이질적인 요구를 충족시켰던 완판 84장본이야말로 '언어능력'을 갖춘 텍스트라고 할 수 있게 되는 것이다. 물론 여기서 완판본이 가능한 모든 코드와 그것의 완벽한 활용가능성을 보유하고 있는 이상적인 것은 아니다. 그러나 위에서 밝힌 바대로 완판본은 선행텍스트를 충실히 수용하려 노력하였으며, 가능한 현실적 조건에서 최대한의 현실 적응력을 견지하였다는 점에서 가능성의

46) 김현주, 「경판과 완판의 거리」, 『국어국문학』 116, 1996.

47) 김현주, 위의 글.

48) 다음과 같은 조동일의 지적을 참고할 수 있다. "판소리 광대는 인간적 해방의 요구를 지닌 하층민을 위해서도 노래했고, 낡은 관념에 의한 교훈에 의지하면서 판소리를 즐기는 양반 좌상객도 만족시켜야 했으므로, 낡은 관념인 열녀의 교훈과 새로운 사상인 인간적 해방간의 대립을 동시에 추구하였다."
조동일, 「춘향전 주제의 새로운 고찰」, 『춘향전 어떻게 읽을것인가』, 신영출판사, 1993, 66면.

49) 크리스테바도 '언어능력'과 '수행'의 관계를 활용하여, 생성텍스트와 현상텍스트를 설정한다. "생성텍스트(genotext)는 언어의 하위에 놓여있는 기초라고 볼 수 있다. 우리는 현상텍스트(phenotext)를 소통에 제공되는 언어를 지칭하기 위해 사용한다. 이는 언어학에서 말하는 '언어능력'과 '수행'에 해당하는 것이다."
J. Kristeva, "Revolution in Poetic Language", *The Kristeva Reader*, ed. Toril Moi, New York, Columbia University Press, 1986, 121면.

구조인 '언어능력'에 가깝다고 할 수 있다.

개작자는 코드의 활용 능력까지 갖춘 완판본을 읽으면서 그 구조를 다시 현실의 문학 소통 맥락에 적용시키는 의미화 실천, 즉 '수행'을 한다. 이 과정에서 코드의 풍부한 활용 능력의 다양한 가능성은 실제 소통 상황의 수행 과정에서 제한되며, 새로운 방식으로 열리기도 한다.[50] 이 장에서는 개작 텍스트의 선행텍스트이자, 개작 텍스트 생산의 기초로서 완판 84장본[51]의 서사 구성을 분석하겠다.

(1) 담론의 交響化

춘향전의 스토리를 아는 것은 사람들로 하여금 춘향전을 처음으로 읽게 하거나 다시 읽게 하는 데 큰 영향을 주지 않는다. 춘향전만 그런 것이 아니다. 어떤 사람들은 처음을 읽기 전에 소설의 끝부분을 읽기를 좋아할 수도 있다. 이야기의 원본성(originality)은 춘향전을 왜 사람들이 읽는지를 설명하는 데 있어서 충분하지 않다. 같은 농담이라도 말하는 사람에 따라 재미가 달라진다는 경험으로 익히 알듯이 무엇을 말하느냐보다 어떻게 말하느냐가 중요한 것이다.

서구에서 소설은 18세기에 이르러 독창적인 것, 새로운 것이라는 의미의 'novel'로 나타났다. 그 전까지 서술은 기본적으로 테마의 변형일 뿐이었다. 무수한 신데렐라의 변형은 그 사례에 해당한다. 신데렐라 이

---

50) "의미화 과정은 따라서 생성텍스트와 현상텍스트를 동시에 포함한다. 실로 그것은 다른 방식으로는 불가능하다. 왜냐하면 모든 의미화 작용이 실현되는 것은 언어에서이며, 그 작용을 알게 되는 이론적 접근은 바로 언어의 기초 위에 있기 때문이다. …(중략)… 그러나 모든 의미화 실천은 그 과정의 무한한 총체성을 포함하지 않는다. 다중적인 요소(결국 사회-정치적인)는 그것이 가로지르는 테제들의 하나의 혹은 다른 의미화 과정을 멈춘다. 의미화 실천은 의미화 과정을 엮고, 주어진 보편과 구조 속에 넣고 잠근다."
J. Kristeva, 위의 글, 122면.

51) 자료는 구자균 校注, 『춘향전』(민중서관, 1970)으로 삼아 면수를 표시하겠다. 그리고 이하 '완판본'이라 함은 84장본 <열녀춘향수절가>를 가리키는 것이다.

야기의 중심적인 "거지에서 부자로(rags-to-riches)"의 주제는 다양하게 변형되어 왔다.[52] 이런 변형의 상황에서 살펴야 하는 것은 담론 층위에서의 서술자의 중개 방식의 차이이다. 다시 말하면, 어떤 서술자가 춘향전 이야기를 어떻게 다르게 말하는가, 그에 따른 효과는 무엇인가 등을 고찰해 볼 필요가 있다는 것이다.

서술자의 중요성은 여러 서사학자들이 강조해 왔다. 툴란에 의하면, 서사물은 한 명의 서술자를 가져야 한다. 그리고 그 서술자는 어떤 배경을 가지건 또는 아무리 낯설거나 모습을 드러내지 않는다 할지라도 항상 중요하다. 이런 점에서 서사텍스트는, 그 특별한 특성들에도 불구하고, 한 명의 화자와 특정 종류의 청자를 요구하는 언어적인 의사소통이다.[53] 즈네트 역시 서사 구조에만 집착하던 서사학의 연구 방법에서 벗어나, 서술자에 의한 서술 행위를 부각시켰다.[54]

서술 행위의 주체는 타인의 말(speech)을 의식함과 동시에 그것과 관계를 맺으며, 자신의 말을 진행시키는 발화의 주체(subject of utterance)로 텍스트에 등장한다. 동시에 서술 행위의 주체는 독자를 향한 담론을 구성하는 언술의 주체(subject of enunciation)로서 역할을 한다.[55] 크리스테바는 이렇게 서술 행위의 주체를 다시 나누어, 서술 행위의 이중적인 성격을 명료히 하였다. 작자는 자신을 서술 체계 속에 포함시킴으로써 변화된 서술의 주체이다. 이 때 작자는 하나의 익명성, 부재, 빈 공

---

52) J. Tembling, *Narrative and Ideology*, Open University Press, 1991, 4면.

53) M. J. 툴란, 『서사론』(김병욱, 오연희 역), 형성출판사, 1995, 24면.

54) 즈네트는 서술 내용이나 서술의 기의에 대해서는 이야기(histoire)라는 용어를, 기표, 언술체, 담론이나 서술 텍스트에 대해서는 서술물(récit)이라는 용어를, 실제적이건 허구적이건 서술이 일어나는 모든 상황을 포함한 서술 생산 활동에 대해서는 서술 행위(narration)라는 용어를 사용한다. 서술자의 서술 행위에 의해서 이야기와 서술물이 존재하게 된다. 즉, 서술 행위는 언술체와 서술되는 내용을 낳는, 서사에 있어서 중대한 '사건'인 것이다.
G. 즈네트, 「서술이론」(손영미 역), 『현대 서술이론의 흐름』(석경징 외 편), 솔, 1997, 42면.

55) J. 크리스테바, 「말, 대화, 그리고 소설」(여홍상 역), 『바흐친과 문학 이론』(여홍상 편), 문학과지성사, 1997, 247~250면.

간이 되는 것이다. 이렇게 작자가 위치한 '0'의 공간을 대치하는 '2'의 발화의 주체와 언술의 주체는 각각 등장인물과 독자와 대화적 관계를 형성한다.

대화적 관계는 바흐친이 말하는 '상위언어학'의 연구 대상이다. 바흐친은 "대화적 관계는 말이라는 의상을 입고 발화되어야 하며 말 속에서 표현된 여러 주체의 입장이 되어야 한다."[56]고 한다. 이렇게 바흐친이 상위언어학의 대상으로 연구하려고 하는 것은 텍스트 위에 평면상으로 나타나는 언어가 아니다. 발화는 모두 자신의 주인을 갖고 있으며, 다른 발화에 대해 대화적 관계를 가진다. 이렇게 '주체'와 '타자'를 발화에 도입함으로써 바흐친은 형식주의 언어학의 평면성을 극복할 수 있었다.

바흐친은 타인의 발화에 대한 관계를 중심으로 말의 유형을 나누었다.[57] 그에 의하면, 말의 제1유형은 대상에 대한 직접적인 지시적 이해를 표현하는, 이름 짓고, 전달하고, 표현하고 묘사하는 데 사용된 말로 서술자의 최종적 의미 판단의 표현이다. 이는 오직 자기 자신과 대상 밖에는 아무것도 알지 못하며, 대상에 몰입하고자 한다.

그리고 말의 제2유형은 묘사되고 객체화된 말, 즉 대상-지향적인 말로, 예를 들면 등장인물의 직접화법이 있을 수 있다. 직접화법은 직접적인 지시적 의미를 띠고 있지만 작자의 말과 동일한 평면상에 있지 않고, 그것을 전망할 수 있는 거리를 두고 떨어져 있다. 주인공의 말은 스스로가 특정적이고 전형적이고 색채적인 말로서 나름대로의 방향성을 가지고 있는 대상인 것이다. 대상으로서 말에 대한 작자의 지향성은 그것을 침범하는 것이 아니라 수용하며 의미나 어조를 변화시키지 않는다. 따라서 대상 지향적인 말은 말의 제1유형처럼 單聲的이다.

말의 제3유형은 타인의 말을 의식하고 있다는 것을 특징으로 하며, 말 속에 두 개의 의미 지향성을 갖는 점에서 다른 유형과 구별된다. 여

56) M. M. 바흐친, 『도스토예프스키의 시학』(김근식 역), 정음사, 1988, 266면.
57) M. M. 바흐친, 위의 책, 287면.

기서 서술의 주체는 다른 사람의 말을 사용하여 그것이 이미 지니고 있던 의미를 유지하면서 새로운 의미를 부가할 수 있다. 따라서 제3유형의 말은 두 가지 의미를 가진 兩價的인 말이 된다.

여기서 유의할 점은 말이 대상 속에서 다른 말과 마주치는 것만이 아니라 모든 말은 "응답을 지향하며, 따라서 그것이 기대하는 응답의 심대한 영향력에서 벗어나지 못한다."[58]는 사실이다. 이렇게 말의 수용 행위는 아직 말해지지는 않지만 앞으로 응답으로 나올 말로서, 언술 주체의 활동 산물인 문학적 말에 영향을 끼친다. 따라서 "모든 수사적 형식들은 그 문장 구조상 독백적인 형식을 채택하고 있음에도 불구하고 본질적으로 듣는 사람과 그의 응답을 상정"[59]하게 된다.

이렇게 서술자의 말은 두 방향을 향하고 있다. 서술자는 서술의 대상인 이야기에 관여하는 동시에 독자와의 관계를 형성하는 담론을 구성한다. 따라서 서술자의 '중개'란 대상과 독자 사이에서 행해지는 활동이 된다. 실제 작자와 거리를 가진 서술자는 등장인물과 독자에 대해서도 거리를 통어하며, 재현되는 대상과 독자 간에 담론을 구성한다.

김병국은 말의 다양한 종류와 시점 이론을 연결시켜, 신재효 판소리 사설 「춘향가」(男唱)을 연구하여 판소리 진술 방식이 "일반 고대소설에서처럼 작자의 서술과 인물의 대화를 단조로이 교체해 나가는 가장 단순한 서사 방식이 아니라 작자의 주제적 제시와 인물의 극적 재현과, 작자 및 작중 인물의 이중 시점과, 내적 독백이라고나 할 비공개적 사적 시점이 공존하면서 상호 침투하는 다성적 구조"[60]라는 결론을 내렸다.

이 연구의 의의는 자유간접화법이나 직접화법 등의 대화적 관계의 양상이 단지 외국의 이론에서 비롯되거나 이식된 것이 아니라 우리의 문학적 전통 내에 이미 존재하고 있었다는 것을 확인하였다는 것이다.

---

58) M. M. 바흐친, 『장편소설과 민중언어』(전승희 외 역), 창작과비평사, 1988, 88면.
59) M. M. 바흐친, 위의 책, 88면.
60) 김병국, 「판소리의 문학적 진술 방식」, 『한국 고전문학의 비평적 이해』, 서울대출판부, 1996, 180면.

판소리계 소설인 완판본의 서술자도 다른 서술체의 서술자처럼 등장인물과 독자 사이에서 활동하면서 담론을 구성한다. 서술자가 담론을 구성하면서 구축하는 다양한 대화적 관계들을 살핌으로써 판소리계 소설의 다성적 구조와 그 내부의 대화 가능성을 파악할 수 있다.

완판본의 서술자는 이야기 대상에 관해 이야기했던 다른 서술자나 이야기꾼의 목소리를 만난다.

> ① 통인이 드리가 도련임 웨 목통이요 고함소ᄅᆡ에 사ᄯᅩ 놀ᄂᆡ시사 염문하라 하옵시니 엇지 아뢰잇가 딱한 이리로다 나무집 늘근이는 리롱징도 잇난이라마는 귀 너무 발근 것도 예상 일이 안이로다 **글러 한다하졔마는 글헐이가 웨 잇슬고** 도련임 ᄃᆡ경하야 이ᄃᆡ로 엿ᄌᆞ와라 ᄂᆡ가 논어라 하난 글을 보다가(42～43면)
>
> ② 장ᄂᆡ 졍승하오리다 사ᄯᅩ 너머 감격하야라고 졍승이야 엇지 바ᄅᆡ것나마는 ᄂᆡ ᄉᆡᆼ젼으 급졔는 쉬하리마는 급졔만 쉽게하면 출육이야 베면이 지ᄂᆡ것나 안이요 그리할 말삼이 안이라 졍승을 못하오면 장승이라도 되지요 사ᄯᅩ이 호령하되 자ᄂᆡ 뉘 말노 알고 ᄃᆡ답을 그리하나 ᄃᆡ답은 하여사오나 뉘말린지 몰나요 **글런다고 하여스되 그계 ᄯᅩ 다 거짓말리엿다**(46면)
>
> ③ 서방업는 츈향이요 학하난 계집아희가 셰간 기물과 기림이 **웨잇슬고 만는** 춘향 어모가 유명한 명기라 그 ᄯᆞᆯ을 주랴고 장만한 것시엿다(54면)

이와 같이 이야기꾼으로서 서술자는 대상을 이야기하였던 다른 목소리들을 텍스트 내부로 끌어 들인다. 이는 대상에 대해 다르게 접근할 수 있는 가능성을 보여주어 대상을 입체화하며, 수용자가 대상을 다르게 평가할 수 있는 여지를 남겨 두는 것이다. “글러 한다하졔마는 글헐이가 웨 잇슬고”, “글런다고 하여스되 그계 ᄯᅩ 다 거짓말리엿다”고 결국 부정할 것임에도 불구하고, 대화의 세부적 내용까지 서사 진행에 삽입하는 것은 서사적 통일성의 견지에서 보았을 때, 비경제적이라고 할 수 있다. 그러나 이런 삽입은 서술자 자신은 이야기에 대한 최종적인 판단의 권리를 갖고 있지 않으며, 단지 전해들은 이야기에 자신의 판단을 삽입하여 전달할 뿐이라는 것을 보여준다.

다른 텍스트와의 대화적 관계는 ③에서도 나타난다. 먼저 서술자는 서방이 없으며 공부하는 춘향이에게 세간과 기물이 왜 있을까라는 문제를 제기한다. 그러고 나서 월매가 유명한 기생이라 딸을 주려고 장만한 것이라는 나름의 타당한 이유를 붙여서 그런 상황을 합리화한다. 부정과 마찬가지로 합리화 역시 선행텍스트와 대화적 관계를 함의하는 것이다. 이와 같은 서술자의 담론 운용은 완판본의 서술자가 타자로서 다른 텍스트와 수용자를 끊임없이 의식하고 있음을 보여준다.

다른 텍스트와의 대화적 관계를 형성하는 것 못지않게 완판본의 서술자는 이야기의 대상에 대해서도 거리를 다양하게 조절하면서 대화적 관계를 구축한다.

> ① 일홈을 츈향이라 부르면서 장즁보옥갓치 질너니니 회힝이 무쌍이요 인자ᄒᆞ미 기린이라 찰팔세되ᄆᆡ 셔칙의 칙미ᄒᆞ야 예모정졀을 일삼으니 회힝을 **일읍이 충송 안이 하리 업더라**(8면)
>
> 잇ᄃᆡ 수삭만의 신관사ᄯᅩ 낫시되 자학골 변학도라 하는 양반이 오난ᄃᆡ 문필도 유요ᄒᆞ고 인물 풍치 활달ᄒᆞ고 풍유 속에 달통ᄒᆞ야 외입속이 넝넉ᄒᆞ되 한갓 흠이 셩졍 괴퓍한 즁의 샷징을 겸ᄒᆞ야 혹시 실덕도 ᄒᆞ고 외결ᄒᆞ난 이리간다 **고로 셰상의 안는 사람은 다 고집불통이라 하것다**(118면)
>
> ② 여보 사ᄯᅩ 드르시오 일련포한부지상사 어이 그리 모르시오 계집의 곡한 마음은 유월 셔리 침네 혼비중천 단이다가 우리 셩군 좌정하의 이원졍을 알외오면 사ᄯᅩᆫ들 무사할가 덕쁜 죽여쥬오 사ᄯᅩ 기가 ᄆᆡ켜 허허 그 연 말못할 연이로고 큰칼 씃여 하옥하라하니 큰칼 씃여 인봉하야 사졍이 등에 업고 삼문 밧 나올졔 기싱더리 나오며 ᄋᆡ고 셔울집아 정신 차리게 ᄋᆡ고 불상하여라 사지을 만지며 약을 가라 ᄃᆡ루며 셔로 보고 낙누할제 **잇쎡 키크고 속업난 낙춘이가 드러오며 얼시고 졀시고 조을씨고 우리 남원도 현판감이** 싱겨구나(148면)

③ 요긔야 짓지마라 주인갓튼 손임이다 네의 주인 어듸 가고 네가 나와 반기는야 중문을 바릐보니 늬손으로 쓴 글자가 충셩충자 완연턴이 가온듸 중짜는 어듸가고 마음심짜만 나미잇고 와룡강자 입춘셔는 동남풍의 펄넝펄넝 이늬 수심 도와닌다(188면)

①에서 서술자는 대상을 직접적으로 설명하고 지시한다. 이는 바흐친의 구분상, 말의 제1유형이라고 할 수 있다. 그런데 여기에서 서술자는 자신의 판단만을 유일하게 내세우고 있지는 않다. "일읍이 층송 안이 하리 업더라", "셰상의 안는 사람은 다 고집불통이라 하것다"고 하여 자신의 판단이 공적인 의견임을 내세우는 전략을 취한다. 이렇게 완판본의 서술자는 자신이 이야기하고 있는 대상과 자신밖에 모르는 것이 아니라 그 대상을 평가하고 있는 다른 사람의 의견을 끌어들여 대상을 지시한다. 따라서 대상에 대한 직접적인 지시의 말에서도 타자를 의식하고 있는 서술자를 발견할 수 있다.

②에서 서술자는 춘향의 말과 변학도의 말, 기생들의 말, 낙춘의 말을 직접적으로 인용하고 있다. 이는 대상 지향적인 말의 제2유형에 속한다. 대상 지향적인 말은 서술자의 매개가 환기되지 않기에 이야기와 독자와의 거리는 서술자의 간접진술보다 상대적으로 가깝다고 할 수 있다. 따라서 독자는 서술자라는 매개를 거치지 않고 이야기의 상황에 몰입하기 쉽다. 인용부에서 제시하고 있는 상황은 춘향이 매를 맞고 큰칼을 차게 되는 장면으로 독자는 여기에서 춘향의 시련에 몰입하게 된다.

그런데 갑자기 낙춘이라는 속없는 기생이 등장하여 이 상황을 경사로 만들면서 희화한다. 독자는 이런 어이없는 낙춘의 등장으로 인해 이야기 상황에 대한 긴장된 몰입에서 빠져나올 수 있게 된다. 다시 말하면, 독자는 이야기가 진행되고 있는 상황을 거리를 두고 바라볼 수 있게 되는 것이다. 이렇게 완판본 서술자는 시치미를 떼고 이야기를 객관적으로 제시하는 척하면서 서술의 배후에서 이야기와 독자간의 거리를 조절하는 활동을 한다고 할 수 있다.

③에서는 서술자의 말과 인물의 말이 상호침투하는 현상을 볼 수 있다. "중문을 바러보니"로 시작하는 서술자의 간접진술에서 "넉손으로 쓴", "이넉 수심" 등의 몽룡의 발화가 삽입된다. 이와 같이 발화의 주체가 표지 없이 변화하며, 갈마드는 현상 속에 완판본의 언어적 다양성(heterogosia)이 자리잡게 되는 것이다.

이처럼 완판본의 서술자는 대상과 독자와의 거리를 다양하게 조절하면서 담론을 구성하고 있다. 이러한 대상과 독자에 대해 거리를 조절하면서 대화적인 교섭을 하는 서술자의 활동은 완판본의 언어적 다양성을 형성하는 원인이 되었다. 이렇게 완판본의 담론은 단일한 목소리가 지배하는 것이 아니라 대상의 목소리와 서술자의 목소리, 독자의 예상된 응답까지 함께 울리며, 새로운 생성을 이루는 交響樂的인 것이 된다.

(2) 다면적 인물 형상화

춘향전의 처음 상태는 춘향과 몽룡이 분리되어 있는 것이며 나중 상태는 춘향과 몽룡이 결합하는 것이다. 이 두 다른 상태로 옮아가기 위한 인물의 행동으로 인해 이야기가 진행된다. 이렇게 한 상태에서 다른 상태로 이행하는 서사 프로그램이 바로 인물의 존재 영역이 된다.

극적인 줄거리 속에서 인물의 기능은 행역자[61]로 나타난다. 이야기 속의 행역자는 추상적인 의미의 대립을 운반하는 '기능'으로 존재하는 것이다. 그레마스는 행역자를 주체와 대상, 발송자와 수신자, 적대자와 구원자의 세 짝으로 제시한다.[62] 행역자는 서사 프로그램을 진행시키기 위한 인물의 서사 행로(parcours narratif)를 따른다. 예를 들어, 춘향

61) 여기서 인물(행위자)과 행역자를 구분하는 것이 필요하다. 추상적인 명칭인 행역자는 인물이나 개인과 같은 용어로 대치될 수 없다. 하나의 행역자는 여러 명의 행위자를 포괄할 수도 있고, 한 행위자가 하나 이상의 행역자적 기능을 수행할 수도 있다.

P. V. 지마, 『이데올로기와 이론』(허창운 역), 을유문화사, 1997, 396면.

62) A. J. 그레마스 & J. 꾸르떼, 『기호학 입문』(오원교 역), 신아사, 1992, 105면.

은 주체자로서 몽룡과의 결합이라는 대상을 획득하기 위한 서술 행로를 따라 움직이는 것이다.

여기서 중요한 사실은 서술 주체가 자기가 이야기하고 있는 행위자들을 선한 자와 악한 자, 아는 자와 모르는 자, 아름다운 자와 추한 자로 구분할 뿐만 아니라 그들에게 이에 상응하는 양태(modalité)[63]를 부여한다는 점이다. 예를 들어, 춘향이 몽룡과 연분을 맺기 위해서는 기생적인 속성이 부여되어야 하며, 변학도의 수청 요구라는 시련을 극복하기 위해서는 자신의 '존재'를 넘어서 기생 아닌 자기라는 '당위'를 지향하는 면모도 필요하게 된다. 춘향의 이와 같은 양태는 서사 프로그램을 진행시키는 역할을 위한 자질로서 설정된 것이다.

이처럼 기호학에서는 등장인물을 주어진 것으로 보지 않고 하나의 구성물로 본다. 인물은 다른 행역자와의 관계에 의해서 구성된 것이다. 그레마스의 정의에 따르면, "기호학적 주체는 거기에 최소한 하나의 규정을 인지할 수 있을 때, 달리 말해 그것이 대상 가치와 관련을 맺을 때만 주체로 존재한다."[64]고 하였다. 주체, 즉 가치를 지향하는 인물은 이처럼 다른 주체나 대상과의 관련 속에서 그것이 완수하는 행로를 따라 정의된다.

허구적 인물에게서 실제 인간의 인간성을 찾으려는 것이 아니라 인물(행위자)을 역할(행역자)와 분리하고, 그 특성을 부여된 양태의 다발이라고 설정하는 기호학의 장점은 인물 형상화의 과정을 조작적으로 보여줄 수 있다는 점이다. 인물에 대한 이런 접근법을 바탕으로, 춘향전에서 비교적 발견하기 용이한 주체와 대상, 구원자와 적대자의 행역자 항을 중심으로, 완판본의 인물 구성을 살펴볼 수 있다.

다른 춘향전과 마찬가지로 완판본의 서사 프로그램에서는 주체인 춘

---

63) "주체는 필요한 역량을 미리 보유하고 있어야만 수행을 성취할 수 있다. 의지(vouloir), 의무(devoir), 능력(pouvoir)와 知行(savoir-faire)의 양태들의 총체를 보유하고 있어야 한다."
A. J. 그레마스 & J. 꾸르떼, 위의 책, 30~31면.

64) A. J. 그레마스 & J. 꾸르떼, 위의 책, 23면.

향이 '몽룡과의 결합'이라는 대상을 추구하기 위한 서사가 진행된다. 이런 주체의 서술 행로를 따를 수 있게 하기 위해 춘향에게 주어진 양태는 기생인 속성과 기생적이지 않은 속성이 동시에 필요하다. 주체는 처음에 대상과 이접되어 있어야 대상을 원할 수 있는데, 이 때 필요한 조건은 춘향의 결핍 상태이다. 즉, 춘향은 기생으로서 양반과 완전한 결합을 할 수 없기 때문에 대상을 획득하기 위한 행로에 들어서게 되는 것이다. 그러나 춘향이 몽룡과 완전한 결합을 이루기 위해서는 기생이어서만은 안된다. 기생이면서도 기생적이지 않은 면모가 있어야 하며, 기생인 자신의 존재를 넘어 당위를 추구할 수 있는 의식이 있어야 한다. 따라서 춘향이가 주체로서 자신의 서술 행로를 따라 대상을 획득하기 위해서는 기생적이지 않은 면모가 동시에 필요하다.

이렇게 모순적인 양태가 공존하는 주체인 춘향이란 인물에 대해서 많은 논의가 있었다. 최진원은 이별 장면에서 춘향이 포악을 부리는 것을 예로 들면서, 앞에서는 춘향이 요조숙녀로 형상화된 데 반하여 이별 장면에서 이렇게 "포악을 부리는 소위 악녀로 돌변하고 말았으니, 이렇듯 춘향의 인간상은 앞뒤의 형상에 있어서 불통일되어 있다."[65]고 하였다. 그러나 김대행은 일관성의 구조로 춘향의 성격을 분석하는 것을 비판하고 춘향의 성격이 문제를 심리적인 평정 상태로 가져 가려 할 때의 심리적 동향인 '심리적 방어기제'로 인해 형성되었다고 하면서, 언뜻 모순된 것처럼 보이는 춘향의 성격도 나름의 질서를 가진다고 하였다.[66]

이렇게 춘향의 성격을 불합리나 불통일성으로 매도하지 않고, 모순된 성향이 드러내는 삶의 진실을 드러낸다는 관점은 조동일에 의해서 '춘향이는 기생이면서 기생이 아니다.'라는 명제로 정리되기도 하였다. 조동일은 이를 "당착은 납득할 수 없이 부당한 상반이지만 갈등은 사

65) 최진원, 「춘향전의 합리성과 불합리성」, 『판소리의 이해』, 창작과비평사, 1985, 211면.

66) 김대행, 「인간의 두 얼굴과 문학적 흥미」, 『춘향전 어떻게 읽을것인가』, 신영출판사, 1993.

물의 본질을 바로 나타내는 진실한 상반이다."[67]고 하여 춘향의 모순적 성향이 오히려 춘향의 본질을 드러낸다고 하였다.

이와 같은 모순적인 양태는 춘향이가 이항 대립(binary opposition)의 두 범주 사이의 겹치는 부분에 위치하는 중간자적인 속성을 지니고 있음을 암시한다. 춘향이는 기생이 아니기도 하고 동시에 기생이기도 하다. 이원론의 입장에서 보면 이런 중간 지대는 불가능하거나 억제되어야 하는 부분이다. 그야말로 문제가 되는 구조적 모호성을 지닌 범주이다. 예를 들어, 청소년은 어른과 어린이라는 두 범주 사이에 존재하며, 이들은 종종 미디어에서 '물의를 일으키는 범주'로 취급당한다. 춘향이 역시 이와 유사한 범주에 속하며, 특히 양반과 기생의 소생인 춘향이는 두 범주의 겹치는 부분의 속성을 잘 드러낸다고 볼 수 있다.[68] 춘향이 다양하게 다시 읽히며 재해석되는 이유는 바로 이런 춘향의 다면적인 속성에서 연유한다.

다음으로 몽룡은 춘향을 도와 춘향이 대상을 획득하게 도와주는 구원자의 역할을 하는 인물이다. 몽룡이 궁극적인 구원자로서 역할을 하기 위해서는 그에게 불가능할 정도의 짧은 시기 동안 장원급제를 할 수 있는 타고난 재능과 악치수령인 변학도를 징치할 수 있는 선치수령으로서의 면모가 있어야 한다. 그러나 몽룡이 언제나 구원자 역할만을 하는 것은 아니다. 기생과의 결합은 불가능하다는 부모의 명령에 저항하지 못하고, 춘향을 버리고 가는 몽룡은 분명히 춘향의 시련을 유발하게 되는 적대자로서의 역할도 담당한다.

이런 역할의 이중성으로 말미암아 몽룡 역시 일관성이란 잣대로 그 성격을 측정하였을 때, 역시 문제가 될 수 있는 인물이 된다. 몽룡은 이별 장면에서 양반의 체모를 던져 버리고, 울음을 "통치 건데기치 보치

---

67) 조동일, 「춘향전 주제의 새로운 고찰」, 『춘향전 어떻게 읽을것인가』, 1993, 56면.
68) 이렇게 춘향의 문제성과 양가성도 이항대립을 전제로 하였을 때 발견할 수 있다. 따라서 춘향전에서 이항대립을 발견하려 하는 것은 흑백논리로 세상을 파악하는 지양해야 할 방식이 아니라 의미의 구조를 발견하는 생산적인 방식이라고 할 수 있다.

왈칵 쏘다져" 놓으며, 춘향과 월매의 포악에 겁을 먹고 춘향을 조상의 위패를 모시는 요여(腰輿)에 태우겠다고 애걸하는 어리광을 피우기도 한다. 그러나 어사의 제수를 받으면서 몽룡은 그의 "지향을 공식적으로 확인받게 된다."[69] 정병헌은 몽룡의 지향에 대해 몽룡은 "양반이면서 서민적 의식에 동조하고 있다. 이러한 의미에서 이 도령은 양반이면서 서민일 수 있는 것이다."[70]고 하였다. 이와 같은 몽룡의 양면성 역시 춘향 못지 않게 재해석의 여지를 남긴다.

춘향의 시련을 직접적으로 유발한 적대자는 변학도이다. 완판본에서는 이 변학도에게는 여색을 심하게 밝히는 오입쟁이라는 양태와 한 번 결심한 마음을 절대로 꺾지 않는 고집불통이라는 양태가 부여된다. 그런데 기생인 춘향에게 수청을 요구했다는 사실만으로 암행어사가 변학도를 징치한다는 것은 무리가 있다. 따라서 그에게는 악치수령의 면모도 함께 존재해야 하는 것이다. 그런데 변학도의 악치수령으로서 속성은 거지로 변장한 몽룡이 변학도의 생일연에서 읊은 시 정도로 추정될 수 있을 뿐, 그 구체적인 행태는 드러나지 않는다. 따라서 변학도에 대해서도 재평가할 만한 여지가 계속적으로 존재하게 된다.

이렇게 어느 한 면만을 들어 규정할 수 없으며 일견 모순된 것처럼 보이는 완판본의 다면적 인물 구성은 인물에 대한 평가와 판단을 독자를 향해 열어 두고 있는 것으로 볼 수 있다. 개작자들도 수용자로서 인물에 대한 반응과 판단을 자신의 수용 텍스트에 삽입하였을 것임을 짐작할 수 있다.

(3) 역동적 시간 구성

인물과 사건을 중심으로 한 제반의 이야기 구성 요소들의 유기적 결

69) 정병헌, 「신재효본 춘향가의 두 목소리」, 『춘향전 어떻게 읽을것인가』, 신영출판사, 1993, 455면.

70) 정병헌, 위의 글, 456면.

합이 서사의 중심을 이룬다는 점을 상기할 때, 사건 및 그것의 연쇄와 이로부터 생겨난 시간 구성을 또 다른 논의의 중심에 놓을 수 있다. 하나의 이야기가 있기 위해서는 적어도 시간 속에서 전개되는 사건의 재현이 있어야 한다. 이야기되는 모든 것은 시간 속에서 일어나며, 시간이 걸리며, 시간 속에서 전개된다. 그리고 시간 속에서 전개되는 모든 것은 이야기될 수 있다.

이런 의미에서 문학은 음악과 마찬가지로 시간적인 예술이다.[71] 만은 이에 대해 "시간은 그것이 삶의 매체이듯 이야기의 매체"[72]라고 설명한다. 특히, 서사와 시간의 관계에 대해 리꾀르는 "시간은 서사적 양식을 통해 직조되는 한에서 인간적인 것이 되며, 서사는 시간적 존재의 조건이 되었을 때 그 완벽한 의미를 획득한다."[73]고 하였다. 이렇게 시간은 서사를 통해 언어적 형태로 옮겨져 인식 가능한 것이 되는 동시에, 서사는 시간에 의해 구성되는 문화적 산물이라고 이해할 수 있다.

그러나 서사를 구성하는 시간은 일률적으로 그 양을 측정할 수 있는 시간이 아니다. 이야기가 시간 경험을 표현하는 기능을 갖고 있다고 할 때, 각 시대의 시간 경험이 상이하며, 또 그것을 허구적 차원에서 인간화하는 방식도 다양하기 때문이다. 우선 시간의 두 종류를 검토하면서, 두 이질적 시간이 이야기의 시간에 의해 매개되는 구조를 살펴볼 수 있다.

만은 "측정될 수 있기 위해서, 시간은 균질적으로 흘러야 한다. 그러나 누가 시간이 그렇게 흐른다고 말하는가? 우리의 의식에 관한 한, 시간은 그렇지 않다. 우리는 단지 편의상 시간이 그렇다고 가정할 뿐이다. 게다가 우리의 측정 단위는 순전히 자의적이고 완전한 관습이다."[74]고

---

71) P. Ricoeur, *Du texte a l'action*, 12면(김한식, 「시간, 이야기, 그리고 존재의 시학」, 『현대 비평과 이론』 9호, 한신문화사, 1995, 128면에서 재인용).
72) T. Mann, *The Magic Mountain*, New York : knopf, 541면(H. 메이어호프, 『문학과 시간의 만남』(이종철 역), 자유사상사, 1994, 19면에서 재인용).
73) P. Ricoeur, *Time and Narrative vol. 1* (trans. K. McLaughlin & D. Pellauer), The University of Chicago Press, 1984, 52면.
74) T. Mann, 위의 책, 66면(H. 메이어호프, 위의 책, 31면에서 재인용).

하였다. 만이 여기서 말하고 있는 시간은 주관적이며 경험적인 시간이다.

리쾨르는 『시간과 서사』에서 이런 주관적 시간에 대한 논의는 아우구스티누스로부터 비롯되었다고 한다.75) 아우구스티누스에 따르면 우리가 재는 시간은 과거도 미래도 아니며, 현재의 정신 상태에서 과거의 기억이나 미래의 기다림을 재는 것이라고 한다. 이러한 논리를 따르면, 과거나 미래는 그 자체로서는 존재하지 않으며, 기다림이나 기억을 향한 인간 의식 속에서만 존재하는 것일 뿐이다. 이렇게 인간의 주관적 영역에 머물러 있는 시간은 현상학적 시간과 계열체적 관계를 이룬다.

한편, 이와 같은 정신의 시간이라는 아우구스티누스의 심리학적 이론에 정면으로 대립하는 것이 아리스토텔레스의 『물리학』에서 개진되고 있는 세계의 시간, 즉 우주론적 시간 개념이다. 이 우주론적 시간은 사유의 영역에 한정되지 않고 세계 그 자체를 규정하는 어떤 역동적 원리로 간주된다. 그리고 우주론적 시간이라는 아리스토텔레스의 입장은 현대 물리학을 구성하는 객관적 시간이라는 개념과 계열체를 이루게 된다.76)

이 시간은 공적이고, 객관적인 시간이다. 이것은 바로 수학 방정식에서 기호 't'로 표현되는 물리학에서의 시간 개념이다. 그것은 또한 우리의 경험적 시간과는 무관한, 상호주관적으로 합의되는 공적 시간이기도 한데, 우리는 시계나 달력 등의 도움을 얻어 사회적 행위나 커뮤니케이션의 목적으로 우리의 사적 시간 경험을 동시화하기 위해 그것을 사용한다. 특히 이 시간은 인간 경험의 주관적 배경보다는 자연에서의 객관적 구조를 지시하는 것으로 믿어진다.77)

이 두 다른 차원의 시간을 매개하는 것이 바로 서사의 시간이다. 허구적 텍스트에서 구성하는 허구적 시간은 달력의 시간과 그에 따른 제약을 벗어나면서 우주론적 시간과 현상학적 시간의 무한한 조합을 통

75) 김한식, 위의 글, 129~130면.
76) 김한식, 위의 글, 130면.
77) H. 메이어호프, 위의 책, 21면.

해 시간의 상상적 범주의 모든 영역을 보여주게 된다.[78] 허구는 상상력의 차원에서 자유로이 시간의 무한한 가능성을 탐구하는 것이다. 그리하여 허구는 시간성에 대한 일종의 실험실 역할을 한다. 시간과의 허구적 놀이는 허구적 텍스트 고유의 시간성을 다양하게 하는 것이다.

이런 시간에 대한 실험, 혹은 시간과의 놀이를 가능한 배경에는 이야기된 사건들과 서술자의 목소리가 맺는 다양한 관계가 있다. 서술자의 존재로 인해 이야기는 누군가의 경험에 속한 것처럼 인지되는데, 서술자의 목소리는 자기 고유의 시간과 이야기된 사건들이 속하는 고유의 과거를 동시에 갖고 있다. 따라서 이야기의 시간은 서술자의 고유한 시간과의 분리로 인하여 다양한 결합이 가능해지는 것이다.

여기서 중요한 것은 서술자가 경험을 서사화함으로써 이해하는 과정에서 독서 행위를 포함한 수용 행위가 미리 관여한다는 점이다. 수용 행위는 이미 형상화 행위에 내재해 있으며, 이야기를 통해 만들어지게 될 효과는 미리 그 의미 생성에 기여한다. 그러므로 서사의 시간은 작자가 경험 세계를 이해하는 매체인 동시에, 독자에게 어떤 효과의 생성을 목표로 하는 전략으로서 기능할 수 있다.

즈네트는 이야기 시간과 서술 시간을 구분하면서 두 시간의 관계를 순서, 속도, 빈도의 측면에서 살펴고 있어, 구체적인 텍스트의 시간을 분석할 수 있는 가능성을 마련하였다고 할 수 있다. '순서'는 이야기에서 나타난 일련의 사건에 대한 시간 순서와 이런 사건이 서술에서 배열되는 시간 순서의 관계를 말한다. 그리고 사건들이나 이야기의 단위들이 요하는 시간과 서술에서 그것이 말해지는 유사 기간의 관련성은 '속도'에 해당한다. 끝으로 '빈도'는 스토리에서 반복과 서술상의 반복의 관계에 해당한다.[79]

흔히 현대소설과 비교해 고소설이 연대기적 시간에서 벗어나지 못했다고 평하는데, 이는 시간의 다양한 측면을 고려하지 않고, 즈네트의

78) 김한식, 위의 글, 140면.
79) G. 즈네트, 『서사담론』(권택영 역), 1992, 교보문고, 25면.

'순서'에만 한정하여 논의하는 제한된 방식이다. 그러나 시간성을 보다 폭넓게 이해한다면 고소설에서도 시간적인 역동성을 발견할 수 있다. 이를테면, '속도'의 면에서 볼 때, 이야기가 얼마나 다양한 방식으로 얽혀 짜이며, 이런 역동적 구성이 수용자에게 얼마나 리듬 있는 속도감을 형성하는지에 대한 통찰을 얻을 수 있게 된다.

① 도령임 거동보소 옥안션풍 고흔 얼골 젼반갓탄 치머리 곱게 비셔 밀기름의 잠지와 궁초당기 셕황 물 여 밉시 잇게 잡바 ᄯᅡᆺ코 셩천슈쥬 졉동ᄇᆡ 셰북져 상침바지 극상 세목 졉보선의 남갑사 단임치고 육사 단졉 빗자 밀화 단초 다라입고 통힝건을 무릅 아ᄅᆡ 는짓 ᄆᆡ고 영초단 허리ᄯᅵ 모초단 도리낭을 당팔사 가진 ᄆᆡ답 고를 ᄂᆡ여 는짓 ᄆᆡ고 쌍문초 진 동청 즁츄막의 도포 밧쳐 흑삿 씌를 흉즁의 눌러ᄆᆡ고 육분당혜 ᄭᅳ으면서 나구를 붓드러라(12면)

② 졀나도 남원부의 월ᄆᆡ라 하난 기ᄉᆡᆼ이 잇스되 산남의 명시로셔 일직 퇴기ᄒᆞ야 셩가라ᄒᆞ는 양반을 다리고 셰월을 보ᄂᆡ되 연장사순의 당하야 일점 혀륙이 업셔 일노 한이 되야 장탄슈심의 병이 되것구나(2면)

③ 앙쳔자탄으 셰월 보ᄂᆡ는ᄃᆡ **잇ᄯᆡ 도련임은 올나갈제** 숙소마다 잠 못일워 보고지거 ᄂᆡ의 사랑 보고지거 주야불망 우리사랑 날보ᄂᆡ고 기룬 마음 속키 만나 푸르리라 일구월심 굿게 먹고 등과 외방 바ᄅᆡ더라 **잇ᄃᆡ 수삭만의 신관사ᄯᅩ 낫시되**(118면)

①은 몽룡이 광한루에 행차하는 옷차림에 대해서 서술하고 있는 부분으로서, 이야기 시간보다 서술의 시간이 긴 묘사적 휴지(休止)의 예이다. 이런 화려하고 장황한 서술은 이야기꾼이 독자의 경탄을 불러일으키며, 몽룡의 옷차림에 대한 상상적 이미지를 제공하기 위해서 행해진 것이다. 그런 반면, ②에서는 이야기 시간을 줄이는 요약이 행해졌다. 이렇게 시간을 자유롭게 늘리고 줄이는 완판본의 구성은 객관적인 시간의 양에 구애받지 않고 역동적으로 완급을 조절하고 있음을 보여준다.

③에서는 먼저 앙천자탄으로 세월을 보내는 춘향과 역시 춘향을 그리워하는 몽룡이 동시에 제시된다. 그러고 나서 "잇쬐 수삭만의" 신관사또의 도임이 이어진다. 신관사또가 부임한 것은 수삭이 지난 후의 일이며, 그 동안의 춘향과 몽룡의 생활에 대해서는 생략이 되어 있다. 그런데 중간 과정을 생략한 후의 사건을 마치 동시에 일어난 것처럼 "잇쬐"로 제시하고 있는 것은 특이한 현상이다. 시간상 비연속적으로 일어난 사건의 동시적 나열은 생략의 효과를 극대화하며 독자에게 빠른 속도감을 형성한다. 완판본에는 이와 같이 시간의 길이를 줄이고, 늘리고, 생략하는 등 다양한 시간 속도에 대한 실험이 행해지고 있다.

한편, 완판본에서 주로 서술되고 있는 시기는 단 5일에 불과하다. 이 5일 동안에 주요 사건이 모두 일어난다. 먼저 춘향이 광한루에서 몽룡을 만나, 춘향집에서 백년가약을 하고, 육체적 관계를 맺는 사건은 단 하루에 걸쳐 이루어진다. 이 특수한 하루는 텍스트상으로 60면(8~68면)에 걸쳐 펼쳐진다. 그리고 이별도 단 하루의 시간이 걸리는데, 이 역시 텍스트상의 길이로는 22면(92~112면)에 걸쳐 있다. 그런데 여기서 몽룡의 아버지가 '명일'로 떠나라고 몽룡에게 명령하는데, 몽룡은 그날로 떠나는 착오를 찾을 수 있기도 하다. 춘향과 몽룡이 한껏 이별의 정회를 나누는 장면에서 사령이 사또의 재촉을 전하는 것이 훨씬 극적이기 때문에 객관적 시간은 의미 있게 취급되지 못하고 있는 것이다.

그리고 변학도는 도임하자마자 기생 점고를 하고 춘향을 불러들인다. 춘향은 그날 붙들려 곤장을 맞고 옥에 갇혀 황릉묘에 다녀온 꿈과 귀신이 울부짖는 꿈, "단장하든 체경이 씨져 보이고 창젼의 잉도 쏫시 쩌러져 보이고 문우의 허수인비 달여 뵈고 틱산이 문어지고 바익물이 말나 뵈인"(164면) 꿈을 꾸고, 자신이 죽을 꿈이라 생각하며, 봉사를 불러 점을 청한다. 이런 이야기 전개의 하루는 텍스트상으로 51면(118~169면)이다. 또 어사가 된 몽룡이 옥중의 춘향을 보고 그 다음날 변학도 생일잔치연에 출도하는 것은 텍스트상의 시간으로 42면(174~216면)에 해당한다.

이렇게 완판본에서는 이야기상의 하루나 이틀 동안, 너무나 많은 일이 한꺼번에 일어난다. 그러나 현실적으로 그 모든 일이 일어날 수 있건 없건, 이 하루들은 춘향의 일생에서 극히 예외적이며 극히 색다른 순간이다. 바로 이런 순간들로 이루어진, 춘향의 사랑, 시련 등이 집중적으로 나타나는 이 '하루'들은 춘향의 이후 살아야할 전생애의 성격뿐 아니라 바로 그를 규정하는 형상과 그의 본질도 특징짓는다.[80] 이와 같이 주관적인 시간이 객관적 시간의 규칙에 구애받지 않고 자유롭게 확장되는 것이 완판본의 한 특징이다.

이렇게 예외적이며 특별한 날들을 중심으로 서사를 구성하다보니 몽룡과 춘향이 헤어지고 난 뒤, 변학도가 수삭만에 부임하고 나서 곧 몽룡이 암행어사가 되어 내려온다는 설정이 가능해졌다. 그런데 당대의 현실에 비추어 볼 때 이러한 설정은 무리이며 비합리적이라고 할 수 있다. 그러나 이런 불합리도 주관적이고 특수한 시간을 중심으로 서사 구성을 하였다는 점에서 이해되어야 할 것이다.

> 여소 장모 춘향이나 좀 보와야제 글허지요 서방임이 춘향을 아니보와셔야 인졍이라 ᄒᆞ오릿가 상단이 엿자오되 지금은 문을 닷더쓰니 바래치거든 가사이다 **잇ᄯᅢ 맛참 바리를 뎅뎅치는구나**(194면)

여기서의 "잇ᄯᅢ"는 서사 진행의 우연성을 보여주는 시간 표시이다. 향단의 '바라치면 가자'는 말이 끝나기 무섭게 바라가 치는 것을 볼 수 있다. 이렇게 갑작스러운 상황의 도래를 나타내는 시간 표현은 일상적인 시간과 초월적인 시간이 교차되는 우연성[81]을 보여준다.

특히 초월적이며 주관적인 시간은 특히 '꿈'을 통해 살펴 볼 수 있다.

---

80) M. M. 바흐친, 『장편소설과 민중언어』(전승희 외 역), 창작과비평사, 1992, 297면.
81) 바흐친은 "우연한 시간은 불합리한 힘이 인간의 삶에 끼여드는 특수한 시간이다." 고 하여, 우연성이 초월적 질서와 연관됨을 설명한다.
M. M. 바흐친, 위의 책, 237면.

춘향전은 「구운몽」 등의 몽자류(夢字類) 소설과 비교할 때, 인간적인 시간을 초월한 천상의 시간과의 연관성은 적지만, '운명'이라는 천상의 질서가 꿈으로 인해 밝혀지기도 한다. 꿈은 잠재의식의 표출인 동시에 예시적인 기능도 가지고 있다고 한다.[82]

완판본에서 꿈의 예시적 기능은 월매의 태몽에서부터 볼 수 있다. 한 선녀가 월매의 꿈에 나타나 "옥경 갓다 광한젼의셔 젹숑자를 맛나 미진정회ᄒᆞ올차 의시만ᄒᆞ미 죄가 되야 상졔 ᄃᆡ로 하사"(6면) 쫓겨난 몸이라며 월매의 품으로 뛰어든다. 천상의 광한전과 몽룡과 춘향이 처음 만난 곳인 남원의 광한루는 비록 다르나, 그 명칭의 유사성을 생각할 때, 이 꿈의 예시적인 성격을 볼 수 있다. 그리고 춘향은 몽룡이 암행어사로 출두하기 전날 밤, 몽룡이 "머리에는 금관이요. 몸의는 홍삼"을 입고 나타나, "상사일염의 목을 안고 만단경회하는"(199면) 꿈을 꾼다. 이는 잠재의식의 표출이자, 몽룡이 암행어사로 출두할 것을 예시하는 꿈이기도 하다.

완판본에서는 객관적인 시간에 대한 의식에 구애받지 않고 속도의 완급을 다양한 방식으로 조절하는 등의 역동적 시간 구성을 하는 동시에, 극적인 필요가 있다면 주관적 시간을 효과적으로 확장시켰으며, 주관적 시간이라고 할 수 있는 꿈을 진지하게 취급하고 있음을 살펴볼 수 있다.

(4) 복수 의미론적 동위체 형성

의미 차원은 텍스트를 형성하는 심층의 기초로 존재한다. 이 절에서 살펴보려 하는 것은 '의미론적 동위체(isotopie)'이다. 의미론적 동위체는 텍스트의 동질성을 보장하는 분류소들이 통사론적 차원에서 반복해서 등장하는 것으로 정의되며, 이야기를 통일적인 것으로 읽게 해 주는

82) E. 프롬, 『꿈의 분석』(한상범 역), 정음사, 1977, 154~157면.

일련의 의미론적 범주이자 담론의 생성을 일관되게 규제하는 심층적인 차원의 대상이다.[83)]

이 동위체는 의미의 '차이'를 유형화하는 방식으로 설정될 수 있으며, 이런 '차이'는 이데올로기를 파악하는 데 중요한 역할을 하기에 특히 문학사회학에서 중요하게 취급된다. 동위체의 설정은 의미소를 분류하는 주체의 의식적, 무의식적 선택이며, 이는 사회적 행위이기에, '사회어'[84)]를 재료로 하여 대립적인 동위체를 형성하는 작자의 실천에서 이데올로기적인 성향을 발견할 수 있다.

동위체 현상 개념을 이해하기 위한 기초적인 전제로 의소(sème)와 의미소(sémèn), 분류소(classème)를 파악할 필요가 있다. 동위체 현상은 하나의 텍스트에서 최소한 두 개의 의미소가 하나의 동일 의소를 지시할 때 비로소 일어난다. 의미소와 의소의 가장 큰 차이점은 의미소는 텍스트 표면에 나타나고, 의소는 의미소의 심층의 내용이라는 것이다. 그리고 분류소는 의소를 분류하는 의소, 즉 상위의 의소를 가리킨다.

예를 들어, "춘향이와 이 도령이 서로 사랑하며 결혼하려고 마음먹었다."고 할 때 춘향이와 이 도령이라는 두 의미소는 '여성'과 '남성'이라는 의소를, '사랑'과 '결혼'의 의미소는 '성적인'이라는 의소를 지시한다. 이 두 의소는 공통적으로 '인간적'이라는 의소에 포괄된다. 이것은 가장 보편적인 의소로서 동위체 현상의 상위 개념을 형성하는데, 그레마스는 이를 분류소(classème)라고 지칭한다.

분류소가 텍스트 내에 회귀됨에 따라서, 우리는 하나의 주제로 텍스트를 읽어낼 수 있다. 이렇게 동위체 현상은 우선적으로 텍스트의 단의화(單意化)에 기여하는 체계적이고 위계적인 개념이라는 점이 분명해진다. 즉, 상위 개념으로서 분류소가 전체 텍스트를 지배할 수 있게 해

83) A. J. 그레마스 & J. 꾸르떼, 『기호학 입문: 방법론과 적용』(오원교 역), 신아사, 1992, 81면.

84) "사회어는 어휘 목록과 의미론적 토대를 공유하는 실제적인 혹은 잠재적인 술화들의 총체이다."(P. V. 지마, 위의 책, 404면) 이 사회어는 정적인 체계가 아니라 사회 집단간의 대립 상황과 밀접히 연관된 역사적 구조물이다.

주는 우위성을 획득할 수 있다는 것이다.[85)]

그러나 완판본은 하나의 분류소를 가진 메시지와는 달리, 복수 동위체 현상 속에 이질적인 분류소들이 공존한다는 특성을 갖고 있다. 모든 의소가 상위 개념으로서 하나의 분류소에 포괄되지 않으며, 분류소와 그 분류소에 상응하는 동위체 현상들이 서로 충돌한다는 사실에서 중의성(重意性)이 생긴다. 해석의 차이는 바로 이런 중의성에서 비롯되는 것이다.

완판본은 이질적인 수용자를 만족시키기 위하여 복수 동위체를 형성하였다. 완판본의 이런 양면적 속성은 조동일에 의해서 '기생인 춘향'과 '기생 아닌 춘향'으로 명명되었다.[86)] '기생인 춘향'과 '기생 아닌 춘향'이란 이항 대립은 신분문제와 직접적으로 연결되며, 계급적 속성을 지닌 사회어로서 의미를 분화시키는 데 가장 결정적인 역할을 할 수 있었다.

이항 대립의 쌍인 <기생인 춘향>과 <기생 아닌 춘향>이 완판 84장본에서 이야기의 단계에 따라 어떻게 분류소로 기능하며, 동위체 현상으로 발전되는지 살펴보기 전에 완판본의 서사 단락을 구분하는 문제에 대해 간략히 고찰하겠다.

춘향전의 이야기 단계를 나누는 데 있어서 기준이 되는 것은 결핍과 충족의 양항이 어떻게 계기적으로 맺어지고 있는가이다. 성현경은 그레마스의 계기체 중 '수행'을 빌어, 춘향전의 구조를 다음과 같이 설명하고 있다. "관비 기녀 춘향이 양반 자제 이 도령과의 결혼을 탐색 대상으로 삼고 있지만, 그녀는 실상 엄격한 당대의 계급 사회에 있어서 신분상의 제약으로 인해 사대부집 자제와 결혼할 자격이 없는 존재이다. 이 자격 결핍/자격 획득, 혹은 자격 결핍/자격 충족을 근간으로 하여 주인공의 혼사 성취 과정을 보여 주고 있는 것이 바로 춘향전이라고 할 수 있

85) P. V. 지마, 『문예미학』(허창운 역), 을유문화사, 1993, 348~352면.
86) 조동일, 「춘향전 주제의 새로운 고찰」, 『춘향전 어떻게 읽을것인가』, 신영출판사, 1993.

다."[87] 이런 구조는 결핍의 상황→결핍 극복을 위한 시련과 투쟁(과업의 수행)→결핍의 지양, 해소(과업의 완수)라고 정리되기도 하였다.

이와 같은 삼분 구조는 춘향전에 대한 최초의 기록인 晩華本에서도 찾아 볼 수 있다. 「광한루악부(廣寒樓樂府)」에서는 춘향전을 '삼건시가(三件奇事)'라고 소개하고 있다. 「광한루악부(廣寒樓樂府)」에서는 "처음에 이낭군과 만남이 일기요, 중간에 갖은 풍상을 겪되 끝내 수절함이 일기요, 끝으로 암행어사 남래로 파경이 다시 합함이 또한 일기"[88]라고 크게 세 단락으로 서사 단락을 나누었다.

이런 구조로 인하여 춘향전은 희극의 구조를 완전히 갖춘 대중 문학이란 평가를 받기도 한다.[89] 희극의 플롯은 U자형으로서 사건이 하강하다가 종국에서 가서 돌발적인 해피엔딩으로 끝나기에 춘향전의 삼분 구조는 「춘향전」의 희극적 플롯의 처음, 중간, 끝을 잘 설명하는 것으로 이해할 수 있다는 것이다. 이러한 특성으로 인해 춘향전은 설화의 희극적 구조의 가장 보편적인 형식을 따른 것이며, 이는 형식(form)이라기보다는 공식(formula)이라고도 일컬어진다.[90]

이와 같은 구조적 성찰을 바탕으로 본고에서는 춘향전의 이야기의 단계를 초장(결핍의 상황), 중장(결핍 극복을 위한 시련과 투쟁), 종장(결핍의 지양, 해소)으로 나누어 살펴보겠다. 결핍의 상황에서 설정할 수 있는 하위 단계는 결핍의 상황을 초래한 춘향의 '출생과 성장', 그리고 춘향이 몽룡과의 결혼이라는 대상을 탐색하게 해주는 '연분과 사랑'이다. 또 과업 수행의 과정에서 설정할 수 있는 것은 첫 번째 시련으로 몽룡과의 '이별'과 본격적인 시련과 투쟁으로 변학도에 대한 '수절'이다. 결핍을 극복하며, 과업을 완수하는 종장의 단계는 모든 대립과 갈등이

87) 성현경, 「'남원고사'본 춘향전의 구조와 의미」, 『춘향전 어떻게 읽을것인가』, 신영출판사, 1993, 402면.
88) 구자균 교주, 『춘향전』, 민중서관, 1970, 561면.
89) 김병국, 「춘향전의 문학성에 대한 비평적 접근 시론」, 『춘향전 어떻게 읽을것인가』, 신영출판사, 1993.
90) 김병국, 위의 글, 41면.

해소되는 '재회'이다. 이와 같은 이야기 단계와 대별될 수 있는 분류소에 따라 완판본의 다중적 동위체 현상을 다음과 같이 확인할 수 있다.

	<기생인 춘향>	<기생 아닌 춘향>
출생·성장	"성참판 영감이 보후로 남원의 좌정하엿실 ᄯᅢ……슈청을 들나 해옵기로 관장의 영을 못 이긔여 모신지 삼삭 만의 올나가신 후로 뜻박그 보틔하야"(56면) 춘향을 낳았다.	"회힝이 무쌍이요 인자ᄒᆞ미 기린이라 찰팔세되미 셔칙의 칙미ᄒᆞ야 예모정절을 일삼으니 회힝을 일읍이 층송 안이 하리 업더라"(8면)라고 춘향의 교양이 언급된다.
연분과 사랑	몽룡은 "들은즉 기싱의 ᄯᆞᆯ이란이 급피 가 불너오라"(22면)고 하였으며, 월매는 "양반이 부르시난듸 안이 갈슈 잇건난야"고 하면서, 이몽룡에게 "노르시다가 가옵소셔"라고 하였다. 그리고 춘향은 첫날밤에 "그ᄃᆡ로 잘 이가 잇나. 골집 널 졔 삼승 이불 춤을 추고 식별 요강은 장단을 맛추워 청그릉"(68면)할 정도로 성행위에 능숙한 여인이었다.	몽룡은 "춘향은 미혼젼이요 나도 미장젼이라 피차 언약이 이러하고 육예는 못할망졍 양반의 자식이 일구 이언을 할 이 잇나"(56면)고 하면서 춘향이를 대등하게 여기고 백년가약을 맺는다.
이별	몽룡은 "양반의 자식이 부형ᄯᅡ라 하힝의 왓다 화방 작쳡하야 다려간단 마리 젼졍으도 고이하고 조졍으 드러 벼살도 못한다던구나 불가불 이벼리 될 박그 수 업다."(94면)고 춘향을 버리고 가려 하였다.	몽룡은 춘향의 울음을 달래며, "너가 이졔 올나가셔 장원급졔 출신하야 너를 다려갈 거신니"(110면)이라고 장담한다.
수절	변학도는 춘향을 기생으로 알고, 점고 시에 "춘향은 안 부르니 퇴기야"(126면)고 한다. 회계 나리 역시 "너갓튼 창기비게 수졀이 무어시며 졍절이 무어신다 구관은 젼송하고 신관사ᄯᅩ 연졉하미 법졍으 당연하고 사례으도 당당커든 고히한 말 내지 마라"(136면) 한다. 춘향은 이에 대해 "충효열녀 상하 있소"라고 하면	춘향은 변학도에게 "일부종사 바ᄅᆡ온이 분부 시힝 못 하것소"라고 하였고, 변학도가 "거역 관장하난 죄"를 논하자, "유부 겁탈하난 거슨 죄 안이고 무어시요"(138면)라고 기생이 아닌 여염집 유부녀임을 내세워 항거한다.

	서 농성, 논개 등의 예를 들며, "기싱 희폐 마옵소셔"(136면)라고 한다.	
재회	몽룡이 춘향에게 "너만 연이 수졀한다고 관졍포악하여쓰니 살기을 바리소냐 죽어 맛당하되 닉 수청도 거역할가"(212면)라고 기생인 춘향의 수절을 다시 시험한다.	춘향은 어사앞에서 "상단아 셔방임 어듸 계신가 보아라"(212면), 혹은 "얼시구나 좋을시고 어사낭군 좋을시고"(212면)와 같이 정식 부부 관계임을 표현하는 "서방님", "낭군"이라고 몽룡을 칭한다.

이와 같이 춘향전을 다르게 읽을 수 있는 가능성, 즉 조동일이 말한 '표면적 주제'와 '이면적 주제'로 이질적 수용자들이 다르게 받아들일 수 있는 가능성은 춘향전 텍스트 내에 이질적인 동위체 현상으로 질서화될 수 있다. 이를 좀더 추상적인 체계로 종합하여 각각의 이야기의 단계에서 의소를 추출하여 동위체 현상을 살펴보면 다음과 같다.

<기생인 춘향> : <기생 아닌 춘향>
/비천/ : /고귀/
/불완전한 결합/ : /완전한 결합/
/인간적 가치에 대한 권리 주장/ : /유교적 윤리 규범의 준수/[91]

① /비천/ : /고귀/

월매가 춘향이를 낳았다는 사실은 춘향이가 비천한 기생의 딸이며, 그 아비가 누구이든지간에 기생이 될 수밖에 없음을 의미한다. 그러나 춘향의 성장 과정에서 양반 아비의 정을 품어, 여자들 중의 "군자"이며, "도도하여" 기생 구실을 마다했다는 것에서 춘향이의 '고귀'한 면모를 볼 수 있다. /고귀/와 /비천/은 대립적인 의미이지만, 춘향에게 모두 속한다. 춘향이는 비천하지만 고귀한, 고귀하지만 비천한 양가적 속성을 갖는 인물로 설정되어 있다.

91) 동위체를 나누는 분류소는 < >로 표시하며, 분류소에 속한 의소는 / /로 표시하겠다.

② /불완전한 결합/ : /완전한 결합/

노류장화(路柳墻花) 신세인 기생으로서 사랑을 한다는 것은 당시 일반 여성들보다는 자유롭지만 일반적으로 이별을 전제로 하는 /불완전한 결합/을 뜻한다. 그러나 몽룡과 춘향은 완전한 결합을 약속하는 백년가약을 맺었다. 그럼에도 불구하고 춘향은 몽룡이 아버지를 따라 서울로 가게 됨에 따라 버려진다. 이는 춘향과 이 도령의 백년가약이 불완전한 결합이었음을 의미한다.

그러나 춘향은 이 도령을 기다리고, 수절을 하며, 자유로운 사랑에 대하여 책임 있는 태도를 보인다. 이런 태도로 시련을 거치고 이 도령과의 완전한 결합을 이룬다. 이를 통하여, <기생으로서의 춘향>이 이 도령과 /불완전한 결합/을 의미한다면, <기생 아닌 춘향>은 이미 이 도령과 '백년가약'을 맺을 때부터 대등한 관계로 출발할 수 있었기에 /완전한 결합/을 의미한다고 볼 수 있다.

③ /인간적 가치의 권리 주장/ : /유교적 윤리 규범의 준수/

춘향이가 기생이며 기생으로 취급받는 것은 유교적인 신분 질서 때문이다. 변학도도 "기생의 딸이면 기생"이라는 논리를 들어, 신분은 태어나면서 결정되며, 이를 개인의 능력으로 변화시킬 수 없는 것이라며, 관장의 당연한 권리로 기생인 춘향에게 수청을 요구한다. 이에 대항하는 춘향의 근거는 유교적 윤리이다. 윤리를 지키는 것은 "상하의 구별이 없다."는 것이 기생으로서 춘향의 항거이며, 자신이 여염집 처자이기에 자신을 범하는 것은 "유부녀를 겁탈하는 것"이라고 항변하는 것은 기생 아닌 춘향으로서의 저항이다.

이것이 의미하는 차이를 좀더 자세히 살펴볼 필요가 있다. 유교적 윤리인 열(烈)은 <기생인 춘향>과 <기생 아닌 춘향>이란 분류소에 맞추어 다르게 해석될 수 있다. 유학에서는 인간이 완벽한 인성(人性)을 이룰 수 있는 가능성을 타고났다고 하는데, 이는 인간의 본연지성(本然之性)으로 이(理)를 지칭하는 것이다.

그러나 현실적으로는 자연적, 사회적 능력의 차이가 있고 선하고 악한 정도도 상이하다. 이런 현상은 이(理)와 기(氣)가 공존하는 기질지성(氣質之性)의 차이에서 연유한다. 이는 당시 봉건사회의 차등적 신분질서 체계 하에서 그 사회를 유지하는 윤리규범으로서 기능하였다. 기질지성을 포함한 인간의 품성은 자연에 의한 객관적 법칙에 의해 부여되고, 결정되는 것으로서 그 체제를 변화시킬 수 있는 인간의 능동적 자율성을 크게 제한하는 숙명론적인 보수성을 지니는 것이기도 하였기 때문이다.[92)]

완판본의 <기생 아닌 춘향>은 지배 이념으로서 의문시 되지 않는 이런 역사적 선험성[93)]에 기대어 변학도에 저항을 하고 있는 것이다. 따라서 이는 /유교적 윤리규범의 준수/로 해석되며, 차등적 신분질서에 대한 비판으로까지 발전하지는 못한다. 바로 이러한 의소가 양반 좌상객들을 만족시키며, 계급 갈등을 완화시킬 수 있는 "항거 없는 춘향"[94)]이라고 해석하는 근거가 된다.

한편 <기생인 춘향>이라는 분류소를 중심으로 춘향의 저항을 이해할 때, 춘향은 자연법칙과 같이 정해지는 인간의 본성에 대한 문제제기를 하고 있는 것이며, 이 때 춘향이 내세우는 열(烈)은 <기생 아닌 춘향>의 열은 다른 의미이다. <기생인 춘향>이라는 동위체 현상에서의 열(烈)의 수호는 단지 지배 이데올로기를 강화시키는 것만은 아니다. 열(烈)은 지배 이데올로기임에 앞서 보편적인 인간적 가치로 지켜내야 할

---

92) 송영배, 『유교적 전통과 중국 혁명』, 철학과현실사, 1992, 468면.

93) 역사적 선험성은 푸코의 용어로, '에피스테메'라고도 한다. 에피스테메는 한 시대의 언술행위, 그리고 그것으로 이루어지는 지식의 체계를 가능케 하는 인식 혹은 지식의 구조로 한 시대에 하나만 있고 또한 당대의 언어 사용자에 의해서는 인식되지 않는 역사적 선험이다. 이는 하나의 중심이나 단일 개념, 초월적 의식과는 구별된다. 그것은 동일한 단일체가 아니라 갖가지 성격이 다른 요소들을 포함한 이질적인, 그래서 문제적인 단일체이다(E. T. 베넷, 「푸코의 반인간주의」(이경호 역), 『후기구조주의』, 고려원, 1994, 143면). 이는 부르디외의 억견doxa의 개념과도 관련성을 갖는다. 억견은 정통과 이론으로부터 거론되지 않고 남아 있는 영역에 속한다(P. 부르디외, 『상징폭력과 문화재생산』(정일준 편역), 새물결, 1995, 58면).

94) 김우종, 「항거없는 춘향」, 『현대문학』 30, 현대문학사, 1957.

것이며, 기생이나 양반이나 그런 보편적인 가치를 수호할 수 있는 권리를 갖고 있는 것이다.

"기생이 수절하면 양반은 기절한다."는 변학도의 말은 인간적 가치도 계급에 따라 차등적인 것임을 보여준다. <기생인 춘향>의 정조권 주장에서 烈은 단지 봉건적 의미만을 갖고 있는 것이 아니라 기생인 춘향의 자유 의지(Freier Wille)의 산물이며, 비록 봉건적인 외피를 쓰고 있긴 하나 실제에 있어서는 봉건적 신분 관계의 부정을 뜻한다.[95] 이렇게 <기생인 춘향>의 동위체 안에서 모든 인간의 천부의 권리와 각 개인의 자유가 인간 보편의 도덕적 완성의 가능성의 관점에서 강조되는데, 이는 차등적 신분 질서에 대한 급진적 비판으로 기능한다. 이를 /인간적 가치의 권리 주장/이라는 의소로 설정하여, <기생인 춘향>의 동위체 현상에 포괄할 수 있다.

춘향전에 대한 김태준의 사회주의적 평가[96] 이래로, 대부분의 연구자들은 춘향전의 문학적 성취를 리얼리즘에 두었으며, 결과적으로 '봉건제도의 타파'니, '사회적 모순의 개혁'이니, '서민의 지배 계급에 대한 반항 의식' 혹은 '인격의 옹호 의식'을 강조하였다. 기생이라는 자기 신분으로부터의 해방의 요구 및 그와 관련하여 제기된 인간의 기본적 욕구와 권리를 변학도로 표상되는 가혹한 봉건적 현실에 직면하여서도 굽히지 않고 주장하고 있다는 것이다. 이는 <기생인 춘향>이라는 동위체를 중심으로 읽었을 때 찾을 수 있는 주제이다.

이처럼 어떤 동위체를 중심으로 선택하여 춘향전을 읽느냐 하는 것은 해석과 이해의 차이를 가져오는 것이다. 동일한 정조권(貞操權) 주장이라도 <기생인 춘향>과 <기생 아닌 춘향>이라는 분류소에 따라 다르게 의미화되며, 이에 대해 /인간적 가치의 권리 주장/과 /유교적 윤리 규범의 준수/가 각각 의소로 설정될 수 있다.

95) '열(烈)'에 대하여 이런 평가를 내리고 있는 논문으로 박희병, 「춘향전의 역사적 성격 분석」(『전환기의 동아시아 문학』, 창작과비평사, 1985)을 참조할 수 있다.
96) 김태준, 『증보조선소설사』(박희병 교주), 한길사, 1990, 196~199면.

이런 맥락에서 춘향과 몽룡의 '재회'도 해석될 수 있다. <기생인 춘향>의 분류소에 속한 '재회'에서 몽룡은 춘향을 정식 부인으로 받아들이기 전에, 어사또의 수청을 들라고 요구하여 춘향의 자격을 시험한다. 이런 시험까지 거치는 결혼이 /인간적 가치의 권리 주장/을 포기하지 않는 춘향에 대한 보상이라고 한다면, <기생 아닌 춘향>의 동위체의 연속으로 보았을 때의 재회는 /유교적 윤리규범의 준수/에 대한 보상이 된다. 이미 정식으로 혼인한 것과 다름이 없는 상태의 유부녀 춘향이 "랑군"에 대한 절의를 지킨 것이기 때문이다. 이는 기존의 질서와 가치체계의 재확인으로서 의미가 있다.

이런 대립쌍의 의미 구조로 춘향전이 구성되었기에, 연구자들은 이본의 계통을 분류하는 기준도 춘향이가 기생이냐, 기생이 아니냐로 설정하기도 한다.[97] 이는 단지 춘향이가 근본이 없는 기생의 딸이냐, 아니면 양반의 서녀냐 라는 출생의 차이만을 가리키는 것이 아니라 춘향이의 신분이 어떻게 설정되느냐에 따라 동위체의 축의 변화를 가져와 텍스트의 의미를 다르게 하여, 각각 다른 계통의 춘향전을 형성한다는 것을 의미한다.

이본의 생산자들이나 개작자들은 자신들의 가치체계나 이데올로기를 통해 춘향전의 두 대립된 동위체 중 어느 한 면에 초점을 두어 읽어내고, 이런 수용의 결과를 이본 형성 과정이나 개작 과정에 반영하였다. 이본 생산자들이나 개작자들은 자신의 경험, 축적된 지식, 이데올로기적 편향과 밀접하게 연결된 화제(topic)[98]를 설정하고, 그런 화제에 따

---

97) "「춘향전」의 여러 이본에는 춘향의 신분이 각기 몇 가지로 달리 설정되고 있다. 즉 기생으로(경판본, 신재효본 동창), 이 도령과 결연 후 속량한 인물로(남원고사), 대비 속신한 규중의 처녀로(신재효본 남창), 양반의 서녀로(열녀춘향수절가) 신분이 동요한다." 이렇게 춘향의 신분을 토대로 하여 계통을 분류하기도 한다. 김진영, 「춘향가 논의의 몇 가지 반성」, 『춘향전 어떻게 읽을것인가』, 27면.

98) 독자가 자신의 경험과 자신의 문화적 지식을 동원해서 결정해야 할 문제 중의 하나는 에코가 말하는 토픽이다. 토픽은 일종의 화용론적 현상으로서 "한 특정 텍스트에서 문제가 되는 것이 무엇인가"라는 질문에 대한 대답으로 이해할 수 있다. "토픽을 근거로 해서 독자는 텍스트에서 등장하는 어휘소들의 의미론적 특성들을

라 동위체를 재조직하게 된다. 그런 과정에서 동위체의 대립 상황은 이본과 개작본에 따라 조절되는 것이다. 이를테면, 기생으로서 춘향이가 불합리한 사회 제도 때문에 겪는 수난과 저항은 기생이 아닌 춘향이가 받아야 할 시련과는 차이가 있다. 전자는 신분질서의 불합리에 대한 고발, 혹은 인간 해방의 주장으로 해석되며, 후자는 유교 윤리의 강조로 해석된다.

이런 복수 동위체는 하나는 심층구조에 있는 이면적 주제이고, 다른 하나는 표층구조에 속한 표면적 주제로 분리될 수 있는 성질은 아니다. 그것은 텍스트의 표층과 심층에 걸쳐 존재하기 때문에, 표면적 주제와 이면적 주제라는 구분보다는 이질적인 동위체에 의한 해석의 분화라고 보는 것이 타당하다. 이렇게 동일한 층위의 복수 의미 동위체 현상은 해석의 다양성이 유발될 수 있는 생성의 구조 중의 하나이다.

3. 개작 춘향전의 상호텍스트적 서사 변형

선행 논의에서는 완판본이 개작 텍스트를 생성하는 모본의 자격이 있다는 가정 아래, 완판 84장본의 서사 구성을 분석하였다. 분석한 바와 같이 활용 가능성이 풍부한 완판본의 서사 구성은 개작자들이 춘향전을 재구성하는 데 기초가 되는 가능성의 집적체로서 역할을 한다. 이 장에서는 <옥중화>,[99] <일설춘향전>,[100] <춘향뎐>[101]이 완판본의 가능성의 구조를 어떻게 제한하고, 혹은 확장하였는지 고찰해 보겠다.

부각시킬 것인지 아니면 무시해버릴 것인지 결정하며, 동위체 현상이라고도 불리는 해석적인 일관성의 층위를 결정하게 된다."

P. V. 지마, 『문예미학』(허창운 역), 을유문화사, 1993, 377면.

99) <옥중화> 자료는 『춘향전』(구자균 교주, 민중서관, 1970)과 『매일신보』(1912)로 하여, 면수와 연재 일자를 함께 표기하겠다.

100) 자료는 『一說春香傳』, 광영사, 1958로 하며, 이하 면수는 이 책을 바탕으로 표기한다. 그리고 동아일보(1924~1925)에 연재된 일자를 병기하겠다.

101) 자료는 최인훈, <춘향뎐>, 『웃음소리』(민음사, 1995)로 하여 인용하겠다.

1) 서술자 중개에 의한 담론 구성

앞서 분석한 완판본에서는 등장인물과 서술자, 서술자와 독자의 다양한 대화적 관계들이 언어적 다양성을 형성하고 있었다. 먼저 완판본은 춘향의 기사(奇事)라는, 대상에 대해 언급한 다른 관점을 가진 서술자의 목소리와 만나며, 서술자가 대상과 독자에 대해서 중개 활동을 하는 데 있어서도 그 거리를 다양하게 조절하여, 결국 최종적 판단에 귀속되지 않는 입체적 대상을 독자에게 제시할 수 있었다.

개작자들에게 완판본의 언어적 다양성은 단지 형식적인 자원으로만 존재하는 것이 아니라 서술자가 대상과 독자 사이에서 다양한 관계를 형성하는 활동을 통해 의미를 생성하는 가능성으로서 의미를 갖는다. 이 절에서는 완판본에서 보여주는 다양한 대화적 관계들이 개작 춘향전 텍스트에서 어떻게 수용되고 변화되었는지 살펴보겠다.

(1) 〈옥중화〉의 경우

<옥중화>에서는 서술자가 이야기에 끊임없이 개입하여, 이야기에 수정을 가하고 있다. 서술자의 의식이 강하게 이야기에 반영되며, 서술자는 이야기를 통해 독자에게 어떤 교훈이나 지혜를 전해 주려 노력한다. 이런 서술자의 활동을 '논평'[102)]이라고 한다. 논평은 사건 서술과 직접적인 관계가 없는 서술자의 발언으로, 사건이나 인물에 대한 서술자 나름의 견해를 드러낸다. <옥중화>에서 서술자의 논평이 주로 행해지는 곳은 인물에 대한 서술자의 주관적 평가가 삽입되는 부분이다.

몽룡이 춘향 보고지고 보고지고를 크게 외치자 사또가 사실을 알리라 한다. 이에 대해 몽룡은 "놀나시면 내 탓이냐. 백성의 호원쇼리는 몰느도 그런 쇼리는 일슈 드르신다더냐. 이는 다 광더의 망발이라 그럴

102) S. 채트만, 『영화와 소설의 서사구조』(김경수 역), 민음사, 1996, 294면.

리가 잇ᄂᆞ냐."(468~469면, 1912.1.14)고 하여 서술자는 이야기를 변형시켜가면서 몽룡이 부모에게 순종하는 모습을 보여준다. 월매 역시 열녀의 어미로서 "춘향모ᄂᆞᆫ 숣잔이나 취ᄒᆞᆫ 중에 도령님과 춘향을 ᄉᆞ랑ᄒᆞ야 건너가지 아이ᄒᆞ고 쓸ᄃᆡ업ᄂᆞᆫ 잔소리로 놀을 식기로드니 도령님이 민망ᄒᆞ야 쐬비도 알코 헷주증도 ᄒᆞᆫ다ᄒᆞ되 알심잇ᄂᆞᆫ 춘향모가 그럴리 잇나."(477면, 1912.1.21)와 같이 서술자에 의해 상황 판단을 잘 하는 인물로 변개된다.

또, 춘향의 열절을 강조하기 위해 사랑가도 "근ᄅᆡ ᄉᆞ랑가에 정자 노리 풍자 노리가 잇스되 넘어 란하야 풍속에 관계도 되고 춘향 열절에 욕이 되깃스나 넘어 무미ᄒᆞ닛가 대강대강 하였던 것이엇다."(479면, 1912.1.24)라고 바뀌었으며, 암행어사가 몽룡임을 발견한 춘향이 "춘향이가 대상에 뛰여 올나 어사도를 안ᄉᆞ고 울며 춤츄고 논다ᄒᆞ되 춘향이가 무슴 그럴 리가 잇ᄂᆞ냐."(555면, 1912.3.14)고 하는 부분에서도 서술자의 적극적인 개입이 보인다. 이렇게 서술자는 논평을 통하여 인물의 윤리적인 면을 적극적으로 부각시키고 있다.

그리고 논평이 행해지는 형식에 대해 주목할 때, 이야기꾼으로서 <옥중화>의 서술자가 이야기되는 대상, 즉 등장인물을 말하는 다른 광대를 포함한 서술자의 목소리와 만나고 있음을 확인할 수 있다. "이는 다 광ᄃᆡ의 망발", "ᄒᆞᆫ다하되", "노리가 잇으되", "논다하되"라는 식으로 다른 서술자의 목소리를 언급하면서 자신의 목소리를 삽입한다.[103] 그런데 타인의 목소리를 만나고 있지만, <옥중화>의 서술자는 그 목소리와 대화하여 제3의 생성을 이루어내지 않으며, 자신의 최종적 판단을 위해 다른 목소리를 부정할 뿐이다. "무슴 그럴 리가 잇ᄂᆞ냐."와 같이 다른 서술자의 목소리를 일축시킨다.

103) 서술자적 개입에 초점을 맞춰 춘향전 이본의 변모 양상을 연구한 성과로는 김석배의 연구가 있다.
김석배, 「춘향전의 지평 전환과 후대적 변모」, 『춘향전 어떻게 읽을것인가』, 신영출판사, 1993.

자신이 재구성한 이야기의 대상에 대한 자신의 최종 판단만이 진실한 것이며, 그와 다른 입장을 가진 서술자의 목소리는 오직 부정하기 위해 도입된 것이다. 이는 바흐친이 말한 "서술자의 최종적 의미상의 판단의 표현"으로 유일하게 권위를 가진 서술자가 다른 목소리들을 장악하고 있는 형국이다. 비록 <옥중화>의 서술 행위의 주체는 다른 서술자의 목소리를 의식하고 있으며 대상이 다르게 해석될 수 있는 가능성을 보여주지만, 자신이 보고자 하는 대상의 속성에 대해서만 몰입할 뿐, 다른 타자의 목소리에 따라 대상의 다른 측면을 조명하는 데는 관심이 없다.

그리고 선행 이본들과 비교할 때 <옥중화>의 담론의 형식으로 가장 특이한 점은 발화의 소유주인 인물을 명백히 하기 위해 발화자를 발화의 앞에 표기한 점이다.

> 어사도 흥을 ᄂᆡ여 우줄우줄 드러가며
> 아뢰여라 사령아 엿주어라 통인아 먼ᄃᆡ 잇ᄂᆞᆫ 거러지 대연 만나 안쥬 ᄒᆞᆫ 점 슐 ᄒᆞᆫ 잔 엇어먹고 가ᄌᆞ니다
> 소릐를 버럭지르니 본관이 화를 ᄂᆡ여
> 네 져 밋친 놈 멀니멀니 좃ᄎᆞᄂᆡ라 …(중략)…
> (운) 여보아라 더 량반이 량반이 분명ᄒᆞ니 말셕에 안치고 음식이나 잘 대접ᄒᆞ라
> (통) 예-의 …(중략)…
> 어ᄉᆞ도 우스시며
> 안다 안다 운봉이 안다 운봉이 과만이 되얏ᄂᆞᆫᄃᆡ 가삼년을 식여보자
>
> (543 ~544면, 1912.3.9)

이 부분에서 서술 행위의 주체는 괄호를 이용하여 발화의 소유주를 명확히 하고 있다. 그리고 괄호의 표지가 붙지 않은 것 역시 반드시 앞에 발화자가 언급되어 있다. 따라서 직접 인용의 표지가 붙지 않아도

"아뢰여라 사령아 엿주어라 통인아 먼딕 잇는 거러지 대연 만나 안쥬 흔 점 슐 흔 잔 엇어먹고 가즈니다."는 몽룡의 발화로, "네 져 밋친 놈 멀니멀니 좃추니라."는 변학도의 발화로 쉽게 파악될 수 있다. 이렇게 <옥중화>의 서술자는 발화자가 명확하게 제시된 경우에는 발화의 소유주를 제시하지 않았으며, 여러 발화자가 교체하며 대화를 하는 경우에만 발화의 소유주를 제시하고 있다.

<옥중화>의 서술자는 등장인물의 발화에 대하여 개입하지도 않는다. "어사도 흥을 닉여 우줄우줄 드러가며", "본관이 화를 닉여"는 등장인물이 발화하는 객관적인 상황만을 언급할 뿐 등장인물의 발화에 다른 방향을 부가하지 않는다. 이와 같은 객체화된 말을 통해, 서술자가 가진 객관성에 대한 의식을 엿볼 수 있다. 그런데 이 텍스트의 서술자는 "안다 안다 운봉이 안다 운봉이 과만이 되얏는딕 가삼년을 식여보자." 라고 몽룡이 웃으면서 생각하는 내용까지 서술할 수 있는 능력이 있다. 이는 서술자와 독립된 채 객관적으로 제시되는 것처럼 보이는 대상과 서술자가 얼마나 밀접한 관계에 있는가를 보여준다.

한편, 서술자에 의한 담론의 구성 방식을 볼 수 있는 것으로 '세부 묘사'를 들 수 있다. 세부 묘사를 통해서 배경이라는 재현 대상과 독자 간의 거리를 조절하는 방식을 파악할 수 있다. <옥중화>에서는 광한루의 봄 풍경이 다음과 같이 서술되어 있다.

> 남방을 바라보니 수렴취각은 벽공에 어리여 수호문창 덩실 쇼사 압흐로 영주 위으로 무릉도원 휜 백자 붉은 홍자 숑이숑이 쏫이 퓌고 붉을 단 푸를 청 고물고물 단청이라 류막에 앵제성은 나의 취흥 도도는 듯 화지백접쌍쌍 비향기 찻는 거동이라. 백백홍홍란만중에 선녀미색이 노는구나 (463면, 1912.1.1)

이와 같은 묘사는 이야기에서 청중의 감탄을 자아내게 할 수 있는 과장되고 수사적인 것이다. "노는구나"와 같은 감탄형의 어미를 사용하고 있다는 데에서 이와 같은 묘사의 역할을 확인할 수 있기도 하다. 물론 이보다 완판본에서는 광한루 풍경의 묘사가 더 장황하다.

> 광한누 셥젹 올라 사면을 살펴보니 경기가 장니 조타 젹셩 아침날의 느진 안기 띄여 잇고 녹슈의 져문봄은 화류동풍 둘너잇다 …(중략)… 또 한 곳 ᄇᆞ릭보니 빅빅홍홍난만즁의 잉무 공작 나라 들고 산천경기 둘너보니 예구분 반송솔 썩갈입은 아쥬 츈풍 못이기어 흔늘흔늘 폭포유슈 셰니가의 계변화는 뺑긋뺑긋 낙낙장송 울울ᄒᆞ고 녹음방초승화시라. …(중략)… 또 한 곳 ᄇᆞ릭보니 엇덧한 일미인이 봄식우름 ᄒᆞᆫ가지로 온갓 츈졍 못이기여 두견화 질끈 썩거 머리여도 꼬자보며 함박 꼿도 질근 썩거 입으로 함숙 물러보고(14면)

이처럼 완판본에서는 다양한 수식이 광한루의 풍경에 동원된다. 이는 완판본이 판소리와 유연관계가 가장 가까운 판본이기에 세부 묘사가 연행 현장의 수용자를 감탄시킬 정도로 길어지고 과장된 것을 보여 준다.

그리고 <옥중화>와 판소리의 사설 구성과 유연관계를 보여 주는 것으로 삽입가요를 들 수 있다. <옥중화>에서 특이한 점은 농부가의 가사를 변개하여, 개화 의식을 고취하는 내용으로 바꾼 것이다. 삽입가요는 이야기와 별 관련이 없이도 그 자체로 자족적으로 존재하는 것이다. 이런 특징은 신재효본(男唱)의 농부가에서도 드러난다. "경복궁 새대궐에 요순 같은 우리임금 칭피시핑 가득부어 남산한수하여 보세."104)라고 대원군의 경복궁 재건축에 대한 내용이 삽입되었다. <옥중화>에서 농부가는 다음과 같이 개작된다.

> 사회에 령수되야 법률범위 위월말고 일동일졍지피지기 인기세이도지ᄒᆞ

---

104) 신재효, 「男唱 춘향가」, 『신재효판소리 사설집』, 민중서관, 1971, 63면.

야 **개량풍속** ᄒᆞ논것도 대장부의 일이로다.

국내청년 모라다가 교육계에 집어녓코 각종 학문 교수ᄒᆞ야 인지양성ᄒᆞᆫ 연후에 **학계주인** 되논것도 대장부의 일이로다.

불석천금연조하야 각 사회를 유지하고 텬부호생 뜻을밧아 궁부잔민 광제후에 **자선활불** 되논것도 대장부의 일이로다.

경국제민 연구ᄒᆞ야 천하리익 엇엇다가 금고에 만적ᄒᆞ고 상업저앙 임의ᄃᆡ로 **경제대가** 되논것도 대장부의 일이로다. (528면, 1912.2.19)

'농부가'가 아닌 '장부사업가'에서 대장부의 할 일이라고 제시되는 것은 풍속 개량, 학문, 자선 사업, 경제 활동 등이다.105) 이런 삽입 가요 내용의 교체는 이야기의 전개와는 상관없이 진행되는 것으로 서술자가 이야기되는 주체와 관계를 맺으며 이야기를 구성하는 활동이라기보다는 이해조 자신, 즉 실제 작가가 자신의 뜻을 피력한 부분이다. 판소리 삽입가요는 서술하는 현재의 시간과 이야기되는 과거의 시간을 구분하는 의식 없이 이야기에 직접 개입할 수 있는 공간이다. 판소리 삽입 가요에서는 어떤 내용이 삽입되든 주어진 틀만 변개시키지 않으면 내용의 부분적 변이는 허용된다. 이런 판소리의 사설 구성 방식과 유사한 삽입 가요는 연행 현장의 효과를 고려하는 세부 묘사와 더불어 판소리와의 근접성을 보여주기에 부족함이 없다.

이렇게 <옥중화>는 연행 예술인 판소리의 영향을 상대적으로 많이 지니고 있으며, 비교하는 세 이본 중 판소리와의 유연관계가 가장 크다고 할 수 있다. 물론 이런 차이는 시대적으로 <옥중화>가 가장 오래되었으며, 판소리의 영향이 컸을 것이라는 점에서 비롯된 것일 수 있다. 그러나 이해조가 신소설을 쓸 때에는 신소설의 문체로 썼는데, 굳이 구소설을 개작한다고 하고서 판소리 문체로 쓴 것은 이야기꾼으로서 자

105) 이는 전경욱의 분류에 따르면 "기존 가요의 사설을 일부만 차용하고, 그것의 서술 방식과 운용을 반복하여 만든 가요"로서 "유동성 가요"에 속한다.
전경욱, 『춘향전의 사설형성 원리』, 고려대 민족문화연구소, 1991.

신을 제시하는 의식적인 문체의 선택이라고 할 수 있다. 이런 선택이 무엇을 의미하는지는 Ⅳ장에서 살펴볼 것이다.

(2) 〈일설춘향전〉의 경우

이 텍스트에서는 서술자에 의한 '보여주기', 즉 장면 제시와, '말하기'에 해당하는 요약이 번갈아 진행된다. 주로 장면 제시가 활용되고 요약은 시간을 줄일 필요성이 있는 부분에만 사용된다. <일설춘향전>의 서술자는 주로 대화 상황을 직접 인용하여 장면을 제시한다. 특히 첫 장면은 이전의 춘향전에서 장황하게 춘향의 출생을 설명하였던 것과는 대조적으로 몽룡과 방자와의 대화 장면 제시로 시작된다.

> 「여바라 방자야!」
> 하고 책상위에 펴 놓은 책도 보는듯 마는듯 우득허니 무엇을 생각하고 앉았던 몽룡(夢龍)은 소리를 치었다.
> 「여이.」
> 하고 익살덩어리로 생긴 방자가 어깨짓을 하고 뛰어 들어와 책방 층계 앞에 읍하고 선다. (1면, 1925.9.30)

이야기에서 도입부의 역할은 이야기의 시작을 알리는 것이다. 완판본의 도입과 비교할 때, <일설춘향전>의 도입의 특성이 잘 드러나리라 여겨진다. 완판본에서는 "슉종딕왕 직위 초의 셩덕이 너부시사 셩자셩손은 계계승승ᄒᆞ사 금고 옥족은 요순시절이요 의관문물은 우탕의 버금이라 좌우보필은 쥬셕지신이요 용양호위난 간셩지장이라(중략) 충신은 만조하고 효자 열녀 가가지라 미지미지라(중략) 이때 전라도 남원부의 월미라 하는 기싱이 잇으되 삼남의 명기로셔 일찍 퇴기ᄒᆞ야 셩가라ᄒᆞ는 양반을 다리고 셰월을 보닉"(2면)라고 서술자에 의한 파노라마적인 제시가 활용되었다.

그러나 <일설춘향전>에서는 서술자의 존재가 확연히 부각되는 도입을 제거하고 있다. 이렇게 서술자가 드러나지 않는 장면 제시로 서술을 시작하는 효과는 기원이 없는 이야기가 마치 스스로 존재하는 것인 양 자연스럽게 제시된다는 것이다. 그리고 보여주기의 서술 방법이 서술자의 존재가 환기되지 않는 절제된 요약과 함께 활용되어 마치 실제 장면을 보는 듯한 효과를 가져 온다.

다음의 인용문에서는 서술자가 대상과 교섭하며 대상을 평가하는 방식을 볼 수 있다.

> 「삿도 자제 삿도 자제.」
>
> 하고 나귀가 지나가면 길가 사람들이 모두 부러운 듯이 우럴어본다. 오늘이 오월단오라 울긋 불긋하게 새옷 입은 아희들은 떼를모아 몽룡의 나귀를 따라온다. **「삿도 자제 이 도령이 얼굴 잘 생기고 재주있다.」하는 것은 남원부내에서 모르는 사람이 없었다.** 그의 희고 넓은 이미 광채있는 눈 높은 코며 후리 후리한 키며 아직 나이를 열여섯살이라 애틔는 있지마는 **과연 호남자의 풍격이 있었다.**
>
> 사람들이 자기를 모두 우럴어 볼때에 몽룡도 기뻣다. 「잘났다.」「재주있다.」하는 말을 어려서부터 들어온 **몽룡은 조선 팔도에 자기가 으뜸인것 같이 생각하였고 자기는 글 잘하고 벼슬 높은 사람이 되어 이름이 크게 떨칠 것을 스스로 믿었다.** (4면, 1925.9.30)

이 부분에서 몽룡이란 대상에 대한 세 종류의 목소리를 찾을 수 있다. 우선 첫째는 "삿도 자제 이 도령이 얼굴 잘 생기고 재주있다."고 하는 남원부내 사람들의 평가적인 말과, 둘째, "과연 호남자의 풍격이 있었다."는 서술자의 말, 셋째는 몽룡이 스스로 자신을 "으뜸인것 같이 생각하였고 자기는 글 잘하고 벼슬 높은 사람이 되어 이름이 크게 떨칠 것"이라는 인물의 생각이다.

이렇게 대상에 대한 접근을 하는 데 있어서 서술자는 다른 주체의 말을 동원하지만, 각각의 주체의 입장이 대상의 다른 측면을 부각시켜 대상을 입체화시키고 있지 못하고 있다. 일반 사람들의 평가와 서술자의 평가, 몽룡의 자신의 평가는 곧 '몽룡이 잘났고, 재주있다.'라는 최종적인 판단에 결합되게 된다. 마치 여러 악기들을 동원하지만 화음을 만들어내지 않는 단선율과 같은 말이 되는 것이다.

이와 같은 서술자와 등장인물의 거리는 등장인물의 말에 대해 서술자가 고의적으로 지적하는가, 그렇지 않은가를 통해서도 살필 수 있다. 이는 주로 자유간접화법을 통해 파악할 수 있다. 자유간접화법을 구사하는 서술자는 직접화법에서 말하는 사람은 서술자이고, 간접화법에서 말하는 사람은 서술자임에 비해, 자유간접화법에서 말하는 사람은 실제로는 그 작중인물인 듯하지만, 그 발화는 서술자의 어투가 삽입되어 드러난다.[106] 다음의 인용문에서 <일설춘향전>에서 자유간접화법이 어떻게 활용되고 있는지 확인할 수 있다.

> ① 어느덧 겨울도 다 지내고 옥창에도 봄바람이 불어오고 수인의 귀에도 종달새의 소리가 들려 오면,
>
> ② 「아-봄인가-또한 봄인가.」
>
> ③ 하는 한탄이 나오고 금할 수 없는 눈물이 쏼쏼 흐른다.
>
> ④ 세월은 가네 물흐르듯 살닷듯 세월은 가네. 세월은 가고 가도 기다리는 님은 안 오시니 어쩔가나 (225~226면, 1925.11.29)

이 인용의 ①과 ③은 서술자의 발화로 서술자는 객관적인 상황에 대한 서술을 한다. ②는 인용의 표지가 확실한 춘향의 말이다. 그런데 ④는 춘향의 계속되는 한탄조의 말이라고 할 수도 있으며, 서술자가 춘향의 상황을 나타내는 말이라고도 할 수 있다. 이런 자유간접화법은 어떤 한 사람의 발화자에 속하지 않기에 결함이 있거나 문제시되는 미메시

106) M. J. 툴란, 「서사론」(김병욱 외 역), 형설출판사, 1995, 182~185면 참조.

스이다.[107] 분명히 서술자의 발화인데도 불구하고 대상의 발화로 해석될 수 있으며, 대상의 의식인데도 불구하고 서술자가 발화할 수 있다는 것은 대상과 서술자가 일치한다는 것을 말한다.

이 자유간접화법에서는 서술자가 인물의 어투에 다른 방향성을 부여하지 않은 채, 대상의 말을 자신의 것으로 삼고 있다. 비록 직접화법을 많이 사용하여, 등장인물의 말을 객체화시키고는 있지만, 이런 자유간접화법을 볼 때 <일설춘향전>의 등장인물의 말이 과연 객체화된 것인가라는 의문을 품게 한다.

등장인물의 말이 온전히 객체화되기 위해서는 서술자의 말과 동일한 평면상에 위치해서는 안 된다. 즉, 서술자와 등장인물의 거리가 객체화의 기본 조건이라는 것이다. 그러나 <일설춘향전>의 주인공의 말은 서술자의 말과 동일한 위상을 가지며 같은 평면상에 위치해 있다. 이렇게 <일설춘향전>의 주인공과 서술자는 완전히 하나가 되며 서술자가 주인공에 대해 어떤 거리도 갖지 않는다.

이런 식으로 <일설춘향전>의 서술자는 자신의 존재를 부각시키지는 않지만 등장인물의 목소리와 자신의 목소리를 일치시키면서 활동을 하고 있는 것이다. 따라서 <일설춘향전>의 서술자는 비록 객관적인 입장에 서 있는 듯 자신을 제시하지만 주인공에 대해서는 몰입의 정도가 크며, 따라서 주인공의 말을 서술자의 말과 다른 방향성을 가진 것으로 제시하지 않는다는 것이 특징이라고 할 수 있다.

<일설춘향전>에서 배경이라는 대상을 서술하는 부분인 세부 묘사도 <옥중화>보다 더 간결하고 사실적으로 행해지고 있어 대상의 객체화에 대한 의식이 지속되고 있음을 확인할 수 있다. 역시 광한루에서 바라본 풍경을 중심으로 <일설춘향전>, <옥중화>, 완판본을 비교해 볼 수 있다.

몽룡은 심신이 상쾌하여 이리저리 경치를 바라볼적에 오작교 저편 큰

107) M. J. 툴란, 위의 책, 184면.

> 길 건너 늙은 수양버들 밑에서 록의홍상으로 차린 처녀 삼사인이 그네를 뛰는 양을 보았다. 치마자락이 펄렁 당기끝이 너훌 앞으로 굴러 뒷가지를 차고 뒤로 굴러 앞가지를 찰때에 흐느적 흐느적 흔들거리는 수양버들 잎사귀가 햇빛에 번뜩 번뜩 한다. (10면, 1925.10.2)

이러한 사실적인 묘사는 '현실 효과'[108]를 동반한다. 판소리계 소설에서 세부적인 묘사는 수사적인 요청에 의한 것으로 아름다움을 통해 청중의 경탄과 존경을 자아내기 위해 필요했던 것인데, <일설춘향전>에서는 광한루를 현란하게 꾸미기보다는 현실과 그럴듯하게 닮은 표현으로 묘사했다. 이런 재현은 실제 현실을 지시함이 아니라 서사에 의해 창출되는 환상이자 효과로 텍스트 속의 현실이 서술자에 의해 발화된 것, 언어에 의해 만들어진 것이라는 사실을 잊게 한다.

이렇게 이 텍스트에서 서술자의 중개 활동에 대한 노출은 드러나지 않는다. 서술자의 존재를 지우는 것은 텍스트에서 저자의 흔적을 없애는 것이며, 텍스트를 비개인적인 것으로 만든다. 이런 서술자의 소거 효과와 더불어, 앞서 밝힌 현실 효과는 서술자의 존재 없는 완전한 이야기가 자연스럽게 존재한다는 환상을 창출한다.

그러나 앞서 보았다시피 이 텍스트의 서술자는 대상을 객체화하는 듯하지만, 인물이라는 대상에 있어서 서술자의 최종적이며 유일한 판단을 행하고 있다. 이는 객체화된 말이라기보다는 서술자의 활동을 숨기며, 객체화를 지향하게 보이도록 하는 것이므로, 바흐친이 말한 '말의 제2유형'이 아니라 제2유형으로 가장한 제1유형의 말이라고 할 수 있다.

---

108) '현실 효과'란 언어가 현실을 있는 그대로 전달한다는 잘못된 환상을 만들어냄으로써, 독자들로 하여금 텍스트 속의 현실이 이데올로기에 오염된 언어에 의해 '만들어진 것'이라는 사실을 잊게 하고 그것이 마치 실제 현실인 양 착각하게 하는 것을 말한다. R. Barthes, Writing Degree Zero, Trans. Annette Lavers and Colin Smith, New York; Hill and Wang, 1968, 29～40면.

(3) 〈춘향뎐〉의 경우

<춘향뎐>에서는 말의 다양한 유형들이 아무런 표지 없이 서술되는 부분이 많다.

> **그녀는 아직껏 일자 소식 받지 못하고 있었다.** 집안의 크고 작은 일이 밀어닥친 가운데 분주할 몽룡의 처지를 짐작 못하는 바는 아니지만 두 달이 가까워 오는데 우선 바쁜 대로 잘 왔소. 한 마디 써보내지 않는 심사는 헤아릴 길이 없었다. 그것도 예사걸음으로 쉬이 만날 처지면 굳이 일엽연서를 기다리자는 것이 경망스럽기도 하겠지만 어디 그럴 처지인가. **생각에 지친 그녀는 혼곤히 잠이 들었다.** (56면)

이 인용문의 첫째 문장은 분명히 춘향을 '그녀'라고 칭하고 있는 서술자의 목소리이며, 마지막 문장 역시 서술자의 간접화법이다. 그런데 이 두 문장 사이에는 춘향이 몽룡을 생각하는 내적 독백이 아무런 표지 없이 삽입되었다. 이와 같은 목소리의 자유로운 전환은 인물에 대해서도 다양한 명명을 가능하게 한다.

> ① 남원옥에서 **춘향**이 어두운 밤을 새고 있을 때, 한양의 **몽룡**이 집안에서는 그보다 더 어두운 밤을 밝히고 있었다. (57면)
>
> ② 그녀가 디미는 만리장서를 반만 읽고 불쌍한 월매는 기색하여 방바닥에 넘어졌다. **연놈**은 밤도망을 쳤던 것이다. (65~66면)
>
> ③ 상을 물린 다음에 주객 사이에는 이야기가 길어졌다. 그 사이 **아낙네**는 세 번 드나들었다. 한 번은 지아비 무릎에서 잠이 든 어린 것을 받아갔고 두번째는 산차를 들여왔다. 그때마다 지아비에게 무슨 말을 할 듯하는 것을 노인은 보았다. 그러나 **남정네**는 세상 돌아가는 일을 이것저것 물으면서 긴 이야기를 바라는 것이었다. (67면)

각각의 인용문에서 두 주인공은 '춘향과 몽룡', '연놈', '아낙네와 남정네'라고 다르게 지칭된다. '춘향과 몽룡'이라는 것은 서술자가 본 대상이며, '연놈'은 월매가 밤도망 간 그들을 원망하며 지칭하는 것이고, '아낙네와 남정네'는 산삼을 캐는 노인이 정체를 알 수 없는 남자와 여자를 명명하는 것이다. 이렇게 대상에 대한 이름붙이기가 여러 인물의 목소리를 통해 드러나는 것은 하나의 대상에 대해 접근할 수 있는 다양한 방향이 있음을 암시한다. 이처럼 <춘향뎐>에서는 인물에 대한 평가가 계속해서 유보되고 있으며, 인물은 서술자의 최종적인 판단에 종속되지 않는다.

다른 사람들의 목소리와 대화적 관계를 형성하는 서술자는 자신마저도 하나의 타자로 상대화하는 전략을 구사하고 있음을 다음과 같은 인용문에서 볼 수 있다. 가장 먼저 제시한 인용문에서 서술자는 인물의 내적인 발화까지 서술할 수 있는 능력을 가졌었다. 그런데 이런 서술자가 이야기 중간에 자신의 정체를 드러낸다.

> **여기서 우리는 원본 춘향전과 갈라져야 되겠다.** 그 까닭은 이렇다.
>
> 이튿날 남원 고을에는 큰 변이 난 것이다. 그것은 오래 전부터 소문이 있어 오던 암행어사가 출도하여 신관사또 변학도는 봉고파직이 되었다. …(중략)… 워낙 기벽이 유다른 사람이어서 아무도 그런 소식을 전하기를 꺼려했던 것이다. 다만 기벽이 그러했다는 것뿐으로 그의 다스림이 포악무도했는지 여부도 딱히 밝힐 만한 아무 근거도 없다. 봉고파직이었지만 당파싸움에 몰렸다는 말이 있다. **여염집 부녀에게 수청을 강요한 것만 가지고도 폭정이 자명한 것이 아니냐고 하기 쉬우나 그것은 우리 생각이다. 우리처럼 인권이 완전히 보장돼서 관에 의한 사생활의 침해가 완전히 없는 현대 한국 시민의 생활 감정으로 재어볼 때 그렇다는** 것이고 권력에 갇힌 어두운 중세의 밤을 살던 옛사람들에게는 그 한 가지만 가지고 지방관장을 좋다 나쁘다 할 수는 없었다는 이야기다. …(중략)… 유부녀 공갈에 있어서도 불소급의 원칙이 있는 것인즉 평등법이 없었던 곳에 죄를 인정함은

> 모순이다. 그것은 개인 변학도가 감당할 죄가 아니요 구정권의 이데올로기에 돌려져야 할 화살이기 때문이다. **변씨 문중도 아니요 변공으로부터 구전을 받았을 리도 없는 필자가 이같이 말하는 것은 무슨 까닭인가.** 용장이든 색장(色將)이든 간에 변공을 두둔하려 함이 아님은 말할 것도 없거니와 사고형태의 장(場)이 다른 경우에 그 속에서 산 개인의 행위평가에는 일정한 참작 상수(常數)를 고려해야 한다는 그런 이야기를 하자는 것은 더더구나 아니다. **그 따위 일은 우리들 소설가가 알 바 아니다.** (64면)

이 긴 인용문에서 서술자는 "우리 소설가가 알 바 아니다."와 같이 자신을 소설가로 칭하고 있다. 이런 서술자가 스스로에 대해 언급하며 자신의 능력을 제한하는 것은, 앞서 살핀 전지적 능력을 가진 서술자를 부정하는 것이다. 따라서 여기서 서술 행위의 주체는 앞서 제시한 전지적인 서술자를 다시 객체화하고 있다고 볼 수 있다.

이제 객체로 제시된 서술자는 하나의 주체로 기능하면서 발화를 통해 자신의 입장을 표명한다. 우선 서술자는 "우리"라고 지칭되는 "현대 한국의 시민"이라는 독자를 설득시키며, 자신의 판단에 대한 근거를 제시하고 있다. "여염집 부녀에게 수청을 강요한 것만 가지고도 폭정이 자명한 것이 아니냐고 하기 쉬우나 그것은 우리 생각이다."는 말에서도 짐작할 수 있듯이 서술자는 자신의 판단과는 다른 입장을 가질 수도 있는 독자를 자신의 담론 속에 개입시킨다.

이런 서술의 특징은 바흐친이 말하는, 말의 제3유형에 속한 '은닉된 논쟁'[109]에 해당한다. 은닉된 논쟁은 타인의 말이 대화의 응답으로서 예상되는 반박에 대한 대응이나 타자의 반론에 대한 응답으로서 실현되는 담론이다. 바흐친은 "반론의 고려는 대화적 말의 구조 속에서 특수한 변화를 야기시키며 그 말을 내부적 사건으로 만들며 말의 대상 자체를 새로이 밝혀 주고 거기에서 독백적인 말로는 전달시켜 줄 수 없는

---

109) M. M. 바흐친, 위의 책, 284면.

새로운 측면을 열어준다."[110]고 하였다.

은닉된 논쟁 속에서는 이렇게 독자와 서술자간의 대화적인 관계가 형성되어, 독자도 하나의 주체로서 서술자의 추론 과정을 따르도록 요구된다. 이러한 서술자의 전략은 판단의 결과만 제시되는 이야기의 변형과는 달리 판단의 근거가 제시되어 있어 독자들이 이에 대해 반론을 펼칠 수 있는 여지를 마련해준다.

서술자의 최종 판단만이 제시될 때, 독자에게는 그것을 수용할 것인가, 거부할 것인가라는 두 가지 선택 가능성이 있을 뿐 대화적 관계에 참여하지 못한다. 그러나 이 텍스트에서 독자는 서술자에 의해 타자로 의식되고 있으며, 서술자는 독자와 대화 가능성을 마련하려 노력한다. 그렇다면 여기서 가정되는 독자가 어떤 성격을 갖는지를 좀더 살펴볼 필요가 있다.

i) 독자는 변학도에 대해 여염집 유부녀에게 수청을 강요한 것만을 가지고 악한이라고 생각한다.
ii) 독자는 서술자가 변학도를 변호하면 변씨 문중이나 변공으로부터 구전을 받았다고 생각한다.
iii) 독자는 "현대 한국 시민"으로 "인권이 완전히 보장돼서 관에 의한 사생활의 침해가 완전히 없는" 생활에 의해 형성된 감정을 가지고 있다.
iv) 독자는 춘향과 몽룡이라는 주인공들을 사랑한다.

이와 같은 항목들이 앞의 인용문에서 추출할 수 있는 독자의 상이다. 여기서 서술자가 상정하고 있는 독자는 춘향전을 권선징악적으로 판단하여, 변학도는 악하고 주인공은 선하며, 결국 주인공이 행복한 결말을 맞이할 것이라는 대중 문학의 도식적 구조를 <춘향뎐>에서 기대하는 사람들이고, 단지 현대 한국 시민의 생활 감정만을 가지고 과거를 판단

110) M. M. 바흐친, 위의 책, 284면.

하는 독선을 가지고 있으며, 오직 현대의 가치만을 기준으로 삼아 과거를 바라보는 사람들이다. 그리고 현대 한국의 시민 생활이 관에 의한 침해를 전혀 받지 않는다고 생각하는, 현실에 대한 비판 의식이 부족한 사람들이다.

이와 같은 배경을 가지고 있는 것은 서술자 자신이기도 하다. 서술자는 예상되는 독자를 '우리'라고 칭하면서 이야기의 가능세계를 함께 구성하도록 요구한다. 여기서 서술자는 상상의 독자와 함께 토론을 수행하여 가능세계를 구성해 나아간다. 따라서 독자는 이제 더 이상 모든 것을 알고 있으며, 완전하고, 이미 결정된 세계를 드러낼 수 있는 권력을 가진 저자의 상을 변경시켜야 하며, 같은 지평 위에 있는 동시대인으로서 과거의 인식에 한계를 가질 수 없는, 신뢰할 수 없는 존재인 서술자를 수용해야 한다.

서술자는 자신을 소설가로 칭하면서 자신은 "사고형태의 장이 다른 경우에 그 속에서 산 개인의 행위평가에는 일정한 참작 상수를 고려해야 한다는 그런 이야기", 즉 객관적 진실을 드러내는 사회학이나 역사에는 관심 없다는 것을 밝힌다. 이런 서술자의 존재는 이 이야기가 허구적으로 창작된 것임을 독자로 하여금 상기하게 만들며, 서술자가 이야기를 임의로 끝낼 수도 있으며, 임의로 바꿀 수도 있다는 것을 암시해준다.

이렇게 이 텍스트의 서술자는 모든 사실을 확실히 말할 수 있는 전지적 위치에 존재하지 않는다. 서술자가 확실한 정보, 자신 있는 판단, 유일한 해석, 절대적 진실에 대한 확고한 신념을 가질 수 없을 만큼 현실은 불합리하고 불확실한 세계이기 때문이다. 오히려 서술자는 사실에 대한 확실한 판단을 유보하고 감춤으로써 진실의 절대적 가치를 무의미하게 한다. 따라서 독자는 서술자의 도움으로 일면적 진실을 발견하는 것에 만족할 수 있는 편안한 위치를 갖지 못한다.

스콜즈에 의하면, 서사체의 독자는 자신이 저항하기에는 역부족이며, 모든 투쟁이 작가의 올가미에 빠뜨리려 계획된, 자기 밖에서 통제되는 과정에 매여 있다고 가정한다고 한다.[111] 이런 서사물에 대한 독자의 복종과 포기는 '양성 편집병'의 정신병적인 태도와 연결된다. 그러나 <춘향뎐>에서 서술자와 독자의 관계는 이런 복종과 포기의 관계가 아니다. <춘향뎐>의 서술자는 독자들을 환상으로 안전하게 인도하지 못한다. 따라서 독자는 서술자를 보완하고, 대신하여 텍스트를 구성하는 역할을 해야만 한다.

<춘향뎐>은 서술이 서사성(narrativity)을 압도하는 텍스트이다. 서술자는 독자가 텍스트의 의미를 형성할 수 있도록 도와주는 서술 행위의 주체에 의해 마련된 텍스트의 장치일 뿐이며, 독자가 기대하고 있는 서사성을 충족시켜 주지 못한다. 이러한 텍스트의 독서의 과정은 독자 자신의 춘향전과 상식에 대한 지평을 변화시켜 가는 과정이 된다. 서술자는 독자의 기대를 반전시키면서 춘향전에 대한 지평과 더불어 지배적인 사유 방식이 갖는 지평도 변화시키게 된다.

2) 인물의 역할과 양태 부여

완판본에서 분석한 바와 같이 최종적인 판단으로 귀속되지 않는, 모호성을 지니는 다면적 인물은 개작 텍스트 생산자에게 재해석을 요구한다. 개작 텍스트에서 어떤 인물이 어떤 역할을 하고 있는지 살펴봄으로써, 역할과 양태 부여 과정에서 나타나는 의미의 선택을 추출할 수 있다. 각 춘향전 개작 텍스트에서 인물의 구체적 행위 내용은 약간씩 달라지지만, 공통적인 역할 분모가 고정되어 있는 극적인 구조를 갖기에 춘향전에서 비교적 고정된 항목인 주체와 구원자, 적대자라는 기본 행역자의 항을 중심으로 춘향과 몽룡, 변학도라는 인물을 설정하고, 이들에게 어떤 양태가 부여되었으며, 이와 같은 인물의 양태 설정은 선행텍스트와 어떤 상호텍스트적인 관계를 함의하는 것인지 살펴보겠다.

---

111) R. 스콜즈, 『기호학과 해석』(유재천 역), 현대문학, 1988, 89~90면.

(1) 〈옥중화〉의 경우

이 텍스트에서 주체인 춘향은 기생이 아닌 여염집의 정숙한 여성으로서 자질을 부여받고 있다. 완판본에서 춘향이가 기생처럼 요염해 보이기도 하고, 여염집 여자처럼 정숙해 보이기도 하는 양가적인 인물인데 반하여, <옥중화>의 춘향은 기생적인 면모가 별로 보이지 않아 춘향의 양가성이 감소되었다고 할 수 있다.

춘향은 당시의 보편적 가치인 '열(烈)'을 구현한 인물이며 도덕성의 화신일 뿐, 목적하는 대상을 성취하는 과정에서 신분에서 비롯된 갈등이 부각되지는 않는다. 이런 춘향의 도덕성에 대한 보상으로 춘향은 '신분 상승'의 소망을 이룬다. 그러나 이런 과정에서 신분 질서에 대한 문제제기를 하지 않아, 변학도에 대한 저항의 급진적인 의미가 많이 축소되었다.

몽룡은 처음에는 춘향을 기생으로 생각하고, 춘향을 함부로 불러오라 하나, 춘향이 전하는 말을 듣고, 춘향의 뜻이 깊음과 기생적이지 않은 면모를 발견하고, 이후 춘향을 기생으로 대하지 않는다. 그리고 다른 이본들과는 달리 몽룡의 부모 역시 춘향을 받아들인다. 이들은 선한 양반이다. 그러나 이는 곧 이들이 선치관리임을 의미하지 않는다. 단지 품성이 선할 뿐이다.

다른 이본과 달리 <옥중화>는 변학도를 용서하는 점에서 특이하다. 월매까지 나서서 변학도는 죄가 없음을 말한다. "우리골 본관 사도 부ᄃᆡ 괄시 마옵소셔. 춘추ᄂᆞᆫ 만으시나 마ᄋᆞᆷ이 호협ᄒᆞ야 호쥬탐화ᄒᆞ시기ᄂᆞᆫ 두목지의 짝이시라 춘향일색 말을 듣고 불너보니 만고일색 욕심이 잔득 나서 달ᄂᆡ여도 안이듯고 울너보되 듯지 안으니 천가지로 유인하고 만가지로 달ᄂᆡ다가 종시 듯지아니ᄒᆞ니 우협ᄒᆞ면 될 쥴 알고 잡아ᄂᆡ여 호령ᄒᆞ니 매몰한 춘향이가 (중략) 관정발악"(557면, 1912.3.15)을 한 것일 뿐이며, 원래 춘향을 때려 죽일 것을 "본관사도 어진 처분 지금ᄭᆞᆺ 살녓으니 그 은혜 장ᄒᆞ오며 본관 사도 아니시면 춘향수절 어셔나리"(557면, 1912.3.15)라고 변학도를 변호한다. 이런 논리에 수긍하여 변학도를 용서하는 몽룡은 구원자로서 '포용력'이라는 선한 자질을 갖추었을 뿐, 민중의 편에서 탐관오리를 징치하는 인물로는 그려지지 않는다.

변학도는 춘향전에서 수청을 들라고 요구하는 적대자의 역할을 담당한다. 어느 춘향전이나 이런 역할에는 변함이 없다. 그러나 이런 행위가 어떤 의미를 갖는가 하는 것은 각 이본이나 개작본마다 다르다고 할 수 있다. 그는 <옥중화>에서 고집이 센 풍류남아이다. "변학도라는 양반이 낫시되 얼골이 잘나고 남녀창우계면을 것침업시 잘 부르고 풍류속이 달통ᄒᆞ야 돈 잘쓰고 술 잘먹고 일디 호걸이로되 한가지 허물이 잇던가 보더라. 고집이 미련ᄒᆞ야 됴흔 말 글이 알고 그른 말을 올케 알고 쥬식이라 하면 화약을 질머지고 불조심 아니히"(491면, 1912.2.2)라는 인물에 대한 묘사에서 보이듯이 변학도는 호걸이지만 단지 고집이 센 인물일 뿐이다.

변학도는 춘향에 대해서는 호색한의 욕심을 가지고 대한다. "사도가 도임초에 춘향 행실 모루고셔 경현이 불녀셔 ᄒᆞᆫ 말이 이러ᄒᆞ니 기특다 칭사ᄒᆞ고 고만너여 보닛스며 관촌마사 됴흘 것을 싱긴 거시 ᄒᆞ묘하니 욕심이 잔뜩나서"(506면, 1912.2.10) 춘향에게 수청을 집요하게 요구한다. 춘향이 이에 대해 거부하자, 그는 관장의 위엄이 떨어진 것보다는 호색한으로서 욕망이 좌절된 것에 대한 분노로 춘향을 "때려 죽일" 생각을 하게 되는 것이다. 변학도는 <옥중화>에서 이렇게 성품에 문제가 있는 인물이며, 악치 수령으로는 거론되지 않기에 지배 질서의 대표자로서 나타나지 않는다고 볼 수 있다. 오히려 그는 앞에서 살핀 월매의 변호에서도 알 수 있듯이 춘향의 정조를 증명해 주는 협조자로서 기능한다.

요컨대, <옥중화>의 인물은, 완판본에서 구성된 인물에서 볼 수 있는 양가적 속성이 감소되었으며, 개인의 도덕성을 중심으로 그 양태가 재구성되었다고 볼 수 있다. 봉건적 가치 규범의 전형으로서 춘향과, 변학도를 용서하는 포용력 있는 몽룡, 악치 수령이라기보다는 비도덕적 호색한으로서 변학도는 이 텍스트가 행위자의 사회적 조건보다 도덕성이라는 개인적 성품을 문제 삼고 있다는 것을 보여준다.

(2) 〈일설춘향전〉의 경우

<일설춘향전>의 춘향은 <옥중화>의 춘향과는 달리, 기생인 면모를 두루 갖춘 인물이다. 여염집 여자의 정숙한 모습보다는 기생의 요염함과 상스러움이 흥미롭게 그려진다. 춘향은 자기를 부르러온 방자에게 "이 주릴할 녀석", "에이 망할 녀석", "이 주릴할 녀석이 왜 또 와서 지랄이야"(25면, 1925.10.7)등의 상욕도 서슴지 않는다. 그리고 몽룡에 대하여 "책방 도련님이 풍채 좋고 재주 있단 말은 춘향도 들었던 터이라 한 번 보았으면 하는 맘"(19면, 1925.10.6)도 갖는다. 이렇게 춘향에게는 규범적인 정숙함보다는 비규범적인 상스러움과 자유로움이라는 양태가 부여된다. 이는 몽룡과의 자유로운 사랑을 이루기 위한 주체의 자질로 설정된 것이다. 그리고 춘향의 내적 고민을 유발하는 것은 기생이라는 신분이다.

한편, 춘향은 몽룡에게 "아이가 나도 걱정이요. 호적에도 못오르고나 모양으로 아버지 없는 자식이 되어 천덕군이가 되겠으니 어떻게 갓을 쓰고 다니겠오."(114면, 1925.10.28)라고 하면서 자신의 신세를 한탄하기도 한다. 이런 기생 춘향이 원하는 것은 몽룡과의 공식적 결합을 통한 신분 상승이 아니라 몽룡의 사랑이다. "도련님만 나를 안버리시면 나는 복있는 사람이오. 륙례를 못이루면 어떠며 첩의 첩이라면 어때요. 도련님댁 종의 종이 되더라도 상관없지요."(92면, 1925.10.22)라는 춘향전의 말을 통해 이를 확인할 수 있다.

몽룡은 구원자라는 행역자의 기능을 수행하는 인물이지만, 다른 이본과 비교할 때, <일설춘향전>에서 가장 변화가 큰 행위자이다. 몽룡이 광한루로 행차하면서 "사람들이 자기를 모두 우럴어 볼 때에 몽룡도 기뻤다. 「잘났다」, 「재주있다」하는 말을 어려서부터 들어온 몽룡은 조선 팔도에 자기가 으뜸인 듯 같이 생각하였고 자기는 글 잘하고 벼슬 높은 사람이 되어 이름을 크게 떨칠 것을 스스로 믿는"(4면, 1925.9.30), 스스로에 대해서 높이 평가하는 인물이다. 이런 우월감은 양반이면서도 서민의식을 가졌던 몽룡을 형상화하고 있는 완판본과는 차이가 있다.

그리고 몽룡은 정서가 풍부하며, 그 변화가 다채로운 인물이다. 이는 처음으로 춘향집을 향하는 몽룡의 마음이 갑자기 비감해지는 장면을 통해 살필 수 있다. "사람이란 나면 늙고 늙으면 죽되 다시 젊을 수가 없고 한 번 죽으면 다시 살아날 수가 없구나. 인생 백년이 하루살이 같지 아니하냐. 만나면 떠나고 떠나면 다시 만나기 어려우니 인생 백년에 기쁜 날이 없는 모양이다."(64면, 1925.10.16)고 하는 몽룡은 감성이 매우 풍부한 인물이다.

그는 춘향을 기생으로 알고 접근했지만, 다른 이본들처럼 기생 아닌 면모 때문에 백년가약을 하는 것이 아니다. 기생인 춘향을 그대로 인정하고 사랑한다. 그는 자유로운 사랑을 원하는 것이다. "부모도 다 버리고 세상 공명도 다 버리고 훌적 날아 춘향에게로 갈 맘이 불일 듯하거니와 그렇게 할 수 없으니 이 일을 어찌하랴."(239면, 1925.12.3)는 말에서 몽룡에게 자유로운 사랑을 위해 현실적인 제약을 부정하려는 성향이 있음을 확인할 수 있다.

이렇게 오직 춘향에 대한 열정만을 가진 낭만적인 몽룡은 변학도의 악치를 징벌하는 선치수령의 면모가 줄어 있다고 할 수 있다. 왜냐하면, 몽룡이 암행어사가 되는 것은 민중의 편에 서는 선치수령이 되려는 것이라기보다는 타고난 재능으로 현실과 타협하여, 춘향과 결합할 수 있는 방도로 필요했던 것이기 때문이다.

한편, 변학도는 <옥중화>에서와는 달리 불합리한 지배 질서의 대변자로서 그려졌다.

> 새로 난 남원 부사가 남촌 사는 변학도라는 양반이다. 얼굴이 뺀뺀이 난 까닭인지 소년시부터 색을 좋아하여, 종년이고 행낭것이고 들어오는대로 모조리 손을대이고, 남의 유부녀 수절 과부까지도 엿보다가 톡톡히 망신을 당하기도 한두번이 아니어서 친척과 동류간에, 좋게 말하면 오입쟁이 좋지 못하게 말하면 망난이라는 이름들 들어 왔다. **글이라고는 편지 한 장 변변이 쓰지 못하되, 양반이란 지체가 좋아서, 조상의 뼈덕과 처가 결련덕으로 남행초사를 시작하여, 이골 저골 조고마한 산읍으로 현령 군수를 돌아다니며, 계집과 돈 때문에 민요도 몇번 겪어 으레면 찬마루방 잠을 자야 옳을 사람**이언마는, 그 역시 양반덕에 도리어 승차하여 상전에 말망 락점으로나마 천만 의외에 남원 부사 한자리를 얻으니 (164면, 1925.11.13)

이렇게 적대자로서 변학도는 오입쟁이, 망나니이며 수령으로서 자질이 없는 인물임에도 불구하고 조상의 뼈 덕과 처가 결연 덕에 남원부사 자리를 얻은 인물이다. 이런 인물이 수령이 될 수 있는 것은 부패하고 불합리한 당시의 지배질서 때문이며, 그는 이런 사회적 상황의 산물이다. 그가 남원을 다스리면서 행한 악치도 강조된다. 변학도는 단지 호색한일 뿐 아니라 악치수령이기도 하다. 다음과 같은 마을 사람의 말에서 그의 악치수령으로서의 면모를 확인할 수 있다.

> 본관이란 양반이 쇠를 매우 좋아하는 양반이지오. 송사야 옳거나 그르거나 돈만 주면 이기어 주고 돈이라면 아이 고름에 채인것까지 시없이 긁어가는데, 남원 사십팔면에 녹쓴 돈한푼 안남았고 이대로 가면 일후에 났는 아이는 돈 얼굴도 못보지오 (271면, 1025.12.13)

그는 이렇게 선과 악의 이분법 중, 온전히 악에 속한 인물이다. 그러나 이런 악에 대응하는 선으로 설정된 것은 <일설춘향전>에서 춘향과 몽룡의 자유로운 사랑에 대한 주장이다. 자유로운 사랑을 방해하는 적대자로 설정된 변학도에게 오히려 악치 수령으로서의 양태는 부수적인 것으로 볼 수 있다.

<일설춘향전>에서 인물들은 '사랑'이라는 절대적 가치를 가진 대상을 중심으로 재배열되어 있다고 할 수 있다. 비규범적인 기생적 속성의 춘향과 더불어 춘향에 대한 낭만적 열정을 가진 몽룡은 연적(戀敵)이라고도 할 수 있는 변학도에 맞서 '자유로운 사랑'을 성취한다. 이 과정에서 신분 질서는 둘의 사랑을 가로막는 장애가 되지만, 몽룡의 탁월한 능력으로 쉽게 극복될 수 있는 것이기에 텍스트의 주제를 해석하는 데 중심적인 역할을 하지 못하였다.

(3) 〈춘향뎐〉의 경우

<춘향뎐>에서 춘향은 철저히 기생으로 그려진다. 춘향은 몽룡이라는 양반을 사랑하며, 몽룡을 끝까지 믿는 기생이다. 몽룡이 몰락한 양반이 되어 남의 눈을 피해 거지 차림으로 남원에 내려 왔을 때, 춘향은 "오냐 춘향아 서러워 마라. 인명이 재천인데 설만들 죽을쏘냐"(63면)라는 몽룡의 말을 듣고, 몽룡이 암행어사가 되어 자신을 구하러 와주었다고 생각하였다. 그것은 "사랑하는 여자로서, 또 뭇사정으로 보아 그렇게 짐작하는 것이 조금도 무리할 것이 없는 그러한 짐작"(63면)이었다.

몽룡에 대한 변하지 않는 신뢰를 갖고 있는 인물인 춘향은 변학도의 생일연에 출도한 암행어사를 몽룡인 줄 믿는다. 그러나 그 암행어사는 몽룡이 아니며, 결국 춘향의 환상은 무참히 깨어지고 만다. 그렇지만 춘향은 몰락한 몽룡을 지극한 정성으로 대한다. 이를 통해 춘향의 소망은 몽룡과의 사랑이지 신분 상승은 아니었음을 알 수 있다. 춘향이 신분 상승을 추구하였다면, 함께 부귀영화를 누리자고 하는 암행어사의 청을 거절하고 몽룡과 밤도망을 칠 리 만무하기 때문이다. 이렇게 춘향은 보편적인 가치인 '인간에 대한 신뢰', '사랑에 대한 믿음'을 구현하고 있는 인물이다.

이런 춘향의 인간적인 가치에 대한 주장은 변학도에게만 행해지는 것이 아니다. 몽룡에 대해서도 마찬가지로 행해진다. 몽룡과의 대화에서도 "오매 속 뒤집는 소리 마씨요잉. 효도에도 양반 상놈 있습디여?" (67면)라고 한다. '효'나 '열'은 보편적인 가치로서 인간이면 신분에 상관없이 지켜내어야 할 것이라는 주장을 양반의식을 가진 몽룡에 대해서도 행하고 있는 것이다.

한편, 몽룡은 <춘향뎐>에서 구원자로서의 역할을 박탈당했다. 그는 춘향을 사랑하는 몰락한 양반일 뿐이다. 그는 춘향을 살려 내기 위해 '어떤' 결심을 한다.

> 그는 편지를 다시 읽어봤다. 일각지체 부당하며. 일각지체 부당이라. 그는 한숨을 쉬었다. 춘향을 살릴 힘이 그에게는 없었다. 그녀가 당하고 있는 곤욕을 풀 길은 하나밖에 없었다. 물론 그것은 그로서는 참기 어려운 일이었으나 지금 할 수 있는 일은 그 길뿐이었다. (58면)

그러나 그의 결심의 내용이 무엇인지는 텍스트에 나타나지 않으며, 그 결심으로 인하여 초래된 어떠한 행위도 보이지 않는다. 이 단락은 단지 그는 무엇인가 "참기 어려운 일"을 춘향을 위해 결심을 할 정도로 춘향을 사랑하는 인물이라는 정보 이외에는 주지 않는다. 그러나 그가 기생을 사랑하는 양반이라고 해서 비판적인 양반으로서 민중과 동류의식을 갖고 있으며, 신분 질서에 대한 비판을 춘향과 함께 수행하고 있다고는 할 수 없다. 춘향이 저항하고 있는 몽룡은 위에서 보았던 것처럼 배타적인 양반의식을 가지고 있었다.

<춘향뎐>에서 구원자 역할을 하는 인물은 달리 설정된다. 옥중에 갇혀 있는 춘향을 풀어주는 인물은 바로 암행어사이다. 구원자인 암행어사가 이몽룡이라는 것은 어떤 이본에서나 공통적이다. 그러나 이 텍스트에서는 암행어사라는 신분과 몽룡은 분리된다. 암행어사가 춘향을 방면하기는 하지만, 이 암행어사 역시 궁극적인 구원자는 아니다. 암행어사는

열녀를 맞아 부귀영화를 누리고 싶어 춘향을 소실로 소망한다. 이처럼 암행어사 역시 춘향의 소망의 대상인 몽룡과의 사랑을 방해하는 적대자로 설정되어 있다. 이렇게 몽룡이 구원자가 되지 못하고, 다른 구원자마저 없는 상황의 설정은 <춘향뎐>의 비극성을 강화시킨다.

그러나 이 비극성은 현실로만 끝나지 않는다. <춘향뎐>에서는 낙원 설화를 차용하여, 춘향과 몽룡이 밤도망을 친 후의 후일담을 구성하고 있다. 소백산맥 기슭의 낙원은 비현실적인 공간이다. 현실이 적대자로 기능할 때, 구원의 여지는 비현실적인 공간에 있을 수 있다. 그러나 아낙네와 그 지아비, 그 자식이 살고 있는 이 낙원도 구원의 공간은 되지 못한다.

낙원을 발견했던 산삼 캐는 노인은 다시는 그 집을 찾지 못하고, 그 집이 있던 자리에서 산삼을 발견한다. 춘향은 "양귀비 허벅다리 같은" 산삼으로 변한 것이다. 산삼이란 기표는 인간에게 다시 먹히는 귀하고 신비한 식물로서 춘향이가 산삼으로 변한 것의 의미는 희생이자 부활을 의미한다고 할 수 있다.112) 춘향은 주체자로 시대적인 어둠에 대항하여 인간적인 가치를 추구하는 인물인 동시에, 구원자 없는 세계에서 스스로 구원자의 역할을 맡은 인물이라고 볼 수 있다.

변학도는 춘향의 시련을 가져 온 적대자이다. 그러나 이 텍스트에서 변학도는 비교적 '공정하게' 그려지고 있다. 그는 춘향의 시련을 가져 온 한 적대자이나, 그는 단지 기벽에 문제가 있는 인물이었으며, 그 역시 "정권의 이데올로기"의 희생자일 뿐이다.

> 신관사또 변공으로서는 춘향의 일건을 풍류남아로서 <스타일 구겼드> 고 생각했던 것이요 장차 춘향을 어떻게 처분하려던 것인지 알 수 없다는

---

112) 엘리아데는 인간이 식물로 순환하는 민간 전설이 신앙으로 존재함을 확인하고, 이에 대해 "인간은 땅 속에서 분해되고 새 식물을 낳기 위해 자기의 형태를 잃어버리는 종자의 상태를 획득하는 것이다."고 한다.
M. 엘리아데, 『종교형태론』(이은봉 역), 형성출판사, 1982, 395면.

> 의견도 있을 수 있기 때문이다. 더우기 일설에 의하면 변학도는 전임지는 육진지방으로 북방의 오랑캐를 무찌른 용장이었다는 데 이르러서는 비록 구정권하에서일망정 국가의 공적 활동에서 공이 있는 자를 결석재판에서 증거 없이 유죄판결한다는 것은 근대 형법의 뜻에 어긋난다. 유부녀 공갈에 있어서도 불소급의 원칙이 있는 것인즉 평등법이 없었던 곳에 죄를 인정함은 모순이다. **그것은 개인 변학도가 감당할 죄가 아니요 구정권의 이데올로기에 돌려져야 할 화살이기 때문이다.** (64면)

그렇다면 여기서 적대자의 기능을 하는 주체도 다른 이본들과 다르게 설정되었음을 살필 수 있다. 궁극적인 적대자는 변학도까지 희생물로 삼을 수 있는 "어둠"으로 상징되는, 신분 질서를 비롯한 봉건 시대의 이데올로기 전체로 "우리들의 사랑하는 주인공" 춘향이 어찌해 볼 도리가 없는 세계이다. 따라서 적대자와 대결하기 위해서는 세계를 벗어나는 길밖에는 없는 것이다. 그래서 춘향과 몽룡은 암행어사가 춘향을 소실로 원한다는 향단의 말을 듣고 도망을 친다.

그 뒤 이야기는 산삼을 캐러 다니는 노인이 소백산맥 기슭에서 이들을 만나는 것이다.

> 해질 무렵이었다. 산등성이에서 뉘엿거리는 지는 해를 앞으로 받은 **아낙네는 이 세상 사람 같지 않게 아름다웠다.** 노인은 자기를 밝히고 날도 이미 다 기울었으니 그럴 수 있다면 하룻밤 나그네 되기를 청하였다. 아낙네는 한참을 말이 없더니 아무튼 마루 끝에 앉아 잠깐 쉬라고 한다. 그러고는 아이를 데리고 사립문을 나갔다. 노인은 마루 끝에 앉아 집을 두루 살펴보았다. 산 속에 사는 사람이 사는 집이라 화려할 리는 없으나 매우 깨끗하다. (66면)

"이 세상 사람 같지 않은" 춘향은 비현실적인 공간인 낙원에 살고 있다. 어두운 현실 자체가 적대자로 기능할 때, 인간적인 가치를 구현하는 춘향이 적대자에 대항할 수 있는 길은 비현실로 탈출하는 것이며, 낙원설화의 차용은 이와 같은 현실과의 대결 구도를 보여준다고 할 수 있다.

3) 시간의식에 기초한 시간적 구성

서사에서 사건의 재현은 반드시 시간을 필요로 한다. 그러나 이 시간에 대한 의식은 문화적으로 동질적이지 않다. 계절의 순환에 따라 삶을 영위하는 농경 사회의 질적인 시간과 노동력의 가치를 계산하는 자본주의의 양적인 시간은 다를 수밖에 없다. 서사의 형식도 이런 시간의식의 차이를 바탕으로 이해해야 한다. 통시적으로 변형된 춘향전에서 우리는 시간의식의 변화에 따른 서사 형식의 변모를 살펴볼 수 있다.

완판본에서는 일률적인 객관적 시간에 귀속되지 않는 주관적인 시간이 풍부하게 확장되고 있음을 확인하였다. 이런 시간적 구성은 수용자로 하여금 역동적인 속도감을 갖게 하고, 극적인 효과를 증대시켰다. 개작 텍스트에서는 이런 주관적 시간 구성에 대한 반응이 어떤 형식의 시간 구성을 통해 드러나며, 특히 완전히 주관적인 시간이라고 할 수 있는 꿈이 현실과 어떤 관계를 맺고 있는지 분석해 보겠다.

(1) 〈옥중화〉의 경우

주관적 필요에 따라 시간을 늘리기도 하고 줄이기도 하는 완판본과는 달리, <옥중화>에서는 계산할 수 있는 객관적인 시간에 대한 의식이 드러난다. 춘향과 몽룡이 이별하고 난 후, "시차에 신관이 도입ᄒᆞ야 일년을 지닉더니 나주 목사로 이배하고 다시 신관이 낫으되 자하골 사는 변학도"(491면, 1912.2.2)였다. 여기서 보면, 시간에 대한 인식이 철저해지고 시간에 대한 표시가 정교해짐을 살필 수 있다.

그뿐 아니라 이 늘어난 시간은 춘향의 정절을 시험하는 기간으로서 열녀로서 춘향의 면모를 돋보이게 하며, 또 몽룡이 과거에 급제하고 암행어사가 될 수 있는 기간도 보장해 준다. 게다가, <옥중화>에서는 이 늘어난 시간을 바탕으로 몽룡이 호남어사가 되기 전 "부승찬"이란 관직도 거치도록 하고 있기도 하다. 이렇게 객관적인 시간은 서사의 합리성을 높이는 기능을 한다.

<옥중화>에서 꿈은 완판본에서의 꿈의 역할과 마찬가지로, 초월적 질서가 예시되는 기능을 한다. 월매는 "엇던 선녀, 리화도화 두 가지를 양손에 갈나 쥐고 하늘노 ᄂᆞ려 와셔 도화를 닉여주며, 이 쏫을 잘 갓구어 리화졉을 붓쳣스면 오는 행락 조흐리ᄅᆞ"(461면, 1912.1.1)는 꿈을 꾼다. 이 꿈은 몽룡과 춘향의 연분이 천상에서부터 정해진 운명적이라는 것을 암시한다. 그리고 월매는 몽룡이 춘향의 집을 찾아올 것을 꿈에 의해 미리 알기도 한다. "비몽사몽간에 너 자는 침상에서 채운이 이러나며 청룡이 너를 물고 하늘로 올으기로 용의 허리 나도 안고 이리궁글 저리궁굴"(472면, 1912.1.17)하는 월매의 꿈에서 '꿈 속의 용'이라는 夢龍의 이름도 정확하게 예시되고 있다.

이렇게 천상에서부터 예정된 질서가 일상적인 시간을 통해 춘향과 몽룡의 만남으로 구현된다. 근대적인 현실을 지배하고 있는 것도 운명이나 천상의 질서라는 것이다. 또 이렇게 꿈으로부터의 예시는 앞으로 '무엇이 일어날 것인가?'를 기대하게 하기보다는 예시된 사건이 '어떻게 일어날 것인가?'에 더 많은 관심을 갖게 한다. 이는 춘향전의 스토리를 이미 알고 있는 독자들을 대상으로 한 효과적인 제시 방법이라고도 볼 수 있다.

<옥중화>는 현실적이고 객관적인 시간의식에 따른 구성을 통해 인과성을 높였다. 이는 인과율과 시간의 양적 계산이 발명된 개화기의 근대성을 보여준다. 그럼에도 불구하고 이렇게 꿈이 여전히 예시적인 기능을 한다는 것은 근대적인 세계와 전근대적인 세계가 공존하고 있는 신소설기의 과도기적인 정체성을 보여준다. 즉 근대적인 시간도 전근대적인 초월적 시간의 틀 안에서 이해되고 있는 것이다.

(2) 〈일설춘향전〉의 경우

<일설춘향전>에서 역시 다음과 같은 시간 표현에서 사건 진행의 합리성을 높이기 위한 기간의 설정이 있다. 그리고 이 기간은 비교적 정확하게 표현되어 있음을 볼 수 있다.

> 기쁜 세월은 빠르고 슬픈 세월은 더디다는 옛말과 같이 몽룡이 춘향을 만나 서로 사랑을 하는지가 벌써 추월춘풍 일년이 지내였다. (114면, 1925.10.29)
>
> 이부사가 올라간 후에 감부사라는 이가 남원에 좌정하여 한 일년 동안 있다가 라주목사로 이배하여 가고, 새로 난 남원부사가 남촌 사는 변학도라는 양반이다. (164면, 1925.11.13)
>
> 이로부터 춘향은 옥중에 매인 몸이 되어 겨울 가고 봄이 오고 봄이 가고 여름 오고 봄 겨울이 다녀가기 두 번이나 세 번이나 되었건마는 (222면, 1925.11.28)

사건이 진행하는 시간과 서술의 시간이 같은 장면 제시가 많은 것이 <일설춘향전>의 특징이다. 이를 대표적으로 보여주고 있는 부분이 '사랑가' 장면이다. 춘향이와 몽룡이 사랑을 나누는 장면은 완판본을 비롯한 다른 이본들에서 '사랑가'라는 집약적인 형태로 표현되는 데 비하여, <일설춘향전>에서는 춘향과 몽룡의 아기자기한 사랑이 다양한 양상으로 제시되는데 이는 판소리계 소설인 완판본과 확연히 구분되는 특징이다.

완판본에서 '사랑가'는 "하루 이틀 지나가니 어린 것들이라 신맛이 간간 새로워, 부끄럼은 차차 멀어지고, 그제는 기롱도 하고 우스운 말도 있어 자연 사랑가가 되었구나."(69면)라고 소개된다. 이렇게 '사랑가'는 단순히 몽룡과 춘향이 부르는 노래가 아니라 광대가 그들의 사랑 장면을 집약적으로 요약하여 부르는 노래이다. 그러나 <일설춘향전>에서의 사랑가는 "친구 같이 내외 같이 어떤 때에는 이야기 동무 어떤 때에는 글씨동무 또 어떤 때에는 작난동무 갸닥질 동무 또 어떤 때에는 변변치 안니한 일로 옥신옥신 말다툼도 하다가 춘향이 울면 몽룡이가 빌고 몽룡이 간다고 일어나면 춘향이가 울고"(94면, 1925.10.23) 하는 여러 가지 실제적인 애정 행각 중의 하나가 된다.

이렇게 판소리의 시간적 구성 방식과는 달리 <일설 춘향전>은 비교적 정확한 양적인 시간 개념을 바탕으로 서사가 진행된다. 첫 장면부터 끝 장면까지 생략되는 부분 없이 모든 사건은 장면(주로 대화)으로 제시되며, 장면과 장면 사이에만 이야기 시간보다 서술 시간이 짧은 요약이 활용되고 있다.

꿈 또한 현실과 그리 밀접한 연관성을 갖고 있지 않은 것으로 설정되어 있다. 몽룡의 편지가 춘향집에 건네지자, 월매는 춘향에게 선녀가 나타나 도화를 나누어주며, 몽룡의 집에 이화를 전해 주러 황급히 갔다는 태몽을 이야기하면서 이몽룡과의 만남이 천상에서부터 예정되었던 것이라는 암시를 한다. 이에 대해 춘향은 "어머니도 용하게도 꾸며대시우."(35면, 1925.10.9)라면서 꿈을 믿을 수 없는 것으로 받아들인다. 춘향이 옥중에서 황릉묘에 다녀오는 꿈을 꾸는 것도 춘향의 정절에 대한 보상으로 앞날에 어떤 일이 있을 것임을 예시하는 기능을 하는 것이 아니라 춘향의 정서를 비감하게 하는 기능을 할 뿐이다.

완판본이 주관적인 시간을 역동적 서사 구성을 통해 재현했던 것과는 달리 <일설춘향전>에서는 일상적이고 객관적인 시간의식에 바탕을 두어 서사를 진행시키고 있다. 그리고 주관적이고 초현실적인 꿈의 예시적인 기능을 소거하였다.

(3) 〈춘향뎐〉의 경우

춘향이 옥중에서 설핏 잠이 드는 데 어떤 녹의홍상을 한 여인이 나타나 수절은 부질없다고 춘향을 비웃는다. 그런데 이 장면의 의미는,

몰락한 몽룡의 서울 생활을 소개하고, 몽룡이 춘향의 편지를 받는 내용 뒤에서야 밝혀진다. 그것은 바로 변학도가 기생인 홍도를 시켜 춘향의 상태를 알아보려는 것이었다.

> 신관사또 변학도는 들어서는 홍도(紅桃)가 인사도 드리기 전에 성급하게 물었다.
>
> 「오늘은 어떻더냐?」
>
> 「황공하오나, 여전하옵니다.」 …(중략)…
>
> 「몽룡이 아비가 역적모의를 하여 멸문되었다는 말을 분명히 하였겠다?」
>
> 「분부대로 하였습니다.」 (58~59면)

이렇게 춘향의 꿈의 진실은 나중에서야 밝혀진다. 이는 연속된 사건과 사건 사이의 시간적인 단절을 두어, 독자로 하여금 기대가 반전되도록 마련된 장치이다. 그리고 <춘향뎐>에서는 몽룡과 춘향이 암행어사의 수청 요구를 피해 밤도망을 친다. 그러고 나서 몇 년 후 산삼 캐는 노인에 대한 이야기가 전개되어 시간적 비약이 생긴다.

> 연놈은 밤도망을 쳤던 것이다.
>
> 몇 해가 지난 후
>
> 소백산맥의 기슭에 살면서 산삼을 캐면서 늙어온 한 노인이 있다. (54면)

이와 같이 두 내용 사이의 비약적인 시간은 독자들이 추론적인 행보를 통해 메워야 할 공간으로, 독자는 춘향과 몽룡이 밤도망을 쳐서 어떻게 되었으며, 갑자기 등장한 산삼 캐는 노인과 이들의 관계는 무엇인지에 대해 생각해야 한다. 이와는 달리 완판본에서는 특수한 시기에 집중된 서술을 하는 관계로 시간적 생략이 행해지지만, 특수한 시기 동안 행해진 사건들이 연속성을 갖기에 비약이라는 느낌이 들지 않는다. 그러나 이 텍스트에서는 시간적 생략을 오히려 독자들로 하여금 발견하게 하기 위하여 여백을 텍스트에 삽입하는 방식을 취하고 있다.

그리고 이 텍스트에서 꿈은 독자의 기대와 작중 인물의 기대를 전복시키는 기능을 하는 장치로 사용되었다. 옥중의 춘향이 꾸었던 꿈은 사실은 꿈이 아니라 변학도가 시킨 연극이었다. 그리고 몽룡이 찾아오기 직전에 춘향이 암행어사가 되어 오는 몽룡의 꿈을 꾸는데, 이 역시 사실과는 차이가 있다. 이렇게 꿈은 일상적인 시간의 연속이거나 현실과는 상관없는, 인물의 잠재의식일 뿐이다.

한편 이 텍스트에서는 일상적인 시간과 환상적인 시간이 교체하며, 서로의 경계를 허물기도 한다. 춘향과 몽룡이 밤도망을 친 뒤 살고 있다고 추정되는 낙원은 춘향이가 살고 있는 현실이자, 산삼 캐는 노인이 다시는 발견할 수 없는 비현실이기도 한 이중의 시공간이다. 꿈은 현실이고, 현실이 꿈이 되기도 하여, 현실과 환상, 주관적 시간과 객관적 시간의 경계가 사라지게 된다.

노인이 산 속에서 보았던 집과 아낙네를 사라지게 함으로써, 노인이 보았던 현실은 환상으로 전환되며, 아낙네를 산삼으로 발견하게 함으로써 아낙네의 존재에 대한 의심이 생기게 되고 가시적인 현상 세계가 믿을 수 없는 것으로 된다. 이렇게 눈에 보이는 것까지 믿을 수 없는 세계, 주관적 시간과 객관적 시간이 혼융되는 시간은 리얼리티를 재현한다는 소설의 관습을 반성하게 하기도 한다.[113]

이렇게 <춘향뎐>은 시간을 텍스트 효과를 동반한 전략으로 사용하며, 이는 주관적이거나 객관적이 아닌, 기능적인 시간의식이라고 규정될 수 있다. 이 기능적인 시간의 구성 전략은 독자로 하여금 스스로 텍스트의 가능세계를 구성해 가라는 협력적인 권유를 하며, 객관적 시간

113) 리얼리티의 재현에 대한 의심은 다음과 같은 사실에서 연유한다. "현재 리얼리티란 도저히 그 정체를 알 수 없으며 불합리하고 또 믿을 수 없을 만큼 허구적이기 때문이다."
김성곤, 『포스트모던 소설과 비평』, 열음사, 1993, 269면.

의식에 대한 반성을 유도한다.

4) 의미론적 동위체 형성

완판본에서 분석한 <기생인 춘향>과 <기생 아닌 춘향>의 대립을 기본으로 하여 <옥중화>와 <일설춘향전>, <춘향뎐>이 이런 대립의 상황을 어떻게 재구성했는지 확인할 수 있다. 물론 대립항을 바탕으로 한 동위체의 형성에서 반드시 '기생인 춘향'이 '기생 아닌 춘향'을 '타자'로 설정하는 것은 아니다.

그렇지만 앞 장에서 살펴보았듯이 춘향전은 이런 기본적인 대립 구도 없이는 존재할 수 없는 서사물이다. 따라서, 한 동위체로의 경도가 나머지 동위체를 완전히 배제할 수 없다. 이렇게 동위체 중 어느 한 면에 속하는 것으로 춘향전을 읽어 낼 수는 없기에 개작본에서 살펴야 할 것은 춘향전의 토대로서 대립적인 동위체가 어떻게 재구성되며, 무엇이 선택적으로 강조되는가이다.

(1) 〈옥중화〉의 경우

① 출생과 성장

완판본과 같이 춘향을 성 참판의 서녀로 설정하는 이 텍스트에서는 "호남좌도 남원부는 동으로 지이산, 서으로 젹셩강 순수정신 어리어셔 춘향이가 삼겨낫다."(461면, 1912.1.1)고 하여 춘향의 출생이 고귀한 면모를 지니고 있음을 볼 수 있다. 성장 과정에서도 "록주의 색과 설도의 문장과 목란의 예절을 흉중에 픔엇느니 만고 여중 군자"이며, 비록 "어미는 기싱이나 근본이 잇다."(465면, 1912.1.5)고 강조하는 부분에서 미색과 문장, 예절을 겸비한 양반의 혈통을 가진 춘향은 /고귀/라는 의소로 읽힌다.

② 연분과 사랑

몽룡은 춘향이 기생월매의 딸이란 것을 알고, 방자에게 "잔말 말고 어셔 오란다고 즉시 불러오너라."고 한다. 그러나 춘향은 방자에게 "도련님만 양반이오, 나는 아니냐."(466면, 1912.1.5) 하면서 몽룡의 청을 거절한다. 이렇게 춘향은 양반으로서 자의식을 갖고 몽룡과 연분을 맺는다.

몽룡은 춘향의 집에 와서 월매에게 "춘향도 미혼젼이오 나도 미장가젼"이며, 비록 "육례는 못 이루나 兩班의 자식으로 평생사를 맹세"(475면, 1912.1.21)한다고 하여 춘향을 기생으로만 대하고 있지 않음을 강조한다. 이는 춘향의 신분이 격상된 상태에서 /완전한 결합/을 약속하는 것이다. 그리고 대부분의 이본에서 사랑가는 첫날밤에 부르는 것으로 설정되었는데, <옥중화>에서만은 며칠이 지난 후에 부르는 것으로 설정되어 있는 점이 다른 이본들과 비교해 특이한 점이라고 할 수 있다. "하로잇흘 수일되야 십려일이 지나가니 人情도 가득ᄒᆞ고 붓그럼도 업셔지니 그가온ᄃᆡ ᄉᆞ랑홈을 엇지다 말홀쏘냐 일일은 도령님이 춘향과 희롱을 ᄒᆞᄂᆞᆫᄃᆡ 이것이 ᄉᆞ랑가 되얏것다."(478면, 1912.1.23)고 한다. <기생 아닌 춘향>이라는 동위체로 춘향전을 읽었을 때, 춘향이가 하룻밤에 그토록 진한 사랑을 한다는 것은 수용하기 어려웠을 것이며, 이런 구성상의 변화가 요구되었을 것이다. 이와 같은 맥락에서 사랑가의 내용도 완판본에 비하여 많이 축소되었다.

③ 이별

몽룡이 춘향에게 "양반의 자식이 미장가젼에 외방에 천첩ᄒᆞ엿다는 말이나면 족보에 쎄고 ᄉᆞ당제 참려를 못ᄒᆞᆫ다 ᄒᆞ니 그 아니 란처하냐."(482면, 1912.1.26)고 자신의 상황을 설명하자, 춘향은 "무엇이 엇지ᄒᆞ여 무엇시랫소 말좀ᄒᆞ오 엇지ᄒᆞ여 천첩 이 ᄶᅡ위 말이 몇가지나 되시오."(483면, 1912.1.26)라면서 천첩(賤妾)이란 표현에 가장 분개한다. 이 역시 춘향이 스스로 기생이 아니라는 자의식을 갖고 있으며, 이미 몽룡과 /완전한 결합/을 이루었다는 춘향의 생각을 보여준다.

그리고 몽룡이 먼저 떠난 후, 몽룡의 부모가 방자를 시켜 돈 천량을 내어주며, "이것ᄀᆞ다 춘향모를 쥬고 이것이 약소ᄒᆞ나 가용에 부틔쓰고 도령님이 급제ᄒᆞ면 장ᄎᆞ ᄃᆡ려갈터이니 모녀간 셜워말고 부ᄃᆡ 잘 잇스리라."(490면, 1912.2.2)고 후일을 약속한다. 이들 역시 춘향의 지위를 격상시켜 대하며 춘향과 몽룡의 결합이 이미 /완전한 결합/에 가깝다는 것을 암시한다.

〈옥중화〉에는 다른 이본들과 비교할 때, 특이하게 이별 후 공백을 두었다. 다른 이본에서는 대개 변학도가 바로 신관사또로 부임하는 데 비하여, 〈옥중화〉에서는 다른 신관사또가 일년 간 부임하고, 그 뒤를 이어 변학도가 남원으로 내려온다. 이 기간은 춘향의 수절 기간을 확장하게 하여 열녀로서의 춘향의 면모를 강조하는 효과를 갖는다. 춘향의 이런 면모는 /유교적 윤리의 준수/라는 의소로 읽힌다.

④ 수절

수청을 요구하는 변학도에게 춘향은 "창녀의 자식이나 기안에 착명안코 여염생장ᄒᆞ엽더니 구관댁 도령님이 연소ᄒᆞᆫ 풍정으로 소녀집을 ᄎᆞ자와셔 서상가약간청ᄒᆞ니 노모가 허락ᄒᆞ고 리씨댁에 허신ᄒᆞ야 백년기약 밧들기로 단단맹세 ᄒᆞ엿더니"(502면, 1912.2.8)라고 자신은 기생이 아님을 강조한다.

그리고 춘향은 변학도에게 "사도는 양반이라 례절을 아시려든 수절부녀 억탈ᄒᆞ면 위민지모 도리절차 절당ᄒᆞ다 ᄒᆞ오릿가."(502면, 1912.2.8)라고 예절을 수청 거부의 주 근거로 삼아 항변한다. 이는 춘향의 저항이 신분질서를 부정하는 /인간적 가치의 권리 주장/이 아니라 지배이데올로기의 윤리를 수용한다는 의미가 있음을 말한다.

⑤ 재회

<기생 아닌 춘향>의 동위체를 중심으로 해석되는 <옥중화>의 재회 단락은 질서와 조화의 회복으로 그 의미가 있다. 왜냐하면, 기생이 아

닌 고귀한 춘향은 이미 몽룡과 완전한 결합을 이루었기에 이 단락에서 새로운 결합으로 상승할 필요가 없으며, 단지 잃어버린 것을 순리에 따라 회복한다는 의미가 있을 뿐이기 때문이다. 이렇게 유교 윤리를 지킴으로서 춘향은 몽룡과의 완전한 결합을 재확인할 수 있었다. 이처럼 <옥중화>는 /고귀/, /완전한 결합/, /유교 윤리 준수/의 의소를 가진 <기생 아닌 춘향>의 분류소에 초점을 두고 의미를 구성하고 있다.

(2) 〈일설춘향전〉의 경우

① 출생과 성장

춘향을 가리키며 누구냐고 묻는 몽룡에게 방자는 춘향을 "소인이 길러 내다시피한 계집인걸요."(13면, 1925.9.30)라고 소개한다. 그리고 춘향을 "그 애는 본읍 퇴기 월매의 딸"이며, "절대가인은 마치 모르겠으마는 우리 호남 제일 미인"(13면, 1925.10.4)이라고 한다. 이렇게 춘향의 외모에만 초점을 두어 방자가 춘향을 설명하고 있는 것은 춘향이 /비천/한 기생이라는 의소로 해석됨을 말한다.

② 연분과 사랑

춘향을 불러 오라는 몽룡의 말에 방자는 "대비 바치고 속량하여 기안에 이름이 없으니 기생은 아니오."(14면, 1925.10.4)라고 대답하지만, 몽룡은 춘향을 기생으로 생각하고 방자를 시켜 춘향을 부른다. 춘향은 이에 대해 "불너주시는 뜻은 감격하오나 규중처녀로서 모르는 남자의 전갈 듣고 따라가옵기는 옛 성현의 훈계에 어그러지니 못갑니다."(20면, 1925.10.6)라는 말을 방자에게 전한다. 여기서 춘향의 /고귀/한 면모를 볼 수 있으나, 춘향은 집으로 돌아와 몽룡의 편지를 받고 기뻐하며 답장을 쓴다.

이를 두고 방자는 "요새 계집애는 다 저렇단 말이야, 아주 겉으로는 맵기가 호초알 같고 매섭기가 피장이 칼날 같으면서 속으로 딴전치것다.”(32면, 1925.10.8)라고 평하기도 하여, 춘향이 “요새 계집”의 범주에 드는 /비천/한 인물임을 확인할 수 있다. 또 춘향은 그날 밤에 몽룡을 자기 집으로 불러들인다. <옥중화>의 경우, 몽룡이 춘향의 뜻을 곡해하여 춘향의 집으로 찾아오는 반면에, <일설춘향전>에서 춘향은 기생으로서 남자를 집으로 끌어 들이는 면모가 보인다.

또한, 월매는 춘향에게 담배를 붙여 드려라, 술을 따르라며 기생으로서 할 일을 하라고 재촉한다. 그리고 몽룡은 월매에게 대뜸 “춘향을 나를 주게.”(76면, 1925.10.19)라고 한다. 이는 춘향을 기생으로서 받아들이겠다는 것이며, 이런 기생과 양반의 결합은 /불완전한 결합/이라고 할 수 있다.

<일설춘향전>에서 특이한 점은 <기생인 춘향>이라는 분류소의 /인간적 가치의 권리 주장/을 /자유로운 사랑의 주장/으로 변형시키는 의소의 대치 현상이다. <일설춘향전>의 ‘자유로운 사랑’이라는 의소는 기성세대에 대한 자유, 신분 질서를 포함한 현실에 대한 자유를 포함하여 ‘인간적 권리’를 대치한다.

몽룡은 광한루에서 돌아와 아버지가 밤새 책을 읽으라는 의미에서 준 초 두 자루를 팽개치며, “늙은이가 챙견도 퍽도 하지.”(55면, 1925.10.14)라고 한다. 그리고 월매가 춘향방에서 많은 말을 하자, “내집 늙은이나 남의 집 늙은이나 챙견하고 잔소리만 말았으면 좋겠다.”(87면, 1925.10.22)라고 한다. 이렇게 기성 세대에 대한 구속으로부터의 자유가 강조된다.

월매는 “서방이 좋다해도 사랑 절반 돈 절반이라, 사랑 없는 서방은 써도 돈 없는 서방은 못 쓴다더라 (중략) 압다, 그놈 이가놈 잘갔다. 그놈이 일년만 더 있었더라면 내집 팔아 넘길 뻔했네.”(144면, 1925.11.6)라며 현실적인 경제를 강조한다. 이에 대해 춘향은 월매가 돈을 너무 밝힌다며 나무란다. 이렇게 춘향 역시 자유로운 사랑을 추구함에 있어, 현실적인 신분 문제나 경제적 문제를 무시하는 경향이 있다.

그리고 몽룡은 “부모도 다 버리고 세상 공명도 다 버리고 훌적날아 춘향에게로 갈 맘이 불일 듯 하거니와 그렇게 할수 없으니 이 일을 어찌하리."(239면, 1925.12.3)라고 한다. 이는 <일설춘향전>의 /자유로운 사랑/이 경제 관념이나 현실적인 질서까지 부정하는 비현실적인 속성이 있음을 말한다.

③ 이별

춘향은, 떼놓고 갈 수밖에 없다는 몽룡의 변명에 "옳소. 내가 하향천기오. 도련님은 쩡쩡우는 연안 이씨. 이참판의 자제시로구려"(119면, 1925.10.30)라고 하여, 자신이 /비천/한 기생 신분으로서 몽룡과 /불완전한 결합/을 한 것뿐이며, 이별을 할 수밖에 없는 상황을 비탄한다. 월매도 "오냐, 첫서방적에는 누구나 다 그러니라. 나도 너와 같이 믿었니라. 그 서방 죽으면 따라 죽을 것도 같고 일생에 다른 서방 대하지도 아니 할 것 같으니라."(145면, 1925.11.6)하면서 기생의 사랑이란 원래 그런 것이라고 한다.

④ 수절

춘향은 몽룡이 떠난 후, 한량들이 집에 찾아와 유혹하는 상황에서 "어려워라, 어려워라, 수절하기가 어려워라. 상년이 수절하기 더욱 어렵다만 기생이 수절하기는 죽기 보다도 어려운지. 양반 못되고난 수절 조차 못하겠네."(163면, 1925.11.12)라는 독백을 한다. 춘향은 이렇게 기생으로서 사랑을 지켜 내기 힘든 신분 질서에 대한 한탄을 하고 있는 것이다.

그리고 춘향은 변학도의 수청 요구에 대하여, "삿도께서는 목민지관이시라, 민지부모 되시오니 백성이 잘 하는 것을 상주시고 잘못하는 것을 벌주시어, 삼강을 바로 잡고 오륜을 밝히는 것이 직책이시니, 어찌 옛 성현의 가르치심을 따라 열녀의 행실을 본받아, 지아비를 위하여 수절하랴는 아녀자의 뜻을 아스려 하나이까. 아무리 분부 지엄하시와도 송죽같이 굳은 소녀의 절개는 변할 줄이 없사오니"(198면, 1925.11.21)

라고 한다. 이렇게 춘향은 변학도 앞에서 자신은 이미 유부녀임을 강조하고 있다.

이러한 의소는 <기생 아닌 춘향>이라는 분류소에 속한다. 그러나 <기생인 춘향>의 동위체의 연속으로 보았을 때, 이는 기생으로서 자신의 정조권을 지켜 내기 위해 지배적인 윤리를 이용한 전략적 변명이 될 수 있다. 따라서, 이런 춘향의 행위는 /자유로운 사랑의 주장/으로 이해될 수 있다.

⑤ 재회

춘향은 몽룡이 어사인 줄도 모르고 나오라는 호령에, 자신이 죽을 것이라고 못내 서러워 하며 몽룡을 찾는다. 몽룡은 혼절한 "춘향을 드립더 안고 울고"(338면, 1926.1.1) 싶어 하기도 한다. 그리고 몽룡이 어사임을 안 춘향은 "천근 같이 무겁던 몸이 우화이등선할듯 하여 한번 뛰어 올라가 몽룡에게 매어달려 몸을 비비"(343면, 1926.1.2)꼬며 기뻐한다. 이렇게 <일설춘향전>에서 춘향과 몽룡은 그토록 원하였던 사랑을 성취한 기쁨을 자유롭게 표현한다.

이 과정에서 현실적인 조건을 내세워 변학도의 수청을 들라고 춘향에게 강요하였던 월매는 춘향이 어사또의 수청을 들게 되었다는 말에 기뻐하며, 몽룡이 떨어져 나간 것에 대해 좋아라고 관아에 와서 몽룡이 어사란 말을 듣고도 "서울놈이 음흉하여 가어사로 다니나 보오"(346면, 1926.1.3)라는 말을 하여 망신을 톡톡히 당한다. 이렇게 재회부에서도 춘향의 윤리성에 대한 강조보다는 자유로운 사랑을 성취한 기쁨이 주로 다루어지고 있다.

이와 같이 「일설 춘향전」은 <기생인 춘향>의 동위체를 중심으로 의미를 구성하고 있다. 「일설 춘향전」의 동위체 형성 방식의 특이한 점은 <기생인 춘향>이라는 동위체 중 /인간적 가치의 권리 주장/을 /자유로운 사랑 주장/이라는 의소로 대치시키고 있다는 것이다. 전자가 신분질서의 부정과 연결되는 데 반하여, 후자는 개인을 구속하는 윤리적 질서에 대한 부정과 연결된다는 점에서 의미의 차이가 생긴다.

(3) 〈춘향뎐〉의 경우

<춘향뎐>은 춘향이 옥에 갇힌 상태에서 시작하여, 암행어사가 내려와 춘향이 방면되고, 후일담이 이어지는 순서로 되어 있다. 따라서 기생인 춘향과 기생 아닌 춘향의 동위체를 살펴보는 데 있어서 출생과 성장, 연분과 사랑, 이별 부분의 서사 단락이 생략된다. <춘향뎐>에서 이와 같은 과정들이 비록 제시는 되지 않았지만 독자들이 당연히 알고 있는 선지식(先知識)이라고 가정된다.

① 수절

<춘향뎐>은 춘향이 옥에 갇힌 장면으로 시작된다. 춘향은 옥중에서 잠이 들어 꿈을 꾼다. 그러나 춘향은 꿈에 다른 이본들처럼 황릉묘에 다녀오는 것이 아니라 죽은 기생의 귀신을 접한다.

> 누군가 창살을 두드린다. 푸른 저고리 붉은 치마에 머리 푼 여자가 그녀 앞에 서 있다. 그 여인은 말하는 것이다. 아가씨 신세 가엾구려. **이 몸도 살았을 적에 낭자와 같은 곤욕을 받다가 풀 길 없는 한을 품고 허공을 헤매는 몸이 되었소.** 정렬(情熱)도 한갓 뜬구름 부질없는 사로잡힘이오. 낭자는 마땅히 몸을 건지는 길을 택함이 옳을까 하오. (57면)

춘향은 이런 유혹에 대해 "안 될 말이오. 한양성 낭군이 나를 버리지 않을 것인즉 나는 그대의 경우와는 같지 않소."(58면)라고 대답한다. 여기서 "그대의 경우"라 함은 춘향이 같은 기생으로서 당신의 경우와 나의 경우와는 다르다고 항변하는 것이다. 다시 녹의홍상의 여인은 이 말을 비웃으며, "나를 웃겼소그려. 열 계집 싫달 사내 있으며 기방 언약 지킬 사내 있을 것이오. 한양길이 멀다 하나 일엽서신 없는 뜻을 그대는 모르겠는가."(58면)라고 하나, 춘향은 이에 대해 아무 말도 하지 않는다. 이는 춘향이 이 도령과 백년기약이 단지 언제 깨질지 모르는 '기방언약'이었음을 부정하지 않는다는 것을 의미하며, 아무리 몽룡의 사랑이 크다 하더라도 자신은 /비천/한 기생임을 스스로 의식하고 있음을 보여준다.

변학도는 "이토록 관장을 업신여기는 년이 일찍이 있었다는 말도 듣지 못하였거니와 사대부 집안의 요조숙녀도 아닐 것이 이토록 방자한 것이 무엇보다 괘씸"(59면)하게 생각한다. 춘향은 기생으로서 "한양성 낭군은 나를 저버리지 않을 것"(57면)이라는 믿음 하나로만 변학도의 수청을 거부하고 있는데, 변학도가 보기에는 "이몽룡이 이미 멸문지문의 앞길 없는 일개 필부에 지나지 않음을 일러주었음에도 버티는 심사는 모를 일이었다. 이년이 무얼 믿구서"(59면)라고 생각할 정도로 기생으로서 춘향의 저항은 이해할 수 없는 것이었다.

춘향이 변학도에 대해 저항하는 근거는 몽룡의 사랑에 대한 믿음이며, 이는 유교적 윤리이자 기질지성의 숙명론적인 '烈'의 수호와는 구별된다. 춘향의 사랑에 대한 믿음은 인간이면 계급에 상관없이 지켜내어 도덕적 완성을 이룰 수 있는 /인간적 가치의 권리 주장/이라고 할 수 있다.

② 재회

재회의 부분은 춘향전의 희극적 구조를 갖추게 하는 데 필수불가결한 부분이다. 그런데 <춘향뎐>에서의 재회는 희극적 대단원이 아니라 아버지가 역적으로 몰려 몰락한 양반이 된 몽룡이 춘향이를 데리고 도망치는 것이었다. 이렇게 <춘향뎐>의 결말 부분에서도 춘향에게 /인간적 가치의 권리 주장/에 대한 성취로서 영원한 행복이 기다리고 있는 것은 아니었다.

희극적 서사 행위의 논리적 귀결은 현실적 타당성 여부를 떠나 인생에 대한 축제적 기쁨의 향유이다.[114] 춘향전에서 로만스로의 상승은 변학도의 생일잔치에 구원자인 암행어사가 출도하는 장면으로 형상화되며, 이 장면은 모든 대소 등장인물이 전부 참석한 가운데, 축제적 분위기를 갖춘 이야기의 대단원이다. 그러나 <춘향뎐>의 재회부에서는 이런 대단원의 장면이 없다. 다음과 같은 인용문에서도 춘향과 몽룡의 앞에 놓인 "여전히 캄캄한 밤"의 현실을 확인할 수 있다.

> 악역인 변학도에게 가능한 최대한의 공정함을 베푼 다음에 우리들의 사랑하는 주인공들의 문제를 살펴보면 그들의 비극의 보다 진실한 모습이 떠오르리라고 믿기 때문이다. 다시 말해서 변학도는 **어떻든 간에 더 정확히 말해서 변학도가 봉고파직이 돼서 무대에서 사라진 뒤에도 이몽룡 성춘향 양인의 앞에는 여전히 캄캄한 밤이 기다리고 있었다는 말이다.** (64~65면)

캄캄한 밤의 실체는, 춘향을 옥에서 방면해 준 이는 몽룡이 아닌 암행어사이고, 이 암행어사가 춘향에게 자신의 소실이 될 것을 요구하는 것이다. 만약 춘향의 추구의 대상이 신분 상승이었고, 춘향이 그것을 위해 /유교 윤리의 준수/를 했다면, 그의 보상으로서, 열녀를 맞아 부귀영화를 함께 누리고 싶다는 암행어사의 요청을 당연히 수락했어야 했다. 그러나 춘향은 /인간적 가치의 권리 주장/을 한 것이지, /유교 윤리의 준수/를 한 것은 아니었다. 따라서 이와 같은 암행어사의 요청도 춘향에게는 "캄캄한 밤"의 연속이 되는 것이다.

이렇게 <춘향뎐>은 희극의 문법을 파괴하면서 <기생인 춘향>의 의소인 /인간적 가치의 권리 주장/을 강화시키고 있다. 희극이 "평범한 건전성, 낯익은 물체들이 재현되고, 현재의 평범함을 강화시켜 두려워했던 마음에 안도감을 주는"115) 역할을 한다면, 최인훈의 비극은 익숙한

114) 김병국, 「춘향전의 문학성에 대한 비평적 접근 시론」, 『춘향전 어떻게 읽을것인가』, 신영출판사, 1993, 43면.

115) C. 프라이, 「희극」(김미예 역), R. 코리간 외, 『비극과 희극, 그 의미와 형식』(송욱 외 역), 고려대출판부, 1995, 134면.

인물과 상황이 전복되고, 평범함을 낯설게 만드는 효과를 갖는다.

"희극의 주제가 사회의 융화이며, 대개 중심인물을 사회 속에 통합시키는 형식"116)을 취한다면, 최인훈의 '비극'의 주인공인 춘향은 결코 사회와 융화되지 못하며, 사회에 통합되려고도 하지 않는다. 이러한 점으로 인해 <춘향뎐>은 인간적 가치의 권리를 주장하는 춘향과 이를 계속해서 좌절시키는 사회와의 대결구도를 첨예화시킨다고 볼 수 있다.

4. 서사 변형의 이데올로기적 성격

춘향전 개작 텍스트는 선행 춘향전에 대한 개작자의 이해와 해석을 토대로 하여 형성된 것이다. 개작자는 작자이기에 앞서 춘향전 텍스트의 수용자이며, 자신의 반응과 해석한 의미를 수용 텍스트로 형성한 생산자이다. 이 과정에서 개작 텍스트 생산자들은, 앞 장에서 살펴보았듯이, 서로 다른 서사 형식을 구성하게 된다.

상호텍스트적으로 재구성한 서사 형식은 하나의 의미화 실천으로서, 완판본이 보유하고 있던 다양한 가능성들, 다른 의미화 과정들을 멈추게 하여 특정한 의미를 특수한 사회적 상황 속에서 생산한다. 이러한 의미화 과정은 단지 어떤 텍스트의 영향을 받았는가, 각 개작자들이 읽은 텍스트는 무엇인가를 찾아보는 작업으로는 해명이 되지 않는다.

개작 텍스트의 형성 과정은 읽기와 쓰기의 복합적인 구조를 갖는다. 개작 텍스트 생산자들은 우선 춘향전의 수용자이다. 수용자로서 작자는 자신이 속한 사회적 집단과 사회언어적인 상황 속에서 춘향전을 읽으며 의미를 해석한다. 여기에 일차적인 이데올로기의 개입이 있게 된다. 그리고 작자는 자신이 이데올로기적으로 해석한 의미를 사회적으로 실천하는 개작 텍스트를 쓴다. 이 과정에서 개작자들은 자신이 해석한 의

116) C. 프라이, 위의 글, 134면.

미로 춘향전의 의미를 고정시키려 한다. 이러한 '기호론적 닫힘'의 효과가 바로 이차적인 이데올로기의 개입이라고 할 수 있다.

이와 같이 텍스트의 수용과 생산에 작용하는 이데올로기에 대한 고찰은 텍스트를 사회적인 콘텍스트로 확장시키기 위해서 필요하다. 텍스트는 다른 텍스트와 관계되는 상호텍스트성을 갖는 동시에 사회적인 콘텍스트와도 상호작용을 한다. 베넷과 울라코트는 텍스트가 생산되고 수용되는 사회와 텍스트간의 관계를 상호-텍스트성(inter-textuality)라고 하여, 상호텍스트성(intertexulity)과 구별하였다. 이 상호-텍스트성은 "특수한 상황 내에 존재하는 텍스트 간 관계의 사회적 구성",[117] "읽는 방식을 결정하는 관계가 사회적으로 구성되는 방식"[118]을 의미한다.

이들의 주장에 의하면, 텍스트들은 그것이 향유되는 특수한 사회 환경을 떠나서는 서로 관련될 수 없다고 한다. 상호-텍스트성이란 용어는 텍스트와 그것을 생산하고 수용하는 사회적 상황 사이를 오가는 분석을 요구하며, 따라서 특수한 역사적 위치에 따라 텍스트를 해석할 것을 요구한다. 이와 같은 상호-텍스트성의 연구는 텍스트와 콘텍스트간의 관계를 밝히는 과정으로, 텍스트의 콘텍스트성, 콘텍스트의 텍스트성을 중시하는 신역사주의 경향과도 상통한다.[119]

이 장에서는 두 가지 차원에서 이데올로기에 대한 접근을 행할 것이다. 먼저, 의미는 텍스트의 생산물일 뿐 아니라 텍스트에 개입하는 역사적, 사회적으로 구성된 주체의 산물이라는 점에서 개작자의 이데올로기를 살필 것이며, 두 번째로 텍스트가 그 안에 내재된 의미를 어떻게 제한하여, 공준된 수용자[120]들로 하여금 자신이 원하는 방식의 해독을

---

117) T. Bennett & J. Woollacott, *Bond and Beyond*, Macmillan, 1988, 45면.
118) T. Bennett & J. Woollacott, 위의 책, 86면.
119) F. 렌트리키아 외, 『신역사주의론』(김옥수 역), 한신문화사, 1994 참조.
120) 텍스트는 단지 자신의 구체적인 커뮤니케이션 능력뿐만 아니라 자신의 의미작용적 가능성에 있어서도 필수 조건으로서 고유의 독자를 가정한다. 이미 텍스트의 생산 과정에서 독자가 공준되는 것이다. 그리고 텍스트는 고유의 실현 조건으로

요구하는가라는 측면에서 이데올로기를 고찰하겠다.

이와 같은 접근법은 제임스 본드를 주인공으로 한 텍스트를 수용 상황에 따라 분석한 베넷과 울라코트의 연구에서도 행해졌다. 그들은 수용을 연구하는 데 있어 텍스트 내적 요인(intra-text)와 텍스트 외적 요인(extra-text)를 함께 다룬다. 이데올로기적 담론은 "특정한 콘텍스트 속에서, 텍스트와 독자의 관계를 중개하는 것으로 텍스트가 인지되고 읽히는 방식에 영향을 주는 동시에, 그것은 사회적인 토대인 계급적, 성적, 인종적 관계 내에서의 독자의 위치에 따라 다른 읽기 실천이 가능하다."[121] 이와 같이 그들은 텍스트 연구와 수용자 연구를 결합시켜 이데올로기 연구를 수행한다.

이 장에서는 이와 같은 접근법을 활용하여, 수용자로서 다른 읽기를 할 수 있게 한, 개작자의 인식을 이끄는, 삶의 조건으로부터 비롯된 관심과 자신이 해독한 의미를 쓰기를 통해 텍스트의 형식적 자질로서 형성하는 방식에 대한 고찰을 통해 서사 변형의 이데올로기적인 성격을 살필 것이다. 이는 각각 텍스트 외적, 내적 이데올로기 분석이라고 할 수 있다. 이렇게 두 가지 방향에서 확인하는 이데올로기는 결코 다른 것은 아니며, 단지 각 방향에 따라 강조하는 측면이 달라질 뿐이다. 분석된 각 항들은 서로를 보완하며, 다른 항목에 대하여 상호침투하는 현상을 보인다.

이 분석의 궁극적인 관심은 이데올로기가 현재와 과거의 대화적 관계를 어떻게 형성하였는지를 확인하는 것이다. 여기서 말하는 대화적인 관계란 현재의 보편적 지평 아래, 논증될 수 없는 전통을 수용하는 것을 가리키지는 않는다. 과거와 현재와의 대화는 개작자의 이데올로기적인 의미화 실천에 의해 변형되며, 잠정적으로 구성되는 것에 불과하다.

서 독자의 협력을 요구한다. 에코는 이를 "텍스트는 그 해석적 운명이 고유의 생성적 메커니즘의 일부를 이루어야 하는 산물이다."(U. 에코, 『소설 속의 독자』(김운찬 역), 열린책들, 84면)라고 명제화한다.

121) T. Bennett & J. Woollacott, 위의 책, 60면.

1) 전통 윤리에 의한 풍속 교화: <옥중화>의 경우

이해조는 이인직과 더불어 대표적인 신소설 작가로 일컬어진다. 임화는 「續신문학사」에서 이해조를 일컬어, "이인직에 의하여 개척되고 최찬식에 의해서 대중화된 신소설의 기초를 확립한 작가"[122]라고 신소설 작가로서 그의 지위를 확정하였다. 이해조의 문학은 두 시기로 나누어 보는 방법이 일반적이다. 애국 계몽기 시기(1904∼1910)의 글쓰기와 합방 이후의 글쓰기가 확연히 구분된다는 것이다. 이런 구분은 최원식에 의해서 행해졌으며, 그는 이해조의 행적을 바탕으로 이 두 시기를 구분하고 있다.[123]

최원식은 일제가 1909년부터 13년 사이 금서 조치를 강행한 이후, 이해조 문학의 정치성의 쇠퇴, 통속화의 경향이 두드러지기 때문에 1910년대 문학을 애국계몽기와 구분하여 파악하는 것이 필요하다고 하였다. <옥중화>는 신소설이 그 시대적 소명을 다하고, 신파소설에 의해 구축되기 일 년 전인 1912년에 쓰여진 것으로 이와 같은 시기 구분에 따르면 이해조 문학의 제2기에 해당한다.

이해조는 애국계몽시기의 대표작인, '토론소설'이라는 부제가 붙은 「자유종」(1910)에서 등장인물의 입을 빌어, 전대 소설을 전체적으로 비판하고 있다. "말홀진디 춘향젼은 음탕교과셔요, 심쳥뎐은 쳐량교과셔요, 홍길동젼은 허황교과셔라 홀것이니"[124]라고 한 이해조가 왜 심청전, 춘향전, 흥부전, 별주부전 등을 각각 「강상련」(1912), <옥중화>(1912), 「연의각」(1913), 「토의간」(1916)이란 제목으로 개작하게 되었는지 의문이 생긴다. 그러나 『매일신보』에 나타난 다음과 같은 발언에서 그가 어떤 태도로 고전의 개작에 임했는지 그 일단을 살필 수 있다.

---

122) 임화, 「속신문학사」, 조선일보 1940.2.2∼5.10, 제42회.

123) 최원식, 「이해조 문학연구」, 서울대 박사학위논문, 1986.

124) 「자유종」은 토론소설이란 銘이 붙어 있으며, 주제 면에서 가장 정치성이 강하다고 평가받는다.
이해조, 「자유종」, 광학서포, 1910, 10면.

> 조션 ᄌᆞ리로 젼ᄒᆡ오ᄂᆞᆫ 타령즁, 춘향가, 심청가, 박타령, 토끼타령 등은 **본릐 유지ᄒᆞᆫ 문쟝지식가, 충효의졀의, 됴ᄒᆞᆫ 취지를 포함ᄒᆞ야, 징악창션ᄒᆞᄂᆞᆫ 큰 기관으로,** 져슐ᄒᆞᆫ바인ᄃᆡ 광ᄃᆡ의 학문의 부족ᄒᆞᆷ을 인ᄒᆞ야, 한번 젼ᄒᆞ고, 두번 젼ᄒᆞᆷ이, **정대한 본 ᄯᅳᆺ을 일어ᄇᆞ리고, 음란쳔착ᄒᆞᆷ이, 징연부익**ᄒᆞ야, 하등무리의, 찬셩은 밧을지언뎡, 초유지각ᄒᆞᄂᆞᆫ 사ᄅᆞᆷ의 타ᄆᆡ가 날로 더ᄒᆞ니, 엇지 개탄ᄒᆞᆯ바가 안이라ᄒᆞ리오, 이럼으로 본긔쟈가 명챵광ᄃᆡ등으로 ᄒᆞ야곰, 구슐케ᄒᆞ고, 축조산졍ᄒᆞ야, 임의춘향가(옥중화), 심청가(강상련)ᄂᆞᆫ, ᄋᆡ독ᄒᆞ시고, 귀부인 신ᄉᆞ 젼각하되, 박슈갈치ᄒᆞ심을 밧엇거니와(중략) **광ᄃᆡ타령이라 등한히 보지마시고, 그 타령 져슐ᄒᆞᆫ 녯 사ᄅᆞᆷ의 됴흔ᄯᅳᆺ을 짚히 살피시우**125)

그는 타령을 저술한 "옛 사람의 좋은 뜻을 깊이 살피라."고 독자에게 당부하고 있다. 춘향전은 원래 음탕 교과서가 아니며, "좋은 뜻"으로 만들어진 것이 "정대한 본 뜻"을 잃고 있을 뿐이라는 것이다. 이해조는 판소리 소설 중 제일 먼저 춘향가 정리에 착수하여 옥중화를 내 놓았다. <옥중화>에 대한 광고문에서 역시 "만고열녀 춘향의 사적은 세상에서 책과 노래로 전하였으나 책은 너무 간략하고 노래는 너무 음탕할새 지금 소설에 유명한 대가가 그 사적을 조사하여서 유명한 노래와 참조하여 써 옥중화가 되었으니"126)라고 한다.

이는 이해조가 단지 판소리를 듣고 전사한 것이 아니라 개작에 대한 의식을 가지고 다시 쓴 것임을 보여준다. 그는 춘향전의 "좋은 뜻"을 밝히고 "충효의 절의 좋은 취지를 포함하야 징악 창선"하려는 풍속 개량의 목적으로 <옥중화>를 쓰게 된다. 이해조에 의해 "음탕교과서"로 분류된 춘향전은 다시 쓰여지면서 "만고열녀"의 사적을 전하는 '도덕교과서'가 되는 것이다.

〈옥중화〉의 동위체 현상에서 분석한 바와 같이 이해조는 〈기생 아

---

125) 『매일신보』, 1912.4.27.

126) 이해조, 「화의혈」 뒷면의 광고문.

닌 춘향〉이라는 동위체를 중심으로 의미를 구성하고 있으며, 춘향을 도덕성의 화신으로, 몽룡을 변학도를 용서할 수 있는 포용력이 큰 인물로 형상화하고 있는데, 이는 바로 인성의 교화를 통한 풍속 개량의 이데올로기적인 실천임을 확인할 수 있다.

그렇다면 이해조가 파악한 당대의 음란하고, 타락한 풍속은 어떤 모습이었는지 고찰해 볼 필요가 있다. 이해조의 풍속에 대한 관심은 임화에 의해서 "시정성"이라며 높이 평가되기도 하였다.[127] 이해조의 시정성에 대한 관심은 풍속의 타락을 깨닫는 것과 밀접한 관련이 있다. 「모란병」의 도입부는 당시 양반이 몰락하자 기생하던 부류들마저 전락해 가는 과정이 소상하게 제시되어 이해조가 파악한 당대 풍속의 일면을 잘 드러낸다.

정변이 일어나 구한말 정부 제도의 개혁으로, 장안만호, 상하삼판, 육조판서 등이 면직되어 떼거지가 되었고, 이들 수하에서 생계를 꾸려가던 역관, 찰방, 각궁, 서리 등이 일자리를 잃는다. 이들은 탐관오리로 도적질하여 장만한 재산으로 새 세상이 오기를 기다리며 살다가, 졸지에 재산을 탕진하고, 결국 송충이 모양으로 솔포기 날을 베어먹을 정도로 가난해진다는 내용으로 「모란병」은 시작된다.[128] 이런 상황에서 양반은 외동딸마저 팔아먹는 신세로 몰락한다. 이렇게 신분질서의 붕괴는 경제적 궁핍을 극대화하고 인신매매, 사기, 도박 등 경제적 원인과 관련된 범죄적 행위를 발생하게 한다.[129]

이와 같은 풍속의 타락에 대하여 그는 전통적 윤리관을 내세운다. 그의 윤리관은 여성이 지녀야 할 전통적 인종의 미덕을 강조하고 있는

---

127) 임화는 이해조의 시정성을 높이 평가하면서 "시정생활의 반영이야말로 새로운 소설의 근본 성격의 하나가 될 산문정신이었다."고 하였다.
임화, 「槪說朝鮮新文學史」 제3회, 『人文評論』 15호, 1941, 101면(임화, 『신문학사』(임규진, 한진일 편), 한길사, 1993).

128) 이해조, 「모란병」, 박문서관, 1911, 1~2면 참조.

129) 경제적 원인에 따른 도덕적 타락, 인신매매는 「봉선화」(시어머니가 며느리를 팔고), 「빈상설」(남편이 아내를 팔고), 「원앙도」(안경지 아내가 금쥐를 팔고), 「모란병」(아버지가 딸을 팔고) 등 이해조 소설 곳곳에서 발견된다.

<옥중화>와 『기호흥학회월보』에 연재된 「윤리학」 등에서 찾아 볼 수 있다. 그는 「윤리학」[130]에서 "凡社會에 生存ᄒᆞᄂᆞᆫ者ㅣ 其 感化를 不受ᄒᆞᆷ이 無ᄒᆞ야 感化가 善한 자는 善이 되고 惡ᄒᆞᆫ 者ᄂᆞᆫ 惡"이 되는 것은 당연하며, 같은 환경에서 태어났다 하더라도 天禀에 따라 강대하게, 혹은 미약하게도 되며 감화의 정도는 혹 깊고 혹 얕아서 사회에는 각양각색의 인물이 형성되게 된다는 의견을 진술하고 있다. 이는 전통적인 유교의 논리와 통하는 부분으로, 천품에 따라 강대하게 혹은 미약하게 된다는 것은 태어날 때 품수 받은 기질지성(氣質之性)의 차이를 말하는 것이다.

전통 윤리와 다른 점은 신분도 천품에 따라 정해지지 않는다는 점에 대한 인식이다. "같은 환경에서 태어났다 하더라도" 달라질 수 있는 천품을 강조하는 것은 사회적인 신분 질서까지 천품에 의해서 정해진다는 것은 아니라는 의미를 갖는다. 이미 신분질서가 없어진 사회에서 유교의 윤리는 개인의 인성에 한정될 뿐, 자연적인 법칙으로서 신분질서까지 결정하는 근거는 되지 못하는 것이다. 더 이상 '기생이 수절을 하면 양반은 기절하는' 사회는 아닌 것이다.

'평등한 사회'에서 선과 악은 좋은 인성을 가진 사람과 나쁜 인성을 가진 사람으로만 구분될 뿐, 어떤 정치적 이념도 갖지 못한다. 변학도는 천품이 나쁜 사람이고, 욕망을 절제하지 못하는 나쁜 사람이다.[131] 이에 비해 몽룡은 이런 나쁜 사람도 포용할 수 있는 좋은 천품을 가진 인물이 되는 것이다. 따라서 변학도는 부패한 권력의 전형으로 제시되지 않으며, 몽룡도 그를 징치하지 않는다.

이해조가 비록 전통 윤리를 내세우기는 하였으나, 유교 사회의 신분질서까지 옹호하는 것은 아니다. 그는 「자유종」에서 "또 반상으로 말

130) 이해조, 「윤리학」, 『기호흥학회월보』 5~12호, 1908.

131) 「윤리학」에서 이해조는 욕망과 악을 다음과 같이 연관시키고 있어서 변학도의 악한 면모를 살피는 데 참조가 된다. "일시(一時)의 정욕(情欲)을 종(縱)ᄒᆞ면 곧 후일(後日) 생화(生禍)의 원인(原因)이 될 것"이라고 하여 정욕이 화를 부른다고 강조한다.

홀지라도 그렇케 심ᄒᆞᆫ 일이 어ᄃᆡ 잇겟소 엇지ᄒᆞ다가 ᄒᆞᆫ번 상놈이라 ᄒᆡ호ᄒᆞ면 비록 영웅렬ᄉᆞ가 잇슬지라도 자자손손 상념이라 ᄒᆞᄃᆡᄒᆞ니 그갓ᄒᆞᆫ 악ᄒᆞᆫ 풍속이 어ᄃᆡ 이스릿가.”132)이라고 신분 제도를 비판하며, 만민평등의 당위를 주장하고 있다. 한편, 이해조는 자신의 정치적 이념을 가장 뚜렷하게 드러낸 <자유종>에서 어떻게 나라의 독립을 회복할 것인가 하는 문제에 집중한다. 대한제국이 반식민지 상태로 전락한 당시를 수참하고 통곡할 시대라고 비탄하면서, “차라리 제 나라 민족의 노예가 세세로 될지언정 타국 정부에 보호는 아니 받는다.”133)고 절규하고 있다.

이런 비참한 현실을 타개할 국권회복의 구체적 방략은 “외국 의뢰도 쓸데없고 한두 ᄀᆡ 영웅이 혹 국권을 만회ᄒᆞ야도 쓸ᄃᆡ없고 오즉 젼국 남녀청년이 보통 지식이 잇셔 ᄌᆞ쥬권을 회복ᄒᆞ여야 확실히 완젼하다.”고 제시된다. 자유로운 개인의 자발적 결합으로써 이루어진 근대적 국민의 출현, 이 과제가 온전히 실현될 때 국권회복의 문제가 해결될 수 있다는 것이 인용 부분의 메시지이다. 이해조는 개인을 사회의 최소단위라고 보고 있으며, 개별적인 개인들의 각성을 통한 국가의 건설을 지상과제로 설정하고 있는 것이다. 이해조는 당시의 계몽주의자들처럼 근대적 국민의 창출을 지향하는 일종의 만민평등의 국민주의를 꿈꾸었다고 할 수 있다.134)

이렇게 이해조는 전통적 윤리관을 강조하면서, 한편으로는 개화인으로서의 만민평등을 부르짖게 되는 이율배반적인 태도를 취한다. 그러나 그의 이런 모순된 성향은 현재적 관점에서 그렇다는 것일 뿐 그에게는 일관된 논리로 연결된다.

이해조는 「윤리학」에서 사회는 한 단체가 되어 상호결합을 유지하는데, 연결하여 단체가 되게 하는 ‘원료’는 여론, 풍속, 습관, 문학, 법률

132) 이해조, 「자유종」, 광학서포, 1910, 31면.
133) 이해조, 「자유종」, 광학서포, 1910, 34~35면.
134) 최원식, 위의 글, 48면.

등이라고 하였다. 이처럼 문학을 통한 여론의 형성, 풍속의 교화는 그의 정치적 이념을 실현할 수 있는 도구이다. 그는 현실적인 유교의 부패에 대해서는 통렬한 비판을 하지만 풍속의 교화와 이를 기초로 한 국민의 형성을 위해 서구 기독교를 모형으로 유교를 '공자교(孔子敎)'로 개혁함으로써 일종의 종교 개혁을 통한 국권회복을 꾀한다. "종교 없이 어찌 사오, (중략) 만일 다수한 국민이 겁내는 것도 업고 의귀홀 곳도 없고 존칭홀 것도 없으면 어찌 국민의 질서가 있겠소, 약육강식ᄒᆞ는 금수세계만도 못ᄒᆞ리라."[135]고 하여 "국민의 질서"를 위해 종교의 중요성을 강조하고 있음을 볼 수 있다.

유교의 공자교로의 개혁은 개인과 사회를 "연결하여 단결케"하는 도구를 형성하는 데 그 의의가 있다. 유교가 단지 지배층만의 것이었다면, 공자교는 국민의 종교가 되어 개인과 사회를 연결해 주며, 사회의 동질성을 유지시켜 줄 정신적 구심점으로서 역할을 할 수 있게 되는 것이다. 이런 이해조의 전략에 대하여 "조선왕조의 지배이데올로기로서 정착했던 공자 사상에 의거, 국민주의를 달성하려고 한 이해조의 구상 자체가 공상"이며, "공자를 비롯한 유교 전체가 진정한 국민의 창출을 위해서는 철저히 비판, 극복되지 않으면 안되었다."[136]는 비판이 가능하다. 그러나 이해조는 개인 인성의 발달과 국가의 형성을 상반되는 것으로 보지 않았으며, 우선 풍속을 개량하고, 교육을 중시하여, '국민'을 형성한 후, 이들이 결합한 '사회'를 국가로 발전시켜야 한다는 모순적이지만은 않은 논리를 갖고 있었다.

〈옥중화〉에서 〈기생인 춘향〉과 〈기생 아닌 춘향〉이라는 분류소는 각각 만민평등의 근대적 사상과 전통 윤리에 대응할 수 있다. 〈기생인 춘향〉의 수절권 주장은 신분 질서에 대한 비판적인 의미를 가지며, 〈기생 아닌 춘향〉의 烈의 강조는 전통 윤리에 속한 것이기 때문이다. 그런데 이해조는 〈기생 아닌 춘향〉의 동위체 현상을 중심으로 〈옥중

135) 이해조, 「자유종」, 광학서포, 1910, 14~15면.
136) 최원식, 위의 글, 50면.

화〉를 구성하고 있다. 이는 그가 개인 인성의 교화를 통한 국민의 형성을 정치적인 프로그램으로 갖고 있었다는 것을 말해준다.

이해조의 문학관은 "빙공착영으로 인졍에 맞도록 편즙ᄒᆞ야 풍쇽을 교졍ᄒᆞ고 샤회를 경셩ᄒᆞ는 것"[137]이다. 비록 그가 "빙공착영(憑空捉影)"이라는 소설의 허구성에 대한 인식을 하였어도, 그의 궁극적 관심은 "풍속의 교정"과 "사회의 경성"이다. 그의 이런 소설관은 조선 시대의 공리적이고 효용론적인 문학관과 상통하는 바이다.[138] 그렇지만 이해조는 소설의 허구성에 대한 인식을 바탕으로 하고 있었기에 신소설에 흥미성을 부여한 작가라는 평가를 받으며, 대중 속에 강력한 전파력과 감화력을 가진 소설을 쓸 수 있었다.

고소설로의 복귀라고 평가받는 이해조의 춘향전 개작을 비롯한 활동은 바로 이러한 소설관을 바탕으로 해야만 제대로 이해할 수 있다. 효용론적인 문학관을 갖고 있는 작자가 대중에게 인기를 끌고 있던 고소설의 대중성을 이용하여 자신의 이념을 실천하는 것은 합리적이며 전략적이라고 평가할 수 있다. 다음과 같은 임화의 발언에서도 이해조의 전략적인 형식의 선택을 확인할 수 있다.

> 통속성은 먼저 이해조가 현대를 제재로 한 소설 가운데 나타나고 시기를 따라 차차 분화되는 경로를 취했는데, 보다 구시대적인 제재를 취급할 때엔 구소설 양식에의 복귀가 지배적이요, 보다 현대적인 제재를 취급할 때면 또한 보다 신파적인, 보다 현대 통속소설적인 또는 탐정소설적인 경향이 명백화된 것은 흥미있는 현상이다.[139]

이렇게 이해조는 이야기의 대상에 따라 전략적으로 서술 방법을 달리 해왔다. 따라서 이야기체 형식의 채택은 안이하게 고소설 양식으로

137) 이해조, 「화의혈」, 박문서관, 1911, 100면.
138) 이용남, 『이해조와 그의 작품세계』, 동성사, 1986, 118~127면.
139) 임화, 「朝鮮新文學史」 제4회, 『人文評論』 16호, 1941.

복귀한 것이 아니라 이야기의 대상에 따라서 가장 적절한 서술 방식을 구안하는 과정에서 연유한 것이라고 평가되어야 할 것이다.

이해조가 판소리 소설을 개작하면서 고소설의 형식을 취하고 있다는 것은 그가 소설가가 아니라 이야기꾼으로 기능한다는 것을 말해준다. 이야기의 형식은 경험을 공유할 수 있는 사회에서 공적인 독자를 향해 취하는 것이다. 벤야민은 현대 사회에서는 공통의 경험이 부재하기 때문에 이야기 형식이 사라진다고 보았다.140) 그렇다면 합방 후 일제로 인하여 실질적인 전통적 공동체가 해체되어 가고 있는 상황에서 이야기꾼인 이해조가 이야기를 전하고 있는 대상은 실질적 공동체가 아닌, 상상적 공동체로서 '민족'이라고 할 수 있다. "국민을 민족국가로 통합하는 것은 민족주의라는 정서의 존재가 아니라 (다른 민족국가와의 복합에서) 정확하게 규정된 영토적 경계에 대한 행정기구의 통일성"141) 이라고 할 때, 전통적 공동체도 이미 붕괴하고 있으며, 영토적 경계에 대한 행정기구의 통일성도 없는 식민지 상황에서 종교적, 도덕적 공통성을 강조하는 민족주의가 형성하는 민족은 단지 상상적인 공동체일 뿐이라는 것이다.

국권이 위기에 처한 시기에 형성된 그의 근대 국가관은 '민족'이라는 상상적 공동체를 발명해 낼 수 있었다.142) 누구나 알고 있는 이야기를 가장 익숙한 형식으로 서술하는 것은 공동체에 속한 이야기꾼의 방식이지만, '민족'이라는 상상적 공동체로의 결속을 통해 근대 국가를 형성해야 한다는 시대적 요구는 이해조로 하여금 이야기꾼의 존재 방식을 다시금 취하게 하였다. 공유된 기억을 통한 민족 공동체의 창출, 이

---

140) W. 벤야민, 「얘기꾼과 소설가」, 『벤야민의 문예이론』(반성완 역), 민음사, 1983, 166면.

141) A. Giddens, *Social Theory & Modern Society*, Cambridge, Polity Press, 172면 (D. 헬드, 「현대국가의 발전」, S. 홀 외, 『현대성과 현대문화』(전효관 외 역), 134면에서 재인용).

142) 민족주의와 근대 국가의 형성에 관해서는 B. 앤더슨, 『민족주의의 기원과 전파』(윤형숙 역), 사회비평사, 1996, 25~37면 참조할 것.

를 바탕으로 한 근대국가의 형성이 바로 이해조의 목표이며, 판소리 소설을 이야기체 형식으로 개작한 의도이자 사회적 효과이다. 이런 이데올로기가 고소설의 형식을 통해 실천되고 있는 것이다.

따라서 이해조의 개작은 사회의 공통된 규범적 윤리가 퇴색해가고 있는 상황에 대한 적극적으로 개입으로서, 과거로의 퇴행이 아니라 현실에 대한 적극적인 실천이라고 볼 수 있다. 부국강병(富國自强)의 힘을 창출한다는 개화사상의 목표는 결국은 더욱 강한 힘을 가진 일본의 식민지가 될 수밖에 없다는 현실 앞에서 무력해졌지만, 민족을 기반으로 한 국민국가의 형성이라는 과제는 식민지 시대에도 여전히 유효한 것이었다.

이해조에 있어 민족이라는 공동체를 엮어내는 것은 바로 전통 윤리였다. 신(新)과 구(舊)의 갈등 상황, 그로 인한 가치의 혼란과 현실의 타락을 타개할 한 방편으로 전통 윤리의 필요성이 제기되는 것이다. 개인의 행위의 준거가 마련되어 있지 않은 혼돈의 상황에서 전통 윤리도 그것이 비록 적절한 대안은 아니었으나, 계몽적 이성, 즉 "스스로로부터 자신의 존재와 사유의 근거를 찾으려는 주체성의 사유 방식"143)에 익숙하지 못한 사회에서 일정한 역할을 할 수 있었을 것이다.

이해조가 역설한 전통 윤리는 조선 사회의 윤리와는 구분된다. 전통 사회에서의 윤리는 개화기에 이르러 그것이 이전에 누렸던 보편적 가치체계라는 위치를 상실했으며, 행위자가 선택할 수 있는 몇 가지 가능성 중의 하나가 되었다. 그것을 선택하는 것은 모든 것을 새롭게 시작할 수 없는 과도기적 상황에서의 주체적인 실천이라고 볼 수 있다. 이렇게 이해조의 개작은 타자성의 선별적 강조를 통한 자기의 구성에 이르는, 즉 타자를 이용하여 자신의 정체성을 확립하려는 시도의 하나로

143) "현대는 방향을 설정하는 자신의 척도를 더 이상 다른 시대의 모범으로부터 차용할 수 없으며, 또 그렇게 하려고 하지 않는다. 현대는 자신의 규범성을 자신으로부터 스스로 창조해야만 한다."
J. 하버마스, 『현대성의 철학적 담론』(이진우 역), 문예출판사, 1993, 26면.

평할 수 있다.

2) 전통 윤리의 부정으로서 자유연애: <일설춘향전>의 경우

<일설춘향전>은 이광수가 동아일보사 재직하던 시기인 1925~1926년에 걸쳐 동아일보에 연재한 소설이다. 이는 춘원의 소설 중 본격적인 연구가 가장 이루어지지 않은 텍스트이며, 그의 '역사소설로 승격되지 못한 역사물들' (<악부>(1922), <가실>(1923), <허생전>(1923)) 일반과 함께 일반적으로 부정적인 평가가 내려지고 있다.[144)]

우선 이광수가 가지고 있는 문학에 대한 생각, 특히 고전 문학에 대한 생각은 살펴봄으로써 이광수의 고전 문학에 대한 접근법을 파악할 수 있다. 이광수는 그의 문학론[145)]에서 고전 문학에 대해 삼국 이전에는 말할 것도 없고 삼국 시대 설총의 이두 문학과 삼국유사의 향가 열몇 수 정도가 있을 뿐, 고려시대로부터 조선 세종 조까지는 문학이라 말할 것도 없다는 부정적 평가에 이르렀다.

> 從來 朝鮮에서는 文學이라 하면 반드시 儒敎式 道德을 鼓吹하는 자, 勸善懲惡을 諷諭하는 者로만 思想하여 此準繩外에 출하는 자는 唾棄하였나니, 是乃 朝鮮에 文學이 발달치 못한 最大한 原因이다. …(중략)… 以故로 從來 朝鮮 文學은 散文 韻文을 물론하고 반드시 儒敎道德으로 骨子를 삼아 一步도 此範圍를 出하기 不能하며, 萬卷 文學書가 有하더라도 開始 千篇一律이라. 人情의 複雜多樣함이 宇宙의 森羅

144) 김윤식은 <일설춘향전>을 포함한 이광수의 과거를 배경으로 한 소설 전체를 "참된 역사 소설이 아니라 작가의 이데올로기를 역사적 인물에 덮어씌우는 한갓 이데올로기 소설, 관념 소설"(김윤식, 『이광수와 그의 시대3』, 한길사, 1986, 789면)이라 하고, 조동일은 "이미 누리고 있는 평가에 힘입어 독자를 모으기에 알맞는 작품을 개작하면서 주인공의 성격을 원래의 사회적 상황에서 분리시켜 현대화해 부조화를 빚는다"(조동일, 『한국문학통사4』, 지식산업사, 1991, 296면)라고 한다.

145) 이광수, 「문학이란 何오」, 『매일신보』, 1916.11.10~23.

萬象과 如하거늘 어찌 數條의 道德으로 此를 律할 수 有하리오.[146]

이와 같은 발언에서 그의 이데올로기적인 의미의 분류를 발견할 수 있다. 그는 우선 문학과 조선 문학을 나눈다. 그리고 이와 같은 이항대립 아래, /인정/과 /도덕/, /자유로운 감정/과 /도덕적 규제/를 대립시키고 있다. 그는 종래의 문학이 발전하지 못한 원인으로 유교 도덕 권선징악을 고취해 온 도덕 문제를 들었다. 이런 도덕적 굴레는 자유로운 사상과 감정의 나타남을 가로막고 인정의 복잡 다양함을 규제하기에 "朝鮮文學은 오직 將來가 有할뿐이요, 過去는 無"라고 결론을 맺는다.

이런 대립항을 구성하는 그의 이데올로기는 <기생인 춘향>과 <기생 아닌 춘향>의 동위체와 밀접한 관계가 있다. 위의 텍스트 분석에서 살펴본 /인정/, /자유로운 감정/과 /도덕/, /도덕적 규제/라는 의소들은 각각 <기생인 춘향>과 <기생 아닌 춘향>에 대응된다. 그는 <기생인 춘향>의 의소 중 /자유로운 사랑/을 특히 강조했음을 앞에서 밝힌 바 있다. 이광수의 '情의 문학'은 이렇게 <기생인 춘향>의 동위체를 구축하게 된 주요한 인식 관심이었다.

완판본에서 살펴본 <기생인 춘향>의 의소 중 /인간적 가치의 권리 주장/은 신분 질서에 대한 문제제기로 이어지며, 현실 비판적인 의미를 가질 수 있었다. 그러나 이광수는 이를 도덕에 대한 저항적인 의미인 /자유로운 사랑[人情]의 주장/으로 변모시켰다. <일설 춘향전>에서 유교적인 신분 질서는 자유로운 사랑을 성취하는 데 장애가 되기 때문에 부정되는 것이지, 불합리한 권력이기 때문에 부정되는 것이 아니다. 이렇게 그 사회적 의미가 퇴색된 춘향전은 단지 개인의 자유로운 사랑의 성취라는 사적인 흥미의 대상이 된다. 바로 이러한 점이 이광수의 <일설 춘향전>을 흥미 본위의 통속물이라는 평가를 받게 한다.

그렇다면 그가 주장하는 "인정의 복잡 다양함"을 도덕의 규율로 재단

---

146) 이광수, 「문학이란 何오」, 『매일신보』, 1916.11.14.

하지 않는 소설이란 어떤 것인지 다음과 같은 인용문에서 볼 수 있다.

> 文學的 傑作은 마치 人生의 某方面, 가령 戀愛라 하고 戀愛 중에도 上流 社會, 上流 社會중에도 有敎育者, 有敎育者 중에도 才貌 有한 者, 才貌 有한 者중에도 父母의 許諾을 得히 不能한 者의 戀愛를 과연 如實하게 眞인 듯하게 描寫하여 何人의 讀하여도 首肯하리 만한 者를 謂함이니 如此한 者라야 비로소 深刻한 興味를 與하는 것이라.147)

이렇게 인생을 묘사하고 흥미를 주는 글만이 문학이 될 수 있다. "人으로 하여금 미감과 쾌락을 발케 할 만한" 서적이 문학이라는 것이다. 그런데 위와 같은 문학에 대한 이광수의 인식에서 흥미로운 점을 발견할 수 있다. <일설춘향전>의 몽룡의 인생이 이와 같은 상황에 놓여 있다는 것이다. 즉, 몽룡은 상류 사회에 속한 자이며, 교육을 받은 자이다. 게다가 그의 용모는 수려하며, 재능은 단시일만에 장원급제를 할 만큼 뛰어나다. 그리고 기생인 춘향과의 관계는 부모로부터 용납을 받지 못한다.

이광수가 춘향전을 간신히 남은 조선의 문학 중의 하나라고 한 것도 바로 이와 같은 몽룡의 사랑이라는 소재의 "심각한 흥미성" 때문이다. 몽룡은 앞서 살펴본 바와 같이, "부모도 다 버리고 세상 공명도 다 버리고 훌적 날아 춘향에게로" 가고 싶어 하는 정에 충실한 인물이다. 이런 인물은 시대적인 상황과 그 가능성 내에서 형성된 인물이 아니라 이광수가 설정하는 정(情)의 도식에 끼워 맞추어져 재구성된 인물이다.

그런데 어느 시대의 인간이든 이광수는 情의 도식에 맞추어서 이해하고 있음을 볼 수 있다. 예를 들어, <일설춘향전>보다 1년 전에 쓰여진 <가실>에서도 이런 인물이 형상화된다. 진평왕 시절, 설씨의 딸의 약혼자 가실은 늙고 병든 설씨를 대신하여, 군대에 나가 고구려의 포로

147) 이광수, 위의 글, 1916.11.11.

가 되어 온갖 고생으로 하고 돌아와 가실과 결혼을 했다는 것이 <가실>의 전체적인 줄거리이며, <가실>에서 강조하고 있는 것은 '가실의 성실성, 가실의 인간애'였다.[148] 가실 역시 정에 충실한 인간이라는 것이다. 이렇게 어떤 시대를 불문하고, 인간적 정에 충실한 인간을 등장시키는 것을 몰역사적이라고 할 수 있다.

루카치는 "역사극은 핵심적 갈등의 역사적 진실성을 해치지 않고서도, 이 사건들로부터 수 백 년 격리되어 있었던 관객들에게 현재적인 인간적 특징을 제시해야 한다."[149]고 하였다. 물론 모든 과거를 배경으로 한 서사물이 이 공식에 따라야 할 필요는 없으나, 이광수의 역사물을 이해하는 데는 도움이 된다. 그는 오직 핵심적 갈등의 역사적 진실성을 무시하고, 현재적인 인간적 특징만을 제시하고 있다고 할 수 있다. 이는 그의 역사물에서 단지 배경만이 과거일 뿐, 인물들은 현대적이라는 것을 말한다.

이는 마치 현재적인 인물이 과거의 세계에 살고 있는 것과 같다. 이렇게 단지 인물을 꾸며주기 위한 과거의 상황은 현재에 의해 전유된 것이다. 여기서 과거는 현재와 거리를 지닌 타자로 존재하는 것이 아니며, 현재의 확장일 뿐이다. 이광수의 과거에 대한 부정은 이렇게 현재와 과거의 대화를 단절시키며, 타자를 자기화하는 결과를 가져온다.

<일설춘향전>이 쓰여진 시기는 이광수가 상해 망명에서 민족보다는 사랑을 택하고 변절자란 낙인이 찍히면서 귀국한 후이다. 귀국 후 그는 이전의 창작 활동과는 다른 방식을 취한다. 요약적으로 말하면, 그는 이전의 작가로서 자신이 강하게 투영된 소설을 썼다면, 이제 표면으로나마 자신을 드러내지 않는 서술 방식을 택하여 창작 활동을 하게 된다.

<무정>을 비롯한 이광수의 초기 소설의 특징은 자전적 인물이 형상화된다는 것이었으며, "그 소설적 흥미는 작가의 체험이 당시 상승적 독자 계층의 세대적 체험의 가능한 최대치를 반영한 곳에 있다."[150]고

148) 김윤식, 『이광수와 그의 시대3』, 한길사, 1986, 780~784면 참조.
149) G. 루카치, 『역사소설론』(이영욱 역), 거름, 1987, 60면.

한다. 이런 자전적 소재는 다작의 원인이 되었으며, 독자와의 친근한 관계를 형성할 수 있게 하였다. 이런 자전적 소설의 서술자의 존재 방식의 특성은 "드러난 서술자(intrusive narrator)"[151]로서 텍스트 내에서 웅변적인 발언을 하고 있는 대표적인 초기 소설인 <무정>에서 이와 같은 서술자의 특성을 구체적으로 확인할 수 있다.

> 혼인을 ᄒᆞ는것도 무슨 리유나 ᄌᆞ신이 업시 ᄒᆞ엿거든 셩례를 ᄒᆞ고 안이 홈에 무슨 리유나 ᄌᆞ신이 잇슬 리가 업다. 작란 모양으로 혼인이 결뎡되고 작난 모양으로 공부를 마치고 셩례ᄒᆞ기로 결뎡하엿다. 그러고 일동은 가장합리ᄒᆞ게 만ᄉᆞ를 행ᄒᆞ엿거니 ᄒᆞ엿다. 하나님의 셩신의 지도를 바닷거니 ᄒᆞ엿다.[152]

선형과 형식이 서로 약혼하기로 결심한 장면을 묘사한 바로 뒤를 이어서 재단적이고 판관적인 서술자의 목소리가 등장한다. 이런 초기 소설의 서술자의 특성은 "웅변적 서술자"[153]라고 규정되기도 한다. 서술적 보고며 주석에 이르기까지 웅변적 서술자는 매우 독선적이고 권위주의적이고 교만하며 확신에 차 있다. 이 웅변적 서술자는 미메시스, 장면 제시, 행동화보다는 상대적 비중으로 판단해서 디에제시스, 논평, 말풀이 등을 더 많이 한다.

이와 비교할 때, <일설춘향전>의 서술자의 활동은 오히려 미메시스, 장면 제시, 행동화가 주가 되며, 서술자가 이야기에 개입하여 논평을 하거나 작중인물보다 높은 위치에서 판관적인 역할을 하지 않는다. 사실적인 장면 묘사와 직접 화법의 활용으로, <일설춘향전>에서는 서술자라는 존재를 거치지 않은 이야기가 현실 그대로 제시되는 것과 같은

---

150) 김윤식, 위의 책, 780면.
151) S. 채트만, 『영화와 소설의 서사구조』(김경수 역), 민음사, 1996, 177~178면 참조.
152) 이광수, <무정>, 『매일신보』, 1917.4.19, 83회.
153) 김일렬, 「이광수 문학의 문법: 담화론적 접근을 위한 시도」, 『춘원 이광수 문학연구』, 국학자료원, 1994, 111면.

환상을 낳는다.

이렇게 확연히 구분되는 초기 소설과 <일설춘향전>의 서술 방식이 어떻게 형성된 것인지 그 문맥을 살펴볼 필요가 있다. 귀국 후, 그는 「감사와 사죄」라는 수필에서 "나의 지배인 되는 그의 말씀에 제 일을 쓰는 것은 동정을 잃기 쉬우니 그것은 늙은 뒤에 쓰기로 하고 지금은 저를 재료로 아니하는 것이 좋다고까지 하여 나의 이번 기회의 쓸 글의 범위는 퍽 제한이 되었습니다. 곧 소설을 쓸 것, 그리하되 내 생활을 재료로 삼지 말 것, 이것이 그의 제한입니다."[154]고 하였다. 귀국 후 변절자라는 낙인이 찍힌 상태에서 여전히 자전적 소설을 쓴다면 배신 행위에 대한 기록이나 변명이 되어, "동정"을 잃기 쉬운 것은 당연하며, 이런 허영숙의 충고는 타당한 것이었다.

이런 충고뿐 아니라 공적인 인간으로서의 그의 사회적인 위치도 소설에서 자전적 소재를 다룰 수 없게 한 요인이 되었다. 그는 민족개량주의자로서 유사한 이념의 합법적 공간(동아일보사)에서 활동하고 있는 공인으로서 자기를 드러내는 글쓰기를 할 수 없었다는 것은 당연하다. 이런 연유로 공인으로서 논리적인 글쓰기와 소설가로서 허구적인 글쓰기가 분리되며, 허구적인 글쓰기에서 철저히 자신을 지워 나가는 활동을 하는 것이다.

그가 자신과 현실을 숨겨둘 수 있는 유용한 공간인 고전의 세계에 눈을 돌린 후, 처음으로 쓴 것은 <악부>[155]이다. 이는 「삼국사기」를 읽고 시조 형식으로 쓴 것이며 이는 그의 소설 <가실>, <일설춘향전>과 함께 자전적 요소를 배제한다는 창작 방법의 실천이다. 그러나 이에 대해 김윤식은 자전적 요소를 배제하기 위해 배경을 과거로 했지만, 여전히 인물을 통해 자전적 요소가 투영되었다고 지적하였다. 예를 들어, <가실>에서 신라로 돌아오는 가실의 모습과 상해에서 다시 돌아오는 춘원의 모습이 겹치며, 포로 생활에서 돌아오는 가실을 통해 자신의 귀

154) 이광수, 「감사와 사죄」, 『백조』 2호, 1922.3.
155) 이광수, 「악부」, 『백조』 1~2호, 1922.1~1922.3.

국에 대한 변명을 하고 있다는 것이다.[156]

<가실>은 자신을 자료로 하여 쓴 작품임엔 틀림없으나, 또한 겉으로 보면 엄연한 역사물이어서 아무런 오해도 일으키지 않는 안전한 것이었다. 역시 <일설춘향전>의 몽룡도 이광수 자신의 투영일 수 있다. '절대가인' 허영숙과의 사랑을 위해 모든 현실적인 제약을 극복해 나아가는 능력과 심성을 가진 이광수가 "춘향과의 사랑 때문에 번민하는 낭만적 주인공"[157]인 몽룡이 될 수 있다는 것이다. 그러나 자전적인 투영은 드러나지 않는 서술자로 인해 시비 거리로 되지 않고 안전하게 머물 수 있었다.

이광수는 이렇게 현재를 과거 속에 감춤으로써 자신의 이데올로기를 실천할 수 있었다. 그러나 그가 생각하는 과거는 앞서 보았듯이 부정해야 할 타자일 뿐, 현재와 대화적 관계를 갖는 것이 아니다. 이런 과거의 부정은 현재에 어떤 반성성도 허용하지 않는다. 과거와 대화적인 관계를 갖는다는 것은 타자를 인정함을 말하며, 이런 과거에 대한 파악은 현재 자신도 상대화할 수 있는 가능성, 즉 현재 역시 또다른 타자가 될 수 있는 입지를 마련해 준다. 그러나 이렇게 부정된 과거는 현재의 자신에게 주어진 빈 공간으로 남을 뿐이다.

이렇게 과거를 부정하는 주체의 실천은 바로 과거라는 '타자의 식민지화'이다. 현재의 확장으로서 과거만이 존재하는 것이며, 현재적인 인물이 과거에 살고 있는 것이다. 이렇게 과거는 자체의 역사성을 상실한 채, 현재의 인물들로 인해 점유되었다. 그리고 이런 과거의 식민지화는 '현실 효과'를 동반한 드러나지 않는 서술자의 존재로 은폐되고 만다.

3) 비극의 현존에 대한 비판: <춘향뎐>의 경우

<춘향뎐>은 1967년에 쓰여진 최인훈의 단편 소설이다. 최인훈은 다

156) 김윤식, 『이광수와 그의 시대3』, 한길사, 1986, 780~786면.
157) 조동일, 『한국문학통사4』, 지식산업사, 1991, 298면.

양한 형식 탐구와 관념적 경향으로 주목받아온 작자이다. 그 형식탐구 중의 한 시도로 최인훈은 익숙한 고전작품들을 새로운 시각으로 재창조해 왔다. 익숙한 작품 제목을 빌려와 재창조한 예로, <춘향뎐>을 비롯하여, <구운몽>(1962), <금오신화>(1963), <놀부뎐>(1966), <서유기>(1966), <소설가 구보씨의 일일>(1972) 등의 소설이 있다.

이 가운데, <놀부뎐>(1966)을 참고로 하여 고소설, 특히 판소리계 소설을 어떤 입장에서 개작하려고 하는지를 추론할 수 있다. 우선 <놀부뎐>에서 서술자는 놀부의 원혼이다. 이 서술자는 그동안 "광대글쟁이"가 "무딘붓 함부로 놀려" 잘못 알려진 이야기를 바로 잡겠다는 의지를 보인다. <춘향뎐>에서도 서술자는 진실을 밝히기 위해 "원본과 갈라선다."는 발언을 하였음을 볼 수 있었다. 이렇게 '잘못' 알려진 이야기를 바로 잡으려는 진실에 대한 의지는 두 텍스트에 공통된다.

<춘향뎐>의 진실은 변학도가 그렇게 악인은 아니며, 춘향이와 몽룡이 영원히 행복하게 잘 살았다는 것이 아니었듯이 「놀부뎐」에서의 진실은 놀부가 그렇게 악인은 아니었으며, 흥부가 박씨 덕택에 부자가 되어 잘 살았다는 것이 아니라는 것이다. 먼저 서술자는, 기존의 흥부전 서술에서 놀부가 심술 사나운 인물임을 알리기 위해 나열한 있는 악행들에 새로운 해석을 덧붙인다.

> 남의빚못갚는신세에 상감국상치르듯초상난데 춤추기 미역꼬투리하나없어도피기한답시고 개보살신주꼬꼬신주모시는해산한데개닭잡기 …(중략)… 없는부모조르는아해볼기치기 …(중략)… 싸움말리지않는건달놈들뺨치기 빗값에계집디미는놈골려주기 …(중략)… 가난한서방버리고한량놈의애밴계집배차기(285면)[158]

이렇게 놀부의 심술 때문에 피해보는 인물들이 모두 비도덕적이라는

158) 「놀부뎐」의 자료는 최인훈, 「놀부뎐」(『우상의 집』, 문학과지성사, 1976)으로 하여 페이지수를 밝히겠다.

설명이 붙음으로써 놀부의 가해행위는 그릇된 행위에 대한 징계로 그 의미가 바뀌게 된다. 잘못된 인간들을 "이리저리 번갈아깨우쳐보기" 위하여 놀부는 심술 아닌 심술을 부린 것이다. 그러나 세상 사람들은 놀부의 진심을 이해하지 못하고 "말세에 기인났단말은"커녕 비난해 왔으므로 놀부는 고립되고 소외된 채 지내게 된다.

그리고 <놀부뎐>에서는 흥부가 은혜를 갚는 제비의 박씨에 의해서 부자가 되었다는 행복한 결말도 부정된다. 흥부는 우연히 발견한 파직 양반의 보물로 부자가 되었던 것이다. 놀부는 흥부가 가져온 파직 양반의 보물을 도로 갖다 놓다가 잡혀서 흥부와 함께 옥에 갇히는 신세가 된다. 이렇게 어려운 상황에서 형제간의 애정이 되살아나고 막혔던 마음이 풀리게 된다. 그런데 감사는 이들을 법대로 다스리는 것이 아니라 돈을 요구한다. 그토록 돈을 중시했던 놀부는 재물이 축나도 "아깝기는 커니와 오만장이오뉴월소낙비끝처럼후련함"(292면)을 느끼며 그 동안 흥부의 심약함이 미워 포악했던 것이 사라져 따뜻함으로 가득 차기에 이른다.

그리하여 놀부는 "한풍한설끝에야꽃피게하며 패가망신끝에야 우애를 주는"(294면) 야속한 천지조화를 깨닫게 된다. "쥐가살자니 고양이가죽어야하며 고양이가살자니 쥐가죽어야하는"(294면) 세상 이치의 일면성을 거부할 수 없음을 깨닫는다. 이후, 놀부는 세상 사람들이 흥부와 놀부 중에서 어느 한 쪽만을 부각시킬 수밖에 없음을 인정한다. 이제 놀부에게 세상 이치는 잘못된 것을 바로 밝히면 풀리는 간단한 것이 아니다. 숨겨진 진실을 알림으로써 해결되지 않는 것이 바로 세상 이치라는 것을 깨닫는 것이다.

따라서 도입부에서 확실하게 글쟁이의 잘못을 지적하던 당당하고 명확하던 놀부의 목소리는 오묘한 이치에 대해 끝없이 생각하는 것으로 바뀐다.

앉아서도생각이요 누워서도생각이요 이리돌려생각이요 저리돌려생각

이요 …(중략)… 나아가며생각이요 들어오며생각이요 건너뛰며생각이요 (295면)

도입부에서 강하고 비판적으로 진실을 밝히고자 한 모습은 이제 낮은 목소리로 고뇌하며 회의하는 사유적 모습으로 변모하는 것이다. 이런 놀부의 변화는 "속에는속이있고", "곡절뒤에는곡절"이 있어서 단지 다른 진실의 일면을 보여주는 것만으로 흥부와 놀부의 진실을 밝힐 수 없다는 것에 대한 인식을 동반한다. 놀부를 중심으로 하여도 새로운 일면을 보여주었지만, 이를 부정하려면 또 다른 「흥부뎐」이 서술되어야 할 것이며, 이를 다시 부정하게 된다면 끊임없는 진실의 자리바꿈만이 있을 것이고, 결국 양면이 모두 포괄되는 완전한 진실을 이루는 「흥부놀부뎐」은 영원히 서술될 수 없을 것이라는 회의적인 결론에 이르게 된다.[159]

이렇게 명백한 진실에 대한 비판과 사유는 춘향전에 대해서도 마찬가지로 행해진다. 독자가 기존에 알고 있던 춘향전에 대한 상은 일면적 진실이라고 할 수 있다. <춘향뎐>에서는 일면적 진실에 대한 독자의 기대를 뒤엎으면서 이야기가 진행되는데, 이는 부쓰의 "문학적 흥미의 유형"의 분류를 기초로 분석해 볼 수 있다. 왜냐하면, 춘향전이 흥미를 끄는 요소는 바로 독자들이 춘향전에 대해서 기대하는 바이며, 이전에 춘향전을 읽었던 경험을 추상화한 것이기 때문이다. 부쓰는 우리의 흥미를 끌고 소설 속에서 기술적으로 다루어질 수 있는 가치를 지적인 가치, 특성적 가치, 실제적 가치로 구분하였다.[160]

먼저 지적인 가치는 독자가 춘향전이 무엇을 의미하는가를 찾는 호기심에서 연유한다. 올바른 해석, 올바른 기원, 인생의 진리를 추구하는 독자의 활동이 바로 지적인 흥미에서 비롯된다. 춘향전에서 도덕적인 교훈을 찾는 것도 이런 지적인 흥미의 발로이다. 그리고 우리는 어떤

159) 김현실 외, 『한국패러디소설연구』, 국학자료원, 1996. 참조.
160) W. C. 부쓰, 『소설의 수사학』(최상규 역), 새문사, 1994, 160~169면.

완성된 패턴의 형식을 보고 싶어하며, 또, 어떤 종류의 것이든 그 특성의 발전을 경험하고자 한다. 이를 특성적 가치, 혹은 심미적 가치라고 한다.

춘향전은 앞서 분석했던 바와 같이 대중적인 꿈의 도식이 적용되는 희극이다. 희극의 구조는 U자형으로서 전통적인 춘향전의 독자는 이런 구조의 완성, 즉 춘향전의 희극적 특성이 발전되어 가는 모습을 보고 싶어 하며, 경험하고 싶어한다. 이런 구조의 축을 따라 결국 '영원히 행복하게 잘 살았다.'는 행복한 결말을 원한다.

마지막으로 우리는 우리가 사랑하거나 미워하는 사람, 존경하거나 혐오하는 사람들의 성공이나 실패에 대해 알고 싶어하는 강력한 욕망을 가질 수 있다. 이와 같은 흥미는 실제적 가치라 명명된다. 춘향전의 독자는 춘향, 몽룡을 선한 인물로 생각하며, 변학도를 악한 인물이라고 생각한다. 이렇게 우리는 확연히 구분된 선과 악의 대결에서 선이 성공하고 악이 패배하기를 원한다.

그러나 <춘향뎐>을 읽는 독자들은 이런 기대를 충족시키지 못한다. 우선 <춘향뎐>을 읽으면서 지적, 인지적 가치를 간단히 충족시키기란 매우 어렵다. 서술자가 올바른 해석을 내려주지도 않거니와 사실들에 대한 정보를 숨기고 교란시키기 때문이다. 또, 이 텍스트에서 의미하는 '인생의 진리'란 무엇인가 라는 흥미의 추구 역시 실패하고 만다. 춘향이가 살았던 시대를 어둠이라고 하였으면, 그 어둠의 실체가 무엇인지, 어둠은 어떻게 극복되어야 하는 것인지 텍스트에서는 드러나지 않기 때문이다. 서술자는 "그 어둠인즉슨 남원의 성춘향이 그토록 사랑하면서 그토록 두려워한 바로 그 어둠인지 어쩐지 혹은 그 어둠의 어느마한 부분인지는 필자로서도 물론 무어라 말하기 어렵다."161)라고 어둠의 극복은커녕, 어둠에 대한 해명마저 포기한다.

그리고 <춘향뎐>은 비극으로, 기존 춘향전과는 달리 희극적 특성의

161) 최인훈, <춘향뎐>, 『웃음소리』, 민음사, 1995, 69면.

완성을 경험케 하지 않는다. <춘향뎐>에서 암행어사는 몽룡이 아니며, 춘향은 암행어사로 인해 방면이 되었어도 암행어사의 소실 역할을 해야 한다. 그리하여 춘향과 몽룡은 밤도망을 친다. 그렇게 도망을 쳐서 어느 산골에서 행복하게 잘 살았다면, 독자가 기대하는 해피엔딩을 충족시켜 줄 수도 있었을 것이다. <춘향뎐>에서는 이들의 밤도망 후 어느 산삼 캐는 노인의 이야기가 이어진다. 이 노인은 산 속에서 "이 세상 사람 같지 않게" 아름다운, 춘향이라 추정되는 어떤 아낙을 만나나, 다음에 찾아갔을 때 집은 찾지 못하고, "양귀비 허벅다리 같은" 산삼을 발견할 뿐이다.

다음으로 선과 악에 대한 구분, 독자들이 사랑하는 사람과 혐오하는 사람으로 나눌 수 있는 명확한 기준들이 무너진다. 일반적인 춘향전에서 변학도가 악인으로 나온다면 <춘향뎐>에서 변학도는 단지 기벽이 유별난 인물일 뿐이며, 암행어사에게 축출된 이유는 "당파 싸움"에 몰렸다는 소문이 있을 만큼 그의 악치는 두드러지지 않는다. 그 역시 "이데올로기의 희생물"일 뿐이다.

이렇게 해체된 기존 춘향전에 대한 인식을 바탕으로 이 텍스트에서 강조하는 것은 바로 춘향전의 '비극성'이다. 이 비극은 춘향의 비극일 뿐 아니라 최인훈이 보았던 세계의 비극이기도 하다. 윤리적 영웅인 춘향이가 맞서야 할 세계의 폭력은 단순히 몽룡이 암행어사가 되어 돌아오는 희극적 설정만으로는 해결되지 못한다. 왜냐하면, <춘향뎐>에서 춘향이는 변학도로 표상되는 사회의 한 상황에 대항하는 것이 아니라 사회 그 자체에 대항하는 것이기 때문이다. 이런 대결 구도 속에서는 사회로부터의 후퇴라는 해결방식만이 있을 뿐이며, 이에 따라 춘향은 비현실적인, 사회와 고립된 '낙원'으로 도망칠 수밖에 없었다.

이와 같은 춘향의 행동은 리얼리즘 소설에서 주인공의 그것과는 구별된다. 리얼리즘의 필요조건은 '총체적 세계'라는 가정이다. 리얼리즘 소설은 개체적 인간의 속성을 통하여 전체적 삶의 방식을 경험할 수 있다는 가정을 갖는다. 따라서 개인의 붕괴는 사회적 사실이고, 사회적 붕괴는 직접적으로 개인적인 경험 속에서 체험되고 인지될 수 있다.[162) 그러나 <춘향뎐>에서 사회는 "구정권의 이데올로기", "어둠"으로만 모호하게 나타날 뿐이며, 총체적 상황에 대한 인식이 드러나 있지 않다.

많은 논자들이 의식한 춘향전의 리얼리즘은 변학도라는 전형적 인물로 표상되는 신분 질서라는 총체적 상황에 대한 인식을 바탕으로 한 춘향의 투쟁이라고 할 수 있다. 변학도의 수청 요구에 맞선 춘향의 수절은 곧 변학도로 표상되는 신분 사회에 대한 투쟁이 되는 것이다. 이런 구도 안에서는 사회적 사실과 춘향의 개인적 사실들이 유형상 구별되지 않는다. 그러나 <춘향뎐>에서는 변학도가 지배질서의 대표자로 그려지지 않고 있으며, 전체적인 사회가 어떤 환상이거나 어떤 이데올로기라고 규정되어 춘향 개인의 삶과는 구별된다. 이렇게 하나의 환상이자, 어둠인 사회적 상황에서는 더 이상 출구는 없고 단지 불가피한 비극적인 의식만이 존재한다.

춘향이는 자신의 삶과 세계를 재형성할 수 있는 개인적인 영웅에서 이제 사회에서 고립된 희생자가 되고 만다. 이런 상태를 윌리암스는 비극의 '교착상태(deadlock)'라고 한다.[163) 이 상태는 "인간이 여전히 기어 올라가려고 투쟁하면서 죽는 상태"이며, "노력과 투쟁은 있지만, 이길 가능성이 없는 상태"이다. 춘향에게 사회란 이처럼 불가해한 것이며, 불합리한 것인 동시에 한 개인의 힘으로는 어찌해 볼 도리가 없는 대상이다. 마찬가지로 최인훈과 그 동시대인들이 사는 사회도 어둠이 지속되는 불가해한 것이다. 보이는 것도 믿을 수 없으며, 리얼리티가 없는 사회에 살고 있는 춘향과 현대인들은 출구를 찾을 수 없는 사회의 동시대인이 될 수 있다.

<춘향뎐>에서 서술자는 계속에서 "우리들"이라고 독자와 서술자가 속한 집단을 지칭하며, 그 집단이 가지고 있는 기존 춘향전에 대한 기억을 환기한다. 여기서 서술자가 자신의 이야기를 들어 줄 존재로 텍스트

162) R. 윌리암스, 『현대비극론』(임순희 역), 학민사, 1992, 166~168면.
163) R. 윌리암스, 위의 책. 170면.

내에서 상정하는 것은 실제 독자나 내포 독자와는 다른, 수화자(受話者, narratee)이다. 수화자는 자신의 텍스트, 즉 춘향전에 대한 경험의 기억을 가지고 있는 "현대 한국의 시민"이다. 이 수화자를 향해 발언하는 이는 앞서 살펴보았듯이 이야기의 허구성을 드러내는 동시에 정보를 생략, 혼란시키며, 수화자와 같이 현대 한국을 인권이 보장된 사회라고 믿는 '신뢰할 수 없는 서술자'이다.

따라서 독자는 수화자라는 주체 위치에만 머물러 있을 수 없다. 서술자가 제공하는 불완전한 정보를 활용하면서 텍스트 전체의 의미를 적극적으로 탐색하며, 텍스트를 완성해 나아가는 위치를 점유해야만 텍스트의 가능세계를 구성할 수 있으며, 텍스트의 의미를 형성할 수 있다. 바로 이런 적극적인 독자가 바로 내포작자의 짝인 내포독자이다. 수화자에서 내포독자로의 독자의 자리의 전환이 텍스트의 장치를 통해 유도되는 것이다. 이렇게 드러낸 장치는 <춘향뎐>을 탈신비화하는 데 기여한다.

내포독자는 서술자의 불분명한 정보를 의식하며, 계속 서술자를 포함한 드러난 텍스트의 장치를 파악해야 한다. 이와 같은 내포독자로서 독자의 활동은 텍스트에 전략에 의해서 안내되고 있다. 이런 안내와 수행 과정은 텍스트의 전략과 독자 간의 협력의 과정[164]이다. 독자는 이런 협력의 과정을 통해서 자신이 가지고 있던 기억 속의 춘향전의 텍스트를 변화시켜 나아간다.

관습적인 읽기 방식의 변화를 유도하고 있는 이 텍스트는 정보를 교란시키는 동시에 정보를 제대로 제공하지 않으며, 이야기를 완결시키지도 않는다. 서술자도 춘향이 살았던 어둠에 대해 명백히 말할 수 없는 이유는 그것이 아직 종결되지 않은 이야기이며, 춘향이 싸웠던 '어둠'

164) 여기서 독자의 텍스트 협력 활동을 "경험적 발화 행위 주체 의도들의 실현으로 이해하지 말고, 발화내용에 잠재적으로 포함된 의도들로 이해"(Eco, 『소설 속의 독자』, 98면)하는 것이 중요하다. 따라서 텍스트 협력을 통해서 추론된 작자는 실제 작자가 아니라 독자들의 해석적인 가설일 뿐이다.

이라 상징되는 사회악이 여전히 남아 있기 때문이다. 어둠과 투쟁하며, 어둠의 정체를 백일하에 드러내고, 모든 것을 알고 있는 서술자로 하여금 경험을 공유하고 있는 공동체를 대상으로 이야기하게끔 할 능력이 소설가에게는 없다. 이야기꾼은 입에서 입으로 전해지는 경험을 이야기하며, 그가 말하는 이야기 속에는 유용한 어떤 것이 있다. 그러나 경험과 의사소통의 직접성이 감소된 오늘날, 유용한 이야기를 조언 삼아 해주는 일은 케케묵은 것이다.

소설가가 처한 상황도 이러한 맥락에서 이해할 수 있다. 이해조, 이광수와 같이 소설가란 직업 이외에 공인으로서 사회적인 활동을 하는 작자가 아닌 최인훈은 소설가라는 전문 직업인이며, 사회로부터 고립된 '고독한 개인'이다. 이런 사회적인 위치가 바로 '소설의 산실'[165]이라고 벤야민은 지적한다. 소설 독자의 상황도 이와 유사하다. 그 역시 이야기 수용자와 같은 집단적인 공동체에 속하고 있지 않으며, <옥중화>나 <일설춘향전>과는 달리 신문이라는 공적인 매체를 통해 <춘향뎐>을 접하지 않는다. 그리고 독자들은 소설을 통해 '이야기의 모랄'을 추구하는 것이 아니라 '삶의 의미'를 추구한다.

이런 사적 독자의 의미 해석 과정은 결국 텍스트의 전략을 통한 내포작자와의 '공모과정'이라고 할 수 있다. 내포작자와 내포독자는 서술자의 배후에 숨어서 비밀의 공모관계를 가지고 서술자의 발언에 결함이 있다는 진실을 공유하는 것이다.[166] 최인훈의 텍스트는 독자들을 교묘한 위치에 처하게 하고 독자들 스스로 애쓰도록 강요한다. 텍스트에 내재하는 규칙들을 통해 독자는 스스로 내포작자와 공유할 수 있는 기호들을 추론하는 것이다. 독자는 이런 방식으로 <춘향뎐>의 은밀하면서도 능동적인 공동창작자가 된다.

한편, 이 텍스트는 독자를 수화자에서, 서술자의 발언을 평가하고 자신의 입장을 형성할 수 있는 내포독자로 상승시키는 읽기 방식을 유도

165) W. 벤야민, 『벤야민의 문예이론』(반성완 역), 민음사, 1983, 166~170면.
166) W. C. 부쓰, 『소설의 수사학』(최상규 역), 새문사, 1994, 375면.

한다. 이런 성찰적이고 비판적인 읽기 방식은 독자로 하여금 텍스트의 전략에 주의를 기울이게 하고, 독자로 호명되는 주체 위치를 반성하게 하는 교육적인 효과를 지닌다. <춘향뎐>은 독자로 하여금 읽으면서 읽는 방식을 배우게끔 유도하고 있는 텍스트이다. 독자의 이해는 텍스트를 읽는 과정에서 연습되고 확장되는 것이다.

서술 행위의 주체가 독자를 이끄는 전략은 비극적 인물인 춘향의 동시대성, 어둠의 현존을 드러내기 위해 기능적으로 활용된다. 즉, 우리가 알고 있는 과거의 춘향전의 세계가 우리의 세계와 그리 다르지 않다는 것을 독자로 하여금 깨닫게 하는 것이 바로 <춘향뎐> 텍스트 전략의 효과이다. 이렇게 <춘향뎐>은 <일설춘향전>과 달리 현재를 과거로 만드는 것이 아니라 과거를 현재화한다. 과거의 타자성을 인정하고, 현재와 과거와의 비교를 통해 결국 현재를 더 잘 인식하게끔 하는 것이 이 텍스트의 지평 융합이며, 이러한 활동은 과거와의 대화를 통해 현재에 대한 반성을 도모하는 기능을 한다.

5. 춘향전 서사 변형의 문학교육적 의의

1) 고전 춘향전의 가치 再構

지금까지 개작 춘향전의 상호텍스트성과 이데올로기적 성격을 기반으로 한 서사 변형의 구조를 살펴보았다. 우리가 알고 있는 춘향전은 시대적으로 변형되어 오면서 그 의미를 달리해왔다. 따라서 적층문학으로서 춘향전은 아직 그 의미가 확정되지 않은 것이며, 앞으로도 확정된 의미는 가지기 힘들 것이다. 왜냐하면, 춘향전을 이해하고 해석하는 과정은 현재에 대한 자기 이해와 분리될 수 없기 때문이다. 그래서 우리는 '고전'이라는 목록을 형성하고 그 의미를 생산하는 활동 속에서 오히려 자기 이해를 도모할 수 있다.

춘향전이 '위대한 작품'인 것은 춘향전이 보편적 가치를 담고 있기 때문이거나, 높은 문학성을 가졌기 때문만은 아니다. 물론 춘향전이 가치나 문학성이 없다는 것은 아니다. 춘향전이 가진 문학성과 가치를 발견하는 것도 당대의 문화적인 영향 아래 이루어진다는 것이다. 급진적인 문화론자들은 역사에서 내재적으로 '문학적'이고, 내재적으로 '진보적'인 것은 아무것도 없으며, "정말로 내재적인 어떤 것도 있을 수 없다."[167]고 하기도 한다.

그러나 내재적으로 문학적이고 진보적인 것이 비록 없다고 하여도 어느 시대나 문학이라고 불리는 것이 있었고, 문학적인 글쓰기에 대한 인식과 문학 텍스트에 대한 가치 평가가 존재해 왔다. 그렇지만 본고에서 고찰한 춘향전의 통시적인 수용을 통해 다시 한 번 확인할 수 있는 것은 문학교육 연구에서 객관적인 가치를 지닌 안정된 대상을 찾는 것이 매우 힘들다는 것이다. 이런 생각은 "문학이라고 가르치는 것이 바로 문학이라는 사실 그뿐이다."[168]는 명제로 대변되기도 한다.

그러나 이렇게 문학이라는 대상을 해체해 버리고 난 이후에 무엇이 남는가, 문학과 문학이론이 문학적 관습에 의한 담론의 효과라고 하여서 문학의 가치를 부정하는 것은 과연 타당한가 등의 회의적 질문에 대하여 국어교육 연구자들은 공감을 할 것이다. 왜냐하면, 문학 교육 제도 밖에 있는 사람들은 '문학은 단지 가르쳐지고 있는 것일 뿐'이라는 문학에 대한 정의에 만족해 할 수 있지만, 이제 문학을 가르치는 행위 속에서 문학이 무엇인지를 규정해야 하는 내부인에게 문학이라는 대상의 해체가 위기로 다가오기 때문이다. 그러나 문학이라는 대상의 해체는 교육적인 자의식을 높일 수 있는 기회이기도 하다. 합의된 읽기 방식에 기대어, 확고한 실체로 존재하는 문학이라는 대상을 '올바른' 방법으로 가르칠 수 있었던 과거에 대한 반성과 더불어 문학이라는 대상 자체를 구성하는 주체적 실천의 장이 새롭게 열리는 것이기 때문이다.[169]

---

167) T. 베넷, 『형식주의와 마르크스주의』(임철규 역), 현상과인식, 1990, 136면.
168) R. 바르뜨, 「교과서에 대한 고찰」, 『문학의 교육』(윤희원 역), 하우, 1996, 74면.

문학이 단지 담론의 효과에 불과한 환상이지만, 그 환상은 실재와 밀접히 연관되어 있다.[170] 문학은 '환상'이자 '허구'이기에 부정되어야 할 대상이 아니라 환상과 허구를 통해 실재와 다양한 연관을 맺고 있는 일종의 과정이나 기능으로 존재하는 실체이다.[171] 이렇게 문학을 규정할 때, 문학 텍스트의 현실에 대한 개입 가능성, 혹은 문학 텍스트를 생산하는 이데올로기적 실제 조건에 대한 성찰이 필요해진다. 각 시대마다 춘향전이 어떤 이데올로기적인 조건에서 향유되었는지를 보여주는 <옥중화>, <일설춘향전>, <춘향뎐>은 고소설 춘향전이란 원재료를 이용한 당대의 이데올로기적인 의미화 실천의 예를 보여주고 있다.

그런데 춘향전이 현실과의 다양한 연관성 속에서 그 가치를 획득한다는 것은 '어떤 사회문화적 조건이 당대의 수용자로 하여금 춘향전을 다시 읽고 쓰게 만드는가?'라는 문제에 대한 해명은 될 수 있어도, 어떤 속성이 다른 고전 텍스트보다 유독 춘향전을 다시 읽고 쓰게 하는가라는 질문에 대한 충분한 답변이 되지는 못한다. 따라서 춘향전이 관계적 가치를 가진 고전으로서 자리매김될 수 있으려면 춘향전 텍스트의 특수한 조건을 검토해야 할 필요성이 제기된다.

김윤식은 예술 텍스트의 생의 두 가지 양상을 구별하여, 구운몽이 '생의 결정상태'에 놓여 있는 '완결의 형식'이라면, 춘향전은 '생의 잠

---

169) 정전의 형성을 비판적으로 고찰하거나, 정전성을 재규정하는 연구로는,
정재찬, 「현대시 교육의 지배적 담론에 관한 연구」, 서울대 박사학위논문, 1996.
김중신, 「문학교육과 고전성」, 『문학교육의 이해』, 태학사, 1997.
김성룡, 「전범학습과 중세의 문학교육」, 한국문학교육학회 3차 연구발표회 요지문(1997) 등을 참고할 수 있다.

170) 피쉬는 "문학과 문학이론이 인습적이라고 해서, 다시 말해서 담론의 효과라고 해서 그것들이 환상적이며, 일종의 환상의 기준으로써 인습과 독립적인 본질적인 실재라는 의미에서 실재를 환기시키지 않는다고는 말할 수 없다."고 이글턴을 비판하였다.
S. Fish, *Doing What Comes Naturally*, Oxford University Press, 1989, 236면 (A. 이스트호프, 『문학에서 문화연구로』(임성훈 역), 현대미학사, 1994, 75면에서 재인용).

171) 이런 의미에서 문학을 "작용태"라고 파악한 관점의 전환은 의의가 크다고 할 수 있다. 구인환 외, 『문학교육론』, 삼지원, 1988.

정상태'에 놓인 '출발의 형식'임을 입증하여, 춘향전이 왜 새로운 현실에서 다시 읽히는지에 대한 통찰을 보여주었다. 그에 따르면, 춘향전은 "압도적으로 현실을 담음으로 말미암아 예술에서의 현실의 의미가 비할 바 없이 감퇴, 소멸된 것으로 파악될 수 있으리라. 따라서 춘향전은 생명의 존재 방식에서 볼 때, 예술의 의미를 향해 끊임없이 출발해 나가야 할 형식"172)으로 평가된다. 이는 다소 난해한 설명 방식이지만, 춘향전에서 현실의 의미가 감퇴, 소멸하기 때문에 현실이 변할 때, 변화한 현실 속에 허구적 인물을 삽입시켜 얼마든지 새로운 쓰기가 가능하다는 것으로 해석된다.

춘향전은 적층문학으로서 이질적 수용자를 만족시켜 왔으며, 다양한 주체에 의해 의미화 실천되어 온 텍스트이다. 적층문학으로서 춘향전의 변모 과정은 실로 무한한 상호텍스트적인 과정으로 형성되는 춘향전 문화를 보여주기에 부족함이 없다. 춘향전 이본이나 개작본 텍스트의 서술 주체는 이전의 텍스트를 읽고 자신의 반응을 삽입하며, 춘향전의 전통을 형성해 왔다. 이로 인해 춘향의 기사(奇事)를 언술한 다양한 주체의 목소리가 집적되어 있는 것이 춘향전의 특성이라고 할 수 있다.

이런 과정에서 개별 춘향전 텍스트는 이질적이거나 모순되는 요소를 한 텍스트에 포함하기도 하며, 다른 방향으로 해석할 수 있는 여지를 텍스트 내에 흔적으로 지니고 있게 된다. 이러한 속성으로 말미암아 춘향전은 일반적으로 "千의 얼굴"이라고 불리워져 왔으며, 다른 해석의 관점과 연구 방법을 가진 수많은 논자들로 하여금 춘향전에 대해 300여 편에 이르는 논문을 생산하게 하는 등의 성과를 이루게 하였다.

본고에서는 완판 84장본의 서사 구성을 분석하여, 춘향전의 열림의 속성에 대하여 그 가능성의 일부나마 밝히고자 하였다. 완판본의 서사 구성을 통하여, 먼저 서술자의 자유로운 중개에 의해 다양한 주체의 발화가 상호작용을 하며, 여러 주체의 목소리가 交響되는 담론의 구성을

172) 김윤식, 『한국문학논고』, 법문사, 1977, 53면.

살필 수 있었다. 그리고 인물의 역할과 양태를 분리시켜 이를 결합하는 방식의 다양성에서 연유하는, 인물이 지니는 모순적인 역할과 양태의 생성 구조를 확인하였다. 또 시간 구성에 있어서도 완판본은 일률적으로 측정될 수 있는 객관적 시간에 구애받지 않고, 주관적인 시간을 활용하여 자유롭게 속도와 완급을 조절하여 역동적인 시간 구성을 하였음을 보았다. 마지막으로 <기생인 춘향>과 <기생 아닌 춘향>이라는 이질적인 동위체로 인해 결정적인 의미의 차이를 생산한다는 것을 살펴보았다.

이와 같은 완판본의 서사 구성은 현대의 지배적 문학적 관습으로 보았을 때, 의문시될 수 있는 것이다. 벨지는 방브니스트의 의문적 담론을 텍스트로 확장하여, 언표행위의 통일된 주체와의 동일시를 방해하고, 독자의 통일성을 분열시키는 텍스트를 의문적 텍스트라고 명명하였다.[173] 이야기를 전달하는 이야기꾼으로서 광대는 권위적이고 통일적인 '저자'와는 그 성격이 다르다. 텍스트 안에 명기된 서술자의 입장은 최종적인 판단으로 귀속되지 않으며, 그가 형성하는 의미 역시 의심스럽거나 모순적이다. 그 모순적인 속성은 바로 독자를 향한 문제제기가 되는 것이며, 독자에게 참여를 유도하는 요소가 된다. 즉, 개작자들이 상호텍스트적인 서사 변형을 할 때, 자신의 반응을 삽입시킬 수 있는 지점이 바로 완결되지 않은 채 독자의 판단을 기다리는 비합리적, 혹은 모순적 측면이라는 것이다.

고전문학 텍스트의 모순이나 결함을 그대로 인정하고 하나의 완결된 형식으로 취급하는 연구 방법은 현재의 문학적 관습을 들어, 과거의 것을 비판하는 독선에서 벗어날 수 있는 타개책이 될 수 있다. 그러나 그 모순과 결함을 그 자체로 완결된 형식으로 보는 것은 독자가 이에 대해 반응할 수 있는 가능성을 차단하는 것이다. 따라서 이와 같은 방식으로는 개작자의 의미화 실천을 충분히 설명할 수 없다. 춘향전의 개작과 재

173) C. 벨지, 『비평적 실천』(정형철 역), 지평, 1992, 119～120면.

생산을 이해하기 위해서는 오히려 텍스트 자체의 모순적인 측면을 부각시켜야 하며, 이를 수용자가 참여할 수 있는 공간으로 개방해야 한다.

에코 역시 작자가 형성한 생산물의 세계에 독자가 개입할 수 있는 가능성에 대해 의의를 부여하며, 독자의 참여가 활성화되는 텍스트를 '열린 예술 작품', 혹은 '진행 중인 작품'이라고 하였다.[174] 에코에 의하면, 열린 예술 작품의 특징은 무엇보다 저자와 함께 작품을 만들자는 요청에서 찾을 수 있다고 한다. 이런 열린 예술 작품은 생산자와 함께 텍스트를 완성해 가는 수용자의 무수히 많은 독해 방식에 열려 있다. 특정한 형상을 수용자로 하여금 단 하나의 정확한 위치에서 바라보도록 하기 위해, 즉 작품의 저자가 미리 정해 놓은 방법대로 작품을 바라보도록 하기 위해 특정한 전망만을 강요하는 완결된 작품과 달리, 열린 예술 작품의 수용은 수용자의 무한한 관점과 열린 예술 작품의 무한한 측면이 상호작용하면서, 상대방을 드러내주기 때문에 진행중인 작품의 완성태는 다양해질 수 있는 것이다.

그런데 에코가 말하는 열린 예술 작품이 어떤 규범적 의미를 갖거나, 현실의 어떤 특정한 실제 모델을 갖고 있는 것은 아니다. 에코는 열린 예술 작품을 "아직까지 한 번도 본 적이 없으며, 현실에는 존재하지 않을지도 모른다."고 하면서 결국 이 개념은 "비평의 범주가 아니라 가설적 모델을 나타낸다."[175]라고 하였다. 그러므로 춘향전을 열린 예술 작품이라고 규정하는 것은 무리일지 모른다. 그러나 완판본의 분석에서 보았던 것처럼 이 텍스트는 독자의 참여를 향해 열려 있다는 점에서 열린 예술 작품의 특징적인 면모를 갖고 있다고 할 수 있다.

현실은 새로운 생산양식의 도입으로 이전의 양식에 대한 기술과 사회적인 모든 관계들이 잉여적이 되는 반면에, 춘향전은 독자를 향한 열림의 속성으로 인하여 그것이 구성되던 국면과 시기를 넘어서 통역사적으로 재생산되고 있다는 사실은 춘향전의 가치에 대한 증거가 될 수

174) U. 에코, 『열린 예술작품』(조형준 역), 새물결, 1995, 65~77면 참조.
175) U. 에코, 위의 글, 27면.

있다. 즉, 각 시대마다 춘향전에서 달리 발견되고 새롭게 해석되는 것이 존재한다는 의미에서 춘향전은 '관계적 가치'를 지닌 고전이 될 수 있는 것이다. 이렇게 관계적 가치를 지닌 고전으로 춘향전을 규정할 때, 학습 주체와 고전 텍스트의 대화적 관계를 형성하는 교육적 실천이 무엇보다 중요하게 부각된다.

2) 인격적 지식의 확장

고전문학은 하나의 실체로 존재하는 것이 아니라 현재의 나와 관련을 가질 때 의미가 있는 것이다.[176] 춘향전도 관계적 가치를 지닌 고전으로서 각 시대의 개작자들에 의해 수용되고 생산되었다. 개작자들은 현재의 자신과 춘향전과의 관계를 형성하면서 당대에 춘향전을 의미 있는 것으로 형성해 왔다. 이렇게 과거를 의미 있는 것으로 만드는 과정을 '전통문화'의 형성 과정이라고 할 수 있다. 개작자들은 춘향전이란 전통의 날재료를 이용하여, 각각 자신의 춘향전을 만들어 냈다.

이와 같은 개작 실천은 과거의 문학 텍스트를 이해하는 과정이 단지 과거의 문화를 바탕으로 한 과거의 문학 텍스트의 정확한 이해, 올바른 해석으로만 이루어지는 것은 아니라는 점을 보여준다. 과거의 문학 텍스트에 대한 이해는 항상 현재에 대한 이해와 결부되어 있기에, 그 의미는 미확정적인 것이며 특정한 역사 시기와 행위자에 따라 변화 가능한 것이다. 따라서 과거의 문학 텍스트를 수용하는 과정은 현재의 의미 형성에 참여하는 것이기도 하다.

과거의 텍스트를 현재의 수용자가 접하는 과정은 대화의 상황에 비유될 수 있다. 대화의 상황에서 타자는 과거만이 아니다. 현재의 자기

176) 김흥규의 다음과 같은 글은 고전문학교육의 대표적인 의의를 나타낸다고 할 수 있다. "바람직한 길은 작품이 하나의 의미체로 생성되고 존립하는 데 작용한 제 요인을 해석의 유효 요소로 인정하면서 나의 시각, 체험, 시대적 문화적 의식이 그것과 소통되도록 중개하는 데서 찾아야 한다."
김흥규, 「고전문학교육과 역사적 이해의 원근법」, 『현대비평과 이론3』, 1992, 51면.

도 타자화될 수 있는 가능성이 있음을 인식하는 것이 중요하다. 과거라는 타자와 현재라는 또 다른 타자가 공동으로 형성해 내는 것이 바로 '전통문화'이며, 이는 과거라는 타자로만 존재하는 문학을 포함한 '전통 사회의 문화'와는 차이가 있다. 전통문화는 과거로부터 전승되어 오며, 현재와 과거의 대화를 통해 생성된다는 점에서 과거에 존재했던 전통 사회의 문화와는 구별된다. 전통문화는 이미 과거에 존재했던 전통 사회의 문화를 원재료로 하여 재구성된 가공품에 비유될 수 있다.[177] 전통문화란 가공품은 원재료와는 매우 다르면서도 다른 원재료로부터는 얻을 수 없는 성질을 갖게 된다.

전통문화는 항상 현재의 입장에서 과거를 재구성함으로써 변화하는 것이며, 고정된 것이 아니라 끊임없이 재생되고 재구성되는 것이다. 홉스보옴은 전통의 많은 부분이 역사적으로 오랫동안 지속된 것이 아니라 새롭게 탄생한 것(invented tradition)으로서 상황에 능동적인 대처를 하면서 변화하고 있음을 지적하였다.[178] 윌리엄즈의 경우에도 전통을 박제화된 유물로서 보고 있는 기존의 맑시즘적인 시각을 경계하면서 전통을 현재적 의미가 부각된 맥락에서 가변성을 띤 것으로 보고 있다. 윌리엄즈에게 있어서 전통은 문화의 재생산 과정에서 선별된 전통(selected tradition)이며, 사회 내에서 다양한 의미, 가치를 담고 있는 많은 문화적 요소들이 지배문화에 편입, 배제된 결과물이다.[179]

전통 사회의 문화와는 달리, 전통문화란 시대적 상황에 따라 계속 변화하고 새롭게 제시되는 것을 속성으로 한다. 전통문화는 현재를 전제로 하는 과거이자 현재와 과거를 동시적 질서로 묶어내려 하는 것이기에, 전통문화를 논할 때 변수가 되는 것은 단지 과거라는 대상뿐만이 아니라 현재라는 대상이다. 이처럼 현재성과 과거성에 대한 통시적 인

177) 서종대, 「한국 전통문화정책의 형성과 특징에 관한 일 연구」, 서울대 석사학위논문, 1993, 10면.

178) E. Hobsbawm, *The Invention of Tradition*, Cambridge University Press, 1983, 1~12면.

179) R. Williams, *The Long Revolution*, London; Chatto and Windus, 1961, 87면.

식이 바로 전통문화를 구성하는 관건이 된다.

고전문학교육은 전통문화를 형성하는 사회적 기제의 하나이다. 가시화된 문화 정책 못지않게 교육은 전통 사회의 문화를 선별적으로 선택하고, 문학 텍스트의 의의를 새롭게 부가하면서 전통 사회의 문학을 포함한 문화를 가공한다. 고전문학교육 연구도 이런 맥락에서 재검토할 수 있다.

고전문학 텍스트의 '과거성'을 깨닫는다는 것은 현재에 대한 비교항인 '타자'로서 고전을 복원하는 목표에 부합한다. 고전 문학 텍스트를 그것이 생성되고 향유되는 당대의 문학에 대한 인식과 관습 아래, 문화 사회적인 생산물로서 이해하려는 연구는 바로 이러한 교육적 목표에 합당한 문학교육 연구이다.[180] 이러한 경향은 그레마스에 의해 '도덕적 복수주의'로 분류된다.[181] 이는 복수 가치주의를 신봉하며, 이 이념 자체가 이미 하나의 훌륭한 가치라 간주한다.

이 개념에 따르면, 20세기 인간은 과거의 문학 텍스트를 포함하여 인류의 문화 전부를 보유하고 해석의 대상으로 삼기 때문에 문화의 복수성을 전수하는 교육은 틀림없이 보다 확대된 새로운 인문주의의 발전에 공헌한다는 것이다. 이 같은 방식으로 이해되는 교육은 당연히 우리의 고전만을 가르치는 것으로 만족하지 못할 것이다. 문화의 다양성은 시간과 공간을 동시에 섭렵하는 유형학을 이미 그 개념 속에 수용하고 있기 때문이다. 그러나 고전 문학은 '민족 문학 유산'이기에 다른 문화적 생산물보다 가치 있는 것으로 선택된다.[182]

---

180) 염은열, 「고려속요의 미적 구조에 관한 연구」, 서울대 석사학위논문, 1996.
이경숙, 「놀이 구조를 통한 희곡 해석 방법 연구」, 서울대 석사학위논문, 1994.
조희정, 「고려시대 시의식에 관한 연구」, 서울대 석사학위논문, 1996.
류수열, 「사설시조의 텍스트 구성 원리 연구」, 서울대 석사학위논문, 1996.
서유경, 「임경업전의 향유방식에 관한 연구」, 서울대 석사학위논문, 1997.

181) A. J. 그레마스, 「학교교육과 문학」, 『문학의 교육』(윤희원 역), 하우, 1996, 25~27면.

182) 타자로서 고전 문학을 가르친다고 하지만, 선택과 배제 과정을 통해 필연적으로 가치 평가가 개입되기 마련이다.

이런 관점에서 고전 문학 교육은 현재와 다른 전통 사회의 문화 속에서 생성되었으며, 그 문화의 한 부분인 고전 문학 텍스트를 가르친다는 것은 그 자체로 교육적으로 유의미하다. 문화의 다름을 전제로 한 이러한 '도덕적 복수주의'는 고전 문학을 고전 문학 텍스트가 생산되고 수용된 문화적 상황에 대한 이해를 바탕으로 당대의 인식구조와 감성구조를 추체험하면서 '고전문학답게' 가르치는 교육적 실천의 이념적인 기반이 된다. 그러나 고전을 '타자'로 복원하는 것만으로 고전 문학 교육 연구가 한정되는 것은 자칫 현대와 고전간의 대화적인 관계를 고려하지 않게 될 위험이 있다. 고전을 타자로 자리매김하는 것은 현대와 대화할 수 있게 하는 전제 조건일 뿐, 그 자체로 완결된 교육적인 의미를 갖기 어렵다.

한편, 고전의 '현재성'을 파악하는 것은 고전을 현재에 '의미 있는' 것으로 만든다는 것, 즉 현재적 가치를 토대로 하여 고전의 가치를 새롭게 구성하는 것을 뜻한다. 이러한 실천으로 인하여 '타자'인 고전에 '의미 있는'이라는 수식이 붙게 되는 것이다. 이러한 교육적인 경향을 그레마스는 '문화적 응집'이라 칭한다.183) 즉, 교육과정에서 전수되는 가치체계는 일관성 있고 현실에 부응하는 체계여야 한다는 것이다. 이런 지향성을 바탕으로 고전 텍스트의 의미를 해석하고, 현재적인 의의를 찾으며, '고전을 현대화'하는 실천이 행해진다. 그러나 이런 연구도 고전의 타자성에 대한 고려를 소홀히 하며, 현재에 대한 자기 반성, 즉 현대의 타자성을 인식하지 못하고, 오직 현재의 독선을 재생산할 위험성이 크기에 문제가 된다.

전통문화의 구성이란 측면에서 다시 이 두 경향을 변증법적으로 종합할 수 있다. 과거의 문화에 대한 이해와 현재적인 가치는 결국 현재와 과거가 공동으로 형성하는 '전통문화'로 귀결되는 것이다. 이와 같은 전통문화의 구성에 대한 견해는 해석학에서도 찾아볼 수 있다. 가다

183) A. J. 그레마스, 위의 글, 25~27면.

머는 과거의 텍스트에 대한 이해는 항상 현재의 상황에 뿌리 내리고 있으므로 이해는 곧 해석이라고 주장한다.[184] 곧, 과거의 텍스트를 이해하는 활동 자체가 현재의 의미, 즉 전통문화 형성에 참여하는 것이라고 할 수 있다는 것이다.

춘향전 개작은 적극적으로 전통문화의 구성에 참여하는 주체의 활동을 보여주기에 의미가 있다. 이해조의 경우, 식민지 시대에 전통에 대한 구성적 접근을 통하여, 사회적인 정체감의 형성을 꾀하였고, 이광수는 전통을 부정하는 활동으로 새로운 전통을 구성하였다고 볼 수 있으며, 최인훈은 전통문화에 대한 반성적인 접근을 시도하여 현재에 대한 비판적 인식에까지 이르렀음을 확인할 수 있었다. 이와 같은 과거 텍스트의 가공 행위, 즉 개작은 전통문화에 참여하는 주체적인 실천이다. 이런 전통의 형성, 재형성, 반성 과정을 통하여 전통문화는 변화되는 속성이 있으며, 학습 주체는 전통문화 형성의 주체로서 이런 변형의 과정에 참여할 수 있어야 한다.

교육 행위 자체가 이렇게 전통문화를 구성하는 실천이며, 학습 주체에게도 전통문화의 형성에 참여하게 하는 것이 고전문학교육의 나아갈 바라고 할 때, 현재 진행되고 있는 교육 실천이 학습 주체에게도 고전문학을 이해하고, 전통문화의 형성에 동참할 수 있는 방향으로 행해지고 있는지에 대하여 문제제기를 할 수 있다. 현재 학습 주체는 단지 교육전문가에 의해 결정된 '고전'에 부여된 '의미', 즉 이미 만들어진 전통문화를 주입식으로 수용할 뿐, 고전에 대하여 능동적인 해석과 의미부여 활동을 통하여 스스로 전통문화를 구성해 나아가는 주체로서의 활동은 차단되고 있다. 모든 의미가 확정되고, 설명되는 고전 문학 교육 환경에서 의미를 생산하지 못하는 학습 주체는 당대에 이루어지는 전통문화 형성의 주체로서 '호명'받지 못하고, 결국 고전을 하나의 오래된 '골동품'처럼 여기게 될 뿐이다. 문화에 의해 이미 선정된 문학 텍

184) 이구슬, 「전통과 비판: 가다머와 하버마스의 해석학 논쟁」, 서울대 박사학위논문, 21~22면.

스트가, 제도적 전통의 침전층 속에서 화석과 같이 놓여 있을 때, 학습자는 '역사를 상실할 것이며, 전통의 볼모가 되어 버릴'185) 위험이 있다는 것이다.

춘향전의 의미는 현재 교육 과정 내에서 객관적인 사실의 영역으로 다루어진다. '인간의 의미'나 간주관적 교류와는 상관없이 춘향전에 대한 지식은 오직 관리되고 습득되는 것으로 간주된다. 이처럼 교육의 편의나 이데올로기적인 가정에 의해 인식의 주관적인 측면이 상실되고 나면 지식의 목적은 축적과 범주화가 된다. 이제 왜 과거의 문학 텍스트를 알아야 하는가란 질문은 '이런 지식 체계를 습득하는 가장 좋은 방법은 무엇인가?'라는 기술적인 질문으로 대치된다. 이와 같은 지식관은 상호의사소통이 아닌 일방적인 통고에 기여하는 교실 사회의 관계를 동반하게 된다. 지식이란 단순히 외부 현실에 관한 것이 아니라 비판적 이해와 해방을 지향하는 보다 중요한 자기 지식이란 관점이 망각되고 있는 것이다.186)

인식은 인식주체의 적극적인 활동에 의해서 이루어지며, 따라서 지식 논의에서 인식 주체를 중심에 놓아야 한다. 우리의 인식은 엄밀한 규칙과 측정으로 드러낼 수 없는 또 하나의 큰 영역에 토대를 두고 있으며, 이는 오직 인식 주체와의 관련 속에서 해명될 수 있다. 폴라니는 이런 그의 새로운 인식론적 견해를 '인격적 지식(personal knowledge)'라는 표제를 붙여 제창한다.187) 이런 입장에 서면, 지식을 형성한다는 것은 단지 다른 사람의 의미를 흡수하는 것만을 말하는 것이 아니라 '상징 교섭 작용(symbolic negotiation)'을 통해 새로운 지식의 창출에 참여하는 것까지 확대될 수 있다.

학습 주체와 과거의 텍스트가 대화적 관계를 이루어 물음과 대답, 주

185) R. 스콜스, 『문학이론과 문학교육』(김상욱 역), 하우, 1995, 73면.
186) H. A. 지루, 「새로운 교육과정의 사회학」, 『교육과정논쟁』(한준상 외 역), 집문당, 1991, 120~123면.
187) 장상호, 『인격적 지식의 확장』, 교육과학사, 1994, 28면.

고받음, 상호 어긋남과 일치 속에서 의미의 의사소통을 수행하는 대화로서의 해석학적 경험은 텍스트에 대한 이해를 단지 객관적 지식관의 영역에만 머물게 하지 않고, 해석자의 언어로 텍스트의 의미를 옮기는 과정을 포함한다. 텍스트의 의미 자체는 고정되어 있는 것이 아니며, 해석자 자신의 생각이 텍스트의 의미를 일깨우는 데 항상 개입된다는 해석학의 시사는 현재 교육이 가정하고 있는 객관적인 지식이나 수동적인 학습자관을 반성하게 하는 것이다.

춘향전이 형성되었던 사회적 상황을 넘어서 다른 사회적, 문화적 문맥에 처한 수용자의 이해의 연쇄에 자신을 개방하고 있으며, 끊임없이 재문맥화되고 탈문맥화된다는 사실은 춘향전이 관계적 가치를 지니고 있는 고전이라는 것을 보여준다. 춘향전에 대한 지식은, 관계적 가치를 가진 고전으로서 춘향전이 각 시대의 수용자들에 의해 변형되는 통시적인 상을 보여줄 수 있을 때 인간화되며, 궁극적으로 학습 주체가 춘향전과 자신의 관계를 생산해 낼 수 있을 때 자기화될 수 있을 것이다.

3) 문해력 提高를 위한 쓰기 교육

관계적 가치를 지닌 춘향전에 대하여 학습 주체가 관계를 형성할 수 있는 방법으로 유용하게 설정될 수 있는 것은 바로 '쓰기'이다. 앞서 춘향전의 개작자들이 읽은 춘향전을 다시 쓰면서 춘향전 텍스트에 대한 경험을 반성하고, 의미를 확장시켜 왔음을 보았다. 이런 활동은 춘향전에 대한 지평을 변화시키거나 확장시켜 왔으며, 개작자들은 읽고 쓰는 과정을 통하여 각 시대의 전통문화를 반성하거나 재구성하는 실천에 참여할 수 있었다.

물론 이들은 직업적인 작가로서 그들에게 열려있는 상징적 실천의 사회적 장은 아마추어와는 비교가 안 될 정도로 넓다. 따라서 이들의 활동과 학습 주체의 활동과는 구분을 해야 하지만, 이런 구분 자체가 편견에 불과할지도 모른다. "주체가, 타인의 타인인 자신을 포함한 '타자'와 기호 체계로 구성된 '세계'와의 관계를 형성할 수 있는 기능을 일종의 상징적 작업인 쓰기를 통해 실천할 수 있다면",[188] 문학교육은 학습 주체에게 상징 실천의 산물과 과정을 읽어내는 것과 더불어, 스스로의 상징적 창조성을 의식적으로 활용할 수 있게 하는 교육적 기제를 마련해야 할 것이다.

'읽기'라는 단어는 문학 비평에서 두 가지 기호론적인 행위와 연결된다. 하나는 해석, 즉 원래의 생산 행위를 재구성하려는 시도이며, 다른 하나는 쓰기의 한 부분으로서, 읽은 텍스트를 새로운 텍스트로 병합하는 것을 말한다. 전자의 대표적인 예는 이저의 수용 미학에서 찾아볼 수 있다. 이저는 허구적인 텍스트의 해석이란 상상적인 것의 형태를 의미론적 차원으로 옮겨 놓는 번역 작업으로서, 이를 '허구적인 텍스트의 구체화'라고 명한다.[189] 후자는 수사학과 해체주의 문학 연구에서 검토할 수 있는데, 그들은 '읽기는 곧 쓰기'라는 새로운 주장을 하면서 이저의 추상적인 읽기 개념을 쓰기로 확장한다.

수사학은 담론이 이미 형성된 지식을 나르기만 하는 것이 아니라 상징 교섭을 통해 지식을 형성해 나아간다고 하는 관점을 갖는다. 수사학의 이런 관점은 읽기를 통한 담론의 수용도 인식적이라는 것을 강조한다. 따라서 담론을 수용한다는 것은 단지 다른 사람의 의미를 흡수하는 것만을 말하지 않으며, 상징 교섭을 통해 새로운 지식 형성에 참여하는 것이다.[190] 이는 담론 생산자의 수사적 전략과 관련된 전통적인 수사학적인 연구의 방향과 달리 수용자도 담론의 의미를 형성해 나아가는 한 주체로서 새롭게 자리매김되고 있음을 보여준다.

해체주의는 '읽기 위해 쓰고, 쓰기 위해 읽는다.' 즉 언어활동이 끊임없이 이어진다는 전제 아래, 읽기와 쓰기에 적용된 낡은 형식주의를 비

---

188) P. Willis, *Common Culture*, Open University Press, Milton Keynes, 1990, 12면.
189) 차봉희 편저, 『수용미학』, 문학과지성사, 1989 참조.
190) D. Brent, *Reading as Rhetorical Inversion : Knowledge, persuation and the teaching of research-based writing*, University of Calgary, 1992, p.12.

판한다. 읽기와 쓰기를 분리시키고 있는 이분법은 읽기와 쓰기를 문화의 망으로부터 그것이 마치 다른 것인 양 떼어냄으로써 탈역사적 미학주의, 미학적 도피주의를 만들고 있다는 것이다. 이에 따라 학생들은 읽기를 "숨겨진 주제를 찾아내기 위해 언어적 단위들을 처리하는 일"로 보는 습성이 있으며, 쓰기를 "그 요점을 기술하기 위해 언어적 단위들을 처리하는 일"로 보는 태도를 가지게 된다. 그리하여 학생들은 읽기와 쓰기를 통해 좀더 나은 주제와 좀더 나은 요약만을 찾으려만 한다는 것이다. 이렇게 쓰기는 읽은 텍스트에 대해 문제를 제기하고, 정보를 캐내며, 변형시키고, 해석하기 위한 기술이 되지 못한 채, 이미 알고 있는 지식을 나열하기 위한 도구로 전락한 것이다.[191)]

전통문화에 대한 '인격적 지식'을 형성하고, 전통문화를 형성해 나아가는 주체의 교육을 위해서는 반드시 주체로 하여금 다시 의미를 생산하게 하는 교육의 과정이 필요하며, 쓰기는 이러한 교육의 방법으로 활용될 수 있다. 그러나 이 쓰기는 단지 고전문학에 대한 객관적인 지식을 점검하는 것으로 끝나서는 안 될 것이다. 고전이라는 타자와의 대화가 구체적으로 이루어질 수 있는 쓰기의 교육이 필요하다. 이러한 쓰기의 대상이 반드시 창작 텍스트의 형식일 필요는 없지만, 창작 텍스트 형식으로 다시 쓰기도 한 모델로서 활용할 수 있을 것이다.

스콜스는 학생의 생산성이 희생되는 교육을 공장에 비유해 현재의 교육 제도를 비판한다. 그에 의하면, 학교가 공장이라면 관리자(administrators)는 '경영자'이며, 교사는 '노동자', 학생은 '생산물'이며, 따라서 더 많은 학생들이 생산되면 될수록 교사의 생산성은 점점 더 높아지고 관리자의 경영은 더욱 훌륭하게 될 것이라고 한다.[192)] 그는 이

---

191) D. Kaufer & G. Waller, "To Write Is to Read Is to Write, Right?", *Writing and Reading Differently*, University Press of Kansas. 82~90면, 이 책을 쓴 필자들은 대학에서 문학을 가르치는 사람들로 학습 독자에게 문학 텍스트에 대한 쓰기를 어떠한 방식으로든 교육 활동으로 포함시키고 있다는 점이 우리의 상황과 다르다고 할 수 있다.

192) R. 스콜스, 『기호학과 해석』(유재천 역), 현대문학, 1988, 19면.

런 비판적 입장에서 학습 주체의 생산성을 높이는 교사의 역할을 읽기, 해석, 비평의 단계로 구분하여 제시한다. "읽어 나갈 때 우리는 텍스트 내부에서 텍스트를 생산하며, 해석할 때에는 텍스트 위에서 텍스트를 만들며, 비평할 때는 텍스트에 대항하여 텍스트를 생산한다."[193] 이런 활동을 수행하는 주체는 교사가 아니라 학습 주체이다. 교사는 단지 학습 주체가 세 가지 텍스트화의 양식에 따라 자신의 말로, 혹은 글로 텍스트를 생산해내는 과정을 보조해주는 역할을 하며, 그들이 그들 자신의 텍스트를 생산할 수 있는 도구를 안겨 주는 정도에서 학습 주체를 도울 수 있다.

읽기와 해석의 단계를 거쳐 비평을 하는 학습 주체의 활동은 '텍스트에 대항하는' 것이다. 텍스트에 대항하기 위해서 필요한 것은 텍스트 외부의 입장, 즉 자신에 대한 성찰이다. 고전 텍스트의 비평에서 역시 필요한 것은 현재에 대한 자기 성찰이며, 입장의 점검이다. 이런 비평은 "문학적인 텍스트와 우리가 살아가고 있는 사회적 텍스트 사이의 길을 여는",[194] 즉 텍스트와 콘텍스트 사이의 관계를 형성하는 활동이다. 이와 같은 비평 교육의 구도는 고전 텍스트의 타자성에 대한 인식과 더불어서 현재의 자기에 대한 타자성을 인식하는 대화적인 것이라고 할 수 있다. 이러한 비평 활동은 말이나 비평문, 혹은 개작을 통해 이루어질 수 있다.

바르뜨는 과학과 이데올로기가 텍스트의 평가 기준이 될 수 없음을 밝히면서, '쓰기'[195]를 텍스트의 평가 기준으로 제시한다.[196] 과학은 평가를 위한 것이 아니며, 텍스트의 이데올로기도 단지 재현의 가치이지,

---

193) R. 스콜스, 『문학이론과 문학교육』(김상욱 역), 하우, 1996, 32~33면.

194) R. 스콜스, 위의 책, 32면.

195) 쓰기는 에코가 말한 열린 예술작품에 독자가 참여하는 구체적인 방식이 될 수 있다. 바르뜨와 에코의 차이점은 에코는 열린 예술작품을 작품에 대한 평가의 기준으로 제시하지 않았고 수용자의 역할로서 쓰기를 부각시키지 않았음에 비해, 바르뜨는 쓸 수 있는 텍스트, 곧 독자의 참여가 활성화되는 텍스트를 높이 평가했으며, 쓰기라는 활동의 중요성을 강조하였다는 것이다.

196) R. Barth, *S/Z,* trans. R. Miller, Hill and Wang, 1974, 3~4면.

텍스트라는 생산물 자체의 가치가 아니기 때문에 오직 쓰기라는 실천으로 텍스트를 평가할 수 있다는 것이다. 바르뜨는 텍스트를 쓰기가 가능한 것과 더 이상 쓸 수 없는 것으로 나눈다.[197] 그는 오늘날 쓰여지거나 다시 쓰여질(rewritten) 수 있는 것은 오직 쓸 수 있는 텍스트(the writerly) 뿐이라고 한다. 쓸 수 있는 텍스트가 가치 있는 이유는 그것이 독자를 더 이상 소비자가 아닌, 텍스트의 생산자로 만들어주기 때문이다.

이와 같은 쓸 수 있는 텍스트에 대한 높은 가치 평가는 텍스트의 생산자와 사용자, 소유자와 소비자, 저자와 독자를 무자비하게 가르고 있는 문학 제도에 대한 비판적 인식 아래 이루어진 것이다. 바르뜨는 독자가 이런 제도적 분리에 의해 문학 텍스트에 대해 일종의 나태함에 빠지게 된다고 한다. "독자는 자동사적이며(intransitive), 심각하다. 독자는 기표의 신비나 글쓰기의 즐거움에 접근하지 못하며, 그에게는 단지 텍스트를 받아들일 것인가, 거부할 것인가라는 보잘 것 없는 자유만을 갖고 있을 뿐"이라고 바르뜨는 현재 독자의 상황을 진단한다.

바르뜨는 읽기를 '국민투표'에 비유한다. 국민투표의 함의를 좀더 자세히 살피기 위해 '주권'의 문제를 도입할 필요가 있다. 홉스가 주권을 국가와 지배자에게 이전시켰던 반면 루소는 인민들이 주권을 보유하는 것이라고 주장한다.[198] 주권은 인민들로부터 기원하며 인민들에게 머물러 있어야 한다는 것이다. 홉스와는 다른 방향에서 주권에 관한 주장을 펼치면서 루소는 개인들이 자신의 삶을 규제하는 법의 제정에 직접 참여하여야 한다고 역설한다. 이런 관점에서 볼 때, 국민투표라는 형식이 얼마나 비민주적인 것인지 드러난다. 국민투표는 자신의 주권을 지배자들에게 양도하기 위한 하나의 절차에 지나지 않는 것이기 때문이다.

이와 같은 정치적인 상황은 현재의 문학 문화에 그대로 적용될 수

---

197) 바르뜨의 쓸 수 있는 텍스트와 읽을 수 있는 텍스트의 구분은 에코의 열린 예술 작품과 완결된 작품의 구분과 유사한 것이다.

198) D. 헬드, 「현대국가의 발전」, S. 홀 외, 『현대성과 현대문화: 형성』(전효관 외 역), 현실문화연구, 1996, 157~163면.

있다. 텍스트 생산자와 교육자와 비평가를 포함한 텍스트 관리자들은 학습 주체를 포함한 텍스트의 소비자들의 '지배자'이며, 피지배자와 지배자를 가르는 문학 제도는 일종의 '국가'이다. 현재 정치 상황에서 주권이 국가에게 있으며, 개인들이 자신의 삶을 규제하는 법에 대해 아무런 권한이 없듯이 문학 텍스트의 생산과 평가, 관리는 오직 전문가의 몫이며, 상호텍스트적 과정들로 이루어진 문학 문화에 대해서 독자들의 참여는 배제되어 있다.

그리고 국민투표를 행하면서 민주주의를 실현하는 것이라고 생각하는 현대 사회의 대중과 바르뜨가 말한 "나태한 상태에 빠진 독자"는 유사한 상황에 있다. 대중이 자신의 삶에 대한 규칙, 법의 제정을 정치가에게 위임하듯이 독자는 비평 텍스트의 생산은 비평가의 몫이며, 문학 텍스트의 생산을 오직 작가라는 전문 직업인의 몫이라고 간주한다.

바르뜨는 텍스트의 생산에 있어 독자와 세계 사이의 관계를 재정립하고, 독자를 글쓰기 및 텍스트 직조의 즐거움으로 그들을 이끌어야 한다면서, '아마추어의 문명'을 요구하였다.[199] 그는 독자를 글쓰기의 즐거움, 텍스트를 제조하는 즐거움으로 인도하기 위해 독자와 텍스트 생산 세계와의 관계를 재확립할 필요가 있다고 한다. 즉 독자가 텍스트 생산의 세계 속에서 제외되어 있는 현실을 바꿀 필요가 있다는 것이다.

문학 생산자와 소비자를 명확히 구분하고 있는 선험적인 요소는 텍스트에 대한 권한이 전문가에 속해 있다는 가정이다. 이 가정이 지속되는 한, 한 편에서는 창조하고 한 편에서는 소비하는 관계는 변하지 않을 것이다. 그리고 이런 가정 하에서, 본고와 같은 문학 텍스트 생산 과정에 대한 연구는 그것이 독자에게 유용한 '해석 방법'이 아니므로, 학습 주체를 포함한 문학 소비자에게는 별 필요가 없는, 즉 '교육적이지 않은 것'이 될 것이다. 그러나 이와 같은 구분을 폐기할 때, 탈신비화된

199) Gregory L. Ulmer, "Textshop for Post(e)pedagogy", G. D. Atkins & M. L. Johnson, *Writing and Reading DIFFERENTLY:Deconstruction and the Teaching of Composition and literature*, University Press of Kansas, 1985, 56면.

문학 생산 과정에 대한 분석은 곧 아마추어에게 쓰기의 즐거움에로 인도할 수 있는 도구를 마련해 주는 것이며, 창조적 과정에 대한 조작적 접근을 가능하게 하는 것이다.

전문가에 의한 개작이라 할지라도 그것은 무(無)로부터의 창조가 아닌, 상호텍스트적인 관계 속에서의 일종의 노동의 행위이다. 따라서 개작 텍스트를 생산하는 서사 변형의 과정은 텍스트를 생산하는 한 모델로서, 혹은 변형의 생산성을 확인할 수 있는 자료로서 제시되어, 학습 주체의 쓰기 활동에 활용될 수 있을 것이다. 학습 주체가 이런 활동을 통해서 상호텍스트성의 무한한 과정에 참여할 수 있는, 읽고 쓰는 능력, 곧 문해력(literacy)을 얻게 하는 것을 국어교육의 목표가 되어야 한다.

문해력이란 개념은 단순히 글자를 읽고 쓰는 능력이란 개념을 넘어서 폭넓게 사용되고 있다. 특히 이 개념은 호거트의『읽고 쓰는 능력의 이용』이라는 문화 연구의 필수적인 저서 이래로 문자 능력 뿐 아니라 폭넓은 의미화 실천의 산물에 적용되었으며, 이데올로기적인 함의를 갖게 되었다.

우선 여러 맥락에서 쓰이고 있는 문해력의 사용을 검토하면서 문학교육에서 필요한 문해력이 어떤 것이어야 하는가를 살펴볼 수 있다.[200] 먼저 가장 일반적인 인지적 기술로서 문해력이라는 용례를 들 수 있다. 이는 자전거를 타고, 공을 차고, 불을 지피는 것처럼 읽고 쓰는 기술을 말한다. 이와 같은 문해력의 개념은 그 사회적 토대로부터 자율적인 중립적 기술을 가리킨다는 점에서 폭넓게 사용되지만, 이데올로기와 사회로부터 독립적이란 점으로 인해 비판을 받기도 한다.

사회와 문해력을 연관시키는 이론은 개인과 사회의 발전의 도구로서 문해력을 논한다. 이런 입장의 전제는 문해력을 갖춘 개인들로 구성된 사회가 근대화되고 발전하며, 문해력이 없는 개인과 사회는 전통적 삶의 방식과 단순한 문화 체계에서 벗어나지 못하게 된다는 것이다. 허쉬

200) 문해력의 다양한 개념과 흐름에 대해서는 S. L. Walter, http://www.sil.org/lingualinks/liberary/literacy/krz313/krz221/krz230.htm 참조.

의 '문화적 문해력'도 이런 입장에 속하는 것으로 이해될 수 있다.

허쉬는 비록 "문화적 문해력은 전문적인 지식과 달리 모든 사람에게 공유되는 것이다. 그것은 바로 우리의 문화에 유용하고, 따라서 간직할 만한 가치가 있는 정보의 변하는 총체이다. …(중략)… 이런 공유된 정보는 공적 담론의 기초가 된다. 그것은 우리에게 신문과 뉴스, 학생과 지도자를 이해하게 해 주며, 서로간에 농담을 나눌 수 있게도 한다. 문화적 문해력은 우리가 말하고 읽는 것의 콘텍스트로서 미국인을 진정한 미국인으로 만들어준다."[201]고 하였다.

이렇게 허쉬는 공적 담론을 운용할 수 있는 시민을 만들어 주는 읽고 쓰는 능력을 '문화적 문해력'으로 규정한다. 물론 사회 발전의 도구이자 시민적 자질로서 문해력을 공교육에서 가르칠 수 있게 된 것은 자본주의의 발전에 따른 '민주적인 것'이라고도 볼 수 있다. 그렇지만 여기서 상정된 추상적인 '보통사람'이나 일반적 능력이 과연 어느 계급에나 해당하는 보편적인 것인가, 또 그런 구성원들로 이루어진 사회가 과연 발전한 진보적 사회인가에 대한 문제제기를 할 수 있다.

문해력에 대한 비판적 접근은 주어진 세계 속의 의미화 체계를 단순히 획득하는 것이 아니라 주어진 세계를 해석하고, 재구성하는 문해력의 역할을 강조한다. 문해력은 이를 정치적으로 사용하는 능력, 정보에 접근하고, 지식을 구성하며, 특정한 대상을 정의하는 능력까지 포함한다.

따라서 문해력을 갖춘 사람은 그의 세계가 무엇이 잘못되었는지 성찰할 수 있으며, 그 세계를 변화시키는 데 문해력의 힘을 사용할 수 있다. 이렇게 문해력에 대한 비판적 접근에서는 주체의 실천이 부각되며, 문해력은 주체의 목적[202]을 위해 사용되는 도구로서 그 의미가 있다.

---

201) E. D. Hirsch, *The Dictionary of Cultural Literacy*, 1996(http://www.inso.com/doc12.htm에서 재인용).

202) 여기서 주체란 근대적인 개인(individual)을 의미하지 않는다. 세계에 대한 이해는 주체의 욕구나 동기, 신념과 목적 등에 의해 일방적으로 결정되는 것이 아니라 세계와의 변증법적인 관계 속에서 이루어지는 것이기 때문이다.
주체와 세계의 관계에 대해서는 정재찬, 「사회문화적 맥락 중심의 문학교육과정이와 같은 맥락에서 문해력을 개인과 의미화 실천 간의 관계를 지칭하는 개념으로 사용하는 홀튼의 용법203)을 수용하는 것이 적절하리라 판단된다.

이렇게 문해력의 역할을 포괄적으로 사용할 때만이 문학 행위라는 의미화 실천과 학습 주체와의 관계가 의미 있는 것이 된다. 우리가 글자를 읽고 쓸 수 있기 위해서 문학 텍스트가 동원될 필요는 없으며, 효율적으로 말하고, 정확하게 이해하기 위해선 문학 텍스트보다 신문이 더 유용하기 때문이다. 문학 텍스트는 주체가 경험 세계를 이해하는 방식을 다룰 수 있으며, 경험 세계를 허구적 세계에서 문제화하고 실험하며 탐구한다. 이런 의미에서 문학교육은 의미화 실천 과정을 비판하고, 이해하며, 더 나아가 학습 주체 스스로 의미작용을 생산할 수 있는 문해력을 갖추게 하는 장이 된다.

다음과 같은 호너의 말을 통해 문학교육에서 문해력이 수용될 수 있는 가능성과 중요성을 검토할 수 있다.

> 1980년대의 우리의 목표는 학생들에게 텍스트의 다양한 형식이 왜, 어떻게 만들어지는지 이해시키는 것이다. 우리의 목표는 그들을 그들의 문화가 왜, 어떻게 지속적으로 창출되는지 볼 수 있게 하는 것이다. 우리의 기대는 학생들로 하여금 문화 속에서 그들의 위치를 자각하게 하고, 그것에 대한 경험을 해석하며, 문화를 변형시킬 수 있는 도구들을 얻게 하는 것이다.204)

문해력을 의미화 실천과 주체와의 관계라고 하였을 때, 호너의 언급

내용체계」, 『문학 영역 교육과정 체계화 연구』, 서울대국어교육연구소, 1996 참조.

203) S. R. Horton, "Let's Get 'Literate'", *Pedagogy Is Politics*, University of Illinois Press, 1992, 134~136면 참조.

204) D. Horner, English: Orthodoxy and the Eighties, Canberra: A.A.T.E., 1982, 72면(R. Hodge, *Literature as Discourse : Textual Strategies in English and History*, Polity Press, 1990, 112면에서 재인용).

처럼 학습 주체로 하여금 의미화 실천의 과정을 이해하고, 그 속에 주체로 참여하는 실천이 중요하게 취급된다. 왜냐하면, 문학을 포함한 문화 그 자체는 지속적으로 변화하기에, 학습 주체는 그들이 변화의 적극적인 행위자가 될 때만이 충분히 문화로 입문할 수 있으며, 기존의 행위자에 의한 문화의 변형 과정을 파악하여 문화 변형의 역할을 능동적으로 할 수 있기 때문이다. 이런 의미에서 춘향전의 변형 과정을 형이상학적이지 않은 방식으로 이해하고, 변형의 전략을 활용한 쓰기 교육은 현재의 학습 주체로 하여금 문화를 단지 수용하는 것만이 아니라 문화를 형성해 나아갈 수 있는 주체로 구성하는 교육적 실천이 될 것이다.

6. 결론

춘향전은 고전 문학 교육에서 대표적인 '정전'(canon)으로 분류되는 텍스트이다. 정전으로서 춘향전의 속성은 보편적인 가치를 담고 있거나, 문학성을 구비한 것으로 취급된다. 그러나 통시적으로 변형해 온 춘향전의 역사는 춘향전의 보편적 가치를 증명해 주지 않는다.

춘향전의 개작자는 각각 춘향전에서 다른 의미를 해독하였으며, 해독된 의미를 사회적으로 실천하는 개작 텍스트를 생산하였다. 이러한 상황은 춘향전이 보편적인 가치나 빼어난 문학성으로 인해 고전으로 성립하는 것이 아니라 각 시대의 이데올로기적인 조건 안에서 춘향전이 개입하여 관계를 형성할 수 있었던 자질에서 춘향전의 진정한 가치를 찾아야 함을 말한다. 이러한 춘향전의 가치는 '관계적 가치'라고 명명될 수 있다.

본고에서는 이와 같은 관계적 가치를 밝히기 위해 개작자가 춘향전을 다시 읽고 재해석하게 만든 춘향전 텍스트의 내적인 조건과 개작자로 하여금 춘향전을 이용하여 자신의 이데올로기를 실천할 수 있었던 텍스트 외적인 조건을 검토하였다.

완판 84장본은 개작자에게 다시 읽히며 자신의 반응을 삽입할 수 있는 대표적인 텍스트로 선행텍스트의 지위를 차지할 수 있다. 완판 84장본은 판소리의 다채로운 변모를 최대한 수용하였으며, 이질적인 수용자를 만족시킬 수 있었던 활용능력이 뛰어난 텍스트이기 때문이다. 이 텍스트는 담론의 교향화, 다면적 인물 구성, 역동적 시간 구성, 복수 의미론적 동위체 형성으로 인하여 개작자들에게 가능성의 집적체로서, 수용자의 판단과 개입을 기다리며 열려 있는 텍스트로서 의미가 있다.

본고에서는 완판본의 서사 구성을 통하여, 먼저 서술자의 자유로운 중개에 의해 다양한 주체의 발화가 상호작용을 하며, 여러 주체의 목소리가 교향(交響)되는 담론의 구성을 살필 수 있었다. 그리고 인물의 역할과 양태를 분리시켜 이를 결합하는 방식의 다양성에서 연유하는, 인물이 지니는 모순적인 역할과 양태의 생성 구조를 확인하였다. 또 시간 구성에 있어서도 완판본은 일률적으로 측정될 수 있는 객관적 시간에 구애받지 않고, 주관적인 시간을 활용하여 자유롭게 속도와 완급을 조절하여 역동적인 시간 구성을 하였음을 보았다. 마지막으로 <기생인 춘향>과 <기생 아닌 춘향>이라는 이질적인 동위체로 인해 결정적인 의미의 차이를 생산한다는 것을 살펴보았다. 이와 같은 완판본의 서사 구성은 개작자들이 선행텍스트를 수용하고, 개작 텍스트를 생산하는 데 기초가 되는 '가능성의 구조'가 된다.

개작 텍스트는 선행텍스트와 상호텍스트적 관계를 통해 서술자의 중개에 의한 담론 구성, 인물의 역할과 양태 부여, 시간적 구성, 의미론적 동위체를 재조직하게 된다. 이런 변형과 수용은 텍스트와 텍스트간의 관계뿐 아니라 선행 춘향전 텍스트와 개작 텍스트가 만날 수 있었던 사회문화적 조건으로 해명될 수 있다. 선행텍스트의 가능성은 개작 텍스트를 생산과 수용이 행해지는 현실이라는 콘텍스트에서 새로운 방향으로 실현되거나 차단되기도 하기 때문이다.

〈옥중화〉는 '민족'이라는 상상적 공동체를 대상으로 전통 윤리를 통해 풍속을 교화하려는 이데올로기의 실천이었다. 여기에서 전통 윤리는 전통 사회의 윤리와는 달리, 모든 것을 새롭게 시작할 수 없는 과도기의 상황에서 타자성의 선별적 강조를 통해, 자기의 구성에 이르게 하는 도구로서 그 의의가 있다. 이에 비해, <일설춘향전>에서는 '전통윤리'라는 구속에서 벗어나 자유로운 사랑을 주장하고 있다. 전통과의 단절을 꾀하며, 새로운 윤리를 형성하려는 시도이나, 오직 현재만을 절대화함으로써 현재에 대한 반성이 결여되어 있다. <춘향뎐>은 비극적 인물인 춘향의 동시대성, 어둠의 현존을 독자로 하여금 인식하게 함으로써, 중세의 어둠과 이데올로기의 폭력성이 여전히 존재하는 현실을 비판하고 있다.

고전 텍스트와 다양한 상호교섭의 상황은 춘향전이 '만들어진 전통(invented tradition)' 이라는 것을 보여준다. 적층문학으로서 춘향전은 이와 같이 자신의 수용을 창작 텍스트로 형성하는 적극적인 수용자를 포함한 당대의 수용자들에게 다양한 방식으로 수용되면서 수용자의 이데올로기적인 의미화 실천의 재료가 되어 왔다.

이러한 춘향전의 수용 상황은 학습 주체에게 춘향전에 대한 객관적 지식을 주입식으로 가르치는 교육 방법에 대한 반성을 야기한다. 춘향전을 포함한 고전 문학 교육은 고전인 '타자'를 복원하는 과정과 아울러, 현재의 자신도 타자성을 인식하고, 과거의 텍스트와 대화적 관계를 이루는 것을 목표로 하여야 하며, 이러한 목표는 고전 문학에 대한 객관적 지식을 가르치는 것만으로는 달성될 수 없다. 지식은 결국 자기지식이어야 하며, 고전 텍스트의 비평 행위에서 현재의 자신에 대한 입장을 점검할 수 있을 때, '의미 있는 타자'라는 고전의 존재 이유를 획득할 수 있을 것이다.

현재의 개별적 학습 주체들은 쓰기를 통해 고전 문학의 현재 형성되고 있는 문화에 참여할 수 있는 도구를 얻을 수 있으며, 이러한 교육적인 실천은 문화를 이해하고, 비판하며, 변형시킬 수 있는 주체의 형성을 도모하는 교육적인 기제로서 활용될 수 있을 것이다.

춘향전 다시 쓰기가 실제 수업 현장에서 어떻게 이루어질 수 있는지에 대하여 그 구체적인 교수 방법을 제시하는 것은 무리이지만, 그 가능한 개요가 이 연구를 바탕으로 도출될 수 있을 것이라 판단된다. 우선 교사는 선행텍스트로서 완판본이 수용자를 향해 자신을 열고 있는 부분을 부각시키면서 완판본에 대한 적극적인 학습 주체의 참여 의욕을 이끌어 낼 수 있다. 그리고 학습 주체는 교사의 안내에 따라 자신의 판단들이 갖는 형상화의 구체적인 가능성과 사회문화적인 함의를 개작 텍스트를 분석함으로써 파악할 수 있다.

이런 교육적인 프로그램은 쓰기 교육이 학습 주체에게 무조건 자신의 텍스트를 생산해내라는 무책임한 강요가 아니기 위해 반드시 필요한 과정이며, 교육 현장에서 학습 주체의 개별적 반응을 상호주관적인 토론의 장으로 이끌어 올 수 있게 하는 전단계로서 그 의의가 있다. 그리고 학생들의 실제적인 쓰기 활동에 이어서 자신의 텍스트에 대한 반성적 인식을 갖는 것이 무엇보다 중요하다. 자신이 생산한 텍스트를 스스로 비평하면서 현재의 문화적 조건에서 자신의 서사 변형이 갖는 의의에 대해 스스로 평가할 수 있어야 한다.

그러나 본고에서는 실제 교육 현장에서 이와 같은 가능성을 검증할 수 있는 데까지는 나아가지 못하였으며, 현재 학습 주체가 다양한 상징을 이용한 실천을 하면서 '상징적 창조성'을 발휘하여 행할 수 있는 춘향전의 서사 변형에 대해서 다루지 못하였다. 이와 같은 한계는 참여 관찰이나 학생들이 생산한 텍스트 분석을 통해 극복하여야 할 부분이라고 여겨진다.

2부: 춘향전 즐기기

춘향가 수용자의 즐거움

1. 판소리 수용자에 대한 관심

수많은 이본으로 생산된 춘향전[1])을 대하며, 왜 옛날 사람들은 같은 이야기를 반복해서 들었던 것일까라는 궁금증을 갖게 된다. 이러한 문제의식을 바탕으로 춘향전의 인기에 대한 여러 가지 가설을 낼 수 있다.

현재 우리가 새로움이라는 가치 기준으로 정보를 평가한다면, 선조들은 익숙함이라는 다른 가치 기준을 가지고 있었거나 그 익숙함을 즐길 수 있었던 특수한 감성구조를 가졌던 것일까? 그러나 아무리 반복되는 청취에 익숙해져 있더라도 그것은 언젠가는 지겨워지고 만다는 보편적인 상식에 맞지 않는다.

또는 과거의 사람들은 우리와 같이 복잡하지 않기에 같은 내용의 이야기를 반복적으로 듣고도 지겨워지지 않았을 것이라는 상상을 할 수 있다. 그러나 이는 유아가 부모가 해주는 같은 이야기를 듣고 또 들으려는 심리와 과거인의 심리를 등치하는 현재중심적 진화론이기에 타당하지 않다.

그렇다면 춘향전이 기이한 이야기이기에 가졌던 수용자의 경이감과 호기심, 그리고 특수한 상황에서 이루어지는 인간적인 변화나 체험의

1) 판소리로 가창되었던 춘향가와 글로 쓰여진 춘향전을 구분하지 않고 '춘향전'이라 이르겠다. 판소리만을 가리킬 경우, '춘향가'라고 하겠다.

과정들을 엿보는 느낌 때문에 인기가 있었던 것일까?[2] 그러나 춘향전이 이미 널리 알려지고, 그 이야기의 기이함이라는 속성도 어느 정도 시간이 흘러 익숙해지는 조절 과정을 거치게 되면 그 소재적 가치가 희석될 수밖에 없을 것이다.

그러나 시각을 과거에 한정시키지 않고 현재 우리의 상황에서 유추된 문화적인 속성을 과거에 적용시켜, 과거의 문화에 대한 실험을 행하는 방법이 있을 것이다. 사실, 같은 이야기를 되풀이하여 듣는 것은 현재에도 이루어지고 있다고 할 수 있다. 인기리에 방영되는 연속물의 경우, 매회 똑같은 이야기의 도식을 가지면서도 시청자들을 즐겁게 한다. 대중 서사물이 도식을 구비하고 있는 것이 많지만 우리는 그것이 도식이며, 뻔한 이야기인 줄 알면서도 다음 회를 기대하는 것이다. 또, 우리는 이미 흥행된 문화적 생산물의 도식을 모방하면서 흥행을 기대하는 수많은 문화적 산물들을 볼 수 있다. 이처럼 우리 역시 진부한 도식의 반복을 즐기고 있으면서도 '왜 옛날 사람들은 같은 이야기를 반복해서 즐겼을까'라는 질문을 하는 것은 어리석은 일로 보이기도 한다.

이렇게 현재 우리가 문화적 산물을 향유하는 방식에 비추어 과거의 춘향가의 인기 요인을 추정할 때, 같은 이야기의 반복적 향유에 대해 문제 삼는 것이 아니라 '오히려 같은 이야기이기 때문에 계속 즐길 수 있지 않았을까?'라는 새로운 가설을 세울 수 있다. 본고에서는 이러한 가설을 바탕으로 도식적인 이야기를 반복적으로 향유하였던 판소리 춘향가 수용자들의 즐거움을 해명하고자 한다.

결국 이 연구는 춘향가의 수용자에 대한 연구라고 할 수 있다. 문학이나 문화 이론에서 진행되어 온 수용자 연구의 과정을 살펴보면, 수동적인 수용자의 상에서 텍스트에 잠재되거나 대안적인 의미를 생성해내기도 하며, 자신들의 즐거움을 찾는 적극적인 상으로 옮겨가게 되는 흐름을 발견할 수 있다.[3]

---

2) 김대행, 「인간의 두 얼굴과 문학적 흥미」, 『시가시학연구』, 245~250면 참조.
3) 수용자 연구의 패러다임 변화에 대해서는 박동숙, 「대중문화와 수용자」, 『문화 연

그러나 이와 같은 수용자 연구 이론을 동원하지 않더라도 지금까지 수행된 춘향전이나 춘향가에 대한 연구는 사실 수용자 연구라는 것을 내세우지 않았을 뿐, 수용자 중심의 연구였음을 확인할 수 있다. 장면 극대화라는 판짜기의 원리는 수용자가 주어진 장면에서 기대하는 바를 충족시키기 위한 장치가 됨을 보이고,[4] 판소리의 사설 구성이 수용자의 웃음을 자아내는 흥미를 지향하는 원리를 바탕으로 하고 있다는 점을 밝히며,[5] 춘향이라는 비일관적인 인물의 성격을 사건의 기이함을 인간의 보편성으로 받아들이는 대중문화적 속성으로 파악한[6] 김대행의 연구는 수용자를 그 연구의 중심에 두고 있다. 특히 이러한 연구는 수용자의 흥미를 주로 다루며, 흥미를 형성하는 기제를 분석했다는 면에서 본격적인 수용자의 즐거움에 대한 논의의 길을 열었다고 할 수 있다.

그리고 최근 판소리를 생산과 수용이 역동적인 관계로 파악할 수 있는 연행론적인 측면에서 접근하여 구술적 문학의 속성을 밝히는 연구는 그 연구의 영역에 이미 수용자가 포함되어 있다고 볼 수 있다.[7] 특히 고수관이라는 판소리 연행자의 임기응변과 변조를 문제삼으면서 수용자의 기대를 충족시키는 연행의 문법을 분석한 유영대의 연구[8]는 수용자가 이미 알고 있는 이야기를 어떻게 변화시키는지 연행자에게 기대한다는 수용의 구조를 암시함으로 하여 수용자가 기존의 이야기를 통해 즐거움을 만들어내는 방식을 고찰하는 데에 유용한 틀을 제시하

구 이론』(정재철 편저), 한나래, 1998을 참조하라. 그리고 수용자 연구의 방법론이 좀더 자세히 소개된 책으로는 G. 터너, 『문화연구입문』(한나래, 1995)이 있다.

4) 김대행, 「한국시가구조연구」, 삼영사, 1976.

5) 김대행, 「판짜기의 흥미 지향과 어조」, 『시가시학연구』, 이화여자대학교출판부, 1991.

6) 김대행, 「인간의 두 얼굴과 문학적 흥미」, 『시가시학연구』, 이화여자대학교출판부, 1991.

7) 임재해, 「구비문학의 연행론, 그 문학적 생산과 수용의 역동성」, 『구비문학의 연행자와 연행양상』, 한국구비문학회편, 박이정, 1999.
유영대, 「판소리에서 임기응변과 변조의 의미」, 『구비문학의 연행자와 연행양상』, 한국구비문학회편, 박이정, 1999.

8) 유영대, 앞의 글.

기도 한다. 그에 따르면, 수용자는 사건이 어떻게 진행될지 알고 있으면서도 연행자가 그것을 어떻게 바꾸는지에 관심이 있다는 것이다.

이와 같은 선행 연구를 바탕으로 본고에서는 수용자가 연행의 현장에서 향유되었던 즐거움[9]을 재구하고자 한다. 이야기를 알고 있음에도 유사한 이야기가 다른 연행자에 의해, 혹은 이본에 의해 연행되고 변용되는 것을 즐기는 수용자의 속성에 대한 해명을 하는 것은 이 연구의 목표이다.

그리고 논의의 전제는 춘향가가 당시에 많은 사람들이 함께 향유하였던 대중문화[10]라는 것이다. 같은 이야기를 반복적으로 향유하는 판소리 수용자를 이해하는 데에 대중문화의 이론이 유용하게 활용된다. 대중문화의 일반적인 도식성과 그 도식성의 세계에 몰입하는 수용자의 즐거움은 긍정적인 관심에서든 부정적인 관심에서든 많은 연구가 되어왔다.

도식성과 즐거움에 대한 긍정적인 관심에서 소극적으로는 이해의 필요성이 제기되었으며,[11] 적극적으로는 저항의 가능성이 타진되기도 하였다.[12] 한편 부정적인 관심에서 대중문화의 지배 이데올로기의 억압

---

9) 즐거움(pleasure)은 개인적 심리적 느낌에 의거하여 바람직하거나 만족한 것으로 느껴지는 것의 기대 또는 향유로 정의된다(박명진 편, 『비판커뮤니케이션과 문화이론』, 나남, 1989, 307면). 바르뜨는 텍스트의 즐거움을 육체를 통해 이루어지는 글읽기의 체험이라고 한다(R. 바르뜨, 『텍스트의 즐거움』(김희영 역), 동문선, 1997, 110면 참조). 본고에서는 바르뜨의 용법처럼, 즐거움을 육체적 감각에 직접적으로 수반되는 심리작용인 '감정'(『국어교육학 사전』, 677면)으로 파악하여 기술할 것이다.

10) 본고에서 대중문화는 'mass culture'가 아닌 'popular culture'의 의미로 사용할 것이다. 전자의 경우, 근대화 이후의 산업 시대 이후 오락 산업의 산물을 가리키며(A. 하우저, 『예술의 사회학』(최성만, 이병삼 역), 한길사, 1983, 258면), 후자의 경우, "대중의 일상에서 수용되는 문화"(김창남, 『대중문화와 문화실천』, 1995, 21면)로 중립적인 의미를 갖는다. 판소리는 실로 서민에서부터 임금에 이르기까지 사회 구성원 대다수가 즐겼던 문화라는 의미에서 대중문화라고 할 수 있다.

11) 박성봉, 『대중예술의 미학』, 동연, 1995.

12) 세르토가 제기하는 피지배 대중의 일상적인 저항의 실천 이론은 대중문화 수용과정에서 발생하는 대중적 즐거움의 문제와 결합하여 대중문화가 주는 '저항적 즐거움'의 가능성을 상정하게 해 주었으며(박명진, 「즐거움, 저항, 이데올로기」, 서울대

적 작용으로 일어나는 현실도피적 효과나 대중문화의 세계가 기존의 편견을 강화하는 보수성이 지적되기도 하였다.[13]

본고에서는 수용자의 즐거움에 대한 가치 판단을 앞세우기보다는 그 즐거움이 판소리의 어떠한 속성으로부터 연유하며, 그러한 미적 대상을 체험하는 판소리 청중은 어떠한 즐거움을 갖는지 논할 것이다.

2. 춘향 이야기의 도식성

도식 혹은 정형구(formula)[14]는 구술성의 중요한 특징이자, 대중문화를 설명하는 대표적인 개념이다. '생각해 내야 알 수 있다'는 기억술은 구술문화에 입각한 사고가 특징적으로 표현되는 정형구를 통해 잘 드러나는데, 이 정형구는 어구의 차원에서만 발견할 수 있는 것이 아니다. 옹은 어떠한 말과 개념이든 일정한 방식으로 경험적인 결과를 처리하고 경험과 반성을 머릿속에 정리하고 간추리는 방법을 결정하고 기억장치로서 나름대로 기능을 발휘한다는 의미에서 정형구적인 성격(도식성)을 지닌다고 지적하였다.[15] 이러한 관점을 갖는다면, 구술문화에서 정형구는 배경이나 인물을 묘사하는 표현에만 머무는 것이 아니라 개

사회과학연구소, 『사회과학과 정책연구』 13-2, 1991), 피스크는 대중의 문화소비는 단순한 소비에 그치는 것이 아니라 의미의 생산이며 즐거움의 생산이고 이는 곧 문화산물에 부여된 지배적 의미에 대한 저항적 실천이라고 하였다(김창남, 앞의 책, 54면).

13) 이러한 시각은 대중문화가 대중을 마취화시키고 현실도피시킴으로써 기성체제에 봉사하는 이데올로기 도구임을 강조하는 이상희의 논문에서 잘 드러난다(이상희, 「한국의 대중문화에 대한 문명비판론적 연구」, 『조선조사회의 커뮤니케이션 현상 연구』, 나남, 1993).

14) 라틴어에서 유래한 'formula'는 작은 형식(form)이라는 의미를 함의한다. 문학에서 이 단어는 이중의 뜻으로 쓰이는데 축자적으로 정형구나 상투어와 같이 크기가 작다는 의미도 있고, 예술적 형식에 못 미치는 특정한 결말에 도달하기 위한 일련의 배치를 의미하는 도식을 지칭하기도 한다.

15) W. J. 옹, 『구술문화와 문자문화』(이기우, 임명진 역), 문예출판사, 1995, 59면.

념이나 이야기를 일정한 방식으로 기억하게 하는 역할을 하기 때문에 서사의 도식성으로 확장하여 이해될 수 있다.[16)]

쓰기 문화에 익숙해진 우리가 생각하기에 판소리 연창자가 소리의 사설을 글로 적어 다니면서 필요할 때마다 참조를 하는 것이 긴 판소리 사설을 다 외우는 데 도움이 될 것으로 여겨진다. 그러나 '판소리는 구전심수(口傳心授)에 의지한다'는 상식은 판소리의 연행 문법을 암시해 준다. 옹에 의하면 구송시인은 문자 텍스트나 그 틀에 입각하여 노래하지 않는다고 한다. 그가 가지고 있는 테마와 정형구(도식)의 저장고 속에 그 이야기를 담궈 놓기 위한 시간, 즉 그 이야기와 '함께 되기' 위한 시간이 그에게는 필요로 하는 것이다.[17)] 이와 같은 사실을 바탕으로 우리는 판소리 창자가 읽고 쓰지 못해서 판소리의 사설을 적어 놓지 않은 것이 아니라 연행의 현장에서 말로 하는 풍부한 기교를 발달시키기 위해 구전심수에 의존했음을 알 수 있다.

이렇게 구술되는 판소리의 도식성을 통사적 차원에서 파악할 때 춘향전은 신분이 다른 두 남녀가 만나 우여곡절 끝에 결합하는 매우 보편적인 도식을 가진 이야기라고 할 수 있다. 춘향 이야기의 도식은 춘향전에 대한 최초의 기록인 晩華本에서부터 확인할 수 있다. <廣寒樓樂府>에서는 춘향전을 "三件奇事"라고 소개하고 있다. "처음에 이낭군과의 만남이 일기요, 중간에 갖은 풍상을 겪되 끝내 수절함이 일기요, 끝으로 암행어사의 남래로 파경이 다시 합합이 또한 일기"[18)]라는 만화본의 설명은 춘향 이야기가 두 남녀가 만나, 시련을 거쳐 다시 결합을 이룬다는 도식적 서사 구성을 잘 정리하고 있다. 이런 도식적 구조로 인하여 춘향전은 희극의 구도를 완전히 갖춘 대중문학이란 평가를 받기도 한다.[19)]

---

16) 도식성과 정형구의 관계를 비유적으로 설명하자면 다음과 같다. 구술된 이야기가 한 마리의 물고기라면, 도식성은 그 물고기의 뼈대를 제공하며, 정형구는 살을 붙이는 방식을 용이하게 하면서 판소리 연창자의 구술적 연행을 도와주는 것이다.

17) W. J. 옹, 앞의 책, 96면.

18) 구자균 교주, 『춘향전』, 민중서관, 1970, 561면.

그런데 구술문화의 도식성은 구술 텍스트의 속성을 설명하는 데는 통찰력을 주지만, 생산자의 기억술과 주로 관련되기에 수용자에 대한 논의로 발전시키기 어렵다. 도식성에 반복적으로 빠지는 수용자에 대한 통찰은 에코에서 발견할 수 있다. 그는 수용자가 익숙한 메시지의 통사적 차원을 쉽게 파악하면서 다시 한번 가상의 세계로 파고 들어가 정신적 친화성을 느끼며 작품과 대화를 나눌 수 있다고 한다.[20] 그리고 이처럼 도식을 따라가면서 읽는 데 커다란 즐거움을 느끼는 수용자의 반복을 즐기는 태도 속에서 방심과 오락의 원천을 발견할 수 있다고 한다.[21]

무엇보다 도식은 수용자에게 익숙하다는 장점을 갖는다. 익숙한 것에 대한 친화감은 수용자들로 하여금 쉽게 도식으로 빠져들게 한다. 그리고 도식은 낯설고 새로운 것을 이해해야 하는 부담감과 긴장을 줄여주어 주어진 장면의 즐거움을 극대화할 수 있게 해준다. 이러한 역할을 하는 도식이 완성되는 부분은 '행복한 결말'로, 이 부분에서 도식이 온전한 모습을 드러낸다. 수용자의 입장에서 보자면, 행복한 결말은 도식적인 이야기가 찰칵 잠기는 듯한 형식 체험을 하는 순간[22]이면서 동시에 청중이 이제 이야기에서 빠져나와야 하는 순간이기도 하다. 행복한 결말은 강렬한 체험 끝에 이를 안정된 상태로 만들면서, 청중의 긴장을 풀어주어 다시 익숙한 현실로 돌아가게 만든다. 이렇게 행복한 결말이라는 도식의 완성은 설화에서부터 영화에 이르기까지 대중적인 서사물이 가져야 할 조건 중의 하나로 수용자의 즐거움을 보장한다.

그렇지만 춘향 이야기의 세계가 천편일률적인 도식성의 세계이기만 하다면 어떻게 우리가 그 속으로 끌려 들어가듯 빨려 들어가 그 안에서

---

19) 김병국은 춘향전의 삼분 구조를 사건이 하강하다가 종국에 가서 돌발적인 해피앤딩으로 끝나는 U자형 희극적 플롯으로 설명한다. 그는 또 춘향전은 설화의 희극적 구조의 가장 보편적인 형식을 다른 것이며, 이는 형식(form)이라기보다는 공식(formula)라고 한다. 김병국, 「춘향전의 문학성에 대한 비평적 접근 시론」, 『춘향전 어떻게 읽을것인가』, 신영출판사, 1993.

20) U. 에코, 『대중의 영웅』(조형준 역), 새물결, 1994, 29면 참조.

21) U. 에코, 앞의 책, 81~82면 참조.

22) 박성봉, 앞의 책, 314면.

때로는 손에 땀을 쥐고, 눈물을 흘리고 또 배꼽을 쥐는 농도 짙은 체험을 할 수 있을까라는 질문을 할 수 있다. 이에 대해 카웰티는 대중소설이 독자들에게서 재미있었다라는 반응을 끌어내기 위해서는 도식성의 틀을 유지하면서도 그 전개에서는 자기 나름대로의 개성과 스타일에 근거를 둔 변화의 묘미가 필요하다고 한다.[23)]

대중소설의 경우, 일정한 규칙에 따라 정해진 일반적인 패턴에 맞추어 이야기가 전개되지만 디테일과 설정된 상황은 다르며, 거기에 부여된 작자의 스타일과 개성으로 인하여 수용자가 몰입할 수 있지만 연행된 판소리는 이와는 다른 설명이 필요할 것이다. 판소리에서 변이가 일어나는 것은 연행 자체에서이다. 쓰기로 정착되는 문자와 달리 목소리는 일회성을 지닌 것이며, 목소리에 기반한 청중과의 상호작용은 바로 그 연행에만 고유한 것이기 때문이다. 더욱이 다른 음색과 창법을 지닌 연창자의 공연의 보는 경우나, 같은 연창자라 하더라도 공연의 분위기에 맞춰 사설의 내용을 변개까지 하는 예[24)]는 판소리의 변이가 얼마나 풍부하게 이루어질 수 있었는지를 보여준다.[25)] 춘향 이야기가 이러저러함을 이미 알고 있음에도 다른 연창자의 연행이나 책 등 끊임없이 이본을 필요로 했던 이유는 개별 공연이나 이본의 변이와 더불어 다시 춘향전의 도식에 빠져들고 싶어하기 때문인 것이다.

---

23) J. G. 카웰티, 「도식성과 현실도피와 문화」, 『대중예술의 이론들』(박성봉 편역), 동연, 1994, 84면.

24) 판소리 연창자인 송만갑의 "비단을 달라는 이에게는 비단을 주고 무명을 달라는 이에게는 무명을 주어야"(정노식, 『조선창극사』, 동아일보출판부, 1940, 183면)한다는 말에서 창자가 수용자에 따른 다양한 표현의 레파토리를 갖고 있었음을 확인할 수 있다. 이에 더 나아가 고수관은 연행 현장에 있던 기생의 이름으로 춘향가의 기생점고 대목을 채우는 등 뛰어난 임기응변의 능력을 보여주기도 한다(유영대, 앞의 글, 281면).

25) 정병헌은 판소리를 구성하는 것으로, 사설, 연창자, 고수, 청중과 무대를 설정하고, 이러한 요소들은 확정되어 있는 것이라기보다는 연행의 현장에서 변이가 이루어질 수 있는 역동적인 것이라고 하였다(정병헌, 『판소리문학론』, 새문사, 1992, 57~78면 참조).

3. 장식적 세부 구성 방식

판소리 창자들이 춘향전을 청중에게 되풀이하여 연행하기 위해 중요했던 것은 이미 청중에게 익숙한 이야기 도식을 꾸미는 장식적인 세부이다. 이 장에서는 도식이 청중에게 즐거움을 주기 위해 어떠한 방식으로 장식되는지 그 양상을 논할 것이다.

본고에서는 창본을 분석의 대상으로 삼아 판소리 연행의 현장성에 좀더 가까이 가고자 한다. 장자백 춘향가는 어떤 한 사람의 필사가가 장자백이라는 연창자의 판소리를 그대로 받아 적은 것으로서 한시 구절이 잘못 필사된 부분이 많으며, 사투리나 창자의 개인 방언이 그대로 옮겨져 있다.[26] 필사 시기는 완판 84장본에 앞선 1865년으로 추정되며, 여러 장면의 유명한 더늠들이 풍요롭게 남아 있고, 말로 된 이야기체가 골계적으로 발달되어 완판84장본에 맞먹는 장편의 사설을 이루고 있다는 점이 주목되었다.[27]

이러한 장자백의 춘향가가 수용자에게 주었던 즐거움을 실제적으로 조사할 수 없는 한계 안에서 수용자의 즐거움을 확인하는 작업은 그 창본이 춘향가의 내용을 이미 알고 있는 수용자에게 어떠한 방식으로 몰입을 유도하는지 고찰하면서 이루어질 것이다.[28]

1) 이야기 전개의 지연

수용자는 이미 익숙한 도식에 따라 이야기가 전개될 것을 기대하지

---

26) 김진영, 김현주 역주, 『장자백 창본 춘향가』, 6면.
27) 김진영, 김현주 역주, 『장자백 창본 춘향가』, 14면.
28) 그러나 본고에서 밝히려는 것은 장자백 춘향가만의 고유한 특성이 아니라 판소리를 향유하는 청중의 즐거움이다. 따라서 장자백 춘향가는 인기 있었던 춘향 이야기의 한 판본으로 간주되며, 텍스트 분석의 결과는 다른 춘향가 창본을 포함한 춘향전 이본을 향유하는 수용자의 즐거움을 파악하는 데도 통찰력을 제공할 것으로 기대된다.

만, 그 기대의 충족이 너무 빨리 이루어지는 것은 바라지 않는다. 춘향 이야기의 전체 구도에서도 춘향이와 몽룡의 결합은 이루어져야 하지만 그 과정은 반드시 우여곡절을 거쳐야 하기 때문에 변학도가 등장하였다. 뿐만 아니라 세부 구성에 있어서도 예정된 수순의 이야기의 도식적 진행이 순조롭게 이루어지는 것도 춘향전의 흥미를 떨어뜨리게 하는 요인이 될 것이다.

예를 들어, 춘향과 몽룡의 만남은 이미 예정되어 있다손 치더라도 수월하게 이루어져서는 안 된다. 어긋나기도 하고 지연되기도 해야 수용자의 기대는 더욱 커지기 때문이다. 수용자는 만남 자체보다는 만남을 고대하는 과정에서 즐거움을 느낀다. 춘향가는 이와 같은 즐거움을 증폭시키기 위한 장치를 곳곳에서 구사하고 있는데, 몽룡이 춘향이 그네 뛰는 모습을 보고, 춘향의 정체를 방자에게 확인하는 과정이 방자의 말장난으로 지연되는 부분이나 몽룡이 직접 춘향에게 찾아가지 않고, 중간 매개자인 방자를 동원하고 있는 부분은 바로 그러한 예이다. 특히 방자가 춘향에게 찾아가는 장면에서 춘향과 방자가 실랑이하는 모습은 만남을 늦추기 위한 효과적인 장치로 기능한다.

> 아나 엿짜 이 ᄋᆡ 춘향아 (말노) 불러 논이 춘향이 깜작 놀ᄂᆡ여 근의 아ᄅᆡ 쑥 ᄶᅥ러지며 ᄋᆡ고 호겁시럭게 삼긴 ᄌᆞ식 너의 션산의 불이 낫는야 눉갈치 싱긴거시 어름의 밋ᄭᅳ러져 죽은 거멍쇠 눉갈쳐로 싱긴 ᄌᆞ식 한마트면 낙상할 변 보왓짜 방ᄌᆞ 긔가 ᄆᆡᆨ켜 허허 다 드러봅쑈 ᄉᆞᄉᆞ삼경 다 단여도 쏠쏠리란 문ᄌᆞ 첨 듯고 하로 졈도록 질을 가도 쇼 썩ᄉᆞ로 탄 놈 첨 보고 암긔가 셔답ᄎᆞ고 평풍의 도토리 방구를 딱 긔려 붓쳣다는 말은 드러씨되 십육세된 게집아히가 낙태하엿짜네 이 ᄌᆞ식아 낙상이라 ᄒᆞ엿제 낙틔라 ᄒᆞ든야 이 ᄋᆡ가 둘너 붓칠 쇽은 어유월 피마 쫑ᄉᆞ녁이로구나 그러나 일이 낫다 일이란니 무신 일이 낫ᄯᅳ란 말린댜 ᄉᆞᄯᅩ ᄌᆞ졔 도련님이 광한누 나옷셧짜 너 노난 거동을 보시고 급피 불너 오라 ᄒᆞ약씬이 어셔 밧비 건너가ᄌᆞ 엇짜 그 ᄌᆞ식 밋친 ᄌᆞ식일시 도련님이 날를 엇지 아라 부른단 말

린야 네가 도련님 턱밋티 안져 츈향인지 난양인지 긔싱인이 비상인이 네 미니 네 할민이 죵죠리식 열씨 짜듯 죠랑죠랑 외야 밧치라든야 이 기썹의 로 나셔 쇠졋 멋고 도야지 등의 업피여 즈라난 이 두덕이 잡연네 즈식가 (11-12:40-42)[29]

인용된 부분에서는 아무리 방자가 갑자기 불러 그네에서 떨어졌다 하더라도 가인(佳人)인 춘향이의 입에서 나오는 소리라고 믿어지지 않을 정도로 험한 욕이 보인다. 마치 이 장면은 전체 서사와는 동떨어져 말의 재미를 추구하기 위해 마련된 부분처럼 여겨진다. 이처럼 상스러운 욕이 오가면서 방자와 춘향 사이에 험악한 긴장 관계가 형성되는데, 춘향이 방자에게 이끌려 쉽사리 몽룡에게 나아갈 것 같은 분위기는 아니다. 그렇지만 여기서 수용자는 이미 만남이 예정되어 있음을 알기에 방자와 춘향의 말놀이와 다양한 욕의 재미를 여유있게 즐긴다. 한참의 실랑이가 이어진 후 결국 방자의 협박으로 춘향은 몽룡의 앞에 나아간다. 몽룡과 춘향이 마주 앉아 나누는 대화는 별 내용 없이 생년월일과 집을 확인하는 데에서 그치며 큰 진전을 보이는 것은 아니다. 그처럼 만남 그 자체보다는 그 과정의 재미를 증폭시키는 데에 관심을 갖는 연창자는 지연의 전략을 구사하면서 몰입을 유도하고 있다.

2) 관념적 인물 묘사

판소리 창자가 행하는 인물 묘사는 사실적으로만 이루어지지 않는다. 서술자가 인물과 객관적인 거리를 두고 행해지는 사실적인 묘사보다는 앎에 바탕을 둔 관념적인 묘사[30]가 행해진 고전 텍스트의 표현 방식은

---

29) 인용은 김진영, 김현주 역주, 『명창 장자백 창본 춘향가』(박이정, 1996)을 토대로, 원래 필사본의 장수과 이 책의 면수를 병기한다.

30) 염은열, 「대상 인식과 내용 생성의 관계에 대한 표현교육론적 연구」, 서울대 박사학위논문, 1999.

판소리에서도 역시 주목할 만한 특징 중 하나이다. 춘향이 그네 타는 장면을 묘사한 다음의 예는 묘사의 관념성을 잘 보여주고 있다.

> 빅빅홍홍난만즁의 엇써한 일미인이 나오난듸 ᄒᆡ도 갓고 별도 갓ᄯᅡ 져와 갓튼 게집ᄋᆡ과 함 기 츄천을 ᄒᆞ랴ᄒᆞ고 난쵸갓치 푸린 머리 두 귀 눌너 고이 ᄯᅡᇂ고 금ᄎᆡ를 졍지ᄒᆞ고 나군의 두룬 허리 아럽닶고 고흔 ᄐᆡ도 아장거리고 흐늘거려 가만가만 나오던이 장님 숩속의 드러가셔 장장ᄎᆡ싱의 근의쥴을 휘느러진 벽도 가지 휘휘친친 가마 ᄆᆡ고 셤셤옥수를 번듯 드러셔 양 근의쥴을 갈나 잡고 션뜻 올나 미러갈 졔 머리 우의 푸른 입은 몸을 ᄯᅡ라셔 흔들흔들 난만도화 놉푼 가지 쇼쇼리쳐 톡톡 찬이 숑이숑이 ᄆᆡᆺ친 ᄭᅩᆺ이 츄풍낙엽 젹의로 ᄯᅮᆨᄯᅮᆨ ᄯᅥ러져 ᄂᆡ리친이 풍무취엽녹엽이라 낙포션여 구름 타고 옥경의로 상ᄒᆞ는 듯 무산션여 학을 타고 요지연의로 ᄂᆡ리난 듯 그 얼골 그 ᄐᆡ도난 셰상 인물리 안이로다 (7:35)

이 묘사에서 춘향이가 어떻게 생겼는지 알 수 없다. "해도 같고 별도 같"은 춘향이의 모습이 어떠한지, 이 세상 사람 같지 않은 선녀의 얼굴이란 어떤 모습인지 청중들은 구체적으로 알지 못한다. 이처럼 연창자는 춘향이의 얼굴이 어떻게 생겼으며, 몸매가 어떠한지 정확히 묘사하는 데에는 관심이 없다. 그는 단지 춘향이의 움직임과 주변의 분위기를 비유적으로만 환기할 뿐이다.

춘향이가 그네를 탈 때, 춘향 머리 위의 푸른 잎은 몸을 따라 흔들흔들거리고, 복숭아꽃 활짝 핀 가지를 툭툭 차니 송이송이 맺힌 꽃이 뚝뚝 떨어져 내리는 이상적인 아름다운 풍경 묘사나, 선녀가 구름이나 학을 타고 하늘로 오르는 것 같다는 관습적 묘사를 대하면서 수용자들은 실제 모습이라고는 생각하지 않을 것이다. 이렇게 연창자는 객관적으로 대상을 그려내기보다는 청중의 머릿속에서 가장 아름다운 장면을 연상시키는 표현을 한다.

그러나 청중은 비재현적인 묘사에서 오히려 실감을 느끼게 된다. 왜냐하면 아름다운 춘향의 모습은 사진처럼 제시되는 것이 아니라 오히려 '선녀같다' 등의 관습적 비유를 통해 개별적 수용자의 머릿속에 존재하는 이미지를 생동시킴으로써 수용자에게 가장 완벽하게 다가올 수 있기 때문이다. 더구나 연창자는 화려한 비유와 생동감 있는 의태어들을 동원하여 수용자의 관념적 이미지를 아름답게 꾸민다. 그 결과 수용자들은 연창자의 묘사로 촉발된 자신의 환상 속에서 각각 가장 아름다운 춘향을 그려내며 자신의 관념이 투사된 대상에 쉽게 감정을 이입하는 것이다. 이렇게 관념적인 묘사는 대상의 외관에 충실하기보다는 수용자가 머릿속에서 각자 상상하는 대상을 쉽게 만들어내는 데 도움을 주어 수용자의 참여와 몰입을 유도하고 있다.

3) 과장된 행위의 기술

판소리에서 사건의 기술은 객관적인 행위를 위주로 이루어지지만은 않는다. 오히려 사건의 사실적인 진행을 충실히 그려내기보다는 과장된 행위를 극적으로 서술하는 방식으로 이루어진다. 춘향전의 성애 부분은 이러한 특성을 잘 드러내 주고 있다.

> 이 궁 져 궁을 다 바리고 너와 나와 합궁할제 양각시 오목궁 ᄂᆡ 가쥭 방밍이로 궁궁궁 울여 노면 그 안이 별궁이랴 (말노) 에 여보시요 그런 잡쇼리난 마오 이 ᄋᆡ 그게 잡담이 안이라 진담읎다 그러나 어붐질 좀 ᄒᆞ여보ᄌᆞ ᄋᆡ고 야릇ᄒᆞ여라 어붐질언 엇쩌켜 ᄒᆞ여요 도련님은 장 ᄒᆞ여본 쥴노 말을 ᄒᆞ것싸 쳔ᄒᆞ 쉬은이라 너와 나와 훨신 벗고 ᄇᆡ도 ᄃᆡ고 문지르고 등도 ᄃᆡ고 문지르고 없고도 놀고 바듬ᄭᅩ도 놀고 그게 모도 어붐질이로다 ᄋᆡ고 붓ᄭᅳ려워 엇지 버셔요 이 ᄋᆡ 가시버시 목쩍이아들 무어시 북ᄭᅳ렵단 말린야 어셔 버셔라 그러면 불 ᄭᅳ고 버십시다 불얼 써셔야 무신 ᄌᆡ미가 잇깃는야 어셔 버셔라 북ᄭᅳ려워 나는 시러요 네 안이 벗ᄭᅩ는 못 견듸리라 와락 쒸여 달여드러 춘향의 의복을 벳긔랴 할 져 (중머리) 만쳡청산 늘근

범이 살찐 안키를 무러다 녹코 이난 빠져서 먹지난 못ᄒᆞ고 흐르르앙 허고 어루난 듯 …(중략)… 춘향의 가난 허리 에후릿쳐 담쑉 안ᄭᅩ 져고리 쵸민 바지 멧겨 ᄎᆞᄎᆞ 얼너 쇽옷가지 아죠 훨신 벽겨 논이 (말노) 츈향이 북ᄭᅳ럼을 못 이기여 한편의로 잡치고 이만ᄒᆞ고 안진 모양 짓써리여 못이기여 머리도 좀 부푼 덧ᄒᆞ고 살거리가 넛틀넛틀 도담도담한 게 펴옥 어엽부게 삼게ᄊᆞ나 도련님 죠와라고 네가 뉘 간장을 녹이리고 져리 곱게 삼견난야 어셔 와 업피여라 ᄋᆡ고 ᄲᅮᆨᄭᅳ려워 이 ᄋᆡ 어셔 와 업피여라 도련님이 츈향을 업고 춰깃써 보것짜 ᄯᅩᆼ집 잔이 무겁다 네가 너 등의 엡피인이 마음이 엇써한야 죳쑈 (37-39:84-88)

인용 부분은 춘향과 몽룡이 “어붐질”을 하면서 사랑을 나누는 장면으로 과장된 성애의 행위가 잘 나타나 있다. 판소리 창자는 성행위에 대한 사실적인 묘사보다는 성행위를 충분히 암시하는 어붐질에 대한 실랑이를 극적으로 보여주고자 하였다.

춘향은 판소리 연행은 공적으로 이루어지며, 대부분의 연행에서 공적인 주제가 표명되는 것이 일반적인 현상이다. 그런데 이와 같은 성적 행위의 묘사가 판소리 연행에서 이루어졌다는 것은 지금의 눈으로 보기에 참으로 놀라운 일이다. 그러나 반드시 일상에서 성과 문화 생산물에서 성의 묘사가 반드시 일치해야 할 필요는 없을 것이다. 현재의 대중문화에서도 평범하지 않은 관계의 과장된 성애는 대중의 관심을 끄는 주요 소재로 다루어짐을 생각할 때, 일상의 평범한 성애보다는 좀더 극화되고 더욱 자극적인 성애라야 수용자의 관심을 끌기 마련임을 짐작할 수 있다.

그렇지만 소위 적나라한 포르노그라피의 현실적 체험이 너무나 직접적으로 육체적이기 때문에 많은 사람들은 그 세계를 끔찍해한다는 사실에 비추어 보아 춘향가의 성애 장면이 계속적으로 반복되어 오면서 그리 큰 사회적 물의를 낳지 않았다는 사실은 이 장면이 직접적인 육체적 자극과는 조금 다른 감정을 일깨운다는 암시를 한다.

춘향가의 성애 대목은 직접적이고 사실적인 행위의 서술보다는 대화와 노래, 그리고 비유와 화려한 수식을 동반한 서술로 이루어져 있다. 인용 부분에서 살펴볼 수 있는 것처럼 성행위를 암시하는 몽룡의 말과 어붐질에 대한 실랑이를 찾을 수 있을 뿐, 구체적인 성행위의 진행을 관찰할 수는 없다. 그러나 행위 주체의 성애의 기쁨은 충분히 짐작할 수 있을 것이다. 과장된 행위의 기술에서 부각되는 것은 사실적 행위 자체가 아니라 행위 주체의 감정이기 때문이다.

과장된 행위의 서술은 등장인물의 정서를 극대화시키는 효과를 수반하며, 수용자로 하여금 행위의 진행보다는 행위 주체의 정서에 더 많은 관심을 갖게 만든다. 따라서 수용자는 객관적인 행위 중심의 서술로 인해 엿보는 듯한 느낌을 통해 관능성을 충족하기보다는 과장된 행위에서 행위 주체의 극대화된 감정을 함께 체험한다.

4) 과도한 감정의 표출

앞서 과장된 행위를 통해 수용자로 하여금 행위 주체의 감정에 더욱 많은 관심을 갖도록 유도했던 서술 방식을 살펴보았다면, 이 절에서는 행위 주체의 감정 자체가 과도하게 표출되는 경우를 고찰해 볼 것이다. 대표적인 과도한 감정 중의 하나는 감상성이다. 다음은 어사임을 감추는 몽룡 앞에서 내일 죽을 것이라는 생각을 가진 춘향이 서글피 죽은 뒤의 당부를 하는 부분으로 감상성의 표출이 두드러진다.

> (즁머리) 쳡의 중심 원ᄒᆞ기를 유졍낭군 귀이 되야 이 셜치를 ᄒᆞ여쥴가 앙천츅슈 바릐쓴이 져럿틋 그릇되여 걸ᄀᆡᆨ의로 오셧쓴이 마음은 셥셥ᄒᆞ나 이도 ᄯᅩ한 ᄂᆡ 팔ᄌᆞ라 한탄한덜 엇쪄ᄅᆡ가 …(중략)… ᄂᆡ일 ᄉᆞᆺ도 ᄉᆞᆼ신 잔ᄎᆡ ᄭᅳᆺ티 날을 올여 쥭인단이 셔방님 멀니 가시지 말고 옥문 밧그나 삼문 박그나 양단간의 게시다가 춘향이 물고요 진 쇼릐 막나거던 싹군인 체 우루루 달여드러 두릇쳐 없고 나와 우리 두리 쳐음 만나 동포ᄒᆞ든 뿌용당의

> 졍막한 ᄃᆡ 뉘여 녹코 고졍을 ᄉᆡᆼ각ᄒᆞ여 ᄉᆡᆼ니ᄉᆞ별 실어 말고 셔방님이 구감ᄒᆞ여 삼일셩복 ᄒᆞ올 젹의 가련한 우리 모친 몸 상찬케 위로ᄒᆞ오 아무리 헤아레도 직금은 ᄂᆡ의 신체를 갈마갈 슈 업ᄉᆞ온이 ᄶᅡᆺᄶᅡᆺ한 양지 바로 표나게 뭇엇다가 아모 ᄯᆡ라도 셔방님 귀이 되야 쳥운의 올의거던 부ᄃᆡ 잇ᄶᅵ 마르시고 ᄉᆡᆼ에도 곱게 ᄒᆞ고 죠흔 비단필노 ᄃᆡ려 ᄇᆡᆨ골을 곱게 ᄊᆞ셔 셔울노 올여다가 션산 발치여 뭇어쥬고 무덤 압프 비 세우되 슈졀원ᄉᆞ츈향지묘라 야달 ᄌᆞ만 ᄉᆡᆨ여주오 ᄃᆡ감 산쇼 시졔 ᄭᅳᆺ티 박쥬 한잔 삼ᄉᆡᆨ실과 ᄂᆡ 무덤의 ᄎᆡ려녹코 ᄂᆡ의 혼ᄇᆡᆨ 넉셜 불너 쳥쵸 우거진ᄃᆡ 안져난야 누웟는댜 홍안은 어ᄃᆡ 가고 ᄇᆡᆨ골만 나만는야 넉시라도 만이 먹고 혼이라도 네 먹어라 셜니 불너 쥬옵쇼셔 그 말삼이 망죵이요 여보 어만이 인제는 ᄒᆞ릴 업시니 의지 업신 어모 두고 눈을 감ᄭᅩ 어이 가며 모녀쳘윤을 ᄭᅳᆫ코 십퍼 근ᄊᆞ오며 쥭ᄭᅩ 십퍼 쥭ᄉᆞ릭가만은 ᄋᆡᆨ회가 슈의 잇ᄭᅩ ᄉᆡᆼᄉᆞ가 한이 잇써 일역의로 못ᄒᆞ온이 쳔명은 ᄒᆞ릴업쑈 (119-120: 222-224)

춘향이 거지가 되어 찾아 온 몽룡을 보고 품었던 모든 기대가 사라진 채, 죽기만을 바라면서 남아 있는 사람들에게 당부의 말을 하는 이 부분은 청중의 눈물을 끌어내기 충분한 감상적 내용을 구비하고 있다. 춘향이 몽룡을 보면서 몽룡의 손으로 자신의 시체를 처분하여 달라고 부탁하는 내용이나 자신이 죽은 뒤를 미리 상상하며 비명(碑銘)과 무덤 앞에서 할 말까지 당부하는 춘향의 사설은 수용자를 과도한 감정인 감상성에 빠지게 한다.

춘향이는 자신이 몽룡에 의해 구해질 것을 모르지만 수용자는 알고 있다. 따라서 수용자는 굳이 눈물을 흘리지 않아도 될 것이다. 그럼에도 불구하고 눈물을 흘리며 옷고름을 흠뻑 젖게 만드는 것은 춘향의 슬픔으로 촉발된 자신의 슬픔 때문이 아닐까라는 추측을 하게 한다. 청중은 춘향이가 불쌍해서라기보다는 춘향이라는 대상에 감정이입된 자신을 불쌍히 여기면서 우는 것이다.

감상성의 체험은 그 대상과 사건이 아주 오래 전에 그리고 상당히 멀리 떨어져 발생하는 것처럼 보이더라도 궁극적으로는 항상 자기 자신으로 돌아오는 것이라고 지적된다.[31] 감상성은 그러한 자기애적 속성으로 인하여 비판받기도 하지만, 수용자가 대중 문화물의 의미를 만들어 내는 방식이라고 적극적으로 받아들여지기도 한다.

앙은 멜로드라마에서 전개되는 사건들이 수용자의 경험적 사실과 다르고 과장이 심하더라도 수용자로부터 고도로 충전된 감정적 충격을 만들어 내는 한 의미 있는 것이며, 바로 그러한 감정적 충격이 멜로드라마가 가지는 호소력이라고 지적한다. 사건의 과도함과 감정의 강렬함이 수용자의 상상 속에서 뒤엉켜 수용자는 허구 세계가 그려내는 감정에 공감하게 되고 즐거움을 느낀다는 것이다.[32] 이처럼 춘향가는 "감정적 리얼리즘(emotional realism)"[33]을 충분히 구현하며 수용자로 하여금 공감의 즐거움을 누리게 한다.

4. 결론: 춘향가 수용자의 즐거움

춘향가의 청중들은 이미 알고 있는 춘향 이야기의 도식이 완성되기를 기대하는 한편, 도식이 너무 쉽게 드러나지 않기를 바란다. 이러한 수용자의 요구를 충족시키기 위해 판소리 창자는 이야기의 큰 도식을 유지한 채 장식적 세부를 구성하였다. 본고에서 살펴본 장자백 춘향가의 장식적 세부의 구성 양상은 청중들이 이미 알고 있는 이야기에 또다시 몰입하며, 즐거움을 얻게 하는 판소리 연행의 특성을 잘 보여주고 있다.

춘향가는 이야기 전개를 지연시키는 전략을 통해 기대의 충족에 대한 긴장감을 조성하고, 관념적인 인물 묘사를 통해 수용자의 상상에 호소하며, 과장된 행위의 기술과 과도한 정서의 표출로써 수용자의 공감

31) 박성봉, 앞의 책, 359면.
32) 김응숙, 「일상소비와 즐거움」, 『문화연구이론』, 141면.
33) Ien Ang, *Watching Dallas,* Methuen, 1985, 117면.

을 쉽게 이끌어냄을 앞서 살펴보았다. 이처럼 도식에 기반한 장식적인 세부의 구성은 수용자가 춘향가를 즐기는 이유 중의 하나이다.

이러한 장식을 즐기기 위해서 반드시 필요한 것은 도식이라고 할 수 있다. 이야기의 도식성을 알지 못한다면 수용자는 긴장감도 가질 수 없었을 것이며, 재자가인(才子佳人)이라는 도식적인 인물에 대한 사전의 앎 없이 수용자가 쉽게 인물을 머릿속에 그려내지 못했을 것이다. 그리고 수용자는 도식이라는 안정된 틀이 있기에 등장인물과 함께 강렬한 감정 체험을 할 수 있었던 것이다. 이렇게 도식은 장식이 존재하기 위한 전제 조건이다.

대중문화의 도식성은 '길이 시작되자 여행이 끝나는 형식'이 아니라 '길이 이미 주어져 있으므로 길을 찾는 여행이 불필요한 형식'이라고 설명되기도 한다.[34] 대중적으로 인기있는 이야기에서 도식은 잘 닦여진 길로, 대중문화의 수용자들은 굳이 힘들게 내면으로의 성찰이나 문제적 행위로서 주인공의 여행에 동참할 필요는 없다. 비유적으로 설명하자면, 춘향가의 청중들은 이미 익숙한 길이기에 길 주변의 사소한 것들에 매료되는 여유를 갖거나 길 위에 서 있는 자신의 감정에 몰입할 수 있었던 것이 아닐까 생각한다.

그러나 이미 알고 있는 이야기에 몰입하며 즐거움을 누리는 춘향가의 청중들을 통시대적인 대중문화의 수용자로 일반화하기에는 분명 무리가 있다. 이들이 향유하였던 즐거움의 속성은 그 시대에 고유한 것으로서 현재 대중문화 수용자들과는 확연한 차이가 있을 것이다. 그렇지만 대중 서사물이 도식과 장식으로 구성되며, 장식된 도식의 충족을 기대하는 대중문화의 수용자라는 큰 구도는 그리 다르지 않을 것이다. 단지 인기 있는 도식의 목록과, 그리고 도식을 장식하는 세부 구성의 방식이 문화적으로 다를 뿐이다.

모든 문화 생산물은 어느 정도의 관습에 바탕을 두고, 수용자의 기대

34) 서영채, 『소설의 운명』, 문학동네, 1995, 180면 참조.

를 충족시키면서 일탈이나 변이를 꾀하는 속성을 갖는다. 단지 대중문화에서는 관습적인 도식성을 크게 일탈하지 않는 범위 안에서 수용자와의 소통을 꾀한다는 정도의 차이가 있을 뿐이다. 이러한 상황은 도식성이 야기하는 소통의 즐거움으로 설명되기도 한다. 이미 길들여진 도식성 안에서 자아를 개입시키지 않고 그저 대화를 나누는 즐거움은 대화 당사자들이 서로의 변화를 요구하는 소통의 괴로움과 대비된다.[35] 그러나 소통의 즐거움과 괴로움 모두 문학을 읽는 재미를 설명하는 큰 틀이 될 수 있을 것이라 생각한다.

35) 박성봉, 앞의 책, 286~287면.

〈광한루기〉 비평의 취향과 소통

1. 서론

글을 읽고, 자신의 반응을 덧붙여서 읽은 글을 다시 쓰고, 그 글을 또 다른 사람이 읽거나 평을 하는 글쓰기와 글읽기의 끊임없는 연쇄는 모든 문학 텍스트가 갖는 소통적 가능성이다. <광한루기>[1]는 이와 같은 소통적 가능성을 텍스트 자체에 구현하고 있는 주목할만한 한문 이본이다. <광한루기>는 수산(水山)의 한문본 춘향전과 함께 다양한 형식의 비평이 포함되어 있다. 이런 특성 때문에 <광한루기>는 독특한 춘향전의 이본인 동시에, "탁월한 소설비평론서"[2]라는 평가를 받기도 한다.

춘향전의 이본이라 할 수 있는 '광한루기 본문'은 모두 8회로 이루어져 있다. 각 회(回)의 앞과 뒤에는 평자에 의한 회평이 붙어 있다. 그리고 본문의 행간에는 해당 대목에 대한 느낌이나 의견이 삽입되어 있다. 그리고 작품의 앞에는 '광한루기 敍' 두 편과 '광한루기 독법', 그리고 '詩'와 '引' 등이 실려 있다. 이처럼 <광한루기>는 다양한 비평의 형식

1) 본 연구에서는 광한루기 본문과 그에 대한 비평적 언술을 포함한 한 텍스트를 <광한루기>라고 지시하였다. 그리고 하나의 독립적인 서사물이라고 볼 수 있는 본문에 대해서는 '광한루기 본문'이라고 구별하였다. 여러 종류의 비평은 따로 구분하지 않고, 구분해 논할 필요가 있는 부분에서만 구분하였다.

2) 성현경 외, 『광한루기 역주 연구』, 박이정, 1997, ⅰ면.

을 갖추고 있는 동시에 기존의 춘향전에 대한 비평을 창작 텍스트로 다시 쓰기를 통하여 실현시키고 있는 텍스트이다. <광한루기>의 복합적인 구조를 순서대로 정리하면 다음과 같다.

敍一 : <광한루기>의 작자 수산과 작품의 서사 원리를 소개함.
敍二 : <서상기>와의 비교를 통해 광한루기의 가치를 평함.
광한루기 독법 : 김성탄의 <서상기> 독법을 본받아 <광한루기>를 읽는 법을 밝힘.
<광한루기>에 대한 몰이해와 비판을 반격하고, 작자를 옹호함.
詩 : 광한루기의 내용을 七言의 한시로 노래함.
引 : 광한루기를 짓게 된 심경을 서술함.
回首評 : 각 회의 본문 앞에서 그 내용에 대한 논평과 해설, 독법을 소개함.
광한루기 본문 : 8회로 구성된 춘향전의 이본.
挾註 : 본문의 행간에서 해당 대목의 느낌이나 의견 삽입.
回尾評 : 각 회의 본문 뒤에서 그 내용에 대한 논평과 해설, 독법을 설명함.

위와 같이 서사와 비평의 복합적인 구조를 갖추고 있는 <광한루기>는 조선 후기 특정한 집단의 사람들이 춘향전을 비롯한 소설을 어떻게 향유했는지 보여줄 뿐만 아니라 그들이 어떠한 새로운 취향을 만들어 내며 자신들의 심미적 정체성을 형성하는지 시사하기에 그 의의가 크다.

조선 중기와 후기의 소설 배척론을 의식하면서 소설을 수용했던 사람들은 두 가지 흐름의 반향을 보였다. 하나는 배척론을 염두에 둔 사대부들 중에서 소설에 관심을 가진 자들이 그들의 유가 이념에 맞게 작품을 쓰거나 평가하려는 경우라고 할 수 있고, 다른 하나는 인생론을 설파하면서 '세교에 보탬'이 되고자 작품을 쓰거나 평가하는 경우이다.

이처럼 사대부 소설과 여항 소설(대중소설)은 소설 배척론을 위배하지 않는 범위 내에서 자신을 자리매김할 수 있었다.[3]

그러나 <광한루기>는 더 이상 도덕이나 文에 대한 전통적 관념에 의존하지 않는다. <광한루기>의 평자들이 주로 논하고 있는 것은 인간의 情이며, 이러한 정의 발견은 서구의 주관성의 발견과 상통하는 면이 분명히 존재한다. 그리고 <광한루기>는 이러한 특성은 서구에서 '취향'이라는 말과 관련하여 미가 사유되기 시작한 근대적 사건인, 서구의 '미학의 탄생'[4]과도 비견될 수 있다. 개인성이나 주관성이 성립하고서야 논할 수 있는 '취향'은 근대적인 징표로 읽히기도 하는 것이다.

조선 후기 춘향전의 이본이 다량으로 생산된 이유 중에 하나는 개성과 주관성에 대한 자각에서 비롯된 취향의 다변화를 들 수 있다. 향유 집단의 취향에 따라 춘향 이야기를 개작하고, 그것을 읽고, 비평하면서 특수한 취향의 공동체를 확립하는 과정에서 춘향전 이본 향유 문화의 일면을 살필 수 있다. 그리고 창작과 비평이 사회적인 의미화 실천이라는 점을 인정한다면, <광한루기>라는 복합적인 텍스트가 갖는 주관성의 근거들을 드러내는 작업을 통해 조선 후기 특정한 집단적 자아가 가진 취향을 문화론적인 관점에서 파악할 수 있을 것이라 기대된다.

다른 춘향전 한문본에 비해 상대적으로 다각적인 검토가 이루어진 선행 연구[5]를 바탕으로 이 연구에서는 <광한루기>[6]에서 '광한루기 본문'

---

3) 오춘택, 「한국고소설비평사연구」, 고려대 박사학위논문, 1990, 213~214면 참조.

4) Luc Ferry, *Homo Aestheticus,* 1990, 방미경 역, 『미학적 인간』, 고려원, 1995, 28면.

5) <광한루기>는 김태준의 『한국소설사』에서 그 명칭이 소개된 이래, 김동욱의 「춘향전 이본고」에서 그 내용이 간략히 제시되고 작자에 대한 언급이 있었으며, 소재영이 작품의 이본을 소개하면서 해설을 붙이기도 하였다. 본격적인 연구는 정하영의 「<광한루기> 연구」로부터 시작하였다. 이 연구에서는 작자와 저작의 배경, 작품의 구성과 내용적 특징, 이본사적 의의가 다루어졌다. 이와 같은 연구는 '광한루기 본문'을 중심으로 한 연구이다. 한편 김풍기는 「수산 광한루기의 평비에 나타난 비평의식」에서 비평적 언술을 중심으로 비평 의식을 분석하였다. 이 후 성현경 등은 「<광한루기>에 나타난 <춘향전>과 <서상기>」를 통해 비평적 언술을 중심으로 대타적인 비평 의식에 대해 논의하고, <광한루기>가 비교의 대상으로 상정하고 있었던 텍스트와 친연성을 갖는 텍스트를 실증적으로 밝혀내었다. 또 그들은

과 그에 대한 비평적 언술을 구분하여 '광한루기 비평'이 근거한 미적 취향(taste)를 중심으로 검토하려 한다. 2장에서는 고유한 취향이 성립되기 위해서 다른 집단과 스스로를 구분하려는 노력을 주로 다루면서 취향의 특성을 드러내는 방식을 논할 것이다. 그리고 3장에서는 같은 취향을 가진 향유 집단 내에 공통감을 확인하면서 심미적인 정체성을 확립하는 전략을 살필 것이다. 이와 같은 구분은 비유적으로 표현한다면 취향의 밖과 안이라고 할 수 있다. 취향이라는 경계는 밖으로는 대타적으로 자신과 다른 취향을 가진 집단과 구별해 내는 동시에, 안으로는 공통감을 확장하면서 향유 집단 내부의 결속을 다지는 작용을 한다.

2. 구별짓기를 통한 취향의 경계 설정

취향을 가장 잘 설명해 주는 것은 <돈키호테>에 나오는 산초가 언급한 일화일 것이다. 그는 자신이 포도주 감별에 뛰어난 유전적 능력을 갖고 있다고 하면서, 조상이 겪은 일화를 얘기한다. 어느 날 포도주를 잘 감별하는 두 조상은 부탁을 받고 포도주를 시음하러 갔다. 한 사람은 가죽끈 냄새가 난다고 하고, 다른 한 사람은 쇠 냄새가 난다고 하였다. 그런데 술통을 비우자 정말로 가죽끈에 매달린 오래된 열쇠가 나왔던 것이다.

이렇게 취향을 맛과 관련하여 설명하는 것은 취향이 세련되고 섬세한 기관을 가진 소수의 특별한 사람에게만 있는 것이라는 의미를 강하게 내포한다. 이처럼 취향은 주관성의 가장 내밀한 부분과 관련된 것으로서 다른 사람들은 이해할 수는 없지만 어쩔 수 없이 인정해야 하는

「<광한루기>의 비교문학적 연구」에서 이본과의 비교를 통해 개작의 특성을 밝히는 성과를 거두었다.

6) 본 연구가 자료로 삼은 것은 성현경, 조용희, 허용호가 역주한 <광한루기>임을 밝힌다. 앞으로 인용되는 자료의 면수는 성현경 외, 『광한루기 역주 연구』(박이정, 1997)에 근거한다.

성질의 것이다.

그러나 미적 대상에 대한 취향은 단지 미학과 같이 내밀하게 개인적인 것만은 아니다. 좋아하는 음식이 다름은 개인적인 선호의 문제일 수 있지만, 미적인 대상에 대한 윤리적 평가를 중시하고, 공통적인 인간의 본성에 입각하여 취향의 상호 일치(mutual agreement) 가능성을 중시하는 칸트의 입장에서 취향은 어느 정도 규범성을 띠고 있다고 할 수 있다.

그런데 부르디외는 이러한 상호 일치에 기초한 취향에 대해 비판하며, 취향은 미적 대상에 대한 '순수한' 판단이 아니라 역사적인 산물이자 교육에 의해 재생산되는 미적인 안목이라고 하였다. 이러한 취향의 소유자인 '문화적 귀족'들은 취향을 계급의 지표로 삼아 문화적 구별짓기(distinction)를 수행한다.[7)]

이 연구는 부르디외의 연구가 시사하듯, 가장 주관적으로 보이는 취향조차 사회적인 것이며, 취향을 근거로 자신이 속한 집단을 다른 집단과 구분해 내고, 취향을 매개로 자신이 속한 집단 내부의 공통감을 형성할 수 있다는 문화론적 시각을 바탕으로 한다.

이 장에서는 <광한루기>에서 대타적으로 상정되는 대상을 중심으로, 다른 취향과 구별짓기를 통해서 자신의 취향을 확립해 나아가는 비평의 전략을 살필 것이다. 이러한 전략을 동원하여 <광한루기>는 자신만의 취향의 경계를 설정하고 있는데, <광한루기>가 대타적으로 의식하고 있던 것으로는 '고루한 소설론', '속본 춘향전', '중국 소설' 등을 꼽을 수 있다.

1) 고루한 소설론에 대한 비판

<광한루기>에는 동홍 선생(冬烘先生)이란 인물이 자주 언급되고 있

---

7) Pierre Bourdieu, *La distinction,* 1979, 최종철 역, 『구별짓기』, 새물결, 1995.

다. 동홍 선생이란 하나만 알고 둘을 모르는 속이 꽉 막힌 선비를 일컫는 말이다. 동홍 선생이 언급되는 방식을 살펴보면 동홍 선생과는 구별되는 평자들의 취향이 어떻게 부각되는지 확인할 수 있다.

동홍 선생이 집중적으로 비판되고 있는 곳은 '광한루기 독법'에서이다. 우선 동홍 선생은 <광한루기>를 읽어 보지도 않고, 흡족해 하지도 않을, 촌구석에 사는 인물로 묘사된다. 그가 광한루기를 읽지 않는 것은 人之常情을 무시하기 때문이다. 그리고 동홍 선생은 광한루기를 淫書라고 규정할 것이라고 언급된다. 이 부분에서는 남녀 사이의 모든 일을 음란하다고 생각하는 동홍 선생의 편견이 비판의 대상이 되고 있다.

그리고 동홍 선생은 이별 장면에서 슬프다하고, 수의어사가 등장하는 장면에서 통쾌하다 하는 인물로 상정되어 있다. 일반적으로 이별 장면에서는 슬프고 재회 장면에서는 통쾌함을 느낌에도 불구하고, 평자가 이러한 동홍 선생의 독법을 비판하고 있는 대목은 자신의 독특한 취향을 드러내는 부분으로 주목할 만하다.

평자에게 정말 슬픈 사건은 화경[8]이 춘향을 보고, 춘향이 화경을 응시하는 대목에 있으며, 가장 통쾌한 사건은 화경이 춘향을 부를 때 춘향이 몸을 돌리는 대목에 있다. 서로의 마음을 숨기면서 형식적 이야기를 나누는 중에 건네는 눈길이나 몸짓 속에서 슬픔과 기쁨을 느낄 수 있는 평자의 심미적 취향을 여기서 확인할 수 있다. 그러나 언어라는 형식을 떠난 정을 느낄 수 없는 동홍 선생은 단지 서사의 형식적 흐름에 따라 감흥을 일으킬 뿐이다.

또한, 동홍 선생은 3년 동안 화경과 춘향이 서로 소식을 전하지 않았음을 기이하게 여긴다. 평자는 이를, 동홍 선생이 뛰어난 재자가인의 속 깊은 생각을 이해하지 못한 결과라며 비판한다. 동홍 선생은 표면적인 합리성만으로 소설을 읽으려 한다는 것이다.

동홍 선생은 고루한 소설관을 가진 집단을 대표하는 인물로서 평자

8) '광한루기 본문'에서는 '도린'이라 이 도령을 칭하지만, 평에서는 '화경'이라 지칭한다.

와 작자의 비판의 대상이 되고 있다. 동홍 선생은 소설의 인지상정을 무시하며, 특히 남녀간의 정을 이해하지 못한다. 그리고 그는 문면에 흐르는 정을 느낄 수 없는 경직된 합리주의에 사로잡혀 있는 것이다.

한편, 사마천이 지은 <백이전>을 읽으며, 훌륭하다고 칭송하는 동홍 선생과 같은 부류인 傖父[9]들은 실은 특별하고 오묘한 文理를 알지 못하는 자들로, 화경이 춘향을 구하려 남원에 도착한 후 그려지는 남원의 절경을 아무런 의미가 없는 군더더기의 말로 생각한다.

그러나 평자는 이와 같은 표현을 무릉도원에서 빼놓을 수 없는 신선주나, 미인도 속의 흥취를 돋구는 한 가지 매화를 보탠 격인 '금상첨화법(錦上添花法)'이라면서 높이 평가한다. 오히려 군더더기는 서사를 다채롭게 해주는 묘한 표현들로서 이와 같은 표현의 힘이 아니라면 단지 춘향전은 핵심적인 서사 내용밖에는 남지 않을 것이라 한다.

동홍 선생은 인지상정을 무시하고, 형식을 넘어선 정에 대한 이해가 없으며, 편협한 합리주의에만 사로잡혀 있다. 그리고 이들 무리는 작자의 이름만 중시할 뿐, 정작 필요한 '문리(文理)'에 대한 안목이 없다.

이와 같은 동홍 선생에 대한 직접적인 비판이나 그와 관련된 예화는 동홍 선생이 "한 가지만 알고 둘은 모른다"는 점을 다각적으로 강조하기 위한 것이다. 이와 같이 평자들은 사대부 사이에서 소설이 배격되던 시대에 소설을 읽는 풍류를 알지 못하는 사대부들을 비평에 등장시켜 고루하고 경직된 소설관을 지닌 집단과 스스로를 분리해 내고 있다고 할 수 있다.

2) 俗本 춘향전과 거리 두기

<광한루기> 평자들은 고루한 소설관과 인간의 정에 대한 몰이해만을 비판할 뿐 아니라 俗本이라 지칭되는 춘향전과 차이가 있다는 점을 곳

9) 傖父는 촌사람이란 뜻으로 맥락에 따라 동홍 선생을 가리키거나 倡夫와 같은 의미로 쓰이기도 한다.

곳에서 강조하고 있다. 속본 춘향전에서 가장 비판받는 점은 그 '상스러움'이다.

> 가인을 물에 어린 달과 거울에 비친 꽃처럼 묘사하고, 才子를 바람 스치는 기둥과 달빛 흐르는 정자처럼 묘사한 뒤에라야, 여기에 자연스럽게 특별한 정신과 특별한 색태가 언어를 벗어난 경지에서 은근하면서도 심오하게 표현되는 것이다. 이것은 아는 사람만 안다. 이른바 속본 춘향전에는 춘향이 너무 妖冶하게 묘사되어 있고, 화경이 지나치게 방탕하게 묘사되어 있으니, 이는 강호의 식자들이 갖추고 있는 '한나라를 구하기 위해 위 나라로 달려들어가는 묘법'과 '동쪽을 놀라게 한 뒤 서쪽을 차지하는 방법'을 너무 모르고 있기 때문이다. 아! 이것은 이 무리들의 죄가 아니며, 이 무리들의 식견에 문제가 있기 때문이다. (제1회, 회미평, 37면)

속본의 식견이 문제가 있는 이유는 은근한 묘법을 모르는 식견 없는 상스러움 때문이다. 言外之境에 대한 몰이해는 언어라는 형식을 떠나 은은하게 내비치는 깊은 정을 드러내지 못한다. 모든 것을 보여주고, 언어라는 형식 속에 담아내려 하는 속본의 솔직함이 비판되고 있는 것이다.

속본의 요야한 춘향과 방탕한 화경은 춘화도의 주인공들이며, 속본에서는 이들이 방안에서 벌이는 사랑의 놀이가 진탕하게 그려진다. 그러나 사랑의 정을 그린 같은 춘화도라도 평자의 그림은 다르다. 이들이 생각하는 오묘한 경지를 가진 춘화도의 모습은 다음과 같이 표현된다.

> 옛날에 춘화도를 잘 그리는 사람이 있었다. 그는 먼저 푸른 오동나무와 대나무 10여 그루를 그린 다음, 초가삼간이 오동나무와 대나무 사이로 은은하게 비치고, 굳게 닫힌 紗窓에는 달빛이 흐르고, 창 밖에는 남녀의 신발 한 켤레만 있는 것을 그렸는데, 방안의 즐거움은 그림으로 드러내지 않았어도 눈에 보이는 듯하다. (제3회, 회수평, 48면)

이렇게 겉으로 드러내지 않은 채, 정을 느끼게 하는 춘화도처럼 표현을 자제하여 의미를 함축하는 방식을 중시함을 알 수 있다. 이런 관점에서 평자들은 속본의 수다스런 표현들을 제거해 버린 '광한루기 본문'의 가치를 높이 평가한다.

구체적으로 속본의 수다스러운 표현으로 예시되고 있는 것은 "네가 꽃이 되면 나는 나비 되리, 네가 버들이 되면 나는 꾀꼬리 되리, 네가 교목 되면 나는 칡덩쿨 되리, 네가 푸른 물 되면 나는 원앙 되리" 등이 있다. 이와 같은 표현들은 단지 함께 있고 싶음을 의미하는 것으로서 평자에게 높이 평가되는 '比翼鳥'와 '連理枝'와 같은 지극하고 곡진한 의미[10]를 담은 표현에 미치지 못한다는 것이다.

이렇게 단순한 비유에서도 섬세하고 깊은 의미를 파악하는 평자들은 의미지향적인 태도를 가지고 있다고 할 수 있다. 이러한 태도는 정확한 지칭의 사용에 대한 자부심으로 드러나기도 한다. 예를 들어, 혼인을 한 도린을 '生'으로 표현하는 본문에 "창부들은 생이 도린이라는 것도 모를 것이다."라는 협주가 곁들여진다.

의미의 정확성 추구는 서사의 국면에도 이어져, 속본 춘향전에서 보이는 비합리성을 줄이려 노력한 개작의 방향과 그러한 개작 의도에 대한 찬사로 나타난다. '광한루기 본문'에는 춘향과 화경이 각각 떨어져 있으면서 신의 때문에 연락은 취하지 않지만 서로를 그리워하는 마음이 자세히 서술되어 있다.

이러한 대목은, 사랑하는 이들이 떨어져 있으면서도 서로 연락을 안 하는 속본의 비합리성을 나름대로 극복하려는 의지를 보여준다. 이러한 의지는 평에서도 "속본에는 없는 것들로서, 문리가 통하고 인정도 극진히 나타나 있다."고 높이 평가되고 있다.

---

10) 비익조는 암수의 눈과 날개가 각기 하나라서 짝을 짓지 않으면 날지 못하는 금슬 좋은 새이며, 연리지는 암수 두 그루의 가지가 서로 붙어 함께 자란다. 이처럼 비익조와 연리지는 함께 있음이라는 의미와 더불어, 서로 떨어져서는 존재할 수 없는 애정의 경지를 표현하고 있다.

서사의 비합리성을 줄이는 것과 더불어, 인물에 대한 희화화를 최소화하고 있는 것 역시 개작이 가지는 두드러진 특성이며 평자들도 동의하고 있는 사항이다. 옥지환과 거울을 교환하는 세속적인 약속의 행위마저 속 깊고 의리 있는 그들에게는 이미 필요 없는 절차라고 하는 데서 재자가인을 흠결 없는 존재로 여기는 평자들의 태도를 확인할 수 있다.

또, <광한루기>는 속본의 불경스러움에 대해서 준열한 비판을 하기도 한다. 춘향이 꾼 꿈이 태조 이성계가 왕위에 오를 때 꾸었던 꿈과 같은 것이기에 불경스럽다는 이유로 삭제되었다. 이는 작자와 평자가 지닌 조선 왕조에 대한 공경심을 드러내는 동시에 속본의 '전복의 놀이'를 인정하고 있지 않음을 보여주는 대목이라 할 수 있다.

이와 같은 태도는 속본이 가진 카니발적 세계관과 거리를 두는 것이라고 논해지기도 한다.[11] 이처럼 <광한루기>의 평자들은 자신들이 동일시의 대상으로 삼고 있는 재자가인이나, 공경의 대상으로 삼고 있는 조선 왕조에 대해서 속본이 침해하거나 희화화할 수 없도록 경계를 설정하고 있다.

<광한루기>는 속본의 의미화 방식과 거리를 두면서 자신들의 취향을 구별짓는다. 이들이 보기에 속본은 상스럽고 형식에 모든 것을 담아내려 한 나머지, 곡진한 의미를 소홀히 하는 특성이 있다. 특히 속본은 정확한 의미나 합리적 서사를 통해 문리를 통하게 하려는 노력이 없으며, 재자가인을 희화하거나 국가에 대해 불경스럽다는 점에서 비판의 대상이 되고 있다.

3) 중국 소설과 비교를 통한 차이 형성

<광한루기>의 평자들이 강하게 의식하고 있었던 또 다른 대상은 중국 소설이었다. 김성탄이나 <서상기>에 대한 직접적인 언급뿐만 아니

11) 성현경, 『광한루기 역주 연구』, iii면 참조.

라 <광한루기>의 형식 자체가 중국 소설의 체제를 모방하였다는 점도 작자와 평자들이 소설 작법이나 소설 비평의 전범으로 삼고 있던 것은 중국 소설이었음을 확인시켜 준다.

중국 소설의 경우에 원작자와 평비자 및 편찬자가 따로 있어 각기 자신의 역할을 하고 있다. 그와 같은 체제에 맞추어, <광한루기> 첫머리에는 "半稍十疋 長亘直心 著, 雲林樵客 編輯, 小广主人 評批"라고 저작에 관여한 사람들이 소개되고 있다.[12)]

그리고 저작의 의도를 밝히고 있는 '광한루기 독법' 부분에도 "고인에 대해 통곡하고, 후세에 남겨 주기"라는 태도가 보이는데, 이는 김성탄이 표방한 저술의 목적과 같다고 할 수 있다. 그리고 "이미 천한 기예의 영향을 받았으면서도 쇠가 황금으로 변한 것과 같은 곳 또한 많다."고 하면서 개작이 가지는 적극적인 함의를 <서상기>의 예를 통해 이끌어 내었다. 이는 춘향전 개작의 의의를 강조하는 부분으로서 춘향전의 개작이, <서상기>가 <앵앵전>으로 개작된 방향을 본받고 있음을 드러낸다.

그렇지만 평자들은 <서상기>를 소설 비평과 작법의 기준으로만 여기는 데에 그치지 않고 '광한루기 본문'과 비교함으로써 '광한루기 본문'의 독특한 성격을 강조하는 데에까지 나아간다.

> 만일 시내암과 김성탄 같은 사람들이 우리나라에서 태어났다면, 반드시 문학의 장을 펼쳐 우리들의 감상거리를 만들되, <서상기>와 같은 전기에 그치지는 않았을 걸세. (광한루기 서 一, 12면)

---

12) 정하영은 이 체제가 중국 소설을 모방하는 과정에서 비롯된 것이라, 편자와 평자, 작자가 동일인일 수 있다는 가설을 세우기도 하였다(정하영, 「광한루기 연구」, 『이화어문논집』 12, 이대 어문학연구소, 1992, 576~577면 참조). 이 연구에서는 편자, 평자, 작가가 실제적으로 누구였는지, 이들이 동일인이었는지, 각각 다른 사람이었는지는 중요하게 취급하지 않았다. 오히려 주목할 것은 이들을 동일인이라고 볼만큼 유사한 측면이 많이 발견된다는 것이다.

이러한 표현은 <서상기>보다 <광한루기>가 품격이 높으며, 적어도 '우리의 감상거리'로서 더욱 적절하다는 의미를 내포한다. 이러한 <광한루기>에 대한 자부심은 평자의 본격적인 비교 평가에서 두드러진다.

> <서상기>에서 앵앵의 행위는 쉬우나, <광한루기>에서 춘향의 행위는 어렵습니다. <서상기>의 장군서는 자질구레한 인물이나, 광한루의 이화경은 큰 인물입니다. 대체로 정에 이끌리어 담을 넘어 서로 따른다는 점에서는 공통적이지만, 앵앵이 가서 만났다면, 춘향은 앉아서 기다립니다. 애간장이 끊어지고 눈물도 다 말라 버리도록 슬프게 이별하는 점은 공통적이지만, 앵앵은 소식이 끊어지지 않았는데도 절개를 잃고, 춘향은 핍박과 고통 속에서 죽을 지경에 이르러서도 절개를 지키는데, 이 점이 다릅니다. 서로 예물을 주면서 마음을 두고 약속하는 점은 같지만, 장군서는 그 약속을 저버리고 이화경은 약속을 실천하는데, 이 또한 다른 점입니다. 그러므로 <서상기>의 辭는 슬프고도 빠르며, <광한루기>의 사는 즐거우면서도 느립니다. 이 점 또한 풍속을 살피는 자라면 가려낼 수 있는 것입니다. 그러므로 대장의 기와 북이 <광한루기>에게로 돌아가고, <서상기>는 어쩔 수 없이 항복의 깃발을 세우게 된다는 것을 어찌 모를 수 있겠습니까? (광한루기 서 二, 14~15면)

여기서 평자는 인물과 풍속이 반영되는 글쓰기에 대해 집중적으로 비교하고 있다. 우선 앉아서 情人을 기다리는 춘향의 행위는 어려운 것이며, 직접 정인을 찾아가는 앵앵의 행위는 쉬운 것이라는 인물의 행위와 자질구레하며 약속을 지키지 않는 군서와 대범하면서도 신의 있는 화경의 인물됨이 비교의 대상이 되고 있다.

소설을 비교할 때 등장인물 자체의 행위와 성품을 맞대어 놓는다는 방식이 비록 정교하지는 않으나, 이러한 비교가 의미를 가지는 것은 인물의 차이가 글을 통해 풍속의 차이로 읽힐 수 있다는 점에 있다. 풍속이 글쓰기를 통해 드러난다는 것은 텍스트의 구조나 담론의 구성에 큰 텍스트의 영향력이 작용하고 있음을 파악하는 인식의 소산이라 할 수 있다.

<서상기>의 말이 슬프고도 빠르며, <광한루기>의 말이 즐거우면서도 느리다는 평가는 <서상기>가 역동적인 인물을 등장시켜 서사를 빠르게 진행시키지만, 결국 비극적인 결말을 가져오는 한편, <광한루기>에서는 인물들이 서사를 다채롭게 진행시키기 위해 적극적인 행위를 하는 것은 없지만 서사의 유장한 흐름 가운데 즐거움을 느낄 수 있게 한다는 문체에 대한 비교에서 비롯된 것이라 할 수 있다. 문장에 대한 비교는 다음 자료에서 본격적으로 행해진다.

> <광한루기>의 문장과 <서상기>의 문장에는 세 가지 공통점과 두 가지 차이점이 있다. <서상기>의 문장은 巫峽에 비가 뿌려지는 듯하며, <광한루기>의 문장은 湘江에 달이 비치는 듯하다. <서상기>의 문장은 글로 정을 나타내어 글이 정보다 우위에 있고, <광한루기>의 문장은 정으로 글을 나타내어 정이 글보다 우위에 있다. 이렇게 하여 다른 점이 두 가지이다. 이들이 같다고 하는 이유는, <서상기>의 문장이 기이하다면, <광한루기>의 문장도 기이하고, <서상기>의 문장이 자세하다면, <광한루기>의 문장도 자세하고, <서상기>의 문장이 화려하다면, <광한루기>의 문장도 화려하다는 세 가지 공통점 때문이다. 그런데 <서상기>의 글을 읽는 것이 어려우면서도 쉬운 이유는 무엇인가? 앵앵의 마음이 숨어 있으면서도 드러나 있기 때문이다. <광한루기>의 글을 읽는 것이 쉬우면서도 어려운 이유는 무엇인가? 춘향의 마음이 드러나 있으면서도 숨어 있기 때문이다. 어째서 이렇게 어렵고, 어째서 이렇게 쉬우며, 어째서 이렇게 숨어 있으며, 어째서 이렇게 드러나 있는가를 알 수 있다면, <광한루기>를 제대로 읽어서 수산의 苦心을 저버리지 않는 것이라고 할 수 있다. (제2회, 회수평, 38면)

먼저 평자는 문장의 전체적인 이미지를 고사와 관련된 상상력을 동원하여 요약적으로 제시하고 있다. <서상기>의 문장은 비오는 무협의 이미지를 갖고 있고, <광한루기>의 문장은 달이 비치는 상강의 이미지를 갖고 있다는 평은 '문장이 가지고 있는 정서유발의 요소'[13]를 기준으로 변별한 것이라고도 논의된다.

두 번째 차이는 '文과 情의 관계'라는 측면에서 부각된다. <서상기>는 문이 정보다 지나쳐서 정이 과장된 반면, <광한루기>는 정이 문에 勝하여, 함축적인 정이 문면에 흐른다는 것이다. 이와 같이 평자들은 정과 문의 관계에 대해서 논하면서 문의 이면에 정을 읽을 수 있는 심미적인 안목을 드러내고 있다.

더 나아가 평자들은 이를 글읽기와 연관시킨다. 즉, 문이 정보다 승한 <서상기>는 읽기는 어렵지만, 그 속의 인간의 정은 얕은 것이라 이해하기 쉬우며, 정이 문에 승한 <춘향전>은 읽기는 쉽지만, 감추어진 재자가인의 깊은 속정을 파악하기가 어렵다는 것이다. 이러한 비교에서 보이는 시각에 대해서 성현경은 <서상기>의 '문승지폐'를 은근히 비판하는 것이라고 하였다.[14]

이 '문승지폐'가 단지 표현 기교나 수사에 대해 말하는 것만은 아닐 것이다. 두 텍스트의 공통점으로 평자가 꼽은 것은 기이함(奇)과 고움(姸), 자세함(精)이다. 표현에 있어서 공통적으로 훌륭한 두 텍스트의 문장이 정과 문의 관계를 통해 우열이 가려지는 근거는 등장인물들의 성향과 인품에서 비롯된 情의 차이에 있다. 이렇게 <서상기>와의 비교에서 처음부터 끝까지 비교의 기준이 되고 있는 것은 등장인물의 인물됨이라고 할 수 있다.

이로 미루어보아 평자들은 인물을 중심으로 텍스트를 읽었음을 확인할 수 있다. 재자가인을 얼마나 잘 형상화하고, 얼마나 더 훌륭한 인물을 그려내었는가가 가장 중심적인 비교의 대상이며, 평자는 훌륭한 인

13) 김풍기, 「수산광한루기의 평비에 나타난 비평의식」, 『어문논집』 31, 고려대 국어국문학회, 1992, 223면.
14) 성현경 외, 「<광한루기>에 나타난 <춘향전>과 <서상기>」, 『광한루기 역주 연구』, 박이정, 1997, 149면.

물의 정까지 문면에 함축적으로 드러내는 <광한루기>가 <서상기>보다 뛰어나다는 평가를 내린다.

이처럼 <광한루기>의 평자들은 소설 작법이나 비평의 기준으로 중국 소설을 삼고 있지만, 지역과 풍속에 따라 달라질 수 있는 등장인물과 문의 관계를 논하면서 적극적으로 <광한루기>의 우수성을 드러내었다.

만약에 이들이 문장의 화려하고 아름다운 표현이나 서사의 다채로움만을 비교의 기준으로 삼았다면 다른 결과가 나왔을 것이다. 그러나 등장인물의 품성을 기준으로 삼고, 그것을 다시 풍속이나 문장과 연관지어 논할 수 있었기에 <광한루기>가 <서상기>보다 우월한 텍스트가 될 수 있었던 것이다.

여기서 행해지고 있는 비평의 방식이 전적으로 타당한 것이라 말할 수 없지만, 이러한 방식은 백화체로 문장을 쓰고, 중국의 소설 작법을 그대로 이용하고, 중국 소설의 체제도 활용하고 있는 <광한루기>가 <서상기>의 아류작이 아니라 풍속을 바탕으로 한 독창적인 창조이며, 중국 소설과는 분명한 차별성을 지녔다는 것을 주장하기 위한 효과적인 전략이라고 평가할 수 있다.

3. 공통적 취향 형성을 위한 소통 전략

2장에서 자기 취향의 설 자리를 마련하고, 취향의 경계를 지으면서 자기에게 고유한 취향의정체성을 드러내는 전략을 구사한 <광한루기>의 평자들은 확인된 취향을 독자와 공유하려는 시도를 한다. 이는 공통적인 미적 취향을 형성하려는 전략이라고 할 수 있다.

여기서 말하는 공통적인 미적 감각은 칸트의 '공통감(Einstimmungen)'과는 다르다. 칸트의 공통감은 주체가 덧없는 필요와 욕망을 초월할 때 형성될 수 있는 '보편적으로 주관적'인 것이다. 취미의 보편성, 즉 공통감은 모든 개인들에게서 불변적인 것으로 상정되는 주체의 인식적 구조 자체의 문제이다.

그러나 칸트의 공통감에 대해, 이글턴은 무엇에 동의하는지도 모르는 채 우리가 자연발생적으로 하나가 되는 동의의 경험이라고 지적한다. 이글턴은 칸트의 '공통감'에서, 극히 친밀한 주관성을 바탕으로 한 시민들 간의 구속력 없는 내적 통일을 이루는 '유토피아적 공동체'를 읽어내면서 그 이데올로기를 비판하기도 하였다.15)

이 장에서 살펴보는 '공통적 취향'도 칸트적 의미에서 모든 개인에게 보편적인 것이 아니라 작자와 평자들이 구성하려는 이데올로기적인 것이다. 따라서 독자로 하여금 특정한 취향을 훈련시키는 방식은 '전략'으로 이름 붙일 수 있을 것이다.

이 전략은 독자에게 텍스트와 관계를 맺는 방식을 다층적으로 규정한다. 이 장에서는 먼저 텍스트 안의 가상 세계에서, 텍스트 자체에서, 그리고 텍스트를 콘텍스트적으로 확장시키는 각각의 차원에서 공통적 취향을 형성하기 위한 소통의 전략을 분석할 것이다.16)

1) 인물에 대한 태도의 공유

<광한루기>가 시종일관 가지고 있는 인물에 대한 평가는 춘향과 화경이 '才子佳人'이라는 것이다. '광한루기 독법'에 소개된 인물에 대한 독법은 인물에 대한 접근 태도를 명백히 드러낸다.

---

15) Terry Eagleton, *The Ideology of the Aesthetic,* 1990, 여홍상 역, 『미학사상』, 한신문화사, 1995, 95~104면 참조.

16) 이러한 차원의 구분은 스콜스의 읽기, 해석, 비평의 단계를 변형시킨 것이다. 그는 "읽어 나갈 때 우리는 텍스트 내부에서 텍스트(text within the text)를 생산하며, 해석할 때는 텍스트 위에서 텍스트(text upon the text)를 만들며, 비평할 때는 텍스트에 대항하여 텍스트(text against text)를 생산한다."고 하면서 텍스트에 대한 접근의 단계를 구분한다. 이 연구에서는 이와 같은 틀만을 참고로 하되, 읽기, 해석, 비평의 단계를 고려하지는 않았다(Robert Scholes, *Textual Power,* 1985, 김상욱 역, 하우, 1995, 29~34면 참조).

> 춘향은 가장 훌륭한 가인이며, 화경은 가장 훌륭한 재자이다. 한 명의 가인을 立傳할 경우에도 진실로 팔다리를 놀리기 힘들거늘, 하물며 거기에다 한 명의 훌륭한 재자를 덧붙여 입전하였으니, 더욱 착목하여 신경을 써야 할 것이다. (광한루기 독법, 20면)

재자가인이 등장하는 문학은 일종의 관습으로 자리를 잡고 있었다. 중국 문학사에서 명청 시대는 수많은 풍류 재자들에 의한 이른바 재자가인 문학이 성립한 시대이다. 중국의 재자가인 문학의 역사는 유구하지만, 문학 텍스트를 통하여 비교적 집중적으로 출현하여 중국 문학사의 한 장을 장식하는 시기는 명말 청초였다.

재자가인 소설은 文才를 지닌 남자 주인공과 인정과 의리를 갖춘 미모의 여자 주인공이 만나 시문을 매개로 서로 연정을 품었다가, 우여곡절 끝에 결국 서로 결합하는 내용으로 양식화되어 있다.[17] 최병규는 재자가인 소설에서 '情의 중시'라는 의의를 발견하고, 이를 인문주의적 계몽 사조의 시대적 영향 아래, 몰락한 문인 작가들이 자신들의 혼인 및 연애관, 애정관, 여성관 등을 나타낸 강렬한 자아 표현이라고 평가하기도 한다.[18]

이와 같은 재자가인 문학의 관습 속에서 <광한루기>를 파악할 때 <광한루기>의 특성이 잘 드러날 수 있다. 그리고 평자와 작자가 모범으로 삼고 있는 <서상기>가 재자가인 문학의 가장 독보적인 위치를 갖는 텍스트이며, 김성탄 역시 재자가인 문학의 걸출한 작자 겸 비평가임을 파악할 때, <광한루기>의 작자나 평자가 재자가인 문학적 전통 안에 있거나, 적어도 지향하려 했음을 이해할 수 있다.

이러한 맥락에서 평자들은 재자와 가인인 화경과 춘향에 대한 어떠한 골계적 접근을 허용하지 않았다. 앞서 살펴본 바와 같이 속본 춘향전이 행하고 있는 골계화는 개작 과정에서 산거되고, 비평 과정에서 비

17) 최병규, 『풍류정신으로 보는 중국문학사』, 예문서원, 1998, 336면 참조.
18) 최병규, 앞의 책, 340면.

판되었다. 재자가인의 이상적 모습으로 등장하는 화경과 춘향에 대하여 평자가 어떠한 방식으로 접근하는지 협주를 위주로 살필 수 있다. 그네 뛰는 춘향을 발견하는 대목에서 화경과 함께 느끼고 생각하는 평자의 목소리가 삽입된다.

> "너(방자 김한)는 저런 것을 본 적이 있느냐? 저것이 금이냐, 옥이냐? 아니면 귀신이냐? 그것도 아니면 선녀냐? 너는 저것을 아느냐?" ① 나도 본 적이 없는 것이요, 나 역시 금인지 옥인지 궁금하고, 나 역시 귀신인지 선녀인지 궁금하도다. 나도 알지 못할 일이로다. 김한이 대답하였다. "금도 아니고 옥도 아닙니다. 낙수에 빠져 죽은 이의 넋도 사라지지 않고, 양대에서 구름과 비를 만들었던 여인의 일도 이제 아득하기만 한데, 어떻게 귀신 같고 선녀 같은 아가씨가 지금과 같은 어지러운 세상에 나타나겠습니까?" ② 누가 이것을 일개 방자가 하는 말이라고 하겠는가? 도린이 말했다. "그렇다면 누구란 말이냐?" ③ 나도 누구인지 묻고 싶다. 김한이 말했다. "도련님께서는 교방의 행수 기생인 월매를 아시는지요?" ④ 이게 무슨 말이야? 도린이 말했다. "저렇게 연분홍 치마에 파릇한 저고리를 입은 사람을 어떻게 반쯤은 쭈글쭈글해진 노파에다 비교할 수 있느냐?" ⑤ 기이하다. 나라도 그렇게 말하겠다. 김한이 말했다. "저건, ⑥ 기이하다. 월매의 딸자식으로 ⑦ 노출, 낭자의 신분을 드러내는 것이 이다지도 어렵구나 춘향이라 합니다. 노래도 잘하고, 춤도 잘추며, 글도 잘하고, 바느질도 잘하며, 그 용모와 자태는 정말 절색입니다. (제1회, 33면)

①에서 평자는 마치 화경의 옆에서 춘향이의 노는 모습을 함께 보는 듯, 춘향이의 정체를 궁금해한다. ③에서도 이러한 태도는 마찬가지이다. 방자가 월매를 아느냐 묻자, 저기 노니는 선녀 같이 아름다운 이가 행수 기생 월매인가 잠시 생각이 들어, ④와 같이 반응을 한다. 이러한 반응의 태도는 화경과 같은 것이다. ⑤에서는 화경과 자신이 일심동체인 것처럼 말하고 있다. 화경이 생각하거나 말하는 것은 자신의 생각

과 기이하게 일치한다는 것이다. 그리고 방자가 춘향이가 월매의 딸이라고 정체를 분명히 하자, ⑦처럼 화경의 마음을 그대로 받아 반응한다. 이렇게 평자는 화경과 가까이서 화경이 보고 느끼는 바를 함께 하기도 하고, 직접 화경이 되어, 화경의 마음을 이어 받아 대신 말로 드러내기도 한다.

이렇게 평자는 재자와 자신을 동일시하면서 마치 연극 배우가 역할을 해석하듯 화경을 표현한다. 이러한 평자에게 있어서 춘향은 감상과 감탄의 대상이다. 춘향의 말 하나하나와 행위에 대해서 평자는 애정을 가지고 그 깊은 정을 기술하는 방식으로 협주를 삽입한다. 인물의 마음 속으로 들어가, 인물과 함께 공감하며, 인물의 깊은 내면의 정을 대신 서술하는 방식으로 재자가인에 대한 '읽기'가 진행되는 것이다.

그러나 <광한루기>에서 본문과 협주가 어우러진 결과, 인물에 대한 새로운 시각이 첨가되어 인물을 입체적으로 볼 수 있게 만들어 주는 것은 아니다. 이와 같이 협주가 본문의 의미를 확장하거나 명확하게 규정하는 역할을 하고 있다는 것은 <광한루기>를 생산해 낸 평자와 작자가 동일한 해석공동체에 속하며, 공통적인 문학적 관습을 공유할 뿐만 아니라 세계나 인간을 보는 시각도 유사하다는 것을 말해준다.

평자는 재자가인과 자신을 동일시하거나 작자의 생각에 전적인 동의를 하는 것에 그치지 않고, 좋은 구절이나 깊은 의미를 내포한 부분을 평가하면서 錦繡才子들과 함께 나누고 싶다는 언급을 한다. 이러한 언급에서 평자가 청자로 상정하고 있는 대상은 금수 재자라는 사실이 드러난다. 특별히 좋은 문장이나 구절이 나오면 평자는 "기가 막히게 훌륭한 문장이라 금수 재자들과 함께 읽고 싶다."는 희망을 피력하기도 한다.

금수 재자인 화경과 자신을 동일시하기도 하고, 자신과 공감할 수 있는 청자들로 금수 재자를 상정하고 있는 평자는 스스로를 금수 재자이며, 풍류인으로 여기는 듯하다. 이러한 평은 재자가 쓴 재자가인의 이야기를 재자가 읽으면서 다른 재자가인들과 나누고 싶다는 공감의 구조를 갖고 있는 것이다.

2) 글읽기 방식의 정향과 글쓰기 방식의 확인

<광한루기>는 각 회가 시작하기 전에 평[回首評]이 있고, 본문 옆에도 평[挾註]이 있으며, 본문 뒤에도 평[回尾評]이 존재하는 구조로 구성되어 있다. <광한루기>의 읽기 방식이 소개된 독법이 하나의 독립된 장('광한루기 독법')으로 있지만, 각 회의 구체적인 읽기 방식에 대해서는 '회수평'에 집중적으로 안내되어 있으며, 각 회를 읽은 감상은 '회미평'에서 확장되는 구조를 취한다.

이러한 방식으로 구성되는 <광한루기>는 회수평에서 일정한 방향의 읽기의 방식을 유도하고, 협주를 통해 이를 확인하며, 회미평에서는 그것을 정향된 방향으로 확장시키는 효과를 거두고 있다고 볼 수 있다. 회수평과 협주, 회미평이 특정한 방식의 독서를 유도하는 전략을 4회 '석별'의 회수평, 협주, 회미평을 통해 살필 수 있다.

> ○ 회수평: <u><광한루기>를 읽는 사람은 먼저 형체와 그림자를 구분할 줄 알아야 한다.</u> 남원은 그림자다. 광한루도 그림자다. 화경까지도 그림자다. 형체는 춘향 한 사람 뿐이다. 관직을 옮기는 것도 그림자이며, 행장을 꾸리는 것도 그림자다. 난간에 기대어 슬퍼하는 것도 그림자이며, 술을 가져가 축하하는 것도 그림자다. 형체는 '이별' 두 글자뿐이다. 천만 가지의 한과 시름 가운데에는 정치하고 기묘한 문장력을 가지고도 형용하지 못하는 것이 있으니, 독자들은 수산 선생의 능력으로도 그림자 같은 주변적인 이야기를 하지 않을 수 없었다는 것을 잘 알아두어야 한다.

> ○ 협주: 춘향이 말했다. "사또께서 승진하셨으니, 무한히 기쁜 마음으로 경하드립니다. 다만 천 리 길 풍진 속에 힘들게 말을 모실 일이…" <u>그림자 중의 그림자 같은 말이로다.</u> …(중략)… 춘향의 향기로운 마음도 북받쳐서, 옥 같은 눈물이 저절로 흘러내리고, <u>그림자로다.</u> 목소리도 나오지 않는 채로 <u>그림자로다.</u> 손으로 턱을 괴고 있으니 <u>그림자로다.</u> …(중략)…

도린이 다가가서 춘향의 손을 잡으니 그림 춘향은 말도 없고 웃음도 없이 그림자 (중략) 오후가 되자 성의 동문 밖에 조심스럽게 당도하여 먼지 속의 행차를 바라보니, 아직도 여파가 있구나. 도린은 아무 말 없이 이윽히 쳐다볼 뿐이었다. 그림자 춘향이 눈물을 닦고 일어나서 그림

○ 회미평: 강문통의 <別賦>에 "참담하게 넋을 녹이는 것은 이별뿐"이라는 말이 있다. 이 말이 문학사에서 독보적이고, "산에 올라 물을 내려다보며 전송하고 돌아가려네."라는 구절과 함께 세상에서 일컬어지는 이유는 그 말이 간단하면서도 의미가 곡진하기 때문이다. 천고의 역사를 통해 다시 그 작법을 간직하고 있는 것은 <광한루기>의 문장뿐일 것이다.

회수평에서 평자는 우선 '그림자'와 '그림'을 구분하여 읽는 방식을 설명한다. 전반적으로 <광한루기>의 배경인 남원과 광한루는 인물을 등장시키기 위한 보조적 장치로서 그림자일 뿐이며, 이 도령 역시 춘향을 보조하는 인물에 지나지 않는 그림자이고, 오직 형체이며, 진정한 그림은 춘향에 지나지 않는다는 것을 언급하면서 주동적인 인물 중심의 독법을 강조한다. 이후 평자는 인물을 중심으로 읽더라도, 인물의 행위나 서사를 진행시키기 위한 사건은 단지 그림자일 뿐이며, 그 속에 흐르는 '이별'이 본격적인 그림이라는 것을 일러주고 있다.

이렇게 중심적인 것과 주변적인 것을 구분하여 보는 방식에 대한 설명 다음에 평자는 협주에서 이와 같은 읽기 방식을 적용하고 있다. 춘향이가 마음과는 달리 사또의 승진을 축하하는 말은 그림자에 해당하며, 춘향의 슬프고도 아름다운 모습 역시 그림자이다. 그림이라고 규정된 부분은 이 도령이 이별주를 나누는 중 술기운이 올라 춘향의 손을 잡는 대목과 춘향이 마지막 밤을 보낸 후, 눈물을 닦고 일어서는 대목이다. 슬픔에 혼절하는 대목보다 이별의 정이 아련하게 느껴지는 부분이다. 이별을 앞두고 잡는 손길의 깊은 의미나 어쩔 수 없이 슬픔을 숨기고 사랑하는 이를 보내는 마음이 간단한 표현 속에 곡진히 드러나고

있는 부분에서 평자는 그림이라는 평을 하고 있는 것이다.

이처럼 그림이라 규정되는 이별의 정은 회미평에서 다른 텍스트로 확장된다. 여기에 동원되는 텍스트는 <별부>이다. 이별의 정을 곡진하게 표현하는 <별부>를 통해 '광한루기 본문'이 형상화하는 '그림'의 경지를 확인하고 있는 것이다. 이처럼 여러 종류의 평들이 각각의 역할을 하면서 앞뒤의 평들을 보완하고, 확장하는 구조는 일종의 교육적인 효과를 거두고 있다고 할 수 있다.

이처럼 <광한루기>는 회수평에서 글읽기란 어떠해야 하는지를 설명하고, 설명한 내용을 본문을 읽는 중에 확인하고, 회미평에서 그러한 방식으로 얻어진 감상을 내면화할 수 있게 확장하는 비평의 구조를 갖는다. 교육적 프로그램처럼 탄탄한 구조를 가진 평은 독자에 대해 상당히 강력한 감화력을 발휘한다고 볼 수 있다. 이러한 방식으로 <광한루기>는 공유된 해석의 규칙을 갖는 해석공동체를 형성해 내고 있는 것이다.

한편, <광한루기>에서는 일정한 글쓰기 방식을 염두하고 있는 문장에 대한 언급을 발견할 수 있다. 특정한 글읽기 방식을 통해 독자의 집단을 형성해 내고 있는 것 못지않게 글쓰기 방식에 대해서 평하면서 평자와 작자가 공통적인 관습적 약호를 공유하고 있음을 드러낸다. 이러한 특성은 앞서 인용한 부분에서도 발견할 수 있다.

그림자와 그림을 구분하면서 읽는 것은 그림자와 그림을 구분하면서 쓴 작자의 글쓰기 방식에 대한 이해를 바탕으로 하고 있다. 특히 평자에 의해 수산이 그림을 더욱 아름답게 드러내기 위해 주변적인 이야기인 그림자를 덧붙이지 않을 수 없었음이 언급되는 부분에서 작법에 대한 이해가 두드러진다.

더 나아가, 글쓰기 방식에 대해 이름을 붙이고, 본문에서 이를 확인하는 평의 양상은 평자들이 가지고 있는 작법과 작자가 따르고 있는 작법, 예상 독자들이 이해할 수 있는 작법이 일치한다는 것을 보여준다. 협주에는 照應과 伏線이라는 작법에 대한 평가가 종종 등장하는데, 이는 密針線이라는 개념으로 특징화될 수 있다.[19)]

밀침선은 서사 진행의 자연스러운 합리성을 추구해야 한다는 소설 작법의 일종으로서, 앞뒤가 잘 조응해야 하며 이야기 전개에 모순이 없는, 꼼꼼한 바느질과 같은 매끄러움을 요구한다. 그리고 김성탄의 '鸞膠續弦法'[20]과 같은 의미로 사용되는 듯한 '煎膠續鸞法'도 역시 서사의 자연스러운 흐름을 중시하는 작법을 높이 평가하는 것이다.

그리고 한문 문장에 있어서 對句를 잘 활용해야 한다는 작법은 '대구'라는 문장에 대한 평가를 통해 확인할 수 있으며, '省'이라는 평을 통해서는 서사의 요약적 제시나 집중적 제시와 같은 작법을 공유했음을 알 수 있다. 번거롭지 않은, 간단하면서도 곡진한 서술을 중시하지만 한편으로는 그림자도 그림을 드러내기 위해 필수적이라는 이해도 중시된다. '錦上添花法'이라는 작법이라며 칭송되고 있는 본문의 내용은 화경이 춘향을 구하러 남원으로 내려오면서 수양성에서 시와 술을 즐기는 부분과 남원의 꽃과 초목을 감상한 부분이다. 이러한 부분은 정작 전체적인 서사구조에서는 볼 때 필수적인 부분이 아니지만, 결국 뜻을 깊게 통하게 하고 인간의 심성을 폭넓게 보여주기 위한 금상첨화의 장치라는 것이다.

이렇게 글읽기와 글쓰기 방식을 방법론의 차원에서 논하면서 구체적인 국면에서 이를 적용시키고 있는 <광한루기>는 작자, 평자, 독자간의 공통된 글에 대한 인식 능력이 있음을 확인시켜주고 있다.

3) 공통 경험으로의 확장

<광한루기>의 특색 중 하나는 광한루기 본문 자체에 시와 음악이 종

19) 성현경 외, 「<광한루기>에 나타난 <춘향전>과 <서상기>」, 『광한루기 역주 연구』, 박이정, 1997, 160면.

20) '난교속현법'이란 난새의 기름으로 만든 아교를 사용하여 끊어진 활시위를 깔끔하게 접착시키는 것과 같이 서사의 진행을 매끄럽게 하는 것을 말한다. 한 나라 무제때 서해에서 난새 기름으로 만든 아교를 바쳤는데, 무제의 활시위가 끊어지자 그 아교로 붙여 종일토록 아무 이상 없이 사용했다는 고사에서 따온 말. 성형경 외, 『광한루기 역주』, 44면.

종 삽입될 뿐 아니라 광한루기에 대한 비평적 언술에서도 시, 음악을 포함한 풍류 문화로의 확장이 두드러진다는 점이다. <광한루기>의 비평은 인물 중심의 읽기, 텍스트의 코드에 대한 읽기를 거쳐 다른 문화적 경험으로도 확장을 하고 있다고 볼 수 있다.

'광한루기 독법'에서부터 구체적인 글읽기 방법보다는 글을 읽는 환경을 조성하고, 글 읽는 과정의 운치를 높여 주는 여러 방법이 제시되고 있음을 볼 수 있다. '음주를 통해 기운을 돕는다', '거문고를 타면서 운치를 돕는다', '달을 마주하면서 정신을 돕는다', '꽃을 보면서 격조를 돕는다'는 것은 독법을 소개하는 각 항목의 소제목이다.

'광한루기 독법'에 소개된 각 항목의 제목만으로도 글을 읽는다는 것은 일종의 풍류 문화의 일부로서, 다른 풍류 문화의 하위 유형과 밀접한 관련을 가지는 활동이 되는 것임을 짐작할 수 있다.

평자들이 본문의 의미를 확장시킬 수 있는 계기는 다른 문화에 대한 공통적인 경험이다. 먼저 들 수 있는 것은 그림에 대한 교양이다. 수산이 말한 문장론도 그림에 대한 이해에 바탕을 두고 있다.

> 문장은 그림과 같네. 금강산을 그릴 경우, 막바로 1만 2천봉을 그린다면, 그건 그림이 아닐세. 맨 먼저 동해를 그리고, 바다 위로 들쭉날짝 솟아 있는 여러 봉우리들을 그린 다음, 차례로 계곡, 물, 돌, 숲 속의 절, 구름 속의 암자를 그려 넣고, 맨 나중에 온갖 바위와 골짜기를 그려 넣고, 맨 나중에 온갖 바위와 골짜기 사이로 우뚝 솟은 비로봉을 그려 넣는다면, 이것이 진정한 명화일세.

그림은 사대부의 교양으로서 작자와 평자, 그리고 예상한 독자 사이에 공통적으로 존재하는 미적인 체험이었다. 사대부의 교양인 詩書畵 가운데 한 영역을 차지하고 있는 그림을 통해 문장을 논할 수 있는 것은 공유된 경험에서 비롯된 취향이 유사할 것이라는 전제에서 연유한 것이다.

한시 역시 사대부의 교양이었으며, 한시를 주고받는 행위는 재자가인

문학의 관습으로 이미 자리를 잡고 있어 '광한루기 본문'에서도 춘향과 화경이 주고받는 시가 삽입된다. 그 시들은 작자가 허구적으로 등장인물의 시라고 지은 것과 중국 시인의 시를 상황에 맞게 인용한 것이다.[21]

그러나 거의 모든 속본에 사또를 꾸짖기 위해 등장하는 한시에 대해서는 그리 좋은 평이 덧붙지는 않았다. 그 시에 대해서는 중국 사람이 지은 것으로 의미가 가볍게 드러나나 없애지는 않았다는 내용의 협주가 삽입된다. 이처럼 작자나 평자들은 시를 고르고 감상할 수 있는 안목과 시를 지을 수 있는 능력을 고루 갖춘 이들이었다. 이와 같이 인접한 문화적 교양으로 광한루기의 미적 체험은 점차 확장하는 공감의 구조를 띤다.

의미의 확장이 일어나는 또 다른 계기는 佳人과 관련된 경험이다. "아! 정이 많다고 하는 우리 선비들이여, 한 번 가인을 이별해 본 뒤에 <광한루기>를 읽을지어다."라는 구절에서 가인과의 이별을 공통적인 경험으로 상정하며, 춘향과 화경의 심사를 경험에 바탕하여 이끌어 내어 공감하는 방식의 읽기를 유도한다고 하는 점이다.

이는 조선시대의 기방 문화와도 밀접한 연관이 있을 터이다. 본부인과 첩, 기생으로 구분되는 조선시대의 선비들이 사랑하는 대상 중에 이별하게 되는 가안은 기생에 한정된다. 기생과 관련된 일화는 평의 여러 국면에서 자주 등장한다.

심수경(1516~1599)은 수령이 되어 그 고을의 기생과 인연을 맺었는데, 심수경이 떠난 후, 그 기생은 다른 곳에 가지 않고 그 곳에서 시름 속에 죽고 말았다고 한다. 심수경은 자신의 시에서 그 기생이 묻힌 무

---

21) 2회에서 낮에 본 춘향을 잊지 못하는 화경은 자신의 심정을 백거이의 <楊柳一枝>에 담아 노래한다. 3회에서는 왕안석의 <夜直>이 화경을 잊지 못하는 춘향의 마음을 대변하는 것으로 인용된다. 그리고 춘향은 시경의 <蝶戀花>를 변용한 노래를 부르면서 규방의 시름을 나타내기도 한다. 춘향과 화경이 정을 맺고 나서 춘향은 당나라 시인들의 노래(왕지환 <凉州詞>, 왕유의 <渭城曲>, 왕창령의 <芙蓉樓送辛漸>) 등을 부르면서 남은 정을 나누기도 한다. 7회에서 춘향을 걱정하는 화경이 그 마음을 시로 읊는다.

덤의 귀신이 되게 해달라고 하면서 죽은 이의 뜻을 저버리지 않았다는 일화가 소개되어 있다. 이러한 일화는 화경의 의리 있는 행위의 의미를 확장하기 위해 활용된 것이다.

또, 김자점이 관서 지방의 수령이 되어, 전직 수령과 인연을 맺은 기생을 탐하려 하자, 기생이 "저는 천하의 영웅을 모셨는데, 어떻게 다시 그보다 한 단계 낮은 분을 섬길 수 있겠습니까?"라고 눈물을 흘리며 수청을 거부하였다고 한다. 이에, 전직 수령과 달리 오랑캐들을 막지 못한 김자점은 웃으며 자신이 못한 것을 인정하였다고 한다.

이 일화는 김자점처럼 흉악하고 교활한 사람도 남의 장점을 드러내고, 욕망을 자제할 수 있는데, 원숭(사또)은 그보다도 못한 인간이라는 것을 말하기 위해 활용되었다. 이처럼 <광한루기>는 기생과 관련된 풍류 문화를 공통적인 기반으로 인정하고 나서, 기생과 관련된 일화를 끌어와 그것을 척도로 등장인물을 평가하고 본문의 의미를 확장하고 있다고 할 수 있다.

기생과 관련된 일화뿐만 아니라 평에서 중요한 비중으로 등장하는 것은 도교적인 일화이다. 도교는 선비에게 있어 종교나 사상이라기보다는, 유흥 문화의 격을 한 단계 높여 주는 요소로 수용된 측면이 있다. 이를테면, 정철의 <관동별곡>에서 신선을 만나 술을 마시는 장면은 신선의 존재에 대한 믿음이나 신선 사상의 발로라기보다는 오히려 유흥적인 요소로서 화자의 풍류의 높은 경지를 드러내는 데에 기여하고 있는 것이다.

<광한루기> 비평에서도 도교적인 모티프는 풍류 문화의 필수적인 요소로 수용해 逍遙의 분위기를 돋우어주고 있다.

> 전에 친구인 청허자가 속리산에 올라가 우복동을 바라보고는 어린 아이 하나와 화양 동쪽 길을 거쳐 계곡을 따라 60여리쯤 갔을 때, 길은 다하고 절벽만 우뚝 서 있었으며, 앞에는 깊은 연못이 있어 더 이상 나아갈 수 없었다. 막 되돌아가려는데, 갑자기 동자가 연못 옆에 있는 돌 틈을 가

리키며 말했다. "이것이 문이 아닐까요?" 이에 목숨을 걸고 백 보쯤 뚫고 지나가니 환하게 洞天이 나타났는데, 울타리들은 서로 이어져 있었고, 밭이랑은 이리저리 얽혀 있었다. 한 노인이 자기 집으로 맞아들여 곡주를 빚어서 내고 닭도 삶아 주며 며칠동안 정성스럽게 대해 주었는데, 노인의 말로는 그 곳이 자신의 선조가 신라 때부터 죽 살아온 곳이라고 했다. 나는 이 이야기를 듣고 이를 오랜 시간 지나도록 마음속에 간직하고 있었는데, 지금 <광한루기> 2회를 보니, 문장의 변화가 마치 청허자가 우복동에 들어갔을 때의 모습을 그린 것과 같다. (제2회, 회미평, 47면)

화경이 춘향의 집을 처음으로 찾아가는 문장이 독자에게 불러일으키는 감흥은 신선이 사는 세계(동천)를 우연히 발견하여 찾아가는 청허자의 심정과 일치한다. 이처럼 도교적인 모티브는 '광한루기 본문'의 오묘한 경지를 드러내는 데에 활용되고 있다.

사대부의 필수 교양에서부터 음주, 기생과의 유흥, 음악, 도교적인 요소들의 삽입은 전반적으로 선비들의 풍류 문화를 강화시켜 준다. 이와 같이 작자와 평자, 그리고 예상하는 독자가 공통적으로 익숙해져있다고 여겨지는 풍류의 체험 전반으로 본문의 의미가 확장되고 있음을 이해할 수 있다.

4. 취향의 확립과 소통의 문화적 의미

<광한루기>는 취향의 구별짓기와 공통감 형성이라는 방식을 통하여 작자와 평자들, 그리고 그들이 예상하는 독자들이 공유하는 취향을 드러내는 비평의 구조를 갖는다. 이들이 취향을 중심으로 비평을 행하고 있는 것은 단지 주관적인 표상 차원에만 그치는 것이 아니라 사회문화적인 의미를 갖는다.

자신과 다른 취향을 구별해 내고, 공통적인 취향을 가진 사람들간의

공통감을 확인하는 것은 주관의 영역에서 이루어지는 심미적 체험을 사회적으로 확장시키는 활동이기 때문이다. 이렇게 아무리 심미적인 비평이라 할지라도 심미적인 취향이 기초하는 주관성의 근거는 문화적인 함의를 갖는 것이다.

<광한루기>는 우선 고루한 소설관을 지닌 동홍 선생이라는 인물을 내세워서 소설에 대한 안목이 없는 유학자들의 취향과 자신의 취향을 구별해 내고 있다. 그리고 속본이라 지칭되는 倡夫들의 춘향가나 세간에 떠도는 춘향전의 취향이 천박하고, 수다스러우며, 불경스럽다고 비판하면서 자신의 취향과 차이를 형성하였다.

이렇게 <광한루기>는 위로는 유학자의 취향과 아래로는 속본 춘향전의 취향 사이에, 심각하지는 아니하되 경박하지도 않으며, 경직되어 있지는 아니하되 상스럽지는 않은 자기 취향의 경계를 설정하고 있다고 볼 수 있다.

또, <광한루기>는 바깥으로는 중국 소설과의 차이를 만들어내기도 한다. 중국과 우리나라의 풍속이 달라 인물이 다르고, 따라서 문장도 다르다는 것이다. 이러한 면에서 <광한루기>는 중국이라는 당대의 문화 중심에 대한 비판적인 시각을 가지고 자신들만의 독특한 취향을 만들어내기도 하였다.

<광한루기>의 작자와 평자들이 보여주는 취향의 경계를, 다른 취향을 가진 집단과 구분하여 도식화하면 다음과 같다.

<표 4>

국내적	국외적
고루한 소설관을 가진 유학자	중국 소설의 중국인 향유자
<광한루기> 작자와 평자	
속본 춘향전의 향유자	

경서와 함께 패관 소설이나 중국 소설에 대한 교양이 풍부한 <광한루기>의 평자와 작자는 고루한 소설관을 가진 유학자와 자신을 구별짓

기 위해 노력한다. 그러나 한편 이들은 속본 춘향전에 대해 속본이 상스럽다는 점, 의미가 정확하지 않다는 점, 불경스럽다는 점 등을 지적하면서 "귀족주의적, 공식문화적 속성"22)을 드러내고 있다.

이로 미루어 보아, 고상하고 식견이 있으며, 왕조에 대한 충성심을 가진 이들의 성격은 분명 자신과 구별짓고자 노력하는 보수적인 유학자들과 겹치는 부분이 있음을 확인할 수 있다. 그리고 이들이 속본 춘향전을 향유하는 집단과 자신을 구별하고 있기는 하지만, 속본 춘향전을 강하게 의식하고 있었다는 것은 그들이 평소에 속본 춘향전에 대해 지대한 관심이 있었다는 것을 역설적으로 드러내기도 한다.

이렇게 <광한루기>의 작자와 평자의 취향을 공유하는 집단은 상하층 문화와 서로 겹치는 부분을 가진다. 바로 이러한 이유 때문에 '동홍 선생'과 '속본 춘향전'을 더욱 강도 높게 비판하려 하지 않았을까라는 추측도 가능하다.

그리고 주관성에 기초한 취향은 대외적으로는 중국과 다르다는 민족주의적 의식을 동반하게 된다. 비록 중국 소설과 소설의 체제와 개작의 방향은 유사하지만 중국과는 다른 풍토에서 고유한 문화를 향유한다는 자문화에 대한 적극적인 인식이 생기기도 하는 것이다.

구별짓기를 통해 자신의 취향이 설 자리를 마련하고 있는 <광한루기>는 한편으로 취향을 함께 나누며 공통감을 형성하는 작업을 동시에 진행하고 있다. 텍스트를 읽는 독자들을 자신과 동일한 취향을 가진 향유 집단으로 형성해 내는 전략을 다음의 표와 같이 구조화 할 수 있다.

<표 5>

전략의 작용 범위	전략의 내용
텍스트 안	인물에 대한 태도의 공유
텍스트 위	글읽기 방식의 정향과 글쓰기 방식의 확인
콘텍스트	공통된 경험으로의 확장

22) 성현경 외, 「<광한루기>의 비교문학적 연구」, 『광한루기 역주, 연구』, 196면.

우선 '광한루기 본문'이 형성해 놓은 허구적 세계 속에 등장하는 인물인 才子佳人을 중심으로 情을 파악하는 평자의 비평 행위는 공통된 인물에 대한 태도의 형성을 유도한다. 재자가인의 이야기를 쓰고 평한 재자들이 독자를 재자로 추켜 올리면서 재자들간의 공통된 심미 체험을 할 수 있다고 하는 것이다.

그리고 글읽기와 글쓰기의 공유된 관습을 비평의 과정에서 확인하며, 작자와 평자, 독자가 같은 경로를 통해 유사한 심미 체험을 할 수 있다는 전제를 마련한다. 그리고 이 심미 체험은 작자와 평자, 그리고 독자가 공통적으로 익숙한 경험적 문화로 확장된다. 이는 취향을 공유하는 사람들끼리의 공통감을 형성하면서, 심미적 정체성을 확립했다고 볼 수도 있다.

이렇게 <광한루기>는 독자를 대상으로 취향을 확정하고, 훈련시키는 전략을 텍스트에 실현시키고 있다. 작자와 평자, 독자는 칸트적인 의미에서의 '공통감'을 바탕으로 이타적인 견지에서 공통된 취향을 상호주관적으로 합의하는 것이 아니라 수사적 효과를 노리는 전략을 통해 취향의 상상적 공동체를 구성하는 것이다.

이 연구에서 분석하였던 공통적 취향의 형성 전략은 텍스트의 안과 텍스트 위와 콘텍스트에서 독자와 취향을 확인하는 결속력을 다지는데 활용되었으며, 특히 독자를 공통적 취향의 집단으로 이끌어 내는 교육적 역할을 하는 효과를 가졌다. 이처럼 취향은 훈련이나 교육을 통해 구성되는 것으로서 문화적인 의미를 갖는다.

5. 결론

취향을 구별지으며 자기의 취향의 특성을 드러내고, 같은 취향을 갖는 개인들 간의 상호주관성에 기초한 공통감의 확인은 모든 비평적 언술의 보편적인 구도일 것이다. 이 연구에서는 <광한루기>를 대상으로 취향이 구별되는 방식과 공통적 취향을 형성해 내는 전략을 살펴 보았다.

이 연구는 취향이 보편적이지 않은 것으로서 특정한 집단에 고유하게 교육되거나 훈련된 것이라는 전제를 갖는다. 그리고 그러한 취향의 소통은 인간의 보편적인 '공통감'을 통해 가능한 것이 아니라 일종의 전략으로서 수사적 효과일 뿐이라는 전제를 갖는다.

이러한 연구의 시각에 의해 <광한루기>의 작자와 평자들이 구별짓는 대상과 방식을 살펴 볼 수 있었다. 그리고 구별짓는 과정에서 경계 설정이 적어도 <광한루기> 작자와 평자들이 의식하고 있었던 당대의 취향의 구도라는 점도 확인하였다. 또한 <광한루기>가 취향의 소통을 목적으로 독자를 자신과 동일한 취향의 집단으로 구성하고 훈련시키는 전략을 분석함으로써 <광한루기>가 취향의 공동체를 형성하는 과정을 살펴보았다.

감성적 판단의 의사 소통, 개별적 주관의 상호 소통이라는 상호주관적인 미학적 기획은 민주주의 사회의 문제인 "어떻게 개체의 의지에 기초하여 공동체를 세울 수 있는가"[23])를 해결해 줄 수 있는 단초로 제시되기도 하지만 문제의 해결은 요원하게 보인다. 칸트의 공통감이 예시하는 유토피아적인 공동체는 현실적으로 불가능하기 때문이다. 그러므로 취향을 소통하기 위해 현실적으로 필요한 것은 칸트의 공통감에 대한 맹목적 믿음은 아닐 것이다.

시대와 사회를 초월하여 '보편적 인간'이 존재한다면, 고전문학의 수용은 아무런 어려움도 없을 것이다. 후대의 수용자가 편견과 사욕을 저버림으로써 고전 문학 작품을 쉽게 이해할 수 있기 때문이다. 그러나 보편적이지 않은 주관성을 인정한다면, 개별적 주관의 소통은 진지한 고민을 요하는 상당히 어려운 문제이다.

<광한루기>와 같이 그 태생적 순간에서부터 이미 사회적으로 차별적 취향을 구별지으며, 상상적 취향의 공동체를 형성하려는 전략을 구성하

---

23) Luc Ferry, 앞의 책, 29면 참조.

는 텍스트에 대해서 현대인이 취향의 직접적인 소통을 하기는 힘들 것이다. 그리고 세련된 취향을 가진 이상적인 독자가 서로 상대의 취향을 인정하면서 상호주관적인 토론을 행한다는 것은 현실적으로 불가능하다.

취향의 소통을 위해서는 텍스트의 주관적인 취향의 근거를 가시화하여 토론이 가능한 수준으로 끌어내리는 작업이 필요하지 않을까 생각한다. 그리하여 고전문학의 수용자가 취향의 다름에 대한 호기심과 흥미를 바탕으로 고전에 대해 접근하게 할 때 고전이 '타자'로서 자리매김되며 고전을 통해 자신의 취향을 되짚어볼 계기가 될 수 있을 것이다.

그렇지만 이 연구에서 말하는 '취향의 문화적인 의미'가 보다 분명해지기 위해서는 <광한루기>의 작자나 평자들이 터한 사회문화적 환경과 그들이 속한 집단의 구체적인 경제적, 문화적 기반을 밝히는 실증적인 연구가 뒤따라야 할 것이다. 또한, 춘향전의 수용사적 맥락에서 <광한루기>가 갖는 의미가 온전히 드러나기 위해서도 '누구의 취향에 따른 춘향전의 수용이냐' 하는 문제는 중요하다.

그러나 텍스트 분석을 위주로 진행한 이 연구에서는 특정 취향을 가진 집단의 실체에 대해 사회학적인 규명을 하지 못했다. 텍스트 연구를 통해 밝혀낸 취향은 특정한 시대와 지역에 서 살았으며, 특수한 사회적 지위와 경제적 기반, 교육 수준 등 물질적, 상징적 자본을 공유한 집단에 조회되고 귀속되어야 할 것이다. 이 연구가 미처 다루지 못한 부분을 포괄하는 <광한루기> 후속 연구를 기대한다.

3부: 춘향전과 관계 엮기

신재효본 춘향가의 은유적 표현

-典故를 활용한 표현을 중심으로-

1. 서론

만약 우리가 새로운 개념이나 대상을 늘 새로운 낱말로 명명한다면, 낱말을 만들고, 언중의 머릿속에 저장하는 데에 상상할 수 없을 만큼 많은 노력과 시간이 요구될 것이다. 그러나 인간은 인접성이나 유사성을 바탕으로 한 인지능력에 의해서 기존 낱말의 의미를 유연하고도 창조적으로 확장해 나아갈 수 있기에 낯선 사물이나 체험을 기존의 알고 있는 사물이나 체험의 틀 내에서 이해할 수 있다. 이러한 은유의 힘을 인간의 변별적 특성이라는 차원으로까지 확장시킨 니체는 인간을 "은유적 동물"이라고 명명하기도 하였다.[1)]

이와 같은 인간에 대한 정의는 언어 공동체에 미리 알려지지 않은 의미를 이미 알고 있는 의미를 토대로 자기 스스로 완전히 이해하면서 사용할 수 있는 능력, 즉 은유 사용의 능력에 대한 주목을 요청한다. '춘향이는 선녀이다'라는 은유는 춘향이라는 인물과 선녀와의 유사한 자질인 아름다움, 고귀함 등을 바탕으로 성립되었다. 그러나 춘향이는 지상의 세계에 속하는 인간으로 천상의 세계에 속하는 선녀는 아니다. 그럼에도 불구하고 서로 다른 범주에 속한 대상을 유사한 속성에 근거

1) 츠베탕 토도로프, 「제유」, 『수사학』, 김현 편, 문학과지성사, 1985, 166면 참조.

하여 연결 지을 수 있는 은유는 이렇게 춘향이라는 개별적 형상을 개념의 세계로 치환할 수 있게 하는 힘을 가지고 있다. 이 은유가 성립되기 위해서는 '선녀'가 속한 의미망을 자신의 개념으로 갖고 있는 언중(言衆)이 존재해야 할 것이라는 조건이 필수적이다.

'어떤 사람이 선녀다'라는 표현은 이미 굳어져, 선녀의 속성인 아름답다, 고귀하다 등으로 언중에게 바로 의미화되며, 사전에도 선녀에 아름답거나 고귀한 사람이라는 항목이 추가된다.[2] 그렇지만 "(춘향은) 백옥루 선녀로서 황정경 그릇 읽고 옥황께 득죄하여 인간 하강하였구나"라는 표현은 선녀와 관련된 다양한 의미망의 일면을 보여준다. 신선이 산다는 백옥루와 신선의 경전인 황정경, 신선들이 사는 세계의 지도자인 옥황, 신선들의 유배지인 인간 세상 등의 풍부한 의미망은 현대인에게는 낯선 것이다. 그러나 그러한 표현이 존재할 때에는 언중의 개념 속에 견고하게 자리 잡고 있었기에 이런 표현이 가능할 수 있었던 것이다.

이 글에서는 신재효본 춘향가의 전고(典故)를 활용한 은유적인 표현[3]을 통해 '옛날 사람들의 생각'에 접근하고자 한다. 은유가 소통되기 위해서는 은유적 표현이 기반하고 있는 의미망이 언중들에게 존재했을 것이고, 그러한 의미망의 특성을 드러냄으로써 현재와 다른, 과거의 사고와 표현 방식의 일단을 이해할 수 있을 것이라는 구상에 바탕을 두어 논문을 전개하고자 한다.

---

2) 이런 경우 은유 표현은 '사은유'로 분류되며, 더 이상 우리가 알고 있는 의미의 망을 확장시키지 않으며, 그러한 표현이 처음 가지고 있었던 신기함이나 놀라움을 가져다 주지 않는다.

3) 은유적 표현이란 은유와 직유를 함께 이르는 말이다. 그 둘의 차이는 원관념과 보조관념이 '마치 ~처럼'과 같이 유사성을 지시하는 어구를 통해 연결되느냐의 여부이다. 본고에서는 리쾨르의 관점을 따라, 어휘가 아닌 담화의 수준에서 원관념과 보조관념이 유사성을 근거로 매개된 표현들을 은유적 표현이라 칭하고, 직유도 이에 포함시켜 살필 것이다.

2. 은유의 기능

'은유(metaphor)'는 논란거리가 많은 문학 용어 중의 하나이다. 본격적인 논의에 앞서 은유에 관련된 논의를 정리하고 이 논문에서 의미하는 은유의 기능은 무엇인지 밝힐 필요가 있다.

은유는 일반적으로 수사법의 일종으로 취급되어 왔으며, 현대에 수사법이 처한 상황과 마찬가지로, 미사여구법으로 인식되어 문학 텍스트에서 주로 활용되는 언어적 기교라고 생각된다. 은유가 단지 미사여구에 불과할 때, 문제가 되는 것은 하나의 진부한 표현을 대신할만한 어떤 새로운 표현을 선택할 것인가이다.[4] 수용자 측면을 고려한다 해도, 정서적 감화를 지닌 은유적인 표현에서 도입된 보조관념을 다시 원관념으로 바꾸어 이해하기만 하면 되는 은유는 일종의 제로섬 게임이 되는 것이다.[5] 이렇게 문학적 기교로서 은유를 파악할 경우, 은유는 아무런 인식적 가치를 지니지 않는다.

리쾨르는 전통적인 수사학에서 은유를 취급하는 방식을 비판하며 은유의 인식적·정보적 가치를 논한다. 그는 은유가 담화에 부가된 장식물이 아니라 정서적 가치 이상의 인식적 가치를 지닌다고 한다. 은유는 일종의 서로 다른 범주에 있는 사물들을 한 데 모이게 하며, 이전의 분류 체계가 무시하거나 허용하지 않았던 개념들 사이에서 여태껏 주목받지 못했던 새로운 의미 관계가 생겨나도록 해 주기 때문이다. 그는 은유를 만드는 것은 유사성을 볼 줄 아는 눈을 갖는 것이라고 한 아리스토텔레스를 인용하며 은유의 인식적 가치를 강조하였다.[6]

이와 같은 맥락의 논의는 김대행의 연구에서도 발견할 수 있다.[7] 김대행은 유사성 발견하기를 은유적 활동이라고 하며, 은유의 본질을 '이

4) 롤랑 바르트, 「옛날의 수사학」, 『수사학』, 김현 편, 105면 참조.
5) 대체된 표현을 다시 환원하면, '0'이 된다는 의미이다.
6) 폴 리쾨르, 『해석 이론』, 김윤성·조현범 역, 서광사, 1998, 95~96면 참조.
7) 김대행, 「유사성 창조의 문화적 의미」, 『국어교과학의 지평』, 서울대출판부, 1995.

질성을 전제로 한 동질성의 인식'이라고 설명하는 아리스토텔레스의 논의를 따른다. 특히 김대행의 논의는 은유를 문화론과 연결시키는 통찰을 제공하기도 한다. 은유가 이질적 존재 사이의 유사성을 문제 삼고 있다는 점에서, 문화라고 할 수 있는 분류의 체계를 뒤섞는 행위일 수 있는 문화적 실천과 연결될 수 있기 때문이다.[8)]

동양에서도 비(比)는 의미를 부가하는 것으로서 주로 정서적 효과를 갖는 흥(興)과 구분된다.[9)] '비'란 '부가시킨다'의 뜻을 가지며, "동류의 것을 적실하게 하여 사태를 설명한 것", 혹은 "사물을 묘사하여 그것이 가지는 의미를 부가하여 과장된 표현으로 사태를 절실하게 표현하는 것"으로 설명된다. 이렇게 동양의 글쓰기 전통에서도 은유는 단지 장식으로만 취급되는 것이 아니라 의미를 부가하는 기제로 설명되고 있음을 확인할 수 있다.

최근의 논의는 은유의 인식적·정보적 가치를 넘어서 은유가 삶의 실천을 지시하는 사역적(使役的) 성격마저 지니고 있음이 강조된다. 이러한 논의는 레이코프와 존슨의 연구에서 찾을 수 있는데, 그들은 철학자들이 은유를 언어학적 테두리 안에서만 보거나 통상을 벗어난 공상 내지 시적 언어의 표현에 국한된 문제로 취급해 온 잘못을 지적한다. 레이코프와 존슨에 의하면, 은유는 인간으로 하여금 생활의 모든 측면 등에서 현실을 축조할 수 있게 할 뿐 아니라 은유에 근거해서 사고하고 행동으로 옮기게 하는 힘을 가지고 있다고 한다. 우리는 은유에 의해 의식적 또는 무의식적으로 문화적 체험을 현실체로 축조하며, 축조된 현실 안에서 추리도 하고, 목표를 세우기도 하며, 사회적 참여를 하기도 하고, 계획을 수립하기도 한다는 것이다.[10)]

이렇게 은유를 단지 말의 장식이 아니라 인식적이고 문화적인 가치

---

8) "사회구성원들의 인식이 대상의 성격을 분류하고 그것을 질서화함으로써 문화가 이루어지고, 그렇게 형성된 문화의 분류와 질서화는 이제 다시 구성원들의 인식을 규정하는 틀이 된다."(김대행, 앞의 글, 291면)

9) 유협, 『문심조룡』, 최신호 역주, 현암신서, 1970, 150~152면 참조.

10) 김경용, 『기호학이란 무엇인가』, 민음사, 1994, 69면.

를 지닌 것으로, 더 나아가 인간 생활의 '시나리오'로서 사역적인 기능을 발휘하는 것으로 파악하는 논의는 은유를 통해 과거의 사고와 표현 방식의 특성에 접근하고자 하는 이 논문의 기본 구상을 뒷받침한다. 이 논문에서 은유는 기교적인 표현 방식이 아니라 인식적 가치를 지니며 사고 방식을 드러내는 문화적 기제로 취급될 것이다.

3. 전고를 활용한 은유적 표현의 의미 분석

전고(典故)란 근대 이전의 글쓰기에서 매우 중시되던 전례(典例)와 고사(故事)를 말한다. 전고를 인용하여 표현하는 것은 시문(詩文) 창작에 있어 내용상의 풍부한 함축성을 부여하는 기능을 하였다.[11] 은유의 틀에서 보자면, 전고는 다른 범주에 속한 일종의 보조관념(vehicle)으로서 표현하고자 하는 원래의 대상(tenor)를 이해하거나 새롭게 보는 데에 도움을 준다.

이 글에서는 신재효의 남창 춘향가를 자료로 하여 전고를 활용한 은유적 표현을 추출하고, 그러한 표현이 가지는 문화적인 의미를 살펴볼 것이다. 신재효의 남창 춘향가(이하 신재효본)를 자료로 택함은 신재효본이, 연대를 알 수 없는 다른 춘향전 이본에 비하여 비교적 연대(1870년대)가 확실하기 때문이다. 그렇지만 신재효본이 과연 당대의 문화를 드러내주는 대표성을 가진 자료인가는 문제가 될 수 있다. 신재효본은, 신재효의 상층지향적 의식으로 인해 판소리가 원래 지니고 있던 육담이나 욕설 등을 없애고 상당수를 한문투의 표현으로 바꾼 "퇴행적 개작"이라는 비판을 받기도 하기 때문이다.[12]

---

11) 정요일 외, 『고전비평 용어 연구』, 태학사, 1999, 436면.
12) 이러한 점에서 신재효를 비판하는 논의로는 김흥규, 「신재효 개작 춘향가의 판소리사적 위치」, 『한국학보』 10, 일지사, 1978; 인권환, 「토별가에 나타난 신재효의 작가의식」, 『문학사상』 146, 문학사상사, 1984가 있다.

그렇지만 춘향가의 개작은 판소리로 불릴 것을 염두에 둔 것으로서 판소리의 청중에게 이해될 것을 전제로 이루어졌을 것이다. 따라서 신재효본 춘향가의 은유적 표현은 신재효 개인의 창안적인 발명이라기보다는 신재효가 청중과 공유하고 있는 문화적 자산을 바탕으로 하고 있다고 볼 수 있다. 이로 인해 신재효본 춘향가의 전고를 활용한 은유적 표현을 분석하는 것은 신재효라는 개인의 의식 세계를 규명하는 것이 아니라 신재효가 살았던 당대에 공유된 의식 세계로 접근하는 길이 될 수 있다.

춘향가에서 활용하고 있는 전고를 바탕으로 하는 은유적 표현은, 전고를 바탕으로 하는 세계가 어떤 곳이냐에 따라 두 가지 정도로 나누어 볼 수 있다. 이 글에서는 전고가 바탕을 두고 있는 세계가 현실 세계가 아닌 초현실적인 천상(天上)의 세계일 경우와 전설이나 역사 속의 이야기 세계일 경우로 나누어 살펴보고자 한다.[13)]

우선 신선들이 산다는 천상의 세계에 기반을 둔 사물이 지상의 세계, 즉 현실 세계의 사물들을 지시하는 은유적 표현을 살펴보겠다.

<1> 6[14)]/저 집 일흠 영쥬각 저 다리는 오작교요

<2> 6/닉몸이 우화ᄒᆞ야 쳔상에 올나왓나

<3> 6/광한루ᄂᆞᆫ 죠타마ᄂᆞᆫ 항아는 어ᄃᆡ간고 오작교 분명ᄒᆞ니 직녀경을 거의볼 듯

<4> 22/빅옥루 션녀로셔 황정경 그릇일고 옥황씌 득죄ᄒᆞ야 인간ᄒᆞ강 ᄒᆞ여ᄉᆞᆸ나

광한루는 달 속에 있다는 가상적 궁전으로 항아가 산다고 하는 곳이다. 영주각은 광한루에 있는 집인데 그 속에 신선이 거한다. 백옥루 역

13) 그러나 이는 명확하게 나눠지지는 않는다. 논의의 편의를 위해 구분한 것이다.
14) 이는 『신재효 판소리사설집』(강한영 校註, 이병기 · 이희승 · 이숭녕 · 구자균 編, 민중서관, 1971)의 면수를 표시한 것이다.

시 문인이 사후에 간다는 천상의 누각이다. 황정경은 도교의 경서로, 황정경을 잘못 읽어 득죄하여 인간 세상에 내려 왔다는 이야기는 고전 소설에 자주 등장하는 모티브이다.

몽룡이 광한루에서 춘향을 보기 전에 주변 경치를 인식하는 은유적 구조가 잘 나타나 있는 표현은 "닉몸이 우화ᄒᆞ야 천상에 올나왓나"라는 구절이다. 몽룡은 자신을 신선과 동일시하고 있으며, 광한루 주변의 경개를 천상의 사물(事物)로 은유적으로 묘사해 나아간다. 천상의 사물과 지상의 사물이라는 다른 두 범주를 연결하는 것은 몽룡이 신선이기에 가능하였다. 몽룡이 신선인 까닭에 춘향도 원래 선녀인데 천상에 세계에서 잘못을 저질러 인간에 하강한 존재로 은유적으로 표현될 수 있었다.[15)]

그런데 이러한 신선의 세계와 지상의 세계를 은유적으로 연결하는 기능은 현대에 이르러 많은 축소를 겪었는데, 단적으로 『표준국어대사전』(1999)의 '광한루'를 설명하고 있는 항목에서 잘 드러난다.

> **광한루(廣寒樓)** 전라북도 남원시 천거동에 있는 누각. 조선 태조 때 황희가 세웠으며 인조 16년(1638)에 재건하였다. <춘향전>의 배경으로 유명해졌으며 경내에 춘향의 사당이 있다. 보물 제281호.

사전에 기재된 내용이 주는 정보는 광한루가 있는 장소, 설립 경위와 연도, 현재의 가치 등이다. 사전의 어떤 설명에서도 광한루가 항아가

15) 신선의 세계에 기반을 둔 전고를 활용하여 은유적인 표현을 한 신재효는 황릉묘 사설을 천장전 사설로 대치하였다. 즉 직녀성군을 통해 춘향의 고난은 천상계에서의 득죄 때문임을 밝히고, 고난을 겪고 나면 후일에 부귀영화를 누릴 수 있다는 사실을 춘향과 청중이 알도록 하였다. 이는 영웅소설적으로 개작한 신재효의 개작 의식을 드러내기도 한다(김흥규, 앞의 논문 참조). 이는 작품 첫머리에 있는 춘향의 태몽과 유기적 통일성의 맥락 위에서 이루어진 것으로 구성상의 합리성을 지향하는 신재효의 개작 태도와도 관련지어 설명된다(김석배, 「춘향전의 지평 전환과 후대적 변모」, 『춘향전 어떻게 읽을것인가』, 김병국 외 편, 서광학술자료원, 1993, 453면).

사는 가상적 궁전이라는 정보는 찾아볼 수 없다. 오직 사실성에 근거한 현대의 사전 기술은 광한루의 다의성을 축소시키고 있으며, 과거에 광한루가 가졌던 은유적인 기능을 퇴색시킨다.

이처럼 신선의 세계와 지상의 세계를 은유적으로 동일시하던 표현의 관습은 의미의 변화 과정을 거치면서 많은 축소를 겪었으나, 신선의 세계를 지시하던 표현들이 신재효 당대에는 활용 가능한 은유적 레퍼토리로 존재하고 있었음을 여실히 보여준다.

신선의 세계를 그린 전고를 활용한 표현 이외에 전고를 활용한 은유적 표현은 전설이나 역사 속의 이야기 세계의 사물들을 빌어온 것들을 들 수 있다.

<5> 28/오장의 붓ᄂᆞᆫ 불은 아방궁도 살을터오 두 눈의셔 나ᄂᆞᆫ 눈물 상림비가 당홀손가

<6> 54/무덤 압폐 돗ᄂᆞᆫ 나무 상사슈가 될거시오

<7> 58/유황숙이 단곗뒤든 적노마나 가졋시면 이졔 한양가련마ᄂᆞᆫ

<8> 74/쇼진의 쳐 ᄂᆡ 아니아니 불하긔를 ᄒᆞ것ᄂᆞᆫ가

<9> 76/외겁질이 아니면은 말이 아니되엿지야

<10> 6/오작교 분명ᄒᆞ니 직녀셩을 거의볼듯

<11> 36/ 천상의 직녀셩은 은하슈가 막켜시되 일년일도 보건마는 도령님 계신곳듸 무슨물이 막켜꽌듸 일어제 못보ᄂᆞᆫ고

<5>에서 아방궁은 중국의 진시황이 위수의 남쪽에 지은 호화로운 궁전을 말한다. 상림(桑林)은 구름을 일으켜 비를 내린다는 숲이다. 아방궁은 실제로 있었으며, 상림은 전설 속의 허구적 숲이지만 두 사물들은 모두 『사략(史略)』에 기재되어 있다. 그러한 사실이 말해주는 것은 전설과 역사를 구분해 내기 힘들다는 것이다. 역사와 사실을 철저히 구분하지 않는 관습에 따라서 설화와 역사를 한 데 묶어 논의하는 것이 온당하다고 여겨진다. 춘향이의 울분은 아방궁같이 넓은 면적도 태울 수

있을 정도의 오장의 불로 은유적으로 표현되며, 춘향의 슬픔으로 인한 눈물은 엄청난 구름을 일으켜 만들어 내는 상림의 비에 비유된다. 이러한 은유가 가능하기 위한 전제 조건은 언중이 아방궁의 면적이나 상림의 역할을 자신의 개념 속에 갖고 있어야 한다는 것이다.

<6>에서 상사수는 상사목이라고도 하는데 남녀 간의 못다한 사랑을 기억하게 하는 나무로, 가래나무를 말한다. 중국 송나라 강왕의 신하 한빙의 아내가 아름다웠는데, 강왕이 미모를 탐하여 그녀를 빼앗았더니 한빙이 분함을 이기지 못하여 자살하였고, 그 아내도 따라서 언덕 위에서 뛰어내려 죽었다. 동네 사람들이 그들의 시체를 마주 보는 곳에다 묻어 주었더니 무덤가에 가래나무가 나서 자랐는데 그 위에는 원앙새 한 쌍이 날아와 머물려 슬피 울었다고 한다. 이러한 이야기와 <6> 표현간의 은유적 구조를 아는 사람만이 춘향이가 자신의 안타까운 사랑을 토로하는 정황을 이해할 수 있을 것이다.

그런데 『표준국어대사전』에 등재된 상사수라는 단어는 다음과 같이 설명되어 있다.

> **상사수(相思樹)** 콩과의 상록 소교목을 칭하는 상사수는 높이 4~7미터이며, 잎자루가 퍼져 잎처럼 된 가엽(假葉)도 어긋난다. 5월에 노란 꽃이 핀다. 필리핀이 원산지로 대만, 중국 등지에 분포한다.

이렇게 설명되는 상사수에서 절절히 안타까운 사랑이라는 정보적 가치를 발견하는 것은 이미 불가능해졌으며, 이는 현재 언중이 상사수라는 단어를 자신의 의미망 안에 들여놓고 있지 않음을 말해준다.

<7>은 방자가 춘향의 편지를 몽룡에게 전하기 위해 한양 가는 길에서 말한 것으로, 빠른 이동수단을 적노마로 은유한 부분이다. 이 표현에서 유황숙은 유비로, 촉한의 시조이다. 단계란 호복성 이양현 서남에 있는 계곡의 이름으로 유비가 적노마를 타고 뛰어 넘었다는 곳이다. 이러한 역사적, 혹은 전설적 지식 없이 방자의 독백은 무의미할 뿐이다.

<8>와 <9> 역시 중국의 역사적 이야기를 배경으로 하고 있다. <8>은 춘향이 암행어사가 된 것을 속이며, 거지의 행색으로 춘향이 있는 옥방을 찾아왔을 때 춘향이가 한 말이다. 소진은 중국 전국 시대의 논객으로 뛰어난 언변으로 당시 진나라를 두려워하는 여섯 나라를 같이 묶어 진나라에 대항하는 합종의 계책을 꾸미고 그 자신이 우두머리가 되었다고 한다. 뒤에 제나라 대부의 미움을 산 소진이 빈궁해진 몰골로 집에 돌아왔을 때, 그의 처가 업신여겨 베틀에서 내려오지 않았다고 한다. 소진과 관련된 여러 삽화 중에 춘향은 자신이 소진의 처와 같이 남편을 업신여기지 않는다는 사실만 돋보이게 표현한 것이다. 이 은유적 표현은 소진에 대한 역사적 사실에 대한 앎 없이는 인식적 가치를 지니지 않는다.

<9>는 몽룡이 춘향에게 자신이 허름한 몰골이 된 연유를 거짓으로 설명하며, 자신이 걸식하며 내려왔으니 '외껍질'이 된 것은 당연하다는 의미이다. '외껍질'이란 피부 바깥의 또 다른 껍질이란 의미 이외에 지백의 신하인 예양이 지백의 원수를 갚기 위해 조의 양자를 죽이려고 몸을 문둥이처럼 칠하고 저자에서 걸식했다는 이야기를 배경으로 하고 있다. 이 표현에서는 '더러움'이라는 유사한 속성을 매개로 몽룡과 예양이 연결되고 있는 것이다. 그러나 만약 이러한 고사를 모른다면 단어의 의미도 제대로 이해하기 힘들 것이다.[16)]

<10>과 <11>은 현재의 언중들도 익히 알고 있는 견우와 직녀 설화를 바탕으로 만들어진 은유적 표현으로 <10>에서 몽룡은 자신과 견우를 동일시하여 직녀인 춘향이를 찾고 있으며, <11>에서 춘향이는 견우와 직녀의 어려운 만남보다 더욱 어려운 자신의 사랑을 은유적으로 표현할 수 있었다. 이러한 표현의 이해가 쉬운 이유는 현재의 언중이 견

16) 물론 이러한 고사에 대한 정확한 이해를 바탕으로 당시의 모든 청중들이 판소리를 이해했으리라고는 생각하지 않는다. 현재의 우리가 고사성어(古事成語)의 정확한 유래와 뜻을 모르고도 상황에 따라 어느 정도 활용이 가능하며, 문맥적으로 이해하는 것과 마찬가지로 당대의 청중도 전고를 이용한 은유를 표현하고 이해하였을 것이라 추측된다.

우와 직녀 설화를 알고 있기 때문이다. 사전에서도 견우직녀 설화의 이야기가 단어의 의미에 포함되어 기재되어 있음을 확인할 수 있다.

> **직녀** 1. 직부(織婦) 2. 견우직녀 설화에 나오는 여자 주인공
>
> **직녀성** 거문고 자리에서 가장 밝은 별. 약 26광년 떨어진 일등성으로, 칠월 칠석날 밤에 견우성과 만난다는 전설이 있다. = 베가, 베가성, 직녀

이처럼 중국의 고사나 전설의 세계 속에 등장하는 사물들과 춘향가의 이야기 속의 사물들은 유사성을 통해 하나의 은유적 표현 속에 공존할 수 있었다. 이러한 은유가 성립하기 위해서는 고사(故事)나 전설의 세계에 대한 사전적 앎이 전제되어 있어야 함은 물론이다. 따라서 현대인들이 춘향가의 은유적 표현을 이해하지 못하며, 그 표현의 적실함을 평가할 수 없는 것은 그러한 앎이 부족하기 때문이라고 할 수 있다. 전고를 활용한 춘향가의 은유적 표현에 쓰인 어휘는 사전에 등재되어 있지 않은 것들이 많으며, 사전에 등재되어 있다고 하더라도 비유적 의미가 축소된 것들이 대부분이다. 이는 우리에게 더 이상 전고를 활용할 은유적인 표현을 이해할 수 있는 개념망이 없음을 말해준다.

4. 은유적 표현이 드러내는 표현과 사고의 관습

앞서 신재효본의 전고를 활용한 은유적 표현을 살펴보았다. 이 장에서는 전고를 활용하는 은유적 표현을 통해 파악할 수 있는 당대의 표현과 사고의 관습, 즉 문화적 차원의 함의를 고찰해보겠다.

신재효본의 경우, 중국의 고사(古事)를 전고로써 자유자재로 활용하고 있다. 이 판소리 사설의 은유적 표현을 이해하고 '가능 세계'17)의

17) '가능 세계(possible world)'는 에코의 개념으로 소설을 통해 그려내는 허구적인 세계를 의미한다. 춘향이가 그네 뛰고 이 도령과 사랑을 나누는 춘향가 속의 세계

사물들의 의미를 파악하기 위해서 수용자가 참조해야 하는 세계는 바로 고전에 대한 앎을 바탕으로 하여 구축된 세계이다. 이 세계는 수용자가 지니고 있는 일종의 '백과사전'이라고 할 수 있다. 이 개념은 에코에서 빌려온 것으로서 실제 들추어볼 수 있는 책을 의미하는 것이 아니라 수용자가 의미를 해석할 때 참조할 수 있는 '세계에 대한 지식'을 말한다.[18] 전고(典故)를 들어 가상 세계에 등장하는 사물이나 인물을 이해하는 은유적 표현이 많다는 사실은 수용자의 '백과사전' 안에 전고를 바탕으로 하여 구축된 세계가 확고히 존재한다는 것을 의미한다. 그런데 대부분의 전고는 중국의 것으로서 우리의 문화가 터하고 있는 지리적 범주인 '동아시아'에 대해 생각하게 한다.

'동아시아'라는 말은 단지 지정학적인 위치만을 의미하는 것이 아니라 일종의 문화적 공동체를 지칭하는 것으로 이해할 수 있다. '지리(geography)'라는 말의 어원은 '대지 위에 쓰기'라는 것이라고 한다.[19] 이러한 관점에서 '동아시아'로 묶일 수 있는 이유 중 하나는 고전(古典)이라는 공유된 문화적인 자산을 바탕으로 전고를 활용한 표현을 하였던 문화적인 현상으로 인해서이다. 이렇게 보았을 때, 중국의 고사를 마치 제 것처럼 활용한 글쓰기 방식은 단지 신재효 개인에게 한정된 현상이 아니라 동아시아 문화의 전형적인 특성이 될 수 있는 것이다. 전고를 활용해 표현을 하고 그러한 표현을 통해 대상을 이해하는 것은 동아시아 문화에 참여하고 동아시아 문화라는 범주를 견고하게 하는 문화적인 실천이라고 할 수 있다.

전고를 활용한 은유적 표현을 통해 살필 수 있는 또 다른 함의는 바

가 바로 허구적인 '가능 세계'이다(움베르토 에코, 『소설 속의 독자』, 김운찬 역, 열린책들, 1997, 187~188면 참조).

18) 움베르토 에코, 앞의 책, 59~60면 참조.

19) "지리(geography)를 정태적인 물리적 양상이 아니라 인간의 활동을 중심으로 파악해보면 지리란 인간 활동의 출발점이 아니라 산물임이 드러나며, 이는 지리라는 말의 본래 어원학적 의미, '대지 위에 쓰기'를 되살리는 일이기도 하다."(아프리 달릭, 「아시아 태평양권이라는 개념」, 『동아시아, 문제와 시각』, 정문길 외 편, 문학과지성사, 1997, 47면)

로 문화의 보수성이다. 은유는 두 기호의 어떤 공통적 특성만을 돋보이게 할 뿐, 그 이외의 다른 특성들은 밑보이게 하거나 숨긴다. 따라서 은유에 의해서 성취되는 이해와 지식은 전체적인 것이 아니라 언제나 부분적인 것에 그친다.[20] 물론 이렇게 부분적인 이해를 통해서 문화적 체험을 개념의 체계로 치환할 수 있는 은유의 능력은 '은유의 진정한 힘'이라고 일컬어지기도 한다.[21] 그렇지만 은유로 세계를 파악하는 능력은 근대적 개념의 '진보'에는 그리 큰 도움을 주지 못한다.[22] 전고를 활용한 은유는 현실적 사실들의 차별성을 무화시키며, 전고가 제공하는 백과사전의 세계로 환원시키는 구조로 인하여 새로움의 창안보다는 새로운 것마저 이미 있는 것을 바탕으로 파악하는 보수적인 성격을 갖기 때문이다.

전고를 활용한 은유적 표현은 개별 사물들의 차이에는 큰 관심이 없다. 이 차이가 은유를 성립시키기 위한 근본적인 조건이 된다고 하더라도, 일단 전고를 이용해 은유로 표현된 사물들의 개별성은 줄어들기 마련이다. 예를 들어, 방자가 빨리 서울을 가려고 할 때 필요한 것은 '유비의 적노마'였다. 만약 빠른 것을 은유적으로 표현하지 않고, 길에서는 자동으로 도는 바퀴가 있는 수레, 산을 넘을 때는 새처럼 날개가 달린 기구 등으로 표현한다면, 표현하고 이해하는 데 상당한 노력과 시간이 걸리겠지만, 새로운 것을 만들어 낼 때 그 소재를 현실 속에서 찾는 데에는 많은 도움이 되었을 것이다. 춘향가의 은유는 이러한 차별성을 무화시키며, 새로운 것이 아닌, 전고에 있는 것에 빗대어 표현한다는 점에서 문화적 보수성을 띤다고 할 수 있다.

마지막으로 전고를 활용한 은유가 갖는 문화적 함의는 이 은유를 활용함으로써 고전의 세계가 더욱 견고해진다는 것이다. 앞서 살폈듯이

20) 여기서 논의하는 은유는 근대 문학에서 이질적인 범주의 사물들간의 새로운 유사성을 발견해내는 창안적인 속성과는 거리가 있다. 전고를 통한 은유는 새로움의 창안이라기보다는 개별 사물을 전고의 세계를 참조하여 이해시키는 기능을 한다.
21) 김경용, 앞의 책, 68면 참조.
22) 이에 가치를 부여하거나 폄하하는 것은 이 논문의 주요 목적이 아니다.

현실적 체험들을 가상 세계에 빗대어 이해하는 은유적 표현은 사역적인 특성을 갖는다. 이는 어떤 사람이 '인생은 전쟁이다'라는 은유를 가지고 있다면 그 사람이 삶에 임하는 태도는 마치 전투를 하는 것과 같을 것이라는 상상을 충분히 할 수 있는 것과 같은 맥락이다. 이처럼 전고를 활용하여 은유적 표현을 할 때, 참조된 전고가 바탕하는 고전의 세계가 가진 체계와 논리는 현실 세계에서 개인이 계획을 세우고, 행위를 하는 데 막대한 영향을 끼칠 것임을 쉽게 짐작할 수 있다. 즉, 고전이 제공하는 세계의 체계와 논리는 당대인에게 현실적인 사물과 체험을 이해하는 데 결정적인 역할을 했을 것이며, 고전의 세계의 가치는 현실적인 사물과 체험을 평가하는 데 작용했을 것이다.

은유적으로 현실을 파악할 때, 현실적 체험이 개념화되면서 더욱 견고해지는 것은 고전의 세계이다. 오히려 전고를 바탕으로 한 은유의 사용은 고전에 나타난 이야기들의 증거를 현실 속에서 확인하는 과정이라고도 말할 수 있을 것이다. 이러한 과정을 통하여 고전의 지위는 더욱 굳어지며, 고전의 세계가 현실 세계의 경험을 바탕으로 더욱 견고하게 만들어질 수 있었을 것이라고 추측할 수 있다.

5. 결론

신재효본 춘향가에서 자유롭게 사용되던 은유들이 현재 많이 활용되고 있지 않은 상황은, 낯선 사물들을 기존의 개념의 틀 안에서도 표현할 수 있는 은유가 활용할 만한 언어문화적 자원들을 잃어버렸기 때문이라고 해석될 수 있다. 물론 잃어버리는 자원 대신에 다른 문명권에서 흘러들어온 개념이나 시적인 표현에서 개척한 은유들이 현재 언중의 자원으로 활용되고 있다는 점도 부인할 수는 없을 것이다. 그러나 굳이 '민족문화'를 내세우지 않더라도 과거에는 자유롭게 향유하였던 언어의 자원들이 대사전에도 등재되지 못하거나 그 의미가 축소된 채 잊혀져 가는 것은 언어생활을 빈약하게 만든다는 점 또한 상기해야 할 것이다.

리쾨르는 은유의 역사를 정리하면서 살아 있는 은유와 죽은 은유를 구분하여 설명한다.

> 살아 있는 은유는 발명의 은유인데, 그 속에서는 한 문장에 담긴 불일치에 대한 발명이 새로운 의미의 확장을 가져다 준다. 그러나 그런 발명적인 은유가 반복되면서 죽은 은유로 되는 경향이 있는 것도 분명한 사실이다. 그런 경우에, 확장된 의미는 우리 어휘 사전의 일부가 되며, 또한 문제가 되는 단어들의 다의성에 기여함으로써 그 일상적인 의미가 증가하게 해준다.23)

우리의 경우, 리쾨르가 묘사한 은유의 역사처럼 살아 있는 은유가 죽은 은유로 되면서 단어의 다의성에 기여하며 단어의 일상적인 의미를 증가시키는 현상을 우리의 경우, 좀처럼 찾아보기 힘들다. 죽은 은유로서 언중이 의미를 생산하기 위한 자원이 되기보다는 아무도 쓰지 않는 '죽은 말'이 되는 것이다.

그러나 앞서 고찰해 보았듯이 은유란 문화적 상황의 영향을 많이 받을 수밖에 없기에 문화적 상황이 바뀐 이상, 과거의 전고를 활용한 은유적 표현을 오늘날에 되살린다는 것은 어려운 일이다. 더욱이 동아시아 문화라는 지리적 범주를 설정할 만큼 현재의 동아시아가 문화적으로 긴밀한 관계에 있는 것은 아니며, 보수성을 지향하는 문화적 태도는 근대 이후 바람직하지 못한 것으로 파악된다. 고전의 세계를 강화하는 데에 별다른 관심이 없는 현재의 문화에서는 특히 그러하다. 그럼에도 불구하고, 은유적 표현이 사은유가 되어 언중의 언어적 자원으로서 활용되지 못한 채, 잊혀져 가는 것은 전통 문화와 현대와의 단절을 보여주는 것이기에 안타까운 마음이 드는 것은 사실이다. 그리스 신화의 인

---

23) 폴 리쾨르, 『해석이론』, 김윤성 · 조현범 역, 97면.

물들을 들어 현재의 인물을 인식하고, 셰익스피어의 극에 등장하는 인물이 전형적인 인물(예: 햄릿형 인물)로 언중에게 의미화됨을 생각할 때, 전고가 기반한 중국의 역사적 인물이나 설화, 전설이 은유의 보조관념으로서 가치가 아예 없다고는 할 수 없을 것이다.

예외적으로 견우직녀 설화의 경우, 전래 동화나 교육의 소재로 많이 다루어져 현재까지 은유적 표현으로 이어져 내려온다. "나는 직녀이다."라는 사소한 은유를 들어보자. 직녀는 감을 짜는 여인을 말한다. 그러나 언제인지 알 수는 없으나 견우직녀 설화가 만들어지고 많은 언중들이 그 이야기를 공유하는 상황에서 "나는 직녀이다."라는 표현은 '나는 사랑에 빠져있다, 나는 사랑하는 대상과 만나기가 어렵다, 나는 연인과 만나는 것만을 기다리고 산다, 나는 남(오작교)의 도움 없이는 연인을 만나지 못한다' 등등의 폭넓은 함축적 의미를 가지고 있다. 이렇게 은유적 표현이 함축한 다양한 의미는 견우직녀 설화가 일종의 의미의 문화적인 보물로서 풍부한 언어생활을 하는 데 기여하고 있음을 말해준다.

이러한 예가 시사하는 것은, 전통은 주어진 것이 아니라 창출해 나아가야 할 것이라는 점이다. 견우직녀 설화가 전래 동화로 만들어지고 교육에서 다루어지지 않았더라면 이 설화적 소재들이 갖는 의미는 퇴색하고, 아무도 그 소재를 활용하여 은유적인 표현을 하지 않았을 것이다. 전통이란 결국 '선별된 전통(selective tradition)'[24)]으로 만들어지는 속성이 있음을 상기할 때, 고전 문학교육이 실제의 언어생활에 도움을 줄

24) "선택의 과정을 통해 형성된 지배문화는 '전통', 즉 의미 있는 과거로서 간주된다. 여기서 핵심이 되는 것은 선택성의 문제이다. 즉 과거와 현재의 모든 의미와 실제 중에서 어떤 것은 선택됨으로써 강조되고, 어떤 것은 제거됨으로써 무시된다. 더욱 더 중요한 것은 이들 의미 중에서도 어떤 것은 현존하는 지배문화 안의 여러 요소들을 지지해주며, 최소한 갈등을 일으키지 않도록 재해석되고 약화되어 변형된다는 점이다."(R. Williams, *The Long Revolution,* Chatto and Windus, 1961, 『교육과정논쟁』(한준상 외 역), 집문당, 1991, 138면 재인용)라는 논의에서 시사 받을 수 있는 것은 교육은 전통을 선별하고 구성하는 적극적인 문화적 실천이라는 점이다.

수 있기 위해서는 견우직녀 설화처럼 활용 가능한 은유적 자원을 찾아내고, 이를 교육하여 언중이 더욱 풍부한 언어생활을 할 수 있는 은유적 자료로써 제공하는 일이 필요하다 할 것이다.

춘향전과 순정만화를 통해 본 '낭만적 사랑'의 형성과 변화

1. 서론: 국어교육과 만화

국어교육의 장 안에서 만화는 이미 새로운 것이 아니다. 7차 국정 교과서 및 대다수의 문학교과서에서는 만화를 활용하고 있기에 만화를 통한 교육, 만화에 대한 교육이 이루어지고 있다고 볼 수 있기 때문이다. 만화에 대한 국어교육적인 인식을 이끄는 관심은 세 종류가 있다고 할 수 있는데, 하나는 매체에 대한 관심이며 다른 하나는 대중문화에 대한 관심, 마지막으로 교육의 대상인 청소년 문화에 대한 관심이다.

매체에 대한 관심은 다매체 시대의 문화적인 상황을 고려하여 같은 지식이라도 문자 이외의 다른 매체를 활용하여 지식을 전달하려는 목적으로 현실화된다. 다음과 같은 경우가 그 사례가 될 수 있다.

> * 그림 설명: 학생 셋이 다음과 같은 내용의 대화를 나누고 있다.
> 학생1 "게놈 유전자 지도가 완성됐으니 이제 못 고치는 병이 없겠구나"
> 학생2 "생물의 유전자를 변형하면 식량 부족도 해결되지 않을까?"
> 학생3 "개놈?"
>
> -「국어생활」, 블랙박스, 29면.

'국어와 우리의 사회 · 문화'라는 단원의 도입부에 삽입된 위 내용의 만화는 학생들에게 학습의 동기 유발 측면에서 신조어나 전문어를 이해하지 못해 대화에 끼기가 어려웠던 적이 있었는지를 생각해보도록 흥미롭게 권유하고 있다. 위의 예와 같은 단원 도입이 아니라, 교과서 본문에서 학습 내용 자체가 만화로 제작된 것은 드물다. 그렇지만 만화를 이용하여 지식을 흥미롭게 전달하려는 교육적 목적을 갖고 있는 만화들은 현재 출판 시장에서 지배적 위상을 갖고 있다.[1] 그리고 문학 작품의 경우, 대다수 교과서에서 삽화를 곁들이고 있는데, 이 역시 문학 작품의 내용을 형상적으로 쉽게 이해시키는 효과를 갖고 있다는 점에서 만화를 활용한 교육 내용의 전달과 가깝다.

매체에 대한 관심이 좀더 적극적으로 나타난 사례로, 교과서에 실린 오세영의 <복덕방>이나 윤승운의 <메밀꽃 필 무렵> 등을 들 수 있다. 이러한 교재로서 만화는 만화와 소설을 비교하여 각 매체 언어의 차이를 알게 하거나,[2] 만화가 소설에 대한 하나의 해석이라고 할 때 학생들의 해석과 비교해 보게 하는[3] 학습 활동을 동반한다.

한편, 대중문화에 대한 관심은 기존의 교양 교육으로서 문학교육의 영역을 확장하려는 노력에서 비롯되었다. 그렇지만 인문학적 문화의 전

---

1) 그 대표적인 사례는 실제 역사를 내용으로 하는 만화물('만화로 보는 한국사'류)이나 세계의 문화를 그린 만화물('먼나라 이웃나라' 등)이다. 이러한 만화를 '학습만화'라고 하는데, 이 종류의 만화는 전체 만화 매출의 50% 이상을 차지한다(한국일보, 2003/02/07).

2) 그 예로 다음과 같은 학습 활동을 들 수 있다. 만화의 첫 세 장면은 소설의 다음 부분에 해당한다. 소설에서 만화로 전환되면서 그림으로 처리된 것, 지문이나 대사로 수용된 것, 바뀐 것 등을 지적해 보자(문학(하), 디딤돌, 65면). ・다음을 중심으로 소설 <메밀꽃 필 무렵>과 만화 <메밀꽃 필 무렵>을 비교・평가해 보자(문학(하), 디딤돌, 66면). ・만화의 방 안 풍경 묘사는 소설과 비교할 때 어떤 면에서 다르게 처리되었는지 말해 보자(문학(하), 블랙박스, 76면).

3) 다음과 같은 학습 활동이 그 예가 될 수 있다. ・여러분들이 각자 만화를 그린다면 이 인물들의 어떤 특징을 강조하여 어떤 형상으로 그리겠는지 친구들과 서로 이야기해 보자(문학(하), 블랙박스, 76면). ・① 원작을 읽은 경험에 비추어 볼 때, 만화로 그려진 등장인물들은 각자가 상상한 모습과 비교하여 어떠한지 말해보자. ② 만약 다르다면 등장인물들을 각자가 상상한 모습으로 바꾸어 그려 보자(문학(하), 디딤돌, 65면).

수가 여전히 의미 있는 교육적 목표로 받아들여지는 현실[4]에서 "사람들이 대중문화를 즐김으로써 행복을 추구한다는 사실"[5]은 종종 망각된다. 그래서 대중문화는 교육의 장으로 들어올 수 있는 입장권을 아예 얻지 못하거나, 입장하더라도 비판을 당하는 처지에 처하게 된다.

이런 상황은 교육의 효용성을 스스로 부정하는 것으로 지적되기도 하였다. 교육에서 기피나 비판의 대상이 되는 대중문화는 실로 오랜 기간 문학교육과 국어교육을 받은 대중문화 생산자들에 의해 만들어졌기 때문이다.[6] 대중문화 교육에서 이데올로기에 대한 비판과 아울러 즐거움을 적극적으로 인정하려는 시각[7]도 있으나, 이는 원론적인 차원에서 논의될 뿐 이에 대한 연구 성과가 축적되거나 교육적인 실천이 이루어지는 것은 아니다.

가치 판단에서 비교적 자유로우며, 만화에 대한 교육적 관심을 공식적으로 인정받을 수 있는 창구는 바로 만화가 학습 대상인 청소년들이 향유하는 문화라는 점에서 찾을 수 있다. 청소년들이 향유하는 문화를 곧바로 교육 내용으로 삼지는 않더라도 교육의 대상인 청소년과 그들을 둘러싼 문화적 상황에 대한 기초 연구는 필요하기 때문이다.

---

4) 다음과 같은 '문학적 문화'에 대한 설명은 문학교육이 교양 교육적인 속성을 가지고 있음을 보여주는 대표적인 사례이다. "문학교육이 문학적 문화는 문학이 주로 다루는 영역은 인간의 존재와 본질에 관한 것이므로, 문학교육은 문학을 가르침으로써 인간의 상상력을 고양시키고 삶의 총체성을 체험하게 하여 과학적 합리주의가 갖는 한계를 극복하는 대안이 될 수도 있다."(서울대 국어교육연구소 편, 『국어교육학사전』, 대교, 1999) 이러한 설명에서 전제하고 있는 것은 스노우의 『두 문화』에서 설정된 과학적 문화와 인문학적 문화의 대립이다(찰스 P. 스노우, 『두 문화』(오영환 역), 민음사, 1996). 이러한 구도는 다음과 같은 논의에서도 발견된다. "과학문명이 인류가 발 디디고 살아 온 문화를 형해화시키는 쪽으로 나아간다면 인문학은 그것을 복원시키는 쪽으로 나아가야 할 것이다."(김동환, 「문화교육으로서의 국어교육」, 『국어교육학연구』 15, 국어교육학회, 2002) 그러나 이러한 논의가 완전한 합의를 이루어내고 있는 것은 아니다. '문화'. '문학 문화' 등을 둘러싼 해석의 경합은 각 교과서마다 '문학과 문화'라는 단원의 내용을 달리 설정하고 있다는 데에서 엿볼 수 있다.

5) 이삼형 외, 『국어교육학』, 소명출판, 2000, 128면.

6) 김동환, 「문화교육으로서의 국어교육」, 『국어교육학연구』 15, 국어교육학회, 2002.

7) 이삼형 외, 앞의 책, 128면 참조.

현재 만화에 대한 세 가지 교육적 관심 중에서 활발히 연구되고 실현되는 것은 첫 번째 '매체 언어에 대한 관심'이라고 할 수 있다. 그 밖에 대중문화나 청소년문화로서 만화에 대한 교육적 연구나 실천은 아직 미약하며, 연구의 영역에 한정할 때 관심을 갖게 된 시기도 그리 오래 되지 않았다.

그렇지만 영국의 교육과정에 제시된 자국어교육의 목표 중의 하나인 '문화 분석관'의 교육적 가능성이 진지하게 논의되고 있고,[8] 시민단체에서 국어교육에 대해 "언어 교육도 언어를 매개로 한 다양한 사회관계에 대해 스스로 판단하고 비판할 수 있는 능력과 함께 새로운 언어를 만들어낼 수 있는 창의력 함양을 목표로 삼아야 한다"[9]고 주장하며 '현실 읽기와 비평하기', '문제설정', '담론 분석과 구성', '언어시장과 대중매체' 등 다양한 주제를 포괄하는 언어문화교육 시안까지 제시하고 있는 상황이다.

이와 같은 현실을 고려해 볼 때 청소년이 즐기는 대중문화로서 만화

8) 영국의 교육과정에 자국어교육의 목표로 제시된 것은 '① 개인적 성장관, ② 범교과적 관점, ③ 성인적 실용관, ④ 문화 유산관, ⑤ 문화 분석관'이다. '문화 분석관'은 학생들이 살아 가는 세계와 문화적 환경에 대하여 비판적으로 이해할 수 있는 능력을 강조한다. 이 일에 주된 책임이 있는 것이 국어교과이므로 국어교육은 학생들로 하여금 의미가 전달되는 과정을 알게해야 한다고 주장한다. 나아가 학생들은 인쇄물을 비롯한 여러 가지 매체가 가치를 전이시킨다는 점에 대하여 알아야 한다는 것을 강조한다(김대행, 「매체언어 교육론 서설」, 『국어교육』 97, 한국국어교육연구회, 1998, 20～21면).

9) 문화개혁을 위한 시민연대가 개최한 '국어교육의 비판적 점검과 언어문화교육의 모색'이라는 토론회에서 발표된 문화평론가 고길섶의 발제문(한국일보(2003/01/06)에서 재인용)이다. 사실 이런 주장이 새로운 것은 아니다. 『국어교육학』이라는 제목을 걸고 있는 국어교육학 입문서의 다음 내용과 비교해 보자. "무색무취한 방식으로 우리의 언어생활을 다룰 것이 아니라 당대의 문화를 교육의 장 안에 끌어들이고, 그 각각의 문화 속에 함축되어 있는 이데올로기를 비판적으로 인식함과 아울러 각각의 문화 속에서 느끼는 즐거움을 적극적으로 인정함으로써, 궁극적으로 학생들에게 문화적 능력을 길러 주기 위한 적극적 체제를 마련해야 한다는 것이다."(이삼형 외, 앞의 책, 128면) 거의 같은 주장을 말을 바꾸어 하고 있음을 확인할 수 있다. 그렇지만 국어교육계 외부에서 그러한 소리가 들려오고 있음은 국어교육이 여전히 현재 문화의 수용에 적극적이지 못함을 되돌아보게 한다.

에 대한 국어교육적인 관심과 연구는 그 중요성을 인정받을 수 있다. 그렇지만 대중문화나 청소년 문화로서 만화에 대한 관심이 본격적으로 국어교육에 수용되기 위해서는 교육 철학적인 전제가 마련되어야 하며, 교육과정의 목표를 조정하고, 그 목표에 맞도록 만화를 교육 내용으로 계발하는 등의 노력이 선행되어야 한다고 보인다.

이러한 관점에서 박인기의 연구는 주목할 만한 가치가 있는데, 그가 전통적인 문해력(literacy)의 영역을 당대 문화로 확장한 문화적 문해력을 철학적 수준에서부터 체계적으로 논의하고 있기 때문이다.[10] 이러한 틀짜기가 이루어질 때만이 대중문화나 매체에 대한 각론이 제자리를 찾을 수 있을 것이라 기대된다.

또, 일상적인 문화를 이해하고, 성찰적인 태도를 갖게 하며, 가치를 실천하는 데에까지 이르게 하는 문화적 문해력의 교육은 앞서 소개한 시민단체의 주장이기도 한데, 이들의 주장이 사회적인 합의를 얻게 될 때 갑작스럽게 초래될 수 있는 교육 내용과 방법의 부재라는 위기를 맞지 않기 위해서라도 현재의 대중문화, 청소년문화에 대한 교육적 연구는 필요하다고 할 수 있다.

그렇지만 현재 청소년들이 즐기는 만화가 국어교육에 본격적으로 도입될 만한 틀이 확고히 마련되어 있지 않은 상황에서 만화는 교육적인 제재로 합의된 문학 텍스트를 확장적으로 이해하는 데에 활용될 수 있다. 이 연구는 만화와 문학 간의 일종의 가교를 놓으려는 목적으로 교과서의 주요 제재로 다루어지고 있는 춘향전과 순정만화를 함께 다루고자 한다.

조선 후기 애정소설인 춘향전과 연애를 제재로 하는 순정만화는 남녀 간의 애정 문제를 다루고 있다는 공통점을 갖는다. 인간의 보편적인 속성처럼 보이는 감정이 어느 정도 역사성과 사회성을 띤다고 할 때, 두 애정서사물의 '사랑'이 얼마나 같고, 다른지 확인하는 것은 감정적인 문화를 이해하고 성찰하는 데 도움이 될 수 있을 것이라 여겨지며,

---

10) 박인기, 「문화적 문식성의 국어교육적 재개념화」, 『국어교육학연구』 16, 국어교육학회, 2003.

이는 '총체적인 삶의 체험'을 목표로 하는 문학교육의 본령과도 그리 멀리 떨어진 것이 아니라고 생각된다.

이어지는 장은 순정만화에 대한 이해를 도모하기 위하여 마련되었다. 여성을 목표 수용자로 하고 있는 순정만화의 특수성과 필자의 순정만화 체험기를 소개하며, 한 번도 순정만화를 읽어본 적이 없을 수도 있는 남성들 혹은 여성들이 어느 정도 순정만화에 익숙해질 수 있는 기회를 제공하도록 하겠다.

2. 여성 청소년이 즐기는 순정만화

'출판문화'라는 대주제에 맞게 현재 출판되는 만화의 지형도를 그리는 일은 필자에게 상당히 벅찼지만, 출판되는 만화가 두 '제국'으로 양분된다는 사실은 몇몇 만화 대여점에 들어가자마자 확인할 수 있는 현상이었다. 두 제국의 이름은 바로 '남성 만화'와 '여성 만화'[11]이다. 출판사들은 단행본이나 만화 잡지를 출판할 때부터 성별을 중심으로 목표 수용자를 나눈다. 대부분의 대여점에서는 이렇게 출판된 만화를 각각 남성 만화 코너와 여성 만화 코너에 꽂아둔다. 그래서 대여점에는 여성 고객이 모여있는 곳과 남성 고객이 서성이는 곳이 구분된다.

목표 수용자의 성별이 확연히 나뉘고, '순정만화'라는 대표적인 여성 전용 만화가 존재하는 것은 아시아의 일부 유교문화권 국가에만 국한된 특수한 문화적 현상이라고 한다.[12] 또 순정만화는 '여성에 의한, 여성을 위한, 여성에 대한 만화'라고 할 수 있는데, 순정만화는 거의 대부분 여성 만화가들에 의해 생산되며, 여성 독자를 목표로 하고, 여성 주

11) '여성 만화'는 종종 여성주의 만화를 지칭하는 것으로도 쓰이나 이 연구에서는 여성이 주로 보는 만화라는 의미로 사용하겠다.

12) 곽선영, 「여성장르로서의 순정만화의 특성에 관한 연구」, 서강대 석사학위논문, 2001 국문초록.

인공이 사랑을 성취하는 내용을 주로 하고 있기 때문이다.

얼마나 보편적인지는 잘 모르겠지만, 순정만화를 본격적으로 다루기 이전에 필자의 만화 체험기를 소개함으로써 순정만화와 여성 독자의 관계에 대한 하나의 사례를 제시하고자 한다. 필자는 화가가 되고 싶어 했다가 색맹이라는 이유로 꿈을 접고, 색을 쓰지 않는 만화가가 되려 했다가 신문방송학을 전공하고 나서, 전공과 상관없는 계통의 소규모 자영업을 해왔던 아버지를 두고 있다. 만화광이신 아버지 덕분에 어렸을 때부터 남성, 여성의 구분이 없는 <보물섬> 등의 만화 잡지를 정기 구독하여 왔으며, 아버지가 빌려오는, 길창덕, 이현세, 허영만, 박봉성 등의 만화를 좋아하였다.

그러다가 중학교 때 또래 동성 친구들과 어울리면서부터 여성 만화를 주로 읽기 시작하였다. 이때는 어느 정도 의무감이 들었던 것도 사실이다. <갈채>(이영숙), <아르미안의 네 딸들>(신일숙), <굿바이 미스터 블랙>(황미나) 등을 읽지 않으면 대화를 할 수 없었으며, 느낌이 공유되지 않으면 동성 친구들과 긴밀한 관계를 맺을 수 없었기 때문이다.

일종의 해석공동체이기도 한 또래 여성 집단을 떠났음에도 여전히 여성 만화를 여가로서 즐기고 있다는 것을 생각하면 여성 만화의 수용자로서 정향된 독해 능력과 취향이 여전히 지속된다고 할 수 있다. 결혼을 한 지금도 가끔 남편과 함께 만화 대여점을 찾기도 하지만 우리는 각자의 코너에서 책을 고르며, 서로가 읽은 만화에 대해서는 진지한 담화를 나누지 않을 뿐만 아니라 거의 관심을 갖지 않는다.

이는 하나의 사례이지만 순정만화 읽기는 어느 정도 훈련을 필요로 한다는 것과 순정만화가 청소년기 여성들의 또래 집단에서 의사소통의 자원으로 기능한다는 것, 또 남성에 비하여 순정만화에 대한 여성의 관심이 많으며, 호감도가 높다는 것 등을 드러내 주기도 한다.

이와 같은 순정만화 독자 특성을 고려할 때, 순정만화와 여성 독자와의 관련성을 고려하지 않을 수 없다. 순정만화는 여성 청소년들[13]의 감정 생활에 대해 다른 어떤 대중 매체보다도 많은 영향을 끼친다고 할 수 있다. 순정만화에서 그려지는 사랑 이야기는 여성 청소년들의 정서적인 생활에 개입하여 자신이 사랑하게 될 대상의 이상을 제공하며, 어떻게 연인과 정서적인 교류를 갖는지, 자신의 사랑의 서사에 어떠한 결말을 써나가야 할지 알려주는 일종의 지침서 역할을 한다. 순정만화의 여성 주인공과 연애의 기술은 여성 청소년들에게 모방의 대상이 되는 것이다.

하위 문화에 대한 관심으로 청소년의 일상적인 문화를 고찰한 윌리스는 '로맨스'를 통해 여성 독자들이 자신의 삶을 계획하고, 젊은 남성들과 관계를 조정하는 것[14]으로 파악하기도 하였다. 이처럼 로맨스가 청소년기 여성의 정서적인 삶에서 지대한 역할을 하며 여성적인 주체를 형성하는 데 기여함을 인정할 때 교육 연구에서 그 현상을 진지하게 다루어야 할 필요성이 부각된다.

이 연구에서는 청소년이 즐기는 대중문화로서 만화에 대해 하나의 교육적인 가능성을 제시하려고 한다. 3장에서는 우선 역사성을 갖고 있는 '낭만적 사랑'의 의미를 살펴보고, 4장에서는 춘향전을 대상으로 자생적으로 발생한 '낭만적 사랑'의 초기 형태를 확인하며, 현재의 순정만화에서 그려지는 '낭만적 사랑'과 비교하여 검토할 것이다. 5장인 결론에서는 이러한 논의가 교육적으로 어떤 의의를 가지는지 확인하며, 논의의 확장 가능성을 타진할 것이다.

3. '낭만적 사랑(romantic love)'의 의미

우리는 흔히 비현실적으로 아름답게 꾸며진 사랑을 '낭만적 사랑', 혹은 '로맨스'라고 한다. 또 우리는 연인이 낙엽 지는 거리를 팔짱끼면서 걷는 장면, 자상한 남편이 타준 커피를 함께 마시는 풍경에 대해 낭

13) 청소년기의 여성을 어떻게 지칭해야 할지 곤혹스러움을 느낀다. 본고에서는 여성 청소년이라는 모순형용적인 표현으로써 난관을 회피하고자 한다.

14) Paul Willis, *Common Culture,* Open University Press, 1990, 115~118면 참조.

만적이라 지칭한다. 이렇게 '낭만적', 혹은 '낭만'은 일상적으로 많이 쓰이는 만큼 연구에 필요한 개념어로서 정립하기란 상당히 어렵다.

우선 이 단어에 대한 사전적인 설명을 살펴보도록 하겠다. '낭만'과 '낭만적'이라는 말은 『표준국어대사전』에 다음과 같이 설명되어 있다.

> 낭만: 현실성이 적고 매우 정서적이며 이상적으로 사물을 파악하는 심리 상태. 또는 그런 심리 상태로 인한 감미로운 분위기.
>
> 낭만적: 현실적이 아니고 환상적이며 공상적인. 또는 그런 것.

이러한 설명에서 볼 수 있듯이 낭만성은 '실현성이 적음(이상적, 비현실적, 환상적, 공상적)'과 '과도한 정서(매우 정서적, 감미로움)'을 특징으로 한다. 이로 미루어보아 언중(言衆)들에게 '낭만적 사랑'이라는 말은 실현 가능성이 적으며, 매우 정서적인 사랑이라는 의미로 받아들여짐을 알 수 있다.

원래 '낭만(浪漫)'은 형용사로 중세 프랑스 구어로 쓰여졌음을 의미하는 형용사 '로망어의', 명사로는 '소설'이라는 의미를 갖고 있는 '로망(roman)'이란 말을 음차한 데에서 유래하였다. 민족어를 중심으로 한 언문일치와 소설의 발생이 밀접한 관계를 갖고 있음을 염두에 둘 때,[15] 중세 프랑스 구어인 '로망(romanz)'이 곧 구어로 쓰여진 기사들의 연애나 무용(武勇)을 다룬 이야기를 지칭하게 되는 것은 자연스러운 일이다. 추측하건대, 이 단어는 낭만주의(romanticism)이라는 서구 문예 사조의 유입과 더불어 들어온 것으로 보인다. 비록 '낭만(浪漫)'이 음차이기는 하지만 '넘치는 물결'의 형상으로 낭만주의의 격정적 감정을 잘 드러내주기도 한다.

'낭만'의 원래적 의미인 '로맨스'라는 이름을 얻게 된 최초의 문학 형식은 중세 기사문학이며, 이 역사적 양식의 문학은 우리가 현재 갖고

---

15) 베네딕트 앤더슨, 『상상의 공동체: 민족주의의 기원과 전파에 대한 성찰』(윤형숙 역), 나남, 2002 참조.

있는 '낭만'의 의미역에서 그리 멀리 떨어진 것은 아니다. 하우저는, 연애를 찬미의 대상으로 삼아 사랑은 아끼고 가꾸어야 하는 것이라는 감정과 애인들이 서로 결합되느냐 못 되느냐를 지켜보는 긴장감을 낳았다는 점에서 기사문학이 과거의 문학과 비교해 새로운 문학적 효과를 성취하였다고 평가하였다.16)

이렇게 사랑을 낭만적 광채에 휩싸이게 한 기사문학17)은 현재의 로맨스와는 완전히 다른 중세의 로맨스이지만 비현실성과 과도한 정서를 특징으로 하는 낭만성을 어느 정도 갖고 있다고 하겠다. 현재 '로맨스'는 연애 서사물을 지칭할 때 쓰이거나 '낭만적인 사랑 이야기'라는 의미로 활용된다. 혹은 과도한 정서를 유발하는 비현실적인 사랑을 폄하하여 지칭할 때도 사용된다.

이 연구에서 논의하려는 '낭만적 사랑'이 곧 사전적 설명이나 기원에 대한 고찰과 직결되는 것은 아니다. '낭만적 사랑'은 사회학자인 기든스의 개념으로서 두 남녀가 자율적으로 애정을 느끼고, 결국 결합에 이른다는 것이다. 이렇게 간결하게 정리되는 '낭만적 사랑'은 자명하고 보편적인 사랑의 공식처럼 보이기도 한다.

그러나 사회학적인 견지에서 볼 때 '낭만적 사랑'은 근대의 시작과 함께 생겨난, 역사적으로 특수한 사랑의 형식이다. 개인이 자발적으로 애정을 느껴 관계를 발전시키고, 결합에 이른다는 낭만적 사랑의 관념은 비로소 사랑, 결혼, 성이라는 세 가지 요소를 밀접하게 관련시켜 '연애 결혼'이라는 문화적 각본을 낳았다.18)

---

16) 아놀드 하우저, 『문학과 예술의 사회사-근세편』(백낙청 · 반성완 역), 창작과비평사, 1994, 237~238면 참조.

17) "연애가 모든 선과 온갖 미의 원천이요, 일체의 더러운 행위, 일체의 비열한 감정은 사랑하는 부인(필자주: 기사의 부인이 아니라 귀족의 부인)에 대한 배신이라는 신념"이나 "감정의 섬세성과 내면성, 사랑하는 사나이가 그 사랑의 대상인 여성에 대해서 생각할 때마다 갖는 경건한 마음, 끝날 바가 없고 채워지지 않으며 또 한계를 지울 수 없기 때문에 채워질 수도 없는 사모의 정", "아무리 참담한 실패를 겪더라도 최고의 기쁨으로 남아 있는 사랑의 행복"(아놀드 하우저, 앞의 책, 238면) 등의 다채로운 낭만적 정서가 기사문학의 특징이다.

기든스의 논의를 따르면, 낭만적 사랑은 '열정적 사랑'과 '숭고한 사랑'의 복합체적인 속성이 있다고 한다.[19] 열정적 사랑은 상대방에게 첫눈에 반해 눈이 멀어버리는 사랑이다. 소위 "사랑에 빠졌다"는 말은 열정적 사랑의 특징을 잘 말해준다. 서로에게, 혹은 상대에게 맹목적이 되어 버린 주체를 다른 인간 관계나 일상적인 책무로부터 단절시키는 열정적 사랑은 대부분의 문화에서 인간을 나약하게 하는 일종의 '열병'처럼 취급되었다.

또 사랑하는 상대를 이상적으로 미화시키는 열정적 사랑은 급작스럽게 시작하고, 황급히 끝나는 속성이 있다. 이 사랑이 지속되기 위해서는 종교적이거나 도덕적인 차원의 개입이 있어야 하는데 그 역할을 하는 것이 바로 '숭고한 사랑'이다. 유럽의 경우, 낭만적 사랑은 기독교도로서 신에 대한 헌신(숭고한 사랑)이라는 윤리를 통해 귀족 사회에서 혼외적인 '열정적 사랑'이 가지고 있는 충동적이고 에로틱한 성격을 배제함으로써 이루어졌다고 한다.

숭고한 사랑은 열정적 사랑의 긴박함을 누그러뜨리고, 사회적으로 순화시키는 역할을 하였다. 이로써 낭만적 사랑은, 충동적이며 욕정과 구별하기 힘든 열정적 사랑과 다르며, 탈속적이며 신성한 숭고한 사랑과도 다른 새로운 것으로 형성되었다. 즉, 낭만적 사랑은 열정적 사랑에서 단 한 사람에게만 빠지는 절대적 유일성과 숭고한 사랑에서 약속되는 영원성을 결합시켜, '유일무이한 대상에 대한 영원한 사랑'이라는 관념이 된 것이다.

라트는 낭만적 사랑을 처음 만난 순간 사랑은 신의 계시처럼 영혼을 파고들고, 날이 갈수록 우정과 신뢰가 쌓여 일생의 사랑으로 발전하는 것으로 제시하며, 낭만적 사랑은 종교적인 감정, 즉 그리스도교의 유산

18) 사랑을 느껴 결혼을 하고, 가정에서 성적, 정서적 만족을 추구하게 되었다는 의미에서 그러하다(앤소니 기든스, 『현대사회학』, 을유문화사, 1994, 32면 참조).

19) 앤소니 기든스, 『현대 사회의 성 · 사랑 · 에로티시즘』(배은경, 황정미 역), 새물결, 1995, 81~95면 참조.

이 세속화한 것으로 설명하고 있다.[20] 이는 열정적 사랑이 숭고한 사랑의 광채에 휩싸여 보다 영속적인 성격을 띠게 되면서 낭만적 사랑이 발생하였다는 기든스의 논의와 유사한 의미를 갖는다.

이렇게 열정적인 사랑의 승화, 또는 종교적인 감정의 세속화로 설명되는 낭만적 사랑은 "시민적인 사랑"[21]이라고 명명되기도 한다. 라트는 "마리아는 개인의 소유물, 시민 계급의 사유 재산이 되었고, 가장은 신의 사자, 곧 천사같이 순결한 아내의 감시를 받게 되었다."라며 서구 시민 사회에서 종교적 감정이 세속화되는 과정을 생생하게 그려내었다.

이처럼 시민적인 가족 관계의 윤리와 이상을 제공하는 '낭만적 사랑'은 가족이나 신분이라는 외적인 요소가 배제되어 있으면서도 결혼을 전제한, 진지하며 자율적인 형태의 사랑이라는 점에서, "시민적 가족관계의 원형인 핵가족의 모랄에 근거가 되는 것, 곧 근대적 감정생활의 준거점이며 근대성의 모랄의 한 핵심"[22]이라고 할 수 있을 것이다.[23]

요컨대, '낭만적 사랑'은 근대적인 사랑의 형식으로서, 어느 정보 보편적이라 여겨지는 '열정적 사랑'에 종교적 광채를 부여하는 '숭고한 사랑'의 영향으로 생겨났으며, 일부일처의 결혼 제도를 윤리적으로 뒷받침하는 관념으로 기능한다고 할 수 있다.

현재 언중들에게 '낭만적 사랑'이 과도한 정서를 유발하며, 비현실적

---

20) 볼프강 라트, 『사랑 그 딜레마의 역사』(장혜경 역), 1999, 158~159면 참조.

21) 볼프강 라트, 앞의 책, 159면.

22) 서영채, 「한국소설과 근대성의 세 가지 파토스」, 『문학동네』(1999 여름호) 참조.

23) 서구의 경우와 우리의 경우가 다르겠지만, 현재 우리가 갖고 있는 낭만적 사랑에 대한 관념은 자생적인 것만은 아니다. 이 연구에서는 조선시대 후기에 애정소설을 통해 낭만적 사랑이 어느 정도 자생적으로 나타난 것이라고 가정하고 있으나, 이는 발생기의 모습을 밝히는 것일 뿐, 결코 우리가 가지고 있는 낭만적 사랑에 대한 관념 전체를 설명할 수는 없다. 서구적인 관념의 낭만적 사랑은 1920년대에 신여성의 등장을 배경으로 나타났으며, 이광수의 '자유연애론'은 서구의 낭만적 사랑의 관념이 본격적으로 도입되어 이념 차원에서 주창되기 시작하였음을 알리는 문화적 표지가 될 수 있다. 그렇지만 현재에도 서구식의 낭만적 사랑의 시민 윤리가 완전히 정착한 것이 아니다. 여전히 결혼에서 가족의 동의가 중시되고 있으며, 계급이나 경제적 배경이 다른 두 남녀가 결합하는 일이 드물다는 현실은 우리의 낭만적 사랑에 대한 관념이 완전히 서구식만은 아니라는 사실을 말해주기도 한다.

인 사랑으로 받아들여지는데, 이는 애정을 느낀 두 남녀가 결혼을 하여 일생 동안 사랑에 빠진 척 살아가라는 '낭만적 사랑'의 관념이 제시하는 지나친 요구에 대해 과도한 정서성(유일무이한 대상에 대한 절대적 사랑)과 비현실성(변하지 않는 영원한 사랑)을 지적한 것으로도 이해된다.

두 사람의 자발적인 애정 관계가 발전하여 결합에 이른다는 '연애결혼'의 문화적 각본을 제공하는 낭만적 사랑은 '자율성'과 '서사성'을 특징으로 한다. 이 특징을 살펴보는 과정에서 낭만적 사랑에 대한 이해가 심화될 수 있을 것이라 기대한다.

두 남녀의 결합이 반드시 타의나 관습이 아닌 자발적인 애정에 근거해야 한다는 것은 낭만적 사랑의 전제이다. 자발적인 애정이 두 남녀가 결합하기 위한 조건으로 등장한 것은 그리 오래된 일이 아니다. 오fot 동안 결혼은 두 남녀의 결합이 아니라 두 집단 간의 결합이거나 아이를 낳기 위한 목적에서 행해졌음은 동서양을 막론하고 일반적이다. 사회적 관습이나 타의가 아닌 스스로로부터 우러나오는 자발적인 사랑은 사랑에 대한 개인의 자율성을 요구한다.

이 자율성은 "개인이 스스로를 성찰하고 스스로 결정을 내림으로써 어떤 행동을 취할 것인가에 대해 심사숙고, 판단, 선택, 실행할 수 있는 능력"24)이라고 정의된다. 자율적으로 사랑할 유일무이한 대상을 선택하고 관계를 형성하며, 관계의 결말도 당사자들에 의해서 초래된다는 점으로 인하여 낭만적 사랑은 '자율성'을 주요한 특징으로 한다.

낭만적 사랑의 두 번째 특성으로 들 수 있는 것은 '서사성'이다. 어원적으로도 살펴보았듯이 '낭만'이란 소설의 탄생과 밀접한 관련이 있기도 하다. 앞서 낭만적 사랑은 열정적 사랑과 숭고한 사랑이 결합된 형태로 나타났다고 하였다. 열정적 사랑으로 인해 상대에게 눈이 멀어버리는 상태, 즉 상대를 이상화시키는 상태가 지속되기 위해서는 더 높은 차원, 즉 종교나 이념의 차원으로 열정적 사랑의 질적 변화를 도모

24) 앤소니 기든스, 앞의 책, 69면.

하는 과정이 반드시 필요하였다.

이렇게 형성된 낭만적 사랑은 열정적 사랑처럼 파국으로 치닫지 않고, 대상과 오랜 기간(혹은 영구불변한) 애착 관계를 형성할 수 있는 가능성을 마련하였다. 이렇게 자발적인 애정을 통해 형성되어, 도덕적인 차원에서도 "검은 머리가 파뿌리 될 때까지" 지속성을 보장받은 낭만적 사랑은 개인의 삶에 서사를 도입시킨다.

이는 자율성과도 관련시켜 설명할 수 있는데, 스스로의 실천에 의해 관계를 발전시키고 그 결말을 초래해야 하는 낭만적 사랑은 미래에 대한 전망 아래 자신의 삶을 스스로 계획하고 변화시킬 이야기를 만들어 내게끔 하는 것이다. 그러므로 낭만적 사랑은 "심리적 안전의 한 형태이자 또한 미래를 통제할 수 있는 잠재적 통로"[25]로 기능할 수 있게 된다고 할 수 있다.

이렇게 낭만적 사랑은 '자율성', 즉 개인 자신의 선택과 실천을 중시하며, 개인의 삶에 타자를 삽입시켜 이야기를 구성하는 '서사성'을 특징으로 한다. 이러한 점을 고려하면서 이어지는 장에서는 조선후기 대표적인 애정소설인 춘향전과 인지도 높은 만화가들의 순정만화를 대상으로 '낭만적 사랑'의 초기 형태와 그것이 지속되고 변용된 양상을 고찰할 것이다.

4. 춘향전과 순정만화에 형상화된 '낭만적 사랑'

1) 춘향전에 나타난 '낭만적 사랑'의 초기적 양상

춘향전은 대표적인 조선 후기의 애정소설이다. 애정소설은 두 남녀가 서로 애정을 느껴서 결합을 성취하는 내용을 다룬 소설로서, 모든

25) 앤소니 기든스, 앞의 책, 86면.

사랑 이야기를 지칭하는 것이 아니라 조선 후기를 배경으로 등장한, 애정 문제를 다룬 일련의 소설들을 의미한다. 조선 후기 애정소설의 대부분을 차지하고 있는 것은 기생과 양반의 애정 문제를 다룬 '기녀신분갈등형' 소설이다.

박일용은 "양식화된 서사로서 애정소설이 조선 후기라는 역사성과 사회성 아래 발생"하였으며, 애정소설 가운데에서도 "양반남성중심의 사회에서 인간적 욕구를 제대로 실현시키지 못하는 비천한 신분인 여주인공의 상황과 그것을 극복하려는 주인공의 의지가 주동적으로 떠오르게 되어 '기녀신분갈등형 애정소설'이 애정소설 흐름의 핵심을 이루게 되었다"고 한다.[26]

실로 조선 후기 애정소설은 이전 시기 가문을 유지하고 번영시키기 위한 혼인과 일부다처제의 관습에 따른 남성 주인공의 여성 편력기와 사뭇 달라지는데, "애정소설에서는 기녀와 양반처럼 정상적인 부부가 되기 어려운 남녀가 이해타산을 떠나서 애정 때문에 결합하고 시련을 겪는"[27] 점에서 그러하다.

이렇게 특정 시기에 유사한 양식과 내용의 소설이 다량으로 양산되고 수용되었던 현상은 사회·문화적인 변화의 징후이기에 문제적이라고 판단된다. 이 연구에서는 조선 후기 애정소설 중 가장 잘 알려진 춘향전[28]을 '낭만적 사랑'의 관념을 제공하는 문화적 텍스트로 삼아, 근대적 가족 제도가 확립되기 이전, '낭만적 사랑'의 기원적 모습을 살펴보도록 하겠다.

사랑이야기에서 중요한 것은 누가, 어떤 사랑을 하여, 결국 어떻게 되었냐는 것이라 할 때, 주인공이 자질이 어떠한지, 또 남녀주인공이 나눈 사랑은 어떤 성격인지, 그 사랑의 결말은 어떻게 되었는지가 중요

26) 박일용, 『조선시대 애정소설』, 집문당, 1993, 16면.

27) 조동일, 『한국문학통사』, 지식산업사, 1997 참조.

28) 춘향전의 여러 이본 중 이 글에서 분석 대상으로 다룬 것은 완판84장본인 <열녀춘향수절가>이다. 이하 논의에서 춘향전이라 지칭되는 것은 이 이본을 의미한다. 인용문의 면수도 이에 따라 표기하였다.

하기에 주인공, 사랑의 성격, 사랑의 결말을 중심으로 고찰해보도록 하겠다.

(1) 주인공으로서 양반 재자(才子)와 기생 가인(佳人)

춘향전을 비롯한 대다수 애정소설의 주인공들은 모두 재자와 가인이다. 두 남녀 주인공 모두 잘 생기고, 재주가 뛰어난 것이 특징적이다. 춘향전에서 춘향은 "회힝이 무쌍이요 인자ᄒᆞ미 기린", "셔칙의 칰미ᄒᆞ야 예모 정졀을 일삼"는 윤리적 자질과 소양을 가지고 있는 데에다 방자가 소개하듯 "금천하지졀식"의 인물이다.

몽룡은 "풍치는 두목지", "도량은 창ᄒᆡ 갓고 지혜 활달ᄒᆞ고 문장은 이빅이요 필법은 왕희지", 또 그 얼굴은 "옥안셕풍 고흔 얼골"을 가졌다. 이렇게 춘향전의 주인공들이 그야말로 재자가인이라는 것은 대중소설의 공식[29]이라고도 설명되지만 사랑하는 대상을 특별히 이상화시킨다는 점에서 낭만적 사랑과 관련하여 생각해 볼 수 있다.

낭만적 사랑은 대상의 이상화를 요구한다. 현실에서 낭만적 사랑이 상대방인 평범한 남녀를 매우 특별한 사람으로 이상화시키는 현상은, '제 눈에 안경', 혹은 '눈에 콩깍지가 씌였다' 등의 상투적 표현이 있을 정도로 보편적이다. 그렇게 자신의 상대를 이상화시키는 과정이 낭만적 사랑의 시작이 되는데, 이를 문학적으로 형상화한 것이 재자가인(才子佳人)이라고 할 수 있다.

또 여기에서 남녀 주인공이 각각 양반과 기생이라는 점에 주목해보자. 이러한 신분의 주인공들은 기녀신분갈등형 소설이라고 분류된 주류 애정소설에 빠짐없이 등장하고 있다. 이에 대해 박일용은 "기녀라는 신분은 서민층과 가까운 천민층이었기 때문에, 신분제도의 질곡에서 허덕

29) 임성래, 「연애소설의 관점에서 본 <춘향전>」, 『매지논총』(17), 1999. 이 연구에서는 춘향전을 대중적 연애소설이라는 관점에서 보았으나, 본격적으로 애정 문제에 천착하기보다는 춘향전의 대중문화적인 속성을 위주로 논하였다.

이던 하층민은 자신들의 신분문제를 이들 기녀의 상황과 의식에 투사하여 심미적인 즐거움을 누리기에 유리하였다"[30]고 하였다.

기생이 주인공이 되는 것은 대중적 연애 소설의 공식과도 어느 정도 통하는 면이 있다. 신분이 낮고 천한(혹은 평범한) 여주인공이 신분이 높고 고귀한 남자주인공의 마음을 사로잡아 결국 사회의 공인을 받는 결합을 이루는 내용이 여전히 반복되는 대중적 연애 서사물의 공식이라고 할 때, 인기가 있으려면 여주인공은 신분이나 지체가 낮아야 하고, 남주인공은 높아야 한다. 또 그 차이가 크면 클수록 서사 진행의 흥미가 진진하게 마련이다.

그렇지만 다수의 독자가 자신을 투사할 대상으로 여주인공을 삼을 때 하필이면 왜 기생이어야 하는가라는 문제가 남는다. 이러한 문제는 평범한 여성과 양반 남성의 사랑을 다룬 소설에서 평범한 독자가 감정이입이 더 쉽지 않았을까, 혹은 신분의 차이를 더욱 크게 벌려 예컨대 백정의 딸과 양반의 사랑은 더욱 극적이지 않았을까라는 궁금증을 유발하기도 한다.

'낭만적 사랑'의 관점에서 이 문제를 해명하려 할 때 참고가 되는 것은 다음과 같은 설명이다. 기든스에 따르면 '낭만적 사랑'은 귀족 사회에서 처음으로 생겨났다고 한다.[31] 귀족이나 신분이 높은 사람들만이 혼외의 정서적, 성적 관계를 맺을 수 있었기 때문이다. 서구의 귀족 사회에서 결혼과 낭만적 사랑은 전혀 별개의 것으로서 남편과 아내의 관계는 냉랭한 것이기 일쑤였다고 한다. 그들은 큰 저택에 살면서 남편과 아내가 각자의 침실을 쓰고, 각자의 하인을 부리면서 둘만 따로 만나는 경우는 매우 적었다. 귀족이건 서민이건 결혼에 대한 결정은 가족에 의해 내려졌고, 본인은 자신의 결혼 문제에 대해 발언권이 거의 없다시피 하였다고 한다.

조선시대의 결혼도 마찬가지였다. 조선시대 결혼 문화를 상징적으로

30) 박일용, 앞의 책, 21면.
31) 앤소니 기든스, 『현대사회학』(김미숙 외 역), 을유문화사, 1994, 35면 참조.

보여주는 공간의 분리를 예로 들어 설명하겠다. 남녀가 내외하는 법도는 가옥 구조에도 영향을 주어 부부일지라도 각기 다른 공간에서 생활해야만 했는데, 여자는 안채, 남자는 사랑채에 각각 따로 기거하는 것이 예의였다. 부부일지라도 내외가 함께 있는 경우를 집안의 다른 사람들이 보아서는 안 되었다고 한다. 어릴 적부터 여자는 사랑채에 접근하지 않도록 교육을 받았으며, 남자 역시 중문 안의 안채에 드나드는 것이 점잖지 못한 일로 훈련을 받았다.[32]

이런 상황에서 혼외적 관계를 맺을 수 있는 양반과 기생이라는 사회적 관계에서만이 낭만적 사랑이 그나마 가능했던 것이다.[33] 이러한 사회적 상황을 염두에 둘 때, 재자와 가인이 각각 양반과 기생이라는 신분이라는 것은 조선 후기의 낭만적 사랑을 그리기 위한 필수적인 조건임을 이해할 수 있다.

(2) 열정적 사랑의 이념적 승화

애정소설의 주제는 '애정'이다. 애정소설에서 중요한 점은 두 남녀 간의 정서적 소통을 절절히 그려내는 것, 이를테면 '감정의 드라마'를 펼치는 것이다. 이러한 관점에서 애정소설에서 중요한 것은 사건 그 자체가 아니라 그 사건으로 인해 유발된 주인공의 감정이라고 할 수 있다.

춘향전은 판소리에 대한 가장 오래된 기록인, 유진한(柳振漢)의 만화본(晩華本)에서부터 "삼건기사(三件奇事)"라고 소개될 만큼 만남과 헤어짐, 재회라는 핵심적인 사건이 중시된다. 애정 문제에 초점을 두고 보았을 때 만남, 헤어짐, 재회라는 서사적 구도만큼 극적인 것은 없을 것이다. 이러한 구도는 주인공들의 애정을 드러내는 데 적합한 형태를

32) 정성희, 『조선의 성풍속』, 가람기획, 1998, 63면 참조.

33) 물론 양반과 혼외적 관계를 맺는 것은 기생뿐만이 아니었다. 양반이 여종을 성적으로 범하는 일은 공공연한 사회적 관행이기도 하였다(정성희, 앞의 책, 146~147면 참조). 그러나 이와 같은 관계는 '애정'보다는 '욕정'을 바탕으로 하기에 낭만적 사랑의 특성인 정서적 교류나 미래에 대한 전망이 없었다고 할 수 있다.

띤다고 할 수 있다.

춘향전에서 만남은 단옷날 광한루에서 이루어진다. 광한루에 구경을 하러 나온 몽룡은 춘향의 그네 뛰는 모습을 보고 첫눈에 반했다.[34] 춘향 역시 이 도령을 보고 첫눈에 매력을 느껴 고개를 들지 못한다. 이들은 이렇게 첫눈에 서로에게 반해 애정을 품게 된다. 그리고 그날 밤 이들은 백년가약을 맺고 첫날밤을 치르게 된다.

여기서 중요한 것은 이들의 사랑이 찰나적인 매혹으로 인한 열정만으로 이루어진 것이 아니라 약속을 했다는 사실이다. 몽룡은 춘향모 앞에서 "자닉 쌀 춘향과 빅연언약을 밋고자"(춘46)한다고 자신의 뜻을 밝히며, 불안해하는 춘향모에게 "춘향도 미혼젼이요, 나도 미장젼이라 피차 언약이 이러ᄒᆞ고 육예난 못할망졍 양반으 자식이 일구이언을 할 이잇나"(춘47)라며 재차 다짐을 한다. 그러고 나서 춘향과 술을 나누어 마시며, "대례주"라고 칭한다.

첫눈에 반한 연인은 서로의 애정을 지속할 것을 약속하고서야 성적인 결합을 이루는 것이다. 이런 점에서, 급작스럽게 만나 이루어지는 춘향전의 사랑이 열정적 사랑의 긴박함의 형태를 주로 띠고 있기는 하지만, 그 과정에서 낭만적 사랑, 즉 보다 지속적이며 안정적인 애착 관계를 위한 사전 작업이 진행되고 있다고 할 수 있다.

그 이후 펼쳐지는 것은 가히 '열정'이라고 볼 수 있는 사랑이다. 열정적 사랑의 성향이 통상적인 사회적 책무를 무시하는, 즉 상대에게 눈이 멀어버리는 것이라 할 때, 세상과 절연한 듯한 춘향 방에서 행해지는 사랑 놀음에 대해 "이팔이팔 두리 만나 밋친 마음 셰월 가는 줄 모르던가 부더라"(춘73)라는 서술자의 논평은 열정적 사랑의 특성을 잘 드러낸다고 할 수 있다.

그렇지만 이들의 사랑이 이렇게 열정으로만 일관한다면, 낭만적 사

34) 몽룡의 눈에 춘향은 "얼골이 조출ᄒᆞ니 청강의 오난 학이 셜월의 빗침 갓고 단순호치 반기하니 별도 갓고 옥도 갓다. 연지을 품은 듯 자하상 고은 빗쳔 어린 안기 셕양의 빗치온 듯 취근이 영농ᄒᆞ야 문치는 은하슈 물결갓다"(춘25)로 비춰진다.

랑의 각본은 완성될 수 없었을 것이다. 춘향의 사랑이 열정적 사랑에서 낭만적 사랑으로 옮아가기 위해서는 열정을 신념이나 이념 차원으로 승화시키는 변화가 요구되는데, 그 변화는 몽룡과 춘향의 이별 장면에서 그려진다.

춘향은 처음에 치마를 찢고 세간을 던지며 몽룡에게 패악을 부린다. 열정적 사랑이 깨어지는 충격으로 인해서이다. 그러나 이별을 피할 수 없는 현실이라고 받아들이자 곧 태도를 고쳐 몽룡을 고이 떠나보낸다. 이에 대해 김대행은 춘향이 "현실로서가 아닌 이념이나 신념 상태의 것으로라도 지금까지 누려왔던 가치를 지속시키고자"하는 것이라고 하면서, 이는 "현실적으로는 변화가 왔지만 심리적으로는 무변화의 상태"라고 지적하였다.[35)]

춘향이 태도를 바꾸자, 몽룡은 "장원급졔 출신하야 너를 다려 갈 거시니"(춘89)라고 후기약을 단단히 하고, 춘향도 자신은 "너으 정졀 독숙공방 수졀"할 것을 다짐한다. 이때 춘향의 수절은 보편 윤리로 강요되는 '열(烈)'이 아니라 사랑과 책임에 바탕을 둔 선택으로서 의미를 갖는다. 여기서부터 변치 않는 사랑을 지속시킬 수 있는 주인공들의 자질로서 '신의'가 문제가 되며, 춘향에게 훼절할 것을 명하는 변학도는 춘향의 '신의'를 드러내기 위한 장치로 기능하는 것이지, 신분차별적인 지배질서의 대변자 역할에만 충실한 것은 아니다.[36)]

앞서 설명하였듯이 낭만적 사랑은 열정적 사랑과 숭고한 사랑의 결

35) 김대행, 「인간의 두 얼굴과 문학적 흥미」, 『시사 시학 연구』, 이화여대출판부, 261면 참조.

36) 이러한 해석은 춘향의 저항적 성격을 강조하는 논의들과 차이점을 지니나 인간의 심리적 방어기제에 기대어 춘향의 일관성을 설명한 김대행의 논의와 맥이 닿아 있다. "말하자면 변학도는, 처음 이 도령이 춘향에게 새로운 가치에로의 변화를 유도했던 것만한 정도는 물론 그것을 상쇄할 만한 합리화의 구실이나 계기를 마련해주지 못했으며 치환이라든가 도피에의 출구를 마련해 주지 못했던 것이다. 그런 상황에서 무변화를 지향하는 춘향이 보일 수 있는 것은 지속되어 온 가치의 고수를 이념화하는 일일 수밖에 없었으며, 그러한 심리가 행동으로 표출된 것이 拒逆官長이었던 것으로 볼 수 있다."(김대행, 앞의 책, 262면)

합에서 발생하였다. 낭만적 사랑이 사랑의 영원성, 즉 지속성에 대한 믿음을 특징으로 한다고 할 때, 열정에서 비롯된 사랑을 지속시키기 위해서는 그것을 이념적으로나 종교적인 차원에서 보장해 줄 숭고한 사랑의 이상이 필요하다는 것이다. 이상화된 대상과 열정적 사랑에 빠진 춘향이 열정을 숭고로 변화시키기 위해 끌어 온 것은 유교적 윤리인 열(烈), 수절 관념이었다.

이러한 특성은 서구의 경우와 비교되는데, 서구에서는 유교 윤리 대신에 '크리스챠니티(christianity)'라는 종교적 관념이 도덕적 가치들과 밀접히 연관된 사랑의 이상을 제공하였다고 한다. 신을 알기 위해서 신에게 헌신하고 이 과정을 통해 자신에 대한 앎이 성취된다는 관념이 남자와 여자 사이의 신화적 통일성의 일부를 이루었다는 것이다.[37)]

이렇게 숭고한 사랑의 관념이 개입됨으로써 열정적 사랑의 일시적 이상화가 사랑하는 대상에 대한 보다 지속적이며 영구적인 이상화와 겹쳐지면서 낭만적 사랑에 대한 서사가 가능해졌으며, 열정을 이념의 차원으로 승화시킨 춘향전은 이러한 과정을 잘 보여주는 텍스트라고 할 수 있다.

(3) 결혼을 통해 완성되는 '낭만적 사랑'의 각본

춘향이 이념적 차원으로 열정적 사랑을 승화시킨 까닭에 춘향전은 낭만적 사랑의 궤도에 안정적으로 놓이게 된다고 할 수 있다. 낭만적 사랑은 열정적 사랑과 같이 급작스럽게 이루어질 수는 있어도 열정적 사랑처럼 갑자기 파국으로 치닫지 않는 지속성이 있다. 이 지속성은 열정적 사랑이 숭고한 사랑과 결합하여 보장되는데, 개인의 삶의 측면에서는 안정적인 미래에 대한 전망으로 나타난다.

춘향은 처음부터 몽룡이 공명을 누릴 것임을 직관적으로 감지하였으

---

37) Niklas Luhmann, *Love as Passion,* Cambridge, 1986, ch. 5. 참조.

며,[38] 장원급제하여 데리러 온다는 몽룡의 말에 위안을 얻기도 하였다. 이를 낭만적 사랑의 관점에서 본다면, 춘향은 일종의 자신의 삶에 대한 서사를 갖는다는 것이다. 즉, 춘향은 몽룡에 대한 현재의 감정과 더불어 출세할 몽룡의 배필로서 미래의 자신에 대한 계획을 갖는다.

광채 없이 거지 행색으로 옥중에 찾아온 몽룡을 보고 자신이 다음날 죽을 것을 예상한 춘향은 몽룡에게 자신의 시신을 부탁하며, "압남산 뒤 남산 다 바리고 한양으로 올여다가 선산발치의 무더"(춘159)줄 것을 부탁한다. 죽어서라도 몽룡의 배필이 되어 선산에 묻히고 싶은 춘향은 대단한 집념의 소유자가 아닐 수 없다. 이렇게 춘향은 살았든 죽었든 몽룡과 결합할 것이라는 자기 로맨스의 결말을 미리 쓰고 있었던 것이다.

춘향이 그렸던 자신의 서사대로 춘향전의 이야기는 전개되어 몽룡이 암행어사가 되어 춘향을 구원하는 것은 주지하는 결말이다. 이 결말은 춘향이 꿈꿔왔던, 즉 춘향이 자율적으로 계획해 왔던 낭만적 사랑의 완성으로서 의의가 있다. 춘향전을 조선 후기 신분 문제를 제기하는 사회소설로 파악하는 논의가 많으나[39] 춘향의 변학도에 대한 저항을 '민중적 저항의식의 발현'이라고 해석하고, 천민에서 '정열부인'으로의 신분상승을 '민중적 꿈의 투영'이라고 하기에는 애정문제를 중심으로 서사

---

38) 춘향이 몽룡을 처음 보았음에도 그가 출세할 것임을 간파했다는 사실은 매우 흥미롭다. "이 도령을 살펴보니 금세의 호걸리요 진세간 기남자라. 천졍이 놉파스니 소연공명할 거시오 오악이 조귀ᄒᆞ니 보국충신 될 거시미 마음의 흠모하야 이미을 수기고 엄실 단좌ᄲᅮᆫ이로다"(춘26)

39) 몇 가지 대표적인 연구물들을 소개하면 다음과 같다. 춘향전 연구의 선편을 잡은 김태준은 춘향이 주장한 것은 "정절보담 인격"이라고 논하면서 춘향의 수절 문제를 '개성에 눈뜸', '민중의 자유 주장'과 연관지었다(김태준, 『조선소설사』, 학예사, 1931). 조동일은 춘향전의 주제를 '표면적 주제'와 '이면적 주제'로 나누고, '열녀'라는 유교적 교훈을 표면적 주제로 보고, 신분적 제약을 벗어나 '인간적 해방'을 성취하고자 하는 욕구를 이면적 주제로 보았다(조동일, 「갈등에서 본 춘향전의 주제」, 『계명논총』 7, 1970). 박희병 역시 춘향전 사랑의 사회성를 중시하여 춘향과 몽룡의 "신분적 차이"와 "양반 관료에 대한 저항"에서 사회적 의미를 찾았다. 그는 "춘향의 항거는 서민계층의 의식을 대변하고 있다는 점에서 강한 사회성을 띠게 되었다."고 한다(박희병, 「춘향전의 주제」, 『한국 문학사의 쟁점』(장덕순 외), 집문당, 1986).

를 진행시켜오던 줄거리가 무색해지는 측면이 있다.

춘향전의 행복한 결말은 낭만적 사랑의 각본이 완성되는 것이라 보는 것이 이 연구의 시각이다. 두 사람이 자발적으로 애정을 느끼고 그 감정을 영구히 지속시킬 목적으로 결혼하게 되는 근대적인 사랑의 각본이 춘향전을 위시한 애정소설에서부터 제공되기 시작하였다고 할 수 있다.

2) 순정만화에 나타난 '낭만적 사랑'의 지속과 변화

주로 여성 독자들이 읽는 순정만화는 '순정(純情)'이라는 만화의 하위 장르에 대해 붙여진 명칭처럼 지고지순한 연애의 감정을 밀도 있게 다루고 있다. 교양인들에게 문학에 대한 지식과 소양이 의사소통의 중요한 코드로 작용하듯이 순정만화는 여성 청소년들이 자기가 속한 집단의 정체성을 부여하는 문화적인 자원이 된다. 순정만화의 낭만적 사랑에 대해 비판적인 시각을 갖든 그것을 아름답게 생각하든 순정만화가 이들이 형성하는 해석 공동체 내에서 주요한 텍스트로 취급받는다는 점에서 그러하다.

순정만화의 분석 대상 텍스트를 선정하는 데 있어서 가장 많이 고려한 것은 만화가의 인지도이다. 강경옥, 원수연, 이미라 등의 작품은 80년대에서 90년대에 연재를 시작하거나 초판 단행본이 발행되었지만 만화를 보는 인터넷 사이트에서 여전히 수위를 차지하고 있으며, 애장판을 가지고 싶어 하는 적극적인 독자를 대상으로 재간행될 정도로 현재까지 인기를 누리고 있다.

순정만화 텍스트를 분석하는 데 있어서도 이상화된 주인공들과 두 사람의 관계를 중심으로 서사가 진행된다는 점, 그리고 지속적인 애정 관계를 보장하는 결말을 갖는다는 낭만적 사랑의 큰 틀을 따라 그려지는 사랑에 초점을 맞추어 논하겠다. 논의의 과정에서 앞서 춘향전을 대상으로 한 분석 내용을 환기하며 그것과 비교하여 순정만화의 특수성을 언급할 것이다.

(1) 주인공으로서 '꽃미남', '꽃미녀'

그림 1: <인어공주를 위하여>의 남성 주인공

애정소설의 주인공들이 재자가인(才子佳人)이었던 것처럼 순정만화의 주인공들은 대부분 '꽃미남', '꽃미녀'라 불려지는 미소년, 미소녀들이다. '꽃-'이라는 말은, 칸을 넘어서도록 클로즈업시킨 남녀 주인공의 그림 뒤에 꽃잎이 흩날리는 배경을 그려 넣은 설정에서 연유하였다. 이렇게 지칭에서부터 꽃미남, 꽃미녀인 순정만화의 주인공들은 재자가인만큼이나 수려한 외모를 가지고 있다.

게다가 이들은 서로가 서로에게 반할 만한 미덕을 가지고 있다. 남성의 경우, 화려한 외모에 어딘지 모르게 우수가 서려 있는 그림체가 많다. 이 우수는 과거 연애경험의 상처나 가정 문제 등에서 비롯된 것으로[40] 그의 성격에도 영향을 미치기도 한다. 또 그는 돈이 많은 집의 아들이거나 머리가 월등히 좋으며, 둘을 겸비하기도 한다. 그러니까 남성 주인공은 거의 완전한 남성인데 사소한 문제가 있을 뿐이다.

이미라의 <인어공주를 위하여>에 등장하는 남성 주인공인 '서지원'(그림 1 참조)은 빛나는 머리카락을 흩날리는, 잘 생기고 우수 어린 남성 주인공이다. 그는 소위 '불량 써클'의 우두머리로서 카리스마가 있지만, 자료 그림에서도 그의 눈에 눈물이 맺혀 있는 것을 볼 수 있듯이 마음의 상처를 가지고 있다. 그럼에도 불구하고, 타고난 능력으로 공부도 잘 한다. 또 그는 남녀공학에 다니면서 여학생들에게 동경의 대상이

40) 만화계에서는 이러한 요소를 '트라우마(trauma)'라고 부른다. 만화가들은 주인공의 우수 어린 분위기를 창출하며, 과거의 숨겨진 진실에 대한 독자의 호기심을 유발하기 위해 소위 '트라우마'를 많이 활용한다.

되고 있지만, 이성에는 전혀 관심을 두고 있지 않다.

여성 주인공 역시 '꽃미녀'로 그려지지만, 대부분의 텍스트 내에서는 자신의 아름다움이나 매력을 스스로 깨닫지 못하고 있거나, 평범한 여성이라고 소개된다(자신의 아름다움에 대해 자부심을 갖고 있는 경우는 대개 악녀로 등장한다). 이러한 여성 주인공은 남성의 작은 결함을 채워줄 수 있는 존재로서 닫혀 있는 남성의 마음을 조금씩 열어 본래의 따뜻한 성품을 되찾게 하는 역할을 한다.

이는 순정만화의 여성 주인공이 보살핌의 미덕을 갖고 있음을 보여준다. 이러한 특성은 여성적 정체성의 반영으로도 파악된다. 여성이 스스로의 정체성을 형성하는 과정에서 자신을 다른 사람과의 관계에 입각하여 규정하며, 여성 자신의 업적은 타인을 돌보는 능력에 비춰서 평가하는 성향[41]이 순정만화의 여성 주인공을 통해 드러나는 것이다.

순정만화에서는 이렇게 보살핌의 미덕을 갖춘 여성이 등장하여 여성이 바라는 이상적 남성을 완성시키는 데 주도적인 역할을 한다. 따라서 순정만화의 서사적 줄거리를 따라 읽을 때에는 '백마 탄 왕자'가 평범한 여성을 구원하는 것이지만, 정서적 측면에 초점을 두어 독해를 할 때에는 오히려 여성이 남성의 결함을 채워주며 감정적 생활을 주도하는 역할을 한다고 볼 수 있다.[42]

덧붙여, 모습만으로는 금발처럼 보이는 머리, 긴 팔과 매끈한 다리와 큰 키, 십등신은 되어 보이게 하는 '조막만한 얼굴'을 가진 '꽃미남', '꽃미녀'에 대하여 '서구적인 신체형'이라고만은 할 수 없는데, 그 이유

41) Carol Gilligan은 남자와 여자는 심리적으로 다르며, 이 차이가 도덕적 판단에 직접적인 영향을 미친다고 주장하였다. 예컨대 여성은 사람들 사이의 관계에, 남성은 개인적인 성취에 보다 많은 비중을 두기 때문에 판단기준이 다를 수 있다. 여성의 도덕성은 배려를 기준으로 하며(morality of caring), 남성의 도덕성은 정의(morality of justice)를 기준으로 한다고 보았다(Carol Gilligan, *In a Different Voice: Psychological Theory and Women Development.* Harvard University Press, 1982).

42) 이런 점에서 순정만화가 남녀 간의 불평등한 권력 관계를 재생산한다는 비판은 재고할 만하다.

는 그들에게서 전혀 성적인 매력을 찾을 수 없기 때문이다. 남성 주인공의 팔, 다리는 여성의 것만큼 매끈하며, 털이나 근육 같이 남성성을 보여주는 기호들은 모두 제거되어 있다. 또, 여성 주인공은 대부분 빼빼 말라 육감적인 느낌은 전혀 들지 않는데, 이는 남성 청소년들이 즐겨보는 만화의 '글래머 체형'의 여성과 대비된다.

또 이들은 상대방에 대해서 욕정을 느끼거나 성적 충동을 드러내는 경우가 거의 없다. 단지 '키스' 정도의 장면을 상상하고, 얼굴을 붉히는 정도이다. 이렇게 성애적 요소가 제거된 주인공들의 모습은 이상화된 것이라 할 수 있는데, 극단적인 예는 대부분 순정만화의 주인공들은, 살아 숨 쉬고 있다는 징표인 '콧구멍'이 없다는 데에서 찾을 수 있다.[43] 이렇게 육체성을 제거한 관념적 이상이 '꽃미남', '꽃미녀'로 형상화되었다면, '꽃'은 '아름다움'이라는 의미 외에도 '동물성'과 대척적인 의미를 갖는다.[44]

요컨대, 순정만화의 주인공인 꽃미남, 꽃미녀들은 그 지칭에서 알 수 있듯이 아름다우며, 남성은 능력과 따뜻한 마음을 가지고 있으며, 여성은 보살핌의 미덕을 갖추고 있다. 그러나 이들은 춘향전의 주인공들처럼 서로에게 성적 매력을 강하게 느끼지 않는다. 순정만화의 그림체에 성적 의미를 지닌 기호들이 상당 부분 축소·생략됨은 꽃미남, 꽃미녀들이 관념적 이상의 산물임을 말해준다.

---

43) '코'는 만화에서 중요한 기호로 다루어지는데, 요모타 이누히코(四方田犬彦)는 『만화원론』에서, 코는 등장인물을 특권적인 주인공으로 만들기 위한 역할을 하였던 60, 70년대 일본만화에서는 높고 날카로운 코가 유행하였다고 한다. 그러다가 80년대 주인공들에게 열혈의 풍모가 사라지면서 코가 낮아졌다고 지적하였다(요모타 이누히코(四方田犬彦), 『만화원론』(김이랑 역), 시공사, 2000).

44) 꽃미남을 즐기는 취향은 순정만화 내에 '꽃미남물'이라는 하위 장르를 탄생시키기도 하였다. '꽃미남물'은 '야오이'라고도 불리는데 꽃미남들이 서로 좋아하는 동성애를 소재로 취하고 있다. 그렇지만 이런 류는 '동성애'에 대한 만화라기보다는 꽃미남에 대한 만화라고 보는 것이 타당하다. 독자들은 아름다운 꽃미남이 (애정의 대상을 불문하고) 아름다운 사랑을 하는 것을 보고 싶어 하는 것이다.

(2) 성찰을 통한 사랑의 확인

순정만화는 감정의 만화이다. 애정소설과 마찬가지로 남녀주인공에게 닥치는 사건을 현실적으로 그려내는 것보다 사건을 겪으며 변화하는 주인공들의 감정을 섬세하게 그려내는 것이 순정만화의 미덕이다.

애정소설과 비교하였을 때, 순정만화에서는 주인공의 정서 변화 중 만나서 사랑을 확인하기까지의 과정이 매우 밀도 있게 그려지는 것이 특징적이다. 이로 인해 서사의 진행은 상당히 느려진다. 춘향전의 경우, 춘향과 몽룡이 만난 지 24시간도 되지 않아 백년가약을 하고 첫날밤을 가진 것에 비하여, 순정만화에서는 두 사람이 사랑을 확인하기까지 서사 진행이 매우 느리다.[45]

연애 감정을 지속시키는 느린 서사 진행을 위해서 여자 주인공은 소위 '왕둔치'가 되는 것이 유리한데, 자신에 대해 호감을 가지고 있거나 사랑에 빠진 남성 주인공의 심리를 엉뚱하게 파악하여 오해를 하는 에피소드들이 이어지면서 계속적으로 감정의 드라마가 펼쳐질 수 있기 때문이다. 이렇게 순정만화가 만남과 사랑을 확인하는 과정을 중시하다 보니 이들이 이별이나 시련을 겪으면서 성숙해가는 과정이 춘향전만큼 극적이게 그려지지는 못하는 것도 애정소설과 비교하였을 때의 특성으로 들 수 있다.

순정만화에서는 첫눈에 반해 상대방에게 완전히 빠져드는 맹목적인 '열정적 사랑'이 없다. 아무리 꽃미남으로 그려져도 여주인공들은 처음부터 남성 주인공에게 빠져들지 않는다. '저 사람은 나를 어떻게 생각할까', '저 사람에 대한 내 감정은 어떤 것인가' 등등을 생각하며, 남성 주인공의 주변에 있는 여성을 그의 연인으로 오해를 하기도 하고, 여성 조연들의 충고에도 귀를 기울이며 끊임없이 관계에 대해 생각한다.[46]

45) 연애가 결혼으로 이어지기보다는 사랑을 확인하는 데에서 끝나는 텍스트도 많이 있는 형편이다. 주로 학원물이 그러한데, 현실적으로 이들의 사랑이 결혼으로 실현되는 것은 당분간 유보되기 때문이다.

엇비슷한 오해와 이해를 되풀이하는 과정[47]을 거쳐 처음에는 자신의 세계에 갇혀 타인과 관계에 대해 민감하지 못하던 '왕둔치'인 여성 주인공이 점차 관계와 감정의 세계를 알아가게 된다.

일상적인 느낌을 잘 포착하며, 심리 묘사가 뛰어난 작가로 평가되는 강경옥의 만화는 이와 같은 과정을 잘 보여주고 있다.[48] <라비헴폴리스>는 미래 세계를 배경으로 한 만화지만, 그 주인공의 감정은 현재의 독자들도 충분히 공감 가능한 것이다. 이 작품의 주인공인 하이아와 리안은 기존의 관계를 버리고 연인이라는 관계로 들어가기까지 수많은 감정의 단련을 거친다.

그러한 과정을 통해 하이아는 "악의적인 행동을 이해하는 것, 사랑으로부터 도망치는 행위를 이해하는 것, 자신과는 전혀 다른 사람을 이해하는 것"이 가능하게 되는데, 이로써 하이아는 "자신을 진정한 사랑으로 이끌어 줄 뿐 아니라 자신의 알을 깨고 세상으로" 나오게 된다.[49] 이렇게 성숙해 가는 감정이라는 감정적 차원의 줄거리를 내부에 간직한 강경옥의 만화는 "궁극적으로 '러브스토리'가 아닌 것도 아니지만, 그것만이라고 하기엔 뭔가 많이 허술하다는 듯한 느낌"[50]을 들게 한다.

그렇지만 자율적으로 자신의 사랑을 써나가야만 하는 '낭만적 사랑'은 관계나 자신의 감정에 대한 성찰적인 태도를 요구한다. 이런 관점에서 볼 때, 강경옥의 만화는 전형적인 로맨스를 탈피하는 것이 아니라 로맨스의 한 가능성을 발전시킨 것이라 평가할 수 있다.

---

46) 그래서 순정만화에서는 글이 말풍선이 담겨 있지 않은 경우가 많다. 속마음을 그릴 때 말풍선 밖에 글을 활용하기도 하는 이러한 설정은 순정만화가 인물의 내면에 관심이 많다는 사실을 보여준다.

47) 이 과정에서 주요한 서사적 장치로 쓰이는 것이 무수한 '다각 관계'이다. 좀더 극적인 장치로는 '기억 상실'도 있다.

48) 강경옥 만화의 주인공들은 눈이 크다. 별빛을 담고 있는 듯 미묘한 빛으로 주인공의 내면을 그려내는 것도 강경옥이 심리 묘사에 능하다는 것을 보여준다.

49) 박인하, 「라비헴폴리스: 사람들에게서 사랑을 배운다」, 『고구마(http://goguma.komics.net)』 12호, 2002.2.

50) 박인하, 앞의 글.

이 만화에서 남자 주인공은 자신의 사랑을 고백하면서 다음과 같이 말한다. "때로 살아가는 가운데 '아아… 이 사람과 만나서 잘됐다'라는 경우가 있어. 나에게 있어서는 네가 그 경우야… 그러니까 같이 있고 싶은 거다." 이러한 고백은 그 대상이 반드시 이성일 필요가 없어 보이기도 할 정도로, 일종의 동료애에 가까운 정서를 드러내고 있다.

이는 '열정적 사랑'으로 사랑을 확인하고, 이념적 차원으로 그 사랑을 지속시키는 춘향전과 매우 달라 보인다. 춘향전의 재자와 가인은 순식간에 결합을 이루었지만, 순정만화의 주인공들은 아주 천천히 결합하는데, 이는 '합류적 사랑(confluent love)'으로 사랑이 질적인 변화를 겪는 것을 보여주는 징후로도 해석된다.

'합류적 사랑'은 역시 기든스의 용어이다. '합류적'이라는 표현은 각기 따로 흘러오던 두 개의 지류가 합쳐져 하나의 강물처럼 함께 흐른다는 이미지를 창출하는데 이 이미지는 관계에 대해서도 마찬가지로 적용된다. 즉 "두 사람의 정체성이 과거에는 각기 달랐음을 인정한 위에서, 다가오는 미래의 시간을 향해 사랑의 유대를 공유하고 새로운 정체성을 협상해 가는 그러한 사랑"51)이기 때문이다. 이렇게 관계를 탐색하고, 자신의 정체성을 심문하며 사랑을 키워나가는 과정을 집중적으로 다루는 순정만화는 변화하고 있는 사랑에 대한 관념을 보여주기도 하는 것이다.

(3) 성애적 요소가 빠진 '낭만적 사랑'의 각본

앞선 논의를 간단히 정리하자면, 순정만화에서는 전혀 성적이지 않은, 이상적인 주인공들이 감정(주로 연애 감정)의 드라마를 펼친다는 것이다. 이 드라마의 종착역은 대체로 남녀주인공이 결합하는 것이다. 아직까지 결혼은 안정적으로 사랑을 지속시킬 수 있는 안전한 제도로

51) 앤소니 기든스, 『현대 사회의 성·사랑·에로티시즘』(배은경, 황정미 역), 새물결, 1995, 116면 역자주 참조.

여겨지기 때문에 독자들은 결혼한 후 생겨날 수 있는 무수한 문제들의 심각성은 잠시 잊고, 둘의 사랑이 결혼으로 안착한 것에 만족해한다 그래서 결혼은 '로맨스의 끝'이 되는데, 문제는 결혼이 '생활의 시작'이기도 하다는 점에 있다.[52]

그림 2: <풀하우스>의 결혼식 장면

실로 사랑의 지난한 확인 과정을 거친 결혼은 순정만화의 대단원이니 만큼 아름답게 그려진다. 연인의 밀고 당기는 감정의 실랑이를 16권이나 되는 분량으로 펼쳐내고 있는 원수연의 <풀하우스>에서 주인공들의 결혼은 패션쇼장에서 이벤트 형식으로 화려하게 치러졌다(그림 2). 이때 신부의 드레스는 낭만적 사랑의 상징으로서 매우 중요하게 다루어지는데, "(아이디어가 풍부한 디자이너가 만든) 엘리가 입었던 웨딩드레스는, 그날 끊임없이 웃음을 자아내는 아이디어를 보여, 최고의 피날레로 사람들의 뇌리에 남"는 것이 된다.

결혼으로 끝나는 순정만화는 자발적으로 애정을 느낀 남녀가 '순수한 관계'를 지속시켜 결혼에 이른다는 낭만적 사랑의 공식에 맞는 듯이 보이지만, 한편으로는 근대적 형식의 낭만적 사랑이 결합시켜 놓은 '사랑', '성', '결혼' 중, 성적인 요소가 거의 없다는 특성을 갖기도 한다.

52) 일부 독자들은 결혼으로 모든 문제가 단번에 해결되어 버리는 듯 이야기를 끝내는 대다수의 순정만화에 대하여 순정만화를 주로 그리는 대다수 여성 작가가 결혼을 하지 않았음을 지적하며, 결혼의 '쓴맛'을 모르기 때문에 그렇다고 한다. 그렇지만 이 연구에서는 작가가 몰라서 안 그린 것이 아니라 그릴 필요가 없어서 그리지 않았다는 입장을 취한다.

순정만화에서 성애적인 내용이 다루어지지 않은 것은 두 가지 측면에서 설명할 수 있는데, 하나는 만화에 대한 검열이고, 다른 하나는 성적인 결합보다 연애 감정을 중시하는 수용자의 성향이다.

순정만화에서 성애적인 장면은 웃통을 벗은 남성을 그리지도 못하게 하였던 80년대의 검열 제도 아래서는 아예 불가능한 것이었다. 현재에는 어느 정도 허용되고 있으나, 이현세의 <천국의 신화>에 대한 제재에서도 알 수 있듯이 만화가들에게 완전한 표현의 자유가 주어진 것은 아니다. 이러한 검열의 영향 아래 놓여 있는 현실에서 남녀가 함께 누워 침대에서 자고 있는 장면[53)]은 비교적 파격적인 것이다.

그렇지만 반드시 검열 때문에 성애적인 장면 묘사가 이루어질 수 없던 것만은 아니다. 여성들에게 많이 읽혀지는 '하이틴 로맨스'류의 연애소설에서도 성애적 사건이 이루어질 순간에 갑자기 벽난로의 이글거

그림 3: <풀하우스>의 성애 장면

53) <풀하우스> 제16권, 98~99면.

리는 불꽃이나 흔들리는 촛불을 묘사하는 경우가 많다. 그렇다면 수용자의 성향이 이러한 성애적 장면을 거부한 것으로도 보인다.

앞의 예로 든 그림이 파격적이기는 하지만, 키스 장면 뒤에 이어지는 것은 나란히 누워 자는 장면이다. 거기에 덧붙여진 해설자의 설명은 "그들은… 진정으로 아름다운 부부가 되었다.", "종이꽃처럼 부서지는 아름다운 환영이 계속되었다.", "정말…비로소…사랑으로 일치된 두 사람의 감정의 물결이 풀하우스를 채우고 있었다." 등이다. 그렇게 성애는 "종이꽃처럼 부서지는 아름다운 환영"으로서 관념적 색채를 입고 있다.

이에 대해 비현실적이라는 비판 이전에 순정만화에서 제공하는 성에 대한 관념이 여성에게 어떤 영향을 끼치는지 생각해 보아야 할 것이다. 다음 글은 여성이 '성'에 대해 갖는 막연한 두려움을 잘 나타내주고 있다.

> 나에겐 그 강박관념 덕인지, 강간 다음으로 무서운 것이 섹스다. 고등학교 때까지만 해도 난 섹스와 강간을 구별할 수 없었다. 강간은 폭력이 아니라 섹스라고, 원하지 않았지만 정조를 잃는 수치스러운 일이라고 생각했다. 대부분의 사람들이 그렇게 생각하기 때문에 강간을 당한 여성들이 다시 피해를 보는 것일 게다. 어쨌든, 다른 사람들, 주로 어른들이 강간을 섹스라고 생각하고(정조를 잃게 됨에 대해서) 우리들에게 주의를 주었다면, 나는 섹스를 강간(이라는 치명적인 폭력)이라 생각하고 무서워했다. 나는 섹스를 무서워했으므로 (사실은 대학교에 다니고 여성운동을 하고 있는 지금도 무서워한다) 섹스를 전제로 하는 듯한 연애를 두려워했다.
>
> -신딸기, 「순정만화에서의 강간에 대한 두려움으로부터의 도피 전략」(http://dalara.jinbo.net/webzine0)

위의 고백은 남성의 성적 충동이 여성에 비해 자유롭게 실현되는 현실에서 여성이 어쩔 수 없이 갖게 되는 성에 대한 공포에 대한 것이다. 성에 대한 두려움이 한국 사회의 여성 청소년에게 보편적이라면, 연애와 사랑을 다루면서 성애와 관련짓지 않는 순정만화는 여성의 성에 대한 공포와 두려움을 건드리지 않는 전략을 취한 것이라고도 할 수 있다.

이에 대해 순정만화가 성에 대해 낭만적인 관념을 심어준다고 비판할 수 있지만, 달리 생각하면, 순정만화가 여성들의 공포심을 어느 정도 완화시켜 주며 연애에 대한 막연한 두려움을 걷어내는 '치유의 기능'을 하고 있다고도 볼 수 있다.

정리하자면, 순정만화는 '낭만적 사랑'의 문화적인 각본을 제공하고 있지만, '사랑', '결혼', '성'을 결합시켜 주는 낭만적 사랑의 각본에서 성적인 요소는 생략·축소시키거나 낭만적으로 미화하고 있다고 할 수 있다. 이는 성애보다는 연애를 더욱 중시하는 현재 여성 청소년들의 관념과 성애에 대한 공포와 두려움을 보여주기도 하는 것이다.

5. '낭만적 사랑'의 형성과 변화

이 연구에서는 애정 문제를 다룬 서사물이라는 공통점을 가진 춘향전과 순정만화를 비교하면서 두 텍스트가 근대적 애정의 형식인 '낭만적 사랑'을 각각 어떻게 형상화하고 있는지 고찰하였다. 통시적인 문화적 상황을 이해할 때만이 미래의 문화를 계획하고 전망할 수 있다고 할 때, 과거의 문화적 산물은 현재와 비교 대상으로서 의미를 갖는다.

이러한 관점에서 문화교육에서 중요한 것은 '수평적 문화'와 '수직적 문화'[54]의 교직(交織)이라고 할 수 있다. 이는 곧 동시대의 문화와 과거의 문화를 씨실과 날실처럼 얽히고 설키게 하는 것을 말한다. 문화론이라는 제목을 걸고 있는 연구들이 나오는 추세이지만, 현재의 청소년들이 즐기는 대중문화에 대한 논의는 그리 많지 않은 실정이다. 과거의

54) '수평적 문화'와 '수직적 문화'는 박인기의 용어를 빌려온 것이다. 박인기는 "일상의 현재적 소통 속에서 어떤 의미를 공유하고 언어와 생활의 양식을 공유하게 하는 과정과 현상"을 문화 유산이나 전통 중심의 '수직적 문화'와 구별되는 '수평적 문화'라고 상정하고, "일상의 가치 합리성, 기호적 상징에 대한 반응, 미디어 환경에 적응하는 태도와 양식"을 교육 내용으로 삼기를 제안하였다(박인기, 앞의 글).

텍스트를 대상으로 문화론적 연구를 하더라도 놓치지 말아야 할 점은 현재의 학습자들이 현재의 문화를 이해하고 미래의 문화를 창출하는 데 도움이 되어야 한다는 것이다. 이런 맥락에서 고전 문학교육 연구자들이 주목해야 할 것은 과거의 문화와 현재의 문화를 엮어 짤 수 있는 계기를 찾는 것이라 할 수 있다.

이 연구는 문화교육의 내용이자 문화론적 탐구의 대상으로서 '낭만적 사랑'을 설정하였다. '낭만적 사랑'이라는 문화적인 관념은 수직적 문화와 수평적 문화를 교직시키는 그물코와도 같은 역할을 하며, 춘향전과 순정만화를 연결시킬 수 있는 문화적 매개로 기능한다. 낭만적 사랑이라는 문화적 관념을 공유하고 있는 춘향전과 순정만화의 구도를 비유적으로 설명하자면, '낭만적 사랑'이라는 문화적 관념의 한쪽 끝에는 춘향전이, 다른 한쪽 끝에는 순정만화가 있다고 할 수 있다. 즉 춘향전은 낭만적 사랑이라는 관념의 발생기적인 모습을 담고 있으며, 순정만화는 이 관념이 변화를 겪고 있다는 징후를 보여주고 있다는 것이다.

우선 춘향전은 낭만적 사랑의 발생기 모습을 보여주는 문화적 텍스트로서 분석하였다. 춘향전의 주인공인 몽룡과 춘향은 재자와 가인이라는 이상적인 모습으로 형상화된다. 이는 사랑에 빠진 유일무이한 대상에 대한 이상화를 요구하는 낭만적 사랑의 영향이 문학적으로 형상화된 것이라 할 수 있다. 또 이들이 각각 양반과 기생이라는 점에 주목하였을 때, 낭만적 사랑이 혼외적인 관계에서 발생하였다는 사실을 확인할 수 있었다.

춘향의 애정을 중심으로 보았을 때, 춘향전은 열정적 사랑과 숭고한 사랑의 복합체인 낭만적 사랑의 특성을 잘 드러낸다. 하룻밤만에 성적인 결합까지 이룬 긴박한 열정적 사랑은 열(烈)이라는 이념적 차원으로 승화하면서 비로소 낭만적 사랑의 궤도에 안착할 수 있었다. 서구에서는 종교성이 열정적 사랑을 낭만적 사랑으로 변모시키는 숭고한 사랑의 관념을 제공하였지만, 우리의 경우, 유교 이념이 이러한 역할을 했다는 것이 특징적이다. 이렇게 춘향전은 열정적 사랑이 숭고한 사랑과 결합하여 '낭만적 사랑'의 관념으로 형성되는 모습을 잘 보여주고 있는 텍스트이다.

춘향전에서 사랑의 결말은 암행어사가 되어 나타난 몽룡이 춘향을 구하고 춘향과 결혼을 하는 것이다. 이러한 결말은 소위 '백마 탄 왕자'가 여주인공을 구원하고 결혼에 이르는 낭만적 이상이 투영된 것으로 해석할 수 있다. 그러나 이 각본은 춘향이 써간 자신의 서사이기도 하다. 유일무이한 애정 상대와 영원한 결합을 위해 결혼을 꿈꾸고, 현실화시킨 춘향은 낭만적 사랑을 자율적으로 완성시킨 인물이라는 의미에서, 연애결혼의 문화적 관념을 선구적으로 구현한 문학적 상징이라 할 수 있다.

이와 같은 관점에서 볼 때, 춘향의 저항적인 성격은 재해석될 수 있다. 춘향은 낭만적 사랑의 완성을 위하여 전통적으로 사랑에 간섭하고 관여해 온 신분 제도와, 개인의 감정적인 삶까지 폭압적으로 제약하려 들었던 공권력에 대해 거역관장(拒逆官長)하며 맞선 것이다. 그래서 춘향의 사랑은 사회개혁적인 의미로 비춰질 수 있었고, 춘향은 근대적인 인간[55)]으로 해석될 수 있었다. 춘향전의 낭만적 사랑은 아직 공적인 영역에서 사적인 영역으로 전이되지 않은 상태에서 사회적으로 인증(認證)을 받기 위한 쟁투의 과정을 보여주고 있기에 그 사회적인 의미가 부각되는 것이다.

춘향과 같은 선구적인 문화적 영웅의 활약 덕분에 '낭만적 사랑'이 문화적인 관념으로 공인을 받게 됨으로써 근대적인 의미의 '낭만적 사랑'은 역사적으로 성과 사랑(연애), 결혼이라는 세 범주를 결합시킨 새로운 관념으로 탄생하게 되었다. 즉, 춘향전 이래, 결혼은 사랑하는 사람과 하는 것, 사랑하는 사람과의 성애만이 아름다운 것, 결혼한 사람들의 성애만이 사회적으로 인정될 수 있는 것, 결혼은 사랑의 지속을

---

55) 이상택은 춘향이 근대 사회로 이행해 가는 당대에서 게젤샤프트[이익사회]적인 인간형을 보이고 있다는 점에서 춘향전의 사회사적 의미를 찾았다(이상택, 「춘향전 연구」, 『국문학연구』(3), 서울대 국문학연구회, 1966).

보장해주는 제도라는 것 등등, 성, 사랑, 결혼이라는 세 범주의 다종다기한 결합이 가능하게 된 것이다.

그러나 이러한 낭만적 사랑의 관념은 현재의 순정만화에서 그대로 지속되는 것만은 아니다. 전반적으로 유일한 애정의 대상과 결혼을 통해 영원한 결합을 꿈꾸는 낭만적 이상은 대체로 유지되나 그 내부에서는 변화의 징후가 감지되기도 한다. 그러나 그 변화가 낭만적 사랑이라는 문화적 관념을 질적으로 변화시켜 나아갈 수 있을지는 아직 미지수이다.

변화의 징후를 중심으로 논의를 정리하면 다음과 같다. 순정만화에서도 주인공들이 이상화되기는 하지만, 보살피는 여성상이 부각되었다는 특성을 갖고 있다. 이는 여성이 감정적 삶의 영역에서 남성들보다 우수한 능력이 있음을 보여주기도 한다. 또, 순정만화는 사건 위주의 서사적인 줄거리 속에 '관계와 감정에 대해 성숙해 가는 여성 주인공의 내면의 흐름'이라는 또 다른 줄거리를 갖고 있다.

이는 춘향전의 '벼락'과도 같은 열정적 사랑이 사라진 상태에서, 관계와 감정에 대한 성찰성이 높아졌다는 것을 의미한다. 한편, 여전히 결혼으로서 끝맺는 순정만화가 많다는 것은 결혼으로 사랑의 영원성과 아울러 미래에 대한 안정성이 보장된다는 문화적 각본이 설득력을 잃지 않고 있다는 것을 말해준다.

그리고 순정만화의 가장 특징적인 면모는 낭만적 사랑의 세 요소 중 '성(sex)'을 축소·제거시킨 데 있다. 여성이 성에 대한 공포나 두려움을 갖는 것이 보편적인 현상인지, 현재 한국 사회에서만 특수하게 존재하는지는 것인지는 판단하기 어려우나, 순정만화는 이러한 성에 대한 공포나 두려움을 완화시켜주는 기능을 하기도 한다. 이렇게 청소년들이 즐기는 대중문화인 '순정만화'는, '한갓 로맨스'라고 치부하기에는 우리의 정서적 삶과 현재의 문화에 대해서 많은 것을 이야기해주고 있다.

순정만화에서는 춘향전에서와 같은, 신분을 초월하여 상대방에게 눈이 멀어버리는 열정이 없으며, 따라서 열정을 지속적으로 보장해 줄 이념도 없다. 그러므로 순정만화는 춘향전이 가지고 있던 사회적 성격을 많이 상실하였다고도 보인다. 순정만화의 비사회성은 낭만적 사랑이 이미 공적인 영역의 승인 아래, 사적인 영역의 문화적 각본으로 인정되고 있음을 시사하는 것이다. 그러니까 낭만적 사랑은 더 이상 공적인 영역과의 부딪침 없이 사적인 영역의 문제로 당연히 받아들여지고 있는 것이다.

낭만적 사랑의 세 가지 범주 중, 순정만화에서 주로 다루고 있는 것은 '사랑(love)'이다. 결혼이 여전히 유의미한 결말이 되고 있기는 하지만 순정만화에서는 연애 감정에 많은 비중을 두고 있으며, 이 연애는 성애적인 요소를 축소·결핍하고 있다. 이런 점에서 볼 때, 순정만화는 이미 근대적인 낭만적 사랑의 관념을 해체하고 있는 것으로 보인다. 낭만적 사랑이 사랑, 결혼, 성이라는 서로 다른 범주를 한 데 합쳐 놓은 것이라면, 순정만화는 이 범주들을 다시 떼어놓고 있기 때문이다.

이와 같은 현상은 현대 사회에서 결혼과 성이 중시되지 않는다는 것을 말하는 것은 아니다. 오히려 사랑, 결혼, 성이 개개인의 삶으로 통합되고 있지 않다는 것을 의미한다. 만화의 주인공들에 대해서도 수용자들은 '연애하고 싶은 남자 주인공'과 '결혼하고 싶은 남자 주인공'을 나누어 생각할 정도로 연애와 결혼은 별개의 문제이다.[56]

또, 2002년에 개봉된 영화인 <결혼은 미친 짓이다>에서도 결혼은 조건과 능력이 좋은 사람과, 연애는 사랑하는 사람과 하며, 성은 결혼한 사람과도 연애하는 사람과도 즐기는 여주인공을 볼 수 있다. 이처럼 결혼, 사랑, 성은 개인에게 각각 협상 가능한 대상이며, 개인이 어느 정도 자의적으로 결합시킬 수 있는 범주가 된 것이다.

이렇게 순정만화는 일반적으로 낭만적 사랑을 그린 텍스트라고 받아들여지지만 기실은 낭만적 사랑이라는 문화적 관념이 재편 혹은 해체되고 있음을 징후적으로 보여주는 텍스트이다. 살펴본 바와 같이 순정만화에서는 정서적 주도권을 쥐고 있는 여성 주인공이 감정과 관계에

56) 키키편집부, 「그들이 없다면 세상은 재미없다」(http://kiki.patzzi.com/199912).

대한 성찰을 통해 성숙해 가는 내용을 주로 그리고 있다. 이처럼 순정만화는 관계 그 자체에 주목하는 경향을 보이는데, 이는 외부의 사회적 조건에 영향을 받지 않는 두 사람 간의 인격적, 감정적 관계인 '순수한 관계(pure relationship)'에 대한 탐구라고 해석할 수 있다.

'순수한 관계'란 성적이지 않다는 일반적인 의미가 아니라 외부의 사회적 조건에 영향을 받지 않는 두 사람 간의 감정에서 비롯되었으며, 애정 관계가 그 자체의 내재적인 성격에 의해 지속된다는 의미를 갖는다.[57] 기든스의 논리를 따르면, 순수한 관계는 낭만적 사랑에서 발생하였으나, 낭만적 사랑을 변화시킬 내적 동인이기도 한데 이 순수한 관계에 의해 낭만적 사랑은 합류적 사랑으로 질적 변화를 도모할 수 있기 때문이다. 이런 관점에서 순정만화는 순수한 관계 안에서 사랑과 성, 결혼을 두 인격적 주체 간의 협상 가능한 대상으로 삼을 수 있는 가능성을 제시하는 문화적 텍스트라고 할 수 있다.

그런데 순정만화에서 관심과 탐구의 대상이 되고 있는 이 '순수한 관계'에 대한 평가는 엇갈릴 수 있다. 사랑의 대상에 대해 적극적인 관심과 애정을 쏟으며, 관계 밖에 있는 사람들에 대한 불필요한 의존이나 간섭을 줄일 것을 요구하는 순수한 관계로 인하여 춘향은 전통적으로 개인을 속박해왔던 사회적 관계에 저항하면서 개인의 사랑할 자유를 주장할 수 있었다. 이처럼 순수한 관계는 근대를 사는 사람들에게 '끈적끈적하고 부담스러운 봉건적 관계'를 청산하는 데 결정적 역할을 하였으며, 개인주의에 기반한 새로운 관계와 새로운 도덕성을 확립하는 토대가 되었다.[58]

이렇게 역사적으로 순기능을 해온 순수한 관계는 현대 사회에서도 그 의의를 인정받아, 성적, 감정적으로 평등한 관계로서 기존의 성차별적 권력 형태에 대해 저항적인 의미를 지니고 있다고 평가할 수 있다.

---

57) 앤소니 기든스, 앞의 책, 28면.
58) 조혜정, 「결혼, 사랑, 그리고 성」, 『새로 쓰는 사랑이야기』, 또 하나의 문화, 1991, 35면.

그렇지만 낭만적 사랑의 순수한 관계라는 것은 오히려 남성과 여성의 불평등한 권력 관계를 은폐하는 이데올로기가 되고 있다고 지적할 수도 있다. 낭만적 사랑의 관념은 여성들에게 공적 영역을 자발적으로 포기하도록 권유하여 즐겁게 가정에의 종속을 선택하게 함으로써 가부장적인 권력 관계를 반복하고 강화하는 측면이 있기 때문이다.

순수한 관계에서 두 사람 간의 인격적인 관계에 대한 협상이 진행된다고 할 때, 이 사적인 분야에서는 낭만적 사랑을 꿈꾸고, 간접적으로 경험하면서 이 분야의 능력을 발전시킨 여성들이 전문가가 될 수 있을 가능성이 크다. 친밀성[59]을 중시하는 사적인 영역이 부각되어 정서적인 만족을 경제 성장의 극대화보다 더욱 중시하는 세상이 도래한다면 이 순수한 관계로 인해 사적인 영역에서도 민주주의가 실현될 수 있을 가능성도 보인다. 그러나 그러한 때가 오기 전까지는 순수한 관계를 중시하여 여성 청소년들로 하여금 공적 영역에 대한 자기 계발과 참여를 스스로 포기하게 하는 순정만화의 낭만적 사랑에 대해서 비판적인 태도가 유효할 것으로 판단된다.

6. 결론: '비판'과 '즐김'의 대중문화 교육

이 연구는 만화에 대한 국어교육적인 관심의 폭을 확장시키려는 의도에서 행해졌다. 문화교육이 구체적으로 논의되고 있는 현재 청소년이 즐기는 대중문화인 만화에 대하여, 매체로서의 관심뿐만 아니라 대중문화와 청소년문화로서의 관심이 필요하다고 생각된다. 이 둘을 함께 강조하는 이유는 대중적인 문화생산물에 대한 '비판'과 '즐김'이 병행할

---

59) 기든스는 친밀성을 평등한 두 사람 간의 인격적인 관계에 대한 협상이라고 본다. 사회학자인 그가 이 영역에 주목하는 이유는 공적 영역에서 민주주의가 실현된 것과 완전히 상응하는 방식으로, 개인 간의 상호작용 영역이 전면적으로 민주화되는 것을 함축하기 때문이다(앤소니 기든스, 앞의 책, 29면).

때만이 자신의 즐거움마저 성찰할 수 있는 주체, 또 자신이 즐기는 문화를 스스로 만들어 나아가는 주체의 형성이 가능하기 때문이다.

낭만적 사랑의 이상은 남성보다는 여성이 자신의 삶을 계획하고 성찰하는 데 오랜 기간 영향을 끼쳐 왔다. 이를 달리 보면, 낭만적 사랑은 문화적 각본으로서 여성이 자신의 사랑을 '써나아가는' 데 있어서 모방의 대상이 되는 이데올로기로 기능해왔음을 의미한다. 여기서 이데올로기는 단지 개인이 자신의 관념을 조직하고 인간과 세계에 대한 상을 만들어내는 역할만을 하는 것이 아니라 자신에 대한 상을 만들어내고, 그것을 바탕으로 세계 속에 자신을 위치 짓는 적극적인 역할을 하는 것이다.[60] 이 이데올로기로 인하여 개인들은 자신의 신념과 의지, 실천력을 가진 주체(subject)가 된다. 이런 의미에서 낭만적 사랑의 이데올로기는 여성적인 주체로서 개개인이 자신의 정체성을 만드는 재료가 되는 것이라 할 수 있다.

따라서 문제는 '낭만적 사랑은 이데올로기일 뿐이다'라고 비판하며 폐기해버리는 데 있지 않다. 이데올로기 없이 개개인이 각자의 정체성을 만들며, 세계 속에 자신의 위치를 스스로 만들어내는 것은 불가능하기 때문이다. 더욱이 낭만적 사랑의 이데올로기는 이미 여성 청소년들의 정체성의 일부가 되어 있다. 이러한 상황에서 이 이데올로기에 대한 교육적인 조치는 낭만적 사랑이라는 문화적 관념을 성찰적인 태도로 자신의 삶으로 수용하기, 또는 이미 자신의 정체성의 일부인 낭만적 사랑을 비판적으로 읽음으로써 자기 정체성을 성찰적으로 재구성하기가 되어야 할 것으로 판단된다.

60) 이데올로기에 대한 다양한 정의는 이글턴의 『이데올로기 개론』(여홍상 역, 한신문화사, 1994), 1장 참조. 이 책에 제시된 이데올로기에 대한 다양한 정의 중, 이 글에서는 이데올로기를 '개인 주체에 특정한 위치를 부여하는 것', '정체성 사상', '사회적으로 필요한 환영', '의식적 사회 행위자들이 그들의 세계를 이해하는 매체', '행동지향적 신념 체계', '개인이 사회 구조에 대한 관계를 체험하는 필수적 매체', '사회 생활이 자연적 현실로 전환되는 과정' 등의 의미로 포괄적으로 사용하였다.

조한혜정은 낭만적 사랑이 행위자의 성찰성 없이 모방의 대상이 되는 것을 상투적이라고 비판하였다. 즉, 낭만적 사랑의 관념을 아무런 비판 없이 수용하고, 그것을 주체성 없이 자신의 삶의 각본으로 받아들이는 것은 행위자가 자신의 행위를 자신의 생각대로가 아니라 밖에서 주어진 정해진 각본대로 연기하는 것으로서 자신에게 어울리지도, 체화되지도 못한 역할을 어리석게 반복하는 것과 다름없다는 것이다.[61]

많은 문학 작품에서도 문화적 각본을 성찰성 없이 모방하는 상투적 삶을 경고하기도 하였다. 플로베르의 <보바리 부인>의 주인공인 엠마 보바리는 그녀가 사춘기 시절에 읽었던 삼류소설의 여주인공들의 생활에서 암시 받은 욕망을 모방한다. 지라르가 지적하듯 그녀는 스스로를 현재의 자신과는 다른 사람으로 생각하려는 목표에 도달하기 위해 '모델'을 하나 정하고, 그들이 그렇게 되기로 결정한 인물들에게서 모방할 수 있는 모든 것을 모방한다.

자신의 자발적인 욕망이 아니라 타인에게 암시받은 욕망을 가진 주인공이 결국 그 허영심[62]으로 인하여 파멸에 이르는 내용을 담은 <보바리 부인>은 낭만적 사랑과 텍스트 속의 낭만적 사랑의 주인공을 모방하는 태도에 대한 일종의 경고로 받아들여진다. 또 박완서의 <휘청거리는 오후>에서 낭만적 사랑을 꿈꾸고 실현하려하였던 '우희'가 좌절하는 모습에서 성찰성 없는 모방이 초래할 비극적 결말을 엿볼 수 있다.[63]

---

61) 조한혜정, 앞의 글, 34면 참조. '상투성'은 제3세계에서 서구적인 문화적 각본을 표피적으로 수용하는 현상에 대해 비판하며 쓴 말이다. 그러나 문화적 각본을 무비판적으로 수용하여 자신의 삶의 서사를 대치하는 현상에 대해서도 확장적으로 쓸 수 있다고 생각한다.

62) 지라르는 보바리의 욕망을 다른 주체들을 통해 얻어진 낭만적인 욕망이라고 분석하였다. 이 낭만적인 욕망으로 인하여 보바리는 낭만적인 여주인공들을 모방하여 자기중심적이고, 육감적인 시골 신사를 멋진 왕자님으로 오해하였다. 또 그녀는 파리 사교계를 환상적인 욕망의 대상으로 생각하였다. 지라르는 허영심이 어떻게 대상을 변화시키는지 다음과 같이 설명한다. "모조 태양인 중개자(필자 주: 모방의 대상)에게서 쏟아지는 신비로운 햇빛은 대상을 거짓 광채로 번쩍이게 한다."(르네 지라르, 『낭만적 거짓과 소설적 진실』(김치수, 송의경 역, 한길사, 2001, 60면).

63) 박완서의 <휘청거리는 오후>를 낭만적 사랑의 관점에서 자세히 분석한 결과는 조

낭만적 사랑에 대한 가치 평가는 시대에 따라 달라질 수도 있으나, 어떤 문화적 각본이든 그것을 자신의 삶에 수용하는 자세에 성찰성이 필요하다 할 수 있다. 그리고 그 성찰성은 '연애 따로, 결혼 따로' 생각하며, 낭만적 사랑의 각본에 대해서는 한시적 유효성만 인정하는 영악함[64]과도 구분될 것이다. 낭만적 사랑은 무조건적인 폐기나 비판의 대상이 아니라 발전시키며 변화시켜야 할 문화적 각본으로서 우리와 함께 있는 것이며, 그 문화의 변화 과정에 우리가 참여하지 않으면, 아무리 좋고 새로운 문화적 각본이 수입되어 모방의 대상이 된다고 하더라도 우리는 결코 상투적이며 피상적인 '겉도는 삶'의 운명을 벗어날 수 없다. 그런 의미에서 '즐김'의 문화에 대한 '비판', '비판'을 통해 형성된 문화를 다시 '즐김'이라는 끊임없는 순환 고리를 형성하게 하는 것이 대중문화에 대한 교육의 요체라고 생각한다.

한혜정의 앞의 글, 38~39면 참조.

64) 문화인류학적으로 행해진 연구의 면접 결과, 여성 청소년들은 '로맨스는 소설, 순정만화에만 있는 것'으로 생각하였다(곽선영, 앞의 글, 참조). 이는 여성 청소년들의 일탈적 해독 가능성을 보여주는 것이라기보다는 자신이 즐기는 문화와 자신의 삶의 연결 고리를 진지하게 고려하지 않는 피상성을 드러낸다고 파악된다.

4부: 춘향전 만들기

드라마 〈춘향전〉과 영화 〈춘향뎐〉의 비교

-재현 대상과 재현 방식을 중심으로

1. 서론: 왜 계속 <춘향전> 영화가 만들어지는가?

춘향 이야기는 80여 편의 이본으로 존재할 뿐 아니라 설화, 판소리, 필사본, 인쇄본, 창극, 연극, 영화, 텔레비전 등 다양한 매체로 연행되었다. 이렇게 매체 환경을 포함한 현실은 계속해서 변화함에도 불구하고 춘향전이 통시적으로 재생산되고 있는 현상은 <춘향전>의 고전성을 확인시켜 준다. 춘향전 영화의 경우, 1923년에 일본인 감독(早川孤舟)에 의해 한국에서 최초로 제작된 영화로 만들어진 이래, 지금까지 16번에 걸쳐 영화화가 이루어졌다. 그 중에는 최초의 유성 영화(이명우, 1935)도 있었으며, 한 해에 함께 개봉된 두 영화(홍성기, 신상옥, 1961)도 있었다. 최근에는 임권택의 <춘향뎐>이 국제 영화제에서 두각을 나타내 관심이 집중되기도 하였다.[1] 이처럼 영화화된 춘향 이야기는 한국 영화 역사의

1) 지금까지 나온 춘향전 영화를 연대순으로 정리하면 다음과 같다.
하야카와 고슈, 1923, 춘향전 ※한국에서 만들어진 최초의 영화/ 이명우, 1935, 춘향전 ※ 한국 최초의 발성 영화/ 이규환, 1935, 그 후의 이 도령/ 이규환, 1955, 춘향전/ 김향, 1957, 대춘향전 ※창극/ 안종화, 1958, 춘향전/ 이경춘, 1960, 탈선 춘향전/ 신상옥, 1961, 성춘향/ 홍성기, ·96·, 춘향전 ※국내 최초 천연색 시네마스코프/ 이동훈, 1963, 한양에서 온 성춘향/ 김수용, 1968, 춘향/ 이성구, 1971, 춘향전 ※국내 최초 70mm 영화/ 1972, 이형표, 방자와 향단이/ 박태원, 1976, 성춘향전/ 한상훈, 1987, 성춘향/ 앤디 김, 1999, 성춘향전 ※극만화영화/ 임권택, 2000, 춘향

의미 있는 국면을 장식해오며 끊임없이 재창작되어 왔다.

이렇게 이미 춘향 이야기가 여러 번 영상화되었음에도 다시 새로운 춘향전 영화를 제작하는 이유와 배경이 무엇인지 연출자의 발언을 통해 짐작해 볼 수 있다.

> <춘향전>은 그것을 영상이나 무대로 재현하는 과정에서(그야말로 조금씩) 다른 모습으로 표현돼 온 게 사실이다. 만드는 연출자들이 앞의 것과는 무언가 다른 새로운 걸 작품 속에 집어넣고 싶어했기 때문이다. 그래서 <춘향전>의 재해석이란 말이 자주 거론되었다. (……) 이것은 주로 <춘향전> 내용에 대한 의심에서부터 시작하여, 현재 시점에서 '춘향전 뒤집어 보기' 같은 시각, 대중들의 흥미를 끌기 위한 아이디어 차원이었다. (……) 그러나 크게 보면 <춘향전>은 달라진 게 없다. 아무리 다른 배우가 등장하고 조금씩 내용을 달리 해도 춘향은 우리가 늘 보던 그 춘향이다(라고 우리는 생각한다)[2)]

춘향 이야기가 자주 영상물로 변용된 데에는 '새로운 춘향전'을 만들어보려는 의욕이 많이 작용하였다. 연출자들이 "앞의 것과는 무언가 다른 새로운" 것을 작품 속에 집어넣고 싶게 하는 동인은 우선 <춘향전> 자체에서 찾을 수 있다. 오랜 세월 적층되는 과정에서 풍부한 의미를 축적한 <춘향전>은 독자의 해석적 참여가 요구되는 작품이다. 즉, <춘향전>은 다기한 의미 작용을 독자에게 행하기에 독자는 해석적 의미를 만들기 위해 이면을 훑고, 인물과 사건을 깊이 이해하려는 노력을 하면서 심도 깊은 춘향전 읽기를 수행하게 된다는 것이다. 그러는 과정에서 독자는 춘향전의 해석적 의미를 정초하게 되는데, 그 의미가 이미 누군가에 의해 발견된 것이라 할지라도 독자는 작품와 대화를 통해 생산한

던. 이밖에 신상옥, 1884, 사랑 사랑 내 사랑 ※북한에서 제작된 뮤지컬 영화.

2) 김한영, 「21세기 영상예술에서의 춘향」, 『춘향과 21세기 한국 문화』, 판소리학회 발표문, 2000.

의미를 자기의 것이라 믿으며 그것을 주장하고 싶게 된다. 이렇게 <춘향전>은 통시대적으로, 그리고 개별적으로 수용자와 관계를 맺을 수 있는 '관계적 가치'를 지닌 고전(古典)이기에 춘향전 영화의 생산자들은 자신들이 해석한 의미를 중심으로 재현 대상과 재현 방식을 변용시키면서 "<춘향전>의 재해석"이라는 자부심을 갖는 것이다.

또 다른 요인으로 들 수 있는 것은 <춘향전>의 존재 방식이다. <춘향전>은, 유일성의 권위가 부여된 원전이 없는 적층문학이다. 이로 인해 영화화된 판본의 작자들은 정통성 있는 원전으로 돌아가 자신의 해석을 수정하거나 보완하지 않는다. 위에 인용한 자료에서도 '원전에 충실한 것'보다는 "앞의 것과 무언가 다른 것"이 중요하다는 점도 이와 같은 추정을 뒷받침해 준다. 물론 이들이 판소리 대본이나 방각본, 기존 영화나 드라마 등을 전혀 참조하지 않았다는 것은 아니다. 그러나 그들이 참조한 모든 춘향전은 단지 춘향 이야기의 여러 해석본 중에 하나에 불과한 것이다. 원전이라고 규정할 만한 텍스트가 없다는 자유로움이 감독이나 연출자의 해석적 상상력을 높이고, 자기의 이본(version)을 만들어내도록 하는 데에 영향을 주었을 것으로 파악된다.

마지막으로 들 수 있는 <춘향전>의 흥행성이다. 앞으로도 <춘향전>이 흥행의 보증 수표가 될 수 있을지는 확실하지 않다. 그러나 지금까지 춘향 이야기를 다룬 영화가 영화사에서 중요한 대목에 위치했었던 사실은 영화적 실험을 할 수 있을 정도로 춘향 이야기에 흡인력이 있음을 보여준다. 한편, 연출자나 제작자의 입장으로서는 대다수 수용자가 이미 춘향 이야기를 많이 접해보았으며, 그러한 경험을 통해 그 서사 내용을 충분히 알고 있다는 사실은 부담으로 작용할 수 있을 것이다. 수용자는 여러 이본의 춘향전 경험을 통해 이상적 춘향전이라는 원형을 자신의 의미망 안에 가지고 있으며, 이러한 원형이 재현되는 춘향전 영화라면 다시 볼 흥미가 반감될 것이기 때문이다. 그래서 생산자들은 이전의 춘향 이야기와 다르다는 표지를 여러 곳에 만들어 놓으면서 수용자들의 마음속에 있는 춘향 이야기와 차이를 강조한다.

그래서 인용문에서 언급하고 있듯이, 새로운 <춘향전>을 만들어 내기 위해서는 기존 춘향전에 대한 창조적 해석뿐만 아니라 "대중들의 흥미를 끌기 위한 아이디어 차원"의 변용도 행할 필요가 있다. 예를 들어, 영화화된 춘향 이야기의 제목이 <한양에서 온 성춘향>, <탈선 춘향전>으로 설정되는가 하면, 전통적인 여성상과 다른 신세대 춘향이라고 선전하기도 한다. 혹은 고증에 철저했다거나 판소리를 영화화한다거나 접근을 달리하여 새로운 춘향전을 만들었다는 제작 방식의 차이를 강조하기도 한다. 비록 이러한 고려가 상업적인 기대에서 이루어진 측면이 있다고 하더라도, 이렇게 차이를 만들어 내려는 생산자의 고민은 수용자들의 춘향 이야기에 대한 기대 지평을 상승시키면서 춘향 이야기를 당대의 문화적 상황에 접목시키는 주요 동인이 되었다.

이렇게 영상 연행의 연출자라고 할 수 있는 드라마 프로듀서나 영화감독들은 기존의 춘향전과 차이를 강조하며, 자신의 이본을 만들어 내었다. 그들은 재현의 대상이 되는 서사 내용을 바꾸거나, 인물의 형상을 새롭게 창출하거나, 영상물의 재현 방식을 변형하면서 춘향전을 새롭게 의미화하였다. 다른 매체로의 전환은, 문자 매체의 문법에 따라 표상된 서사 내용을 단지 영상 매체의 문법으로 바꾸어 재현하는 것이 아니라 의미의 변용까지 포괄한 문제이다. 즉, 어떤 여배우를 선택하느냐, 어디서 촬영을 할 것인가 하는 고민도 <춘향전>의 의미에 대한 해석의 과정이라는 것이다. 따라서 영상물 연출자들의 작업은 구태의연한 서사의 반복이 아니라 <춘향전>이 제기하고 있는 문제에 대한 답변으로서 <춘향전>에 대한 해석이자 비평의 실천이라고 할 수 있다.

이 연구는 이러한 영상물을 교육의 현장에서 자료로 활용할 때, 어떠한 교육적 조치가 있어야 할 것인가 하는 고민에서 시작되었다. 영상물이 춘향 이야기에 대한 정확한 재현이 아니라 특정한 개인적, 시대적 관점에서 비롯된 해석물이라는 지위를 갖는다면, 이를 <춘향전>을 쉽게 이해하기 위한 보조 수단으로 활용하는 것은 문제가 있다고 판단하기 때문이다. 더욱이 '보는 것은 믿는 것이다'라고 할 만큼 영상 자체는 서사 세계에 대한 상상을 고정시키는 속성이 있음을 부정하기는 힘들다. 따라서 영상 연출자의 해석적 관점에 대한 고려 없이 영상물이 제시한 <춘향전>의 의미를 확정적으로 받아들이는 것은 학습 주체와 <춘향전>의 새로운 관계 맺기를 제한할 위험성을 안고 있기도 하다. 그래서 이 연구는 해석적 대화에 열려 있는 진정한 '고전'으로서 춘향전을 가르치기 위해서라도 <춘향전> 영화를 읽을 수 있어야 한다고 제안한다.

이 연구에서는 1996년에 KBS에서 제작되어 텔레비전에서 추석 특집극으로 방영된 최상식 연출의 <춘향전>과 2000년에 태흥영화사에서 만든 임권택 감독의 <춘향뎐>을 비교하며, 두 영상물이 각각 <춘향전>을 어떻게 해석하고 있는지, 그리고 관객에서 그 의미를 어떠한 표상 방식으로 설득하고 있는지 분석할 것이다.[3] 텔레비전 극과 영화를 자료로 택한 이유는 다음과 같다. 두 작품이 가장 최근에 제작된 영상물이며, 하나는 영상 매체의 관습을 충실히 따르고 있고 다른 하나는 영상 매체의 새로운 가능성을 실현시켜, 의미화 전략인 재현 방식의 차이를 논하기에 유용한 대상이 되기 때문이다. 그리고 이 두 작품은 재현하고 있는 대상에 대해서도 다른 접근법을 취하고 있다. 하나는 고증에 철저하기보다는 관례적으로 활용된 배경과 소품 등을 등장시키고, 현대적인 모습으로 춘향을 표상하였다. 다른 하나는 철저한 고증을 통해 판소리가 널리 향유된 전통 사회에 있었음직한 배경과 소품, 인물 등을 등장시켰다. 덧붙여, 이 두 작품은 전혀 다른 제작 환경에서 만들어져 각각 안방과 극장이라는 수용 환경에서 상영되었다. 그러나 이 연구에서 이와 같은 매체 환경에 대한 심도 있는 분석과 실제 수용자에게 두 작품이 어떻게 의미화 되었는지에 대한 실증적인 연구는 시도하지 못하였음을 밝힌다.

3) 이하 논의에서 임권택 감독의 영화 <춘향뎐>은 <임본>으로, 최상식 연출의 드라마 <춘향전>은 <최본>으로 명명하겠다.

2. 텔레비전 극 <춘향전>과 영화 <춘향뎐>의 비교

1) 재현 대상의 차이

<최본>이나 <임본>은 모두 춘향이와 몽룡이 만나서 사랑을 나누는 이야기가 펼쳐지는 가상 세계를 재현 대상으로 취하고 있다. 그래서 그 세계에 속한 사람들과 사물들, 사건들이 서사적 존재물이 될 것이다. 이 절에서는 인물, 배경과 소품, 사건으로 나누어 두 작품에서 서사적 존재물들의 형상화 방식의 차이를 논하고, 그러한 방식의 차이가 어떤 의미를 갖는지 살필 것이다.

(1) 춘향의 외모

대부분의 <춘향전> 이본에서 춘향의 외모는 구체적으로 묘사된 적이 없다. 완판본에서 춘향의 외모가 언급된 부분을 살펴보면, "난초같이 고운 머리", "세류 같은 고운 몸", "낙포 선녀, 무산 선녀" 등 비유적인 표현이 사용될 뿐이다. 이러한 비유는 비록 객관적 대상을 사진처럼 재현해내지는 못할지라도 수용자의 관념 속에서 가장 아름다운 여인으로 '해도 같고, 별도 같은' 춘향을 그려내게끔 하는 효과를 갖는다. 연출자들은 자신의 관념 속의 춘향의 모습에 근접하는, 혹은 당대의 수용자에게 가장 아름다운 여성으로 여겨질 여배우에게 춘향 배역을 맡겼다. 이러한 점에서 춘향 역을 담당한 배우의 외모는 여성의 아름다움에 대한 당대의 관념을 충실히 반영하는 기호체라고 할 수 있다. 또 작품의 주제적 의미에 대한 해석에서도 춘향이라는 인물을 이해하는 것은 중요한 지표가 되기도 한다.[4] 그러므로 영상물에서 춘향의 외모는 춘향이

4) 졸고, 「춘향전 개작 텍스트의 서사 변형 연구」, 서울대 석사학위논문, 1997, 33~37면 참조. 이 연구에서는 '기생인 춘향'과 '기생 아닌 춘향'이 텍스트의 單意化에 기여하는 분류적 의미 지표로서 춘향을 어떻게 보느냐에 따라 <춘향전>의 주

라는 인물과 <춘향전>의 주제에 대한 해석적 지표라고 할 수 있다.

기존의 <춘향전> 영화에서 춘향 역할을 맡은 인물은 조미령, 최은희, 김지미, 문희, 홍세미, 장미희, 김희선, 이효정 등이다. 이들 중에는 춘향역을 맡기 전에 해 왔던 역할이 만든 페르소나를(persona)[5] 활용한 경우도 있고, 신선한 이미지의 춘향으로 새롭게 발탁된 경우도 있다. 전자의 대표적인 배우로 최은희를 들 수 있다. 신상옥 감독의 <춘향전>에서 감독의 부인이었던 최은희는 출연료를 받지 않고, 35살의 나이에 현숙한 이미지의 춘향으로 남편의 영화에 출연하였다. 실제로 이 배우는 주연을 맡았음에도 불구하고, 다른 배우들을 위해 음식도 장만하였다고 하는 영화계 소식이 화제가 될 정도로 감독의 아내 역할에 충실하였다고 한다.[6] 이와는 달리, 첫 춘향 역을 맡은 배우인 한룡은 실제로 기생이기도 하였으며, 한상훈 감독에 의해 캐스팅된 장미희는 적극적인 성적 유혹자로서 이미지를 가졌다. 후대로 올수록 춘향은 더 젊고, 발랄한 이미지로 표상되는데, 춘향으로 선발되어 새롭게, 혹은 비로소 인기배우가 되는 경우가 많다. 분석 자료로 삼고 있는 영화의 여주인공은 바로 이러한 맥락에 위치하고 있다고 할 수 있다.

사진 1: <최본>의 춘향, 김희선

<최본>과 <임본>에서 춘향은 신인 배우가 연기함으로 인해 기존의 페르소나를 활용하기보다는

제적 의미가 어떻게 달라질 수 있는지 검토하였다.

5) 페르소나는 마스크(mask)란 뜻의 라틴어로 이전에 맡았던 극중 역할이나 종종 실제 성격과도 부합되는 배우의 대중적 이미지를 말한다.

6) 노향복, 「춘향의 성격변화와 분장의 변화에 관한 연구」, 한성대 석사학위논문, 2003, 92면.

새로운 춘향 이미지의 창출에 필요한 이미지를 제공하였다. <춘향전>에 캐스팅된 배우 김희선(<사진 1>)은 일반적으로 알고 있는 고전적인 미인은 아니다. 당시 신인 배우로서 인기를 더해가고 있었을 때 캐스팅된 '김희선'은 서구적인 미인형으로 당시의 사람들이, '참 예쁘군'이라고 생각할 수 있었다.

한편, <춘향뎐>에서 춘향 역을 맡은 배우는 이효정이라는 신인 배우였다.(<사진 2>) 짙은 쌍꺼풀과 갸름한 얼굴, 날씬한 몸매의 김희선과는 달리, 이효정은 둥그스름한 얼굴에 뚜렷하지 않은 쌍꺼풀과 도톰한 입술, 통통한 볼이 특징적이다. 여성의 미에 대한 취향은 개인마다 다를 수 있지만, 이효정의 외모는 시대적 기준에서 볼 때 '대중들의 이상형'은 아니다. 이 배우를 심사하고, 발탁한 심사위원들은 "서구적 미남미녀 스타일이 아닌 순수하고 신선한 얼굴"[7]이라는 평을 내렸다고 한다. 그들은 제작 시기의 대중이 원하는 춘향의 상이 아니라 춘향 이야기가 판소리로, 고전소설로 연행되던 시대의 사람들이 상상했을 법한 춘향의 상을 이 배우의 외모에서 발견했던 것이다. 김희선이 20세에 춘향 역을 맡았는데, 이효정은 춘향과 같은 나이인 16세에 춘향을 연기했던 사실도 <임본>이 전통 사회에서 춘향 이야기가 연행되던 당시에 있을 법한 춘향을 재현하려했음을 알려준다.

사진 2: <임본>의 춘향, 이효정

여배우의 기용에서 두 영상물의 근본적인 차이가 확인된다. <최본>은 제작 방영 당시의 대중들이 관념 속에서 가장 아름답다고 여길 만한 기존 배우를, <임본>은 전통 사회에서 춘향이로 수용

---

7) 태흥영화사 편, 『춘향뎐』, 서지원, 2000, 69면.

되었음직한 인물을 캐스팅하였다. 만약 춘향이 실존했던 인물이고, 그가 다시 살아와서 텔레비전 극의 주역을 맡더라도 현대 사람들은 누가 진짜 춘향다운가라는 물음에 김희선을 택했을 것이다. 현대 대중의 관념 속의 아름다운 여성이 배우로 표상되는 과정에서 쉽게 그 질료로 취할 수 있는 것은 김희선의 외모이기 때문이다. 그러나 수용자는 전통 사회에서 누가 춘향이었을 것 같으냐는 물음에는 아마 이효정을 택했을 것이다. 고전적 미인이라고 여겨지는 이효정은, 실제 춘향의 외모와는 상관없이, 전통 사회에서 선호했던 미인상으로 여기질 법한 이미지를 갖고 있기 때문이다.

두 배우의 외모가 현대적이냐, 전통적이냐를 따지는 것보다 중요한 것은 두 작품에서 서사적 존재물, 즉 재현 대상을 무엇으로 보고 있느냐 하는 것이다. 이 문제는 재현 대상 자체의 속성이 아니라 그 대상이 존재하고 있는 세계가 어디에 존재하는가라는 문제와 밀접히 연관된다. <임본>의 경우에도 관념 속의 상을 배우의 이미지로 표상하는 것은 <최본>과 마찬가지이다. 그러니까 <임본>의 이효정도 과거의 실재를 고증적으로 재현한 존재가 아니라 누군가의 관념 속의 춘향을 이효정의 이미지를 빌어 형상화한 것일 뿐이다. 그렇다면 누구의 관념인가를 묻는 것이 순서일 터인데, 본고는 이를 '판소리 수용자가 마음속에 떠올리는 상'이라고 판단한다. 즉, <임본>은, 대중에게 그럴 듯하다고 여겨지는 대상을 표상하여 쉽게 동의를 이끌어내기보다는 판소리가 창출하는 가상 세계에 있을 법한 대상을 재현하여 대중에게 '이게 맞다'고 가르치는 것이다.

(2) 배경과 소품의 형상

대부분의 춘향전 영화나 드라마의 엔딩 크레딧에서 볼 수 있는 '장소협찬'은 대부분 한국 민속촌이다. 새삼스럽게 지적할 필요도 없을 것 같은 이러한 배경과 어느 정도 과거의 실재물과 유사하게 만든 소품과 세트는 춘향과 몽룡이 사랑하며 이별하는 춘향 이야기가 만들어내는 가상 세계를 실감나게 그리기 위해 설정된 것이다. 그런데 우리는 구체적인 조선 시대의 존재물에 대한 시각 자료를 충분히 접해보지 않았기 때문에 실재감을 주는 사실적인 배경이 당대의 실재였는지, 아니면 현재적 구성물인지 구분할 수 없다. 따라서 수용자는 '보는 것이 믿는 것이다'라는 시지각의 특성에 의해 연행의 가상 세계의 존재물들을 춘향과 몽룡이 사랑을 나누는 가상 세계의 모습으로서 받아들이는 경우가 대부분이다. 이러한 믿음은 광한루나 오작교 등 실제 장소에서 촬영된 영상으로 인해 더욱 강해지기도 한다.

<최본>의 주요 촬영지는 한국 민속촌이다. 대부분의 사극이 민속촌을 배경으로 제작되어 왔기 때문에 시청자는 민속촌이 배경이 되는 극은 역사극이려니하고 생각한다. 이렇게 과거의 사건들이 재현되는 공간으로서 민속촌에 익숙해진 수용자는 실제 과거의 배경과 소품의 재현보다 민속촌과 그곳을 배경으로 한 세트를 더 그럴 듯하다고 믿을 수 있다. <임본>의 주요 배경은 전라북도 남원인데, 이미 실제의 남원은 춘향이가 살았었을 당시의 모습이 아니다. 그래서 이 영화를 찍기 위해 제작진은 마을을 새로 만들어야 했다고 한다. 광한루와 오작교가 보이는 장면만 남원에서 찍고, 나머지 장면은 주로 민속촌에서 촬영하였던 <최본>과 대조적이다. <임본>은 전통 사회를 배경으로 한 영화가 당대 생활사에 대한 기록이어야 한다고 생각했다고 한다.[8] 이러한 차이 역

8) <임본>의 고증적 노력의 성과는 춘향이 갇혀 있던 감옥 세트에서 확인할 수 있다. 대부분의 춘향전 영화나 사극의 세트는 일제강점기의 감옥의 모습이라고 한다. <임본>은 일자형으로 각 방이 배치되어 있으며, 매끈하게 다듬은 나무로 살을 만든 형태의 감옥이 아니라 조선 시대 원형 옥사를 재현하였다고 한다. 재현에 참고가 된 것은 전주에 남아 있는 옥사의 형태를 연구한 논문이라고 한다(태흥영화사 편, 앞의 책, 95면). 다음과 같은 감독의 말도 참조할 수 있다. "그동안 엉터리 고증이 너무 많았어. 옥사는 그래도 80년 전까지 있었고 뒤져보면 자료도 없지 않은데, 그동안 사각형 옥사를 만들고 그나마 그걸 동헌 안에 두잖아. 실은 원형 옥사였고 위치도 동헌에서 멀리 떨어진 외진 데거든."(허문영, 특집 기사 「춘향전화 임권택」, 『시네 21』, 2000년 2월호, 36면)

시, 두 작품이 각각 '그럴듯함'과 '있음직함'이라는 잣대로 재현 대상을 선택하고 있음을 보여주는 것이다.

이러한 차이는 춘향이 살았을 집을 표상하는 데에서도 확인할 수 있다. <임본>에서는, <최본>에서처럼 민속촌이나 전통 마을에서 쉽게 찍을 수 있는 양반이 살았던 화려한 기와집 대신에 초가로 만든 정갈하고 소담한 춘향집을 새로 지었다. 당시 퇴기인 월매의 집이 양반처럼 기와집인 것은 말이 안 된다는 이유에서이다.[9] 한편, 춘향의 집을 어떻게 찍을 것인가도 <춘향전>에 대한 해석과 관련된다. <최본>의 화려한 기와집은 고급 술집처럼 비춰진다. 몽룡의 갑작스런 방문에도 온갖 안주를 구비한 주안상을 쉽게 차려내며, 변 사또의 명을 받아 춘향을 잡으러 오는 관속들에게 "그 동안 왜 뜸했는가?"라며 수작을 거는 월매를 볼 때, 춘향집이 술집의 용도로 활용되었을 가능성이 없지 않다. 그렇다고 했을 때, 전직 기생이면서 현재 주모인 월매의 딸인 춘향은 누가 보더라도 영락없는 기생이 되는 것이다. 한편, <임본>에서 월매가 거처하는 정갈한 초가집과 중문을 거쳐 갈 수 있게 격식을 갖춘 그윽한 춘향의 별실은 '기생 아닌 춘향'의 면모를 부각시키는 것이다.

두 작품에서 소품의 차이를 극명하게 드러내는 것은 몽룡이 타고 있는 동물이다. <최본>의 몽룡은 말을 타고 있고, <임본>의 몽룡은 나귀를 탄다. 실제로 조선 시대에는 무관만이 말을 탈 뿐, 일반 사대부들은 나귀를 타고 다녔다고 한다. 그리고 판소리나 고전소설에서도 몽룡이 타고 가는 동물은 '나귀'라고 분명히 나와 있다. <임본>을 제작할 때에는 이미 멸종된 것으로 알려진 나귀를 찾고 빌리느라 많은 고생을 하였다고 한다.[10] 그런데 <최본>에서 나귀를 활용하지 않은 이유는 고증에 대한 의식이 철저하지 않았거나 소품으로 나귀를 구하기 어려웠기 때문이라고만은 볼 수 없다. 과거의 <춘향전> 영화가 말을 쓴 것처럼 관례적으로 말을 활용한 것이며, 말의 위용 있는 모습과 '풍채는 두목지

9) 태흥영화사 편, 앞의 책, 95면.
10) 허문영, 앞의 글, 31면.

사진 3: <임본>에서 소품으로 등장하는 나귀

요, 진세간 기남자'라는 몽룡의 이미지가 말 위에 앉아 있는 위용 있는 모습을 통해 더 잘 전달될 수 있었기 때문이다. 반면, 실제로 작고 추레하며, 방울을 울리면서 제 몸집과 비슷한 몽룡을 태운 <임본>의 나귀는 오히려 몽룡과 잘 어울리지 않는 낯선 소품으로 비춰질 수 있는 것이다. 그러나 대중 수용자의 관념 속 세계보다는 전통 시대에 판소리가 연행되었을 당시 수용자가 쉽게 관념 속에 떠올릴 수 있었던 세계를 재현의 대상으로 삼은 <임본>에서는 실제 나귀를 등장시켰다. 그 밖에도 <임본>에서는 주합(酒盒)이나 서판(書板) 등[11] 전통 시대의 삶의 감각에 맞는 소품을 활용하여 판소리가 창출하는 낯설고 독특한 세계를 영상으로 그려낼 수 있었던 것이다.

(3) 변용된 '춘향 이야기'

<춘향전>의 대략적인 구도는 춘향가에 대한 최초의 기록인 <광한루

11)

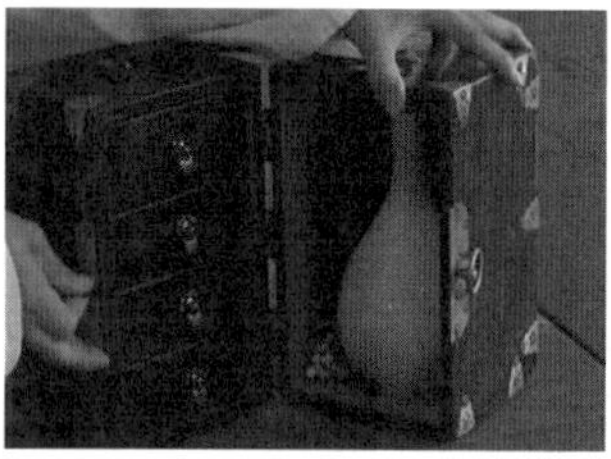

고증을 바탕으로 활용한 주합(酒盒)

고증에 따라 책방의 소품으로 활용된 서판(書板)

악부>에서 지적했던 대로 '삼건기사(三件奇事)'로서 춘향과 몽룡이 만나 사랑하고, 헤어져 시련을 겪고, 다시 만나 행복하게 되는 기본 구조를 갖는다. 대부분 <춘향전> 영화는 이 서사적 도식을 바탕으로 장식적 변형을 해왔다. 이러한 사정은 <최본>과 <임본>의 경우도 그리 다르지 않다. 이 절에서는 이전 <춘향전>에서는 없었던 새로운 서사 내용을 중심으로 재현 대상으로서 '춘향 이야기'가 각각 어떻게 달라졌는지를 확인하겠다.

<최본>은 방영 당시 '신세대' 춘향의 출현을 선전하였다. 춘향의 외모가 김희선이라는 여배우의 이미지로 표상되었다면, 서사는 이 '신세대' 춘향의 성격을 드러내기에 적합한 방식으로 변형된다.

<표 1> 춘향이 담장 너머로 몽룡을 보는 장면

향단: 아가씨. 춘향: (입술에 손을 올리며 조용히 하라는 신호를 한다) 향단: 워매, 저것 저 도련님 좀 보소. 야리야리한 게 겁나게 곱상하게 생겼구만이라우. 웜매, 저기 옆에 앉아 꿈쩍거리는 것은 남원 관아 방자이구만이라. 아따, 꼭 가시내맹키로 뽀실뽀실 하요. 그러지라? 춘향: 허여멀거니 생긴 것이 마치 횟가루를 뿌려 놓은 듯한데 뭔 그리 호들갑이냐 향단: 치이, 참말로. 아가씨는 지가 괜찮다고만 하면 꼭 그렇게 꼬투리를 잡더구만이라잉.	담장 위에 얼굴만 내 놓고 매달려 있는 춘향과 향단. 정면으로 찍는다.
춘향: 흐흠. 트집은 무슨…애 저길 보아라, 조기.(향단의 시선을 돌린다) 향단: 워디라우? 춘향: 저기 오는 이 말야. 참으로 실하게도 생겼구나.(말을 하면서 몽룡을 쳐다본다) 향단: 어디라우	몽룡을 바라보는 춘향의 웃는 얼굴 클로즈업 춘향의 시점(P.O.V)에서 본 몽룡의 공부하는 모습
월매: 향단아, 춘향아, 춘향아이. 향단, 춘향: 하하하	월매가 춘향 등을 찾아나서는 롱 쇼트(설정 쇼트)

월매: 웜메, 저 잡것들이 뭐하고 있당가(v.o)	
월매: 향단아 이것아, 아가씨 잘 모시랑께. 담장에 매달려서 바깥 구경질이여. 그러다 소문나면 기생 딸년이란 소리밖에 더 듣겄냐. 향단: 워매, 마님. 제가 그런 것이 아니여라. 월매: 아니긴 뭐가 아니여, 내 눈으로 똑똑히 봤는디. 춘향: 어머니, 집안에만 있으니 갑갑해서 미치겠어요. 저도 다른 처자들처럼 바깥 구경하고 싶어요. 월매: 어이구, 내 이날 이때까정 기생 딸년이란 소리 안 듣게 할려고 애달복달 노심초사했는데 이게 도대체 뭔짓이라냐, 잉? 니는 기생 딸이 아니라 회동 성 참판의 하나밖에 없는 딸이여, 이것아. 춘향: 그것이 바깥 구경 못하는 것하고 무슨 상관이어요? 월매: 춘향아, 돌아오는 단오날엔 저기 저 광한루 추천 놀이하면서 세상 구경 실컷 할것잉께, 이러지 말어라잉, 알것제? 춘향: 정말이여요? 월매: 웜마, 나가 니한테 두 말한 적 있다냐? 춘향: (좋아서 향단이를 안고 기뻐한다) 향단: 추천 놀이 두 번만 뛰었다가는 향단이 숨막혀 죽겄소.	춘향의 집 안마당의 대화 장면 각각 말을 듣는 인물의 시점으로 번갈아 제시한다. (P.O.V)

위 장면은 춘향과 향단이 담장을 너머 지나가는 몽룡을 보고, 추천 놀이를 기대하는 장면이다. 담장 너머의 세계를 동경하고, 바깥 구경을 하고 싶어하는 춘향은 남성에 대해 유난히 관심이 많은 여성이다. 춘향이 담장 밖으로 지나가는 남성을 훔쳐본 일이 한 두 번이 아니었듯, 몽룡은 춘향이 처음으로 마음에 둔 이성은 아니었다. 향단이 "아가씨는 지가 괜찮다고만 하면 꼭 그렇게 꼬투리를 잡더구만이라잉."이라고 말한 내용이나 몽룡에게 향하는 향단의 관심을 일부러 돌리려고 하는 춘

향의 행위는 춘향이 독점욕이나 질투심을 가진 여느 젊은 여성과 유사함을 드러낸다 이렇게 이성에 많은 관심을 가지고, 동성 친구인 향단과 이성을 화제로 즐겁게 얘기하며, 잔소리하는 월매에게 요목조목 따질 뿐더러, 바깥으로 나가고 싶어 안달을 하는 춘향은 조선 시대의 인물이 아니라 요새 춘향 또래의 젊은이와 유사한 이미지를 갖는다. 이렇게 <최본>에서는 춘향의 신세대적인 성격을 부여하기 위해 서사를 변형시키고 있다.

한편, 이렇게 춘향의 성격을 창출하는 것은 춘향의 이율배반적 성격에 대한 나름의 해석이 되기도 한다. 많은 학자들은 춘향의 성격을 연구하면서 몽룡과 하루도 지나지 않아 첫날밤을 보낸 춘향이 변학도 앞에서 자신의 정조를 목숨 걸고 지키려는 '이율배반성'에 대해 지적하였다.[12] 비록 실제 인간의 성향이 이율배반적인 속성이 있다고 하더라도 수용자는 정숙한 춘향과 경박한 춘향이라는 모순된 이미지를 통합하여 이해하고 싶어하며, 일관성 있는 성격을 가진 인물이 보다 더 사실적이며 합리적이라고 생각한다. <최본>의 춘향은 몽룡이 자기를 알게 된 이전에 몽룡을 알았으며 마음속에 품어왔고 만나기를 고대하였다. 그래서 몽룡과의 초야는 춘향이 품어왔던 연정의 실현이 되는 것으로서 춘향이 쉽게 몽룡에게 몸을 허락한 것이 아닐 수 있게 된다. 연애, 성애, 결혼이 결합된 근대적 사랑의 관점에서 볼 때, 이 장면은 정신적 사랑이 먼저 이루어질 수 있었던 상황과 조건을 만들어줌으로써 <최본>은 춘향의 사랑이 우리 시대의 사랑과 그리 다르지 않음을 보여주고 있다.

이렇게 춘향의 새로운 성격 창출에 관심을 갖는 <최본>은 춘향의 신세대적인 면모를 드러내기 위해 서사적 변형을 꾀하였다. 그래서 수용자들은 이렇게 현대의 젊은이처럼 그려지는 춘향을 친숙하게 받아들이

12) 김대행은 이 이율배반성에 대해 간명하게 설명하는데, 춘향이 몽룡과 만난 지 하루도 안 되어 정조를 내어주고, 변 사또 앞에서는 자신의 정조에 대한 보상을 요구한다고 하였다는 것이다. 그리고 이러한 이율배반성은 논자에 따라 '이율적 행동 체계', '불합리성', '모순', '갈등', '변화'로 명명되었음을 밝히고 있다(김대행, 「인간의 두 얼굴과 문학적 흥미」, 『시가시학연구』, 246면).

고 쉽게 동일시할 수 있었다. 그리고 춘향의 사랑도 동시대의 애정관에 비추어 합리적인 것으로 그려내어 수용자들의 공감을 이끌어내었다. 이러한 서사의 변형 역시 수용자들이 그럴 듯하다고 느낄 수 있게 하기 위해 꾀해진 것이다.[13] 즉, <최본>은 현대적인 인물들이 전통 사회의 배경에서 과거의 옷을 입고, 현대의 사랑을 하는 모습을 재현의 대상으로 삼고 있는 것이다. 그리고 이 재현 대상은 현대의 대중문화 수용자의 관념 속에 있는 <춘향전>과 합치하기에 <최본>은 쉽사리 인물에 대한 감정적 친화 관계를 형성하고, 애정에 대한 공감을 이끌어낼 수 있었던 것이다.

한편, <임본>이 바탕하고 있는 서사는 조상현의 판소리 창본이다. 그러하기에 대체적인 서사 내용은 이를 따르며, 파격적이거나 창조적인 서사 내용은 그리 많이 찾아볼 수 없다. 그렇지만 네 시간 35분 가량 계속되는 판소리를 133분으로 줄이기 위해서 <임본>은 판소리의 서사 내용 중 상당 부분을 축약하여 제시할 수밖에 없었다. <임본>에서는 판소리 주요 대목의 창을 그대로 살리면서, 아니리 부분의 묘사나 설명적 진술을 장면화하는 방식으로 축약을 행하고 있다.[14] 판소리의 핵심적인 대목은 소위 '눈'이라 불리는데,[15] 이 부분은 판소리 창자들이 공을 들여 세련시켜 온 대목이라고 할 수 있으며, <춘향가>에서는 대표적으로 '사랑가', '이별가', '십장가' 등의 부분이 이에 해당한다. <임본>에서는 이러한 '눈' 부분의 소리를 그대로 영상화하고 있다. 따라서 판소리 <춘향가>의 주요 대목에 충실한 <임본>의 경우, 재현 대

13) 그리고 이 장면에서 춘향의 언어만이 유독 표준말이며, 다른 배역들은 모두 사투리를 사용하는 것도 특이한 현상이다. 가족이라고 할 수 있는 향단이나 월매가 모두 전라도 사투리를 구사하는 환경에서 춘향이 혼자서만 표준어를 쓴다는 것은 사실적이지 않다. 표준어가 가진 힘으로 인해서인지 현재의 수용자는 춘향이가 사투리를 쓴다고는 상상하지 않는다. 그러나 이 사소한 사실성은 지금껏 춘향을 상상해 온 수용자의 생각과 어긋남으로 인해 중요하게 취급되지 않는다. 오히려 <춘향전>은 실제 사실보다 수용자에게 사실처럼 보이는 것을 중시하는 것이다.

14) 최예정, 「영화 <춘향뎐>의 판소리적 서사 구조」, 『영상이론』 1, 2002, 161면.

15) 백대웅, 「판소리 다섯 바탕의 눈」, 『다시 보는 판소리』, 어울림, 1996.

상이 되는 서사 내용이 이전의 <춘향전>에 비하여 파격적으로 달라지지 않는다.

그러면서도 이 작품은 소위 '덜렁제'라고 하여 큰 줄거리의 곁가지로 창자가 건들거리면서 소리를 하는, 흥을 창출하는 부분을 상당 부분 수용하여 판소리의 묘미를 살리고 있다.[16] 그 예로 들 수 있는 것은 포졸들이 변 사또의 명을 받아 춘향을 잡으러 가면서 "잘 걸렸다"라고 말하며 신나게 춘향 집으로 향하는 장면,[17] 춘향이 태형을 당해 거의 죽을 지경에 이르러 관아에서 업혀 나오는 데에서 기생이 경사 났다고 춤을 추는 장면,[18] 어사또가 되어 나타난 몽룡이 관정발악하고 능욕관장한 춘향을 잡아들이라는 명에 대해 남원 과부들이 항의하는 장면[19] 등이

---

16) 감독과 시나리오 작가(김명곤)의 대담에서 이를 확인할 수 있다.
임: …사랑가나 십장가, 적성가를 할 줄은 알겠지만, 이렇게 자잘하게 숨은 걸 뽑아서 엮어낼 줄은 사람들이 아무도 생각 못했을 거야. 포졸들이 춘향한테 심통내면서 신난다 하고 잡으러 가는 대목에는 춘향이를 곱게만 보지 못하는 또다른 하츠민이 있는 거야. 그런 것까지 있으니까 춘향전이 아주 풍부한 거야. 그게 줄거리로만 얘기할 수 없는 춘향전의 훌륭한 가치야.
김: 그게 경다름제, 덜렁제라고 하는 건데, 모든 판소리엔 이게 하나 이상은 꼭 들어 있어요. 흥겹게 건들건들거리는 이런 대목이 진짜 재미있어요(허문영 정리, 앞의 글, 34면).

17) 해당 장면의 소리는 다음과 같다. "걸렸다, 걸리어. 게 누기가 걸리어. 춘향이가 걸렸다. 옳다 그 제기 붙고 발기갈 년이 양반 서방을 허였다고 우리를 보면 초리로 보고 댕혀만 좔좔 끌고 교만이 너무 많더니 잘되고 잘되었다." 이렇게 포졸들의 눈에는 몽룡을 맞아들인 춘향이 자신들을 무시하고 교만을 떤다고 비칠 수도 있는 것이다.

18) 해당 장면에서 등장인물은 다음과 같이 노래한다. "이제 우리 남원에는 춘향 같은 열녀 나서 이름을 남기는구나. 얼씨구 절씨구 칠씨구 팔씨구 얼씨구나 절씨구." 천대를 받는 기생의 사회적 위상을 높이는 데에 춘향의 희생이 필요하다고 보는 이와 같은 시각도 기생이 아니라면 갖기 힘들다.

19) 해당 장면에서 과부들의 주요 대사는 다음과 같다. "과부2: 어사또! 폐일언하고 요 서울놈 이몽룡인가, 개몽룡인가하는, 그 호로 자식놈 때문에 생긴 일잉께, 그 놈부터 잡아다 주릿대에 경을 쳐 주시오.", "과부 1: 춘향아, 우리 왔다! 춘향아, 힘내라! 남원 사는 과부들 죄다 몰려 올 판잉께, 걱정을 말아라! 힘내라, 춘향아!" 대사에서 확인할 수 있듯 과부의 입장에서 훼절을 요구하는 변학도만큼 미운 이는 춘향을 버리고 떠난 몽룡이 될 것이다. 자신의 신세를 망친 주범은 다름 아닌 죽은 남편이라 생각하는 과부들이 몽룡을 탓하는 시각에는 경험적 진실이 담겨 있기에 과부의 발언은 설득력 있어 보인다.

다. 이러한 장면에서는 주요 등장인물이나 그의 행위에 대한 특정한 집단의 시각이 담겨 있어 <임본>에서 재현 대상으로 삼는 춘향 서사를 풍부하고 입체적으로 만들고 있다. 수용자의 편에서 보자면, 이러한 장면은 수용자가 새눈 뜨고 웃게 하는 재미를 주고, 한 인물에 대한 긴장된 몰입과 정서적 동일시를 차단시키는 역할을 하기도 한다.

<임본>에서는 <춘향전>의 새로운 해석보다는 판소리를 영상화했다는 제작 방식의 차별성을 강조한다. 따라서 이 작품에서 인물이나 사건을 새롭게 해석하여 재구성한 서사는 많지 않지만 변학도와 그의 주변 아전들이 등장하는 장면은 과거의 <춘향전> 영화나 판소리와는 다름을 확인할 수 있다.

씬 87 동헌

1 금난장교 사령에게 업혀가며

사령 1: 오시네

육방들 하나 둘 모여들면서

이방: 어떤 수령도 부임 초에는 벌할 일도 말로 하고 큰소리 낼 때도 조용히 덮어두는 것이 관례인디, 초장부터 지랄 발광을 떠는구마잉.

예방: 지가 우리 보라고 먼저 선수를 치는 디 두고 봐야제잉, 안그려?

공방: 뛰어봐야 벼룩이라는 걸 지도 떠날 때쯤이믄 알아차리것제이.

호방: (급히 일행들에게 오며) 이보게들, 아, 육방관속 점고를 뒤로 미루고 기생 점고부터 먼저 허겠다네그려.

병방: 별꼴이 콩 튀듯 하네그려.

형방, 까르르 웃는다.

씬 135 동헌

……

몽룡: 이곳 남원은 남쪽 지방에서도 옥답이라, 국세의 근간이 되거늘 너희 아전 놈들 농간으로 피폐함이 극에 달하였도다. 수령을 보좌하

되 혹여 사사로운 이익으로 목민을 그르치는 일이 없도록 잘 살펴야 하거늘 오히려 본관을 속여가며 니놈들 살찌우는 데만 급급하였구나. 곤궁하고 병들어 도탄에 빠진 백성들의 원망이 들리지도 않더란 말이냐? 지금까지 억울하게 빼앗긴 백성들의 재물을 모두 돌려 주고…….

씬 139 동헌 내아

1 문 열리면 몽룡 들어와 서고, 방에 있던 변 사또 나와 절한다.

몽룡: 곧 전라 감영으로 옮겨질 것이니 봉고파직이 억울하거든 그곳에서 원정 올리시오.

변사또: …….

몽룡: 미색을 탐하는 것은 영웅열사 일반이오만 수청거절한 괘씸죄를 그리 과하게 다스리셨소?

변사또: 사농공상, 엄연한 질서가 있거늘 에미의 신분을 좇아 기생이 되고 종놈이 되는 종모법을 아니라 하니 이는 나를 향한 발악이 아니라 이 나라의 근본을 부정하는 국사범에 다름 아닐 것이오.

2. 몽룡, 어이없어하며 묻는다.

몽룡: 그것이 당신의 지나친 폭압에 대한 사람이고자 하는 의지였다고 생각지 않으시오?

씬 87의 동헌 장면은 앞서 언급하였던 성격의 장면들, 즉 춘향 서사를 이루고 있는 세계의 다층적인 면모를 보여주는 것으로도 해석될 수 있다. 아전들의 군기를 잡으려 하지만 지방의 속사정을 훤히 꿰뚫고 있는 아전의 손에 놀아날 수밖에 없는 지방 수령인 변 사또의 면모가 아전의 시각에서 제시되기 때문이다. 그런데 암행어사가 되어 돌아온 몽룡이 아전들을 추궁하는 장면(씬 135)을 보면, 아전들이 오히려 백성들을 괴롭히는 직접적이면서도 실질적인 주체였음을 확인할 수 있다. 그래서 몽룡은 봉고파직된 변 사또를 다시 만나는 장면(씬 139)에서 억울하면 전라 감영에서 죄의 경중과 시비를 다시 가리라고 권고하는 것이다. 변 사또가 봉고파직 당한 연후에 몽룡과 다시 만나는 서사 내용은 과거의 <춘향전> 이본이나 영화에서 삽입된 바가 없다. 따라서 이 장면은 변 사또에 대한 새로운 해석을 보여주고 있기에 흥미롭다.

이를 좀더 자세히 논하면 다음과 같다. 스스로 "미색을 탐하는 것은 영웅열사 일반"이라고 인정한 바와 같이 몽룡은 변 사또가 춘향을 원했던 사실 자체를 징벌하려 하는 것은 아니다. 그리고 변 사또가 수청을 거절한 춘향을 괘씸히 생각해 심하게 다룬 것이 아니라, 그의 말대로 종모법(從母法)을 부정하는 춘향이 국사범에 해당한다고 생각했다면, 변 사또는 사적인 감정에 치우쳐 괘씸죄로 춘향을 처벌한 것도 아니다. 만약 변 사또가 봉고파직될 이유가 있다면, "원님은 허구헌 날 술로 주망"[20]이라고 농부들이 말한 대로 술에 빠져 아전들 관리를 제대로 하지 못하여 백성들에 대한 수탈을 계속하게 한 죄 때문일 것이다. 그러나 아전들이 "뛰어봐야 벼룩이라는 걸 지도 떠날 때쯤이믄 알아차리것제이."라고 말한 것처럼 그런 죄는 전임 사또였던 몽룡의 부친을 포함해 다른 수령들에게도 해당한다. 따라서 그 죄는 변 사또 개인에게 속하는 문제라기보다는 도임 기간이 정해져 있는 중앙 관리와 오랜 세월에 걸쳐 한 지방에 뿌리를 내리고 세력을 키워온 지방 아전들 사이에서 발생할 수 있는 구조적인 문제가 되는 것이다.

그리고 씬 139에서 "그것이 당신의 지나친 폭압에 대한 사람이고자 하는 의지였다고 생각지 않으시오?"라는 몽룡의 말은 춘향의 저항에 대한 작품 내적 해석이기 때문에 주목할 가치가 있다. 춘향이 변 사또의 수청 요구를 거절하며, 관정발악하고 능욕관장한 사건은 거의 모든 춘향전 이본이 핵심적인 서사 내용으로 삼고 있는 것이다.[21] <임본>에서

---

20) 씬 107 논둑.

21) 이 사건은 바라보는 시각에 따라 열을 내세운 춘향에 대하여, 유교적 가치인 정절의 가치를 믿고 실천한 것(김우종, 「항거없는 춘향」, 『현대문학』 30, 현대문학사, 1957), 혹은 애정을 지속시키기 위한 수단이자 방편으로서 지배 집단의 이데올로기를 자신의 무기로 택한 것(박희병, 「춘향전의 역사적 성격 분석」, 『전환기의 동

는 춘향의 항거를 '변 사또의 폭압에 대한 사람이고자 하는 의지'라고 해석한다. 그렇지만 이 해석은 다시 '폭압'이 무엇을 말하는지, '사람'은 어떤 존재를 말하는지에 대한 물음을 발생시킨다.[22] 비록 영화에서는 몽룡의 발화 장면이 주제를 전달하는 것으로서 비중 있게 다루어졌지만 실제로는 몽룡이 추상성이 지나치게 높게 약호화된, 해석이 곤란한 단어[code word]를 많이 사용하였기에 작품 내적 해석으로서 제 역할을 충분히 행하지 못했다고 할 수 있다.[23] 그렇지만 이 발화를 해석하기 위해서는 변 사또가 비록 아전을 다루는 데에는 능숙하지 않지만 풍류를 즐길 줄 알며, 춘향의 저항이 갖는 사회적 의미를 간파하고 신분 사회를 유지하기 위해 자신이 해야 할 바를 행하는 관리로 그려졌다는 점을 상기할 필요가 있다. 이렇게 변 사또가 신분질서를 유지하려는 세력의 대변자 역할을 한다고 할 때, 여기서 '폭압'이란 선인에 대한 악인의 폭압이 아니라 사회 구조 전체가, 무릇 사람은 평등함을 주장하는 미약한 개인에게 끼치는 제도적 폭압임을 이해할 수 있다.

두 작품의 서사 내용의 차이를 중심으로 요약하면 다음과 같다. 두 작품이 재현 대상으로 삼고 있는 것은 각각 대중의 관념 속에 있는 춘향 이야기와 판소리가 창출하고 있는 가상 세계 속에서 펼쳐지는

아시아 문학』, 창작과비평사, 1985), 아니면 자기를 버리고 떠난 몽룡이 준 충격에 대해 심리적 안정 상태를 유지하기 위해 정절의 가치를 심리적 기제로 삼은 것(김대행, 앞의 글) 등등의 다양한 해석이 있을 수 있다.

22) 변학도의 '폭압'이, 신분 질서의 대변자로서 국사범을 다루듯 하는 것을 말하는지, 아니면 호색한으로서 임자 있는 여성까지 탐하는 것을 말하는지 분명하지 않으며, '사람'이 신분 질서가 전제되어 있지 않은 평등한 존재를 말하는지, 애정이라는 사적인 가치를 주체적으로 추구할 수 있는 자유로운 존재를 말하는지 확실하지 않다.

23) 극장에서 감상한 필자의 개인적인 기억을 떠올리자면, 몽룡이 매우 진지한 얼굴로 이러한 말을 할 때, 극장 곳곳에서는 웃음소리가 들렸다. 그 이유는 분명하지 않으나 여러 가지로 추정할 수 있을 것이다. 그 말을 하는 몽룡이 그 서사 세계에 속한 인물이 아니라 추상어를 즐겨 쓰는 근대적 지식인으로 비춰지는 시대착오성, 몽룡의 말로 정리된 주제가 대학입시용 도서에서 흔히 볼 수 있는 교훈적 내용과 추상어가 나열된 형식이라는 데에서 오는 낯익음, 2시간여에 걸친 영화를 통한 서사 체험이 한 마디 말로 정리되어 버렸을 때의 허탈감 등으로 인해서가 아닐까 생각된다.

춘향 이야기이다. 이 두 작품은 원형적인 춘향 이야기의 서사 내용을 취하고 있기에 서사의 진행 경로를 바꾸어 놓을 힘을 갖는 새로운 사건은 없다고 할 수 있다. 서사 내용에 있어 두 작품의 차이가 가장 많이 드러나는 부분은 주요 사건이 아닌 곁가지로 구성된 사건이다. <최본>에 비하여 <임본>은 판소리 문법을 영상 문법으로 전환하는 데 충실했으며, 판소리에서 취한 서사 내용도 판소리의 문법에 맞추어, 춘향과 몽룡의 사랑 이야기를 숨 가쁘게 따라가는 '긴장'과 또 다른 시각을 통해 거리를 두면서 인물과 사건을 여유 있게 바라보는 '이완'을 반복한다.

그리고 두 작품이 행한 인물에 대한 새로운 해석은 성격 창출을 위한 세부적 서사 내용의 변용을 가져왔다. 춘향의 신세대적인 성격을 보여주는 장면을 새롭게 구성한 <최본>에서는 춘향의 사랑을 근대적인 관점에서 합리적으로 보이게 함으로써 춘향의 사랑을 중심으로 서사 내용을 이해하게 하였다. 이로 인하여 춘향의 저항은 애정이라는 사적 가치를 주창하기 위한 것으로 읽히게 된다. 즉, 이 드라마는 <춘향전>을 '사랑을 지키기 위해 목숨을 건 저항'을 하는 춘향의 사랑 이야기로 해석하는 관점에서 만들어진 것이라 할 수 있다. 한편, <임본>은 신분질서의 대변자로서 변학도의 면모를 강조하는 방향으로 서사를 변용하였다. 이러한 서사 변용 역시 춘향의 저항에 대한 새로운 해석을 수반하였다. 즉, 춘향은 몽룡에 대한 사랑을 훼손하려고 하는 호색한에 대해 사적인 저항을 한 것이 아니라 자신을 신분질서를 뒤흔들려는 국사범으로 취급하는 견고한 신분 질서에 맞서 '인간은 평등하다'는 주장을 하고 있는 것이다. 이렇게 두 작품은 서사 내용의 변용을 통해 각기 다른 해석적 관점을 제시하고 있다고 할 수 있다.

2) 재현 방식의 차이

앞선 절에서 두 작품이 각각 무엇을 보여주었으며, 그 대상을 선택한 의미가 무엇이었는지를 위주로 했다면, 이 절에서는 재현 대상을 어떤 방식으로 제시하느냐 하는 영화적 서술을 집중적으로 주느냐를 논하겠다.[24] 앞서 춘향 이야기에 존재하는 것들인 인물, 배경, 소품, 사건을 다루었는데, 이 절에서는 피사체이거나 영상물에서 다루는 이야기가 영상 및 소리와 결합하여 수용자에게 제시되는 방식을 중심으로 살필 것이다. 앞서 밝혔듯이, 두 작품을 분석 자료로 택한 이유는 두 <춘향전> 영상물이 영화적 양식(style)의 기준에서 볼 때 극명한 차이를 드러내기 때문이다. 텔레비전 드라마 <춘향전>의 경우, 양식적 기준으로 보아 고전적 사실주의 영화 규범에 충실한 '교과서'처럼 보이기도 한다. 이에 비하여, 영화 <춘향뎐>은 고전적 사실주의 영화 규범을 따르는 한편, 판소리를 장면화하는 방식으로 양식적 실험을 행하고 있다. 이 절에서는 동헌에 끌려간 춘향이 태형을 당하는 십장가 장면을 중심으로 두 작품의 재현 방식의 차이를 비교하면서 각 작품의 특성을 드러내도록 하겠다.

(1) 드라마 〈춘향전〉의 경우: 고전적 사실주의 영화 규범 준수

<표 2> '십장가'에 해당하는 텔레비전 드라마 장면 분석

대사	영상
① 변 사또: (의자에서 일어서며) 이런 발칙한 년, 저년을 매우 쳐라.	동헌 광경의 풀 쇼트(설정 쇼트) (…) ① 변 사또 중간 쇼트(상반신)

24) 이야기와 담론, 서사와 서술이 명백히 구분되는 것은 아니다. 재현의 방식 자체가 재현 대상의 의미를 결정하기도 하기에, 이 둘을 구분하는 것은 어려운 일이다. 이야기나 서사는 담론, 서술의 결과 추출된 것으로서 담론, 서술이 환기하는 어떤 것이다. 그러나 논리적 편의를 위해 재현 대상으로서 이야기와 재현 방식으로서 영화적 서술, 즉 영상 매체의 규범이나 작품의 독특한 양식에 따라 대상이 현시되는 방식을 구분하였다.

<table>
<tr>
<td>② 관속1: (집장사령을 바라보며) 매우 치랍신다.
③ 관속2: 예이.
④ 변 사또: 사정을 두었다간 니 놈이 살아남지 못하리라.
⑤ 관속2: 하나요!
⑥ 춘향: 일편단심 이내 마음 일부 종사하려는데 일개 형장 웬말이요!
⑦ 관속2: 둘이요!(v.o)
⑧ 춘향은 매를 맺고 괴로워한다.
⑨ 춘향: 두 낭군 섬기도록 매를 친들 꺾이리요
⑩ 변 사또: 저…저년의 말문이 맥히도록 몰매를 쳐라
⑪ 관속2: 이야!
⑫ 춘향: (괴로워하며 몸을 흔든다) ‘갈까부다’(v.o)</td>
<td>② 관속 1 중간 쇼트(상반신)
③ 관속 1이 떠나고 관속 2가 매를 든다
④ 변 사또 중간 쇼트
⑤ 관속 2를 아래에서 위의 앵글로
⑥ 춘향의 중간 쇼트(반신)에서 클로우즈 업까지 줌 인
⑦ 형장을 아래에서 위의 앵글로
⑧ 춘향의 클로우즈 업
⑨, ⑩ 변 사또 줌 아웃
⑪ 관속 2를 아래에서 위의 앵글로
⑫ 춘향의 중간 쇼트(상반신)
매의 수를 표시하는 기구 중간 쇼트
관속 3을 아래에서 위의 앵글로
형틀위의 춘향의 손 클로우즈 업
춘향의 중간 쇼트(상반신)
뒤에서 롱 쇼트
피가 묻어나는 춘향의 속바지 클로우즈 업
춘향의 중간 쇼트(상반신)
인상을 찌푸리는 변학도의 중간 쇼트
괴로워 고개를 뒤로 넘기는 춘향 클로우즈 업
매의 수를 표시하는 기구 중간 쇼트
관속 2를 아래에서 위의 앵글로
피가 묻어나는 춘향의 속바지 클로우즈 업
안타까워하는 관속 4의 중간 쇼트
잘되었다는 표정의 관속 5의 중간 쇼트</td>
</tr>
</table>

영상물이 만들어내는 가상 세계 안에서 일어나는 일들은 카메라를 통해 수용자에게 제시된다. 곧 카메라는 가상 세계를 볼 수 있는 눈으로서 영상물의 가상 세계와 수용자를 매개하는 시각적인 창의 역할을 한다고 할 수 있다. 카메라가 누구의 시각인지 확인하는 것은 영상물을

수용하는 관객의 정체성, 즉 관객이 자신을 어떤 주체로 여기는지에 관해 말해주기도 한다. 인용된 장면에서 카메라 시각의 주체를 확인하면서 카메라의 시선을 통해 가상 세계에 참여하는 수용자가 가상 세계나 자신에 대해 가지는 태도를 파악해 보도록 하겠다. 위의 장면에서 쓰인 카메라는 마치 눈의 연장인 것처럼 수용자가 보고 싶은 것을 잘 정리해서 보여준다. 수용자가 영상물의 가상 세계 안에 직접 들어가 관찰하는 것보다 카메라는 오히려 더 많은 것은 보게 해 준다고 할 수 있다.

춘향이 매 맞고 있는 현장에 서 있는 사람이라면 과연 무엇을 볼 것인가 생각해 보자. 그는 우선 말하는 사람의 얼굴을 쳐다보며 주의를 기울일 것이다. 그래서 카메라는 자연스러운 관찰자의 행위 방식에 따라 말하는 사람을 프레임 안에 포착한다. 위의 장면에서도 카메라는 말하는 사람을 쫓아가며 상반신을 중간 쇼트로 찍었다. 그리고 중요한 말을 할 때, 우리는 눈을 크게 뜨고 말하는 사람을 쳐다보는데, 위 장면에서 카메라는 춘향이 매에도 굴하지 않고, 일편단심을 운운할 때 춘향을 좀더 자세히 보기 위해 수용자는 줌 인의 기법을 통해 춘향에게 더 가까이 갈 수 있었다. 또한 카메라는 등장인물의 시선을 차용해 매를 때리는 관속의 모습을 아래에서 위의 앵글로 잡으면서 춘향의 두려움에 수용자도 공감하게 하는 효과를 내기도 하였다. 한편, 카메라는 가상 세계 안에 있는 관찰자적 존재의 시각, 등장인물의 시각에서 사건을 재현할 뿐 아니라 동헌 전경을 높은 곳에서 멀리 잡아낸 쇼트처럼 가상 세계 안에 있는 인간적 존재가 볼 수 없는 곳에서 가상 세계 안의 존재물들을 바라보기도 하였다. 이렇게 카메라는 관람자의 눈 역할을 넘어서, 눈이 가지 못하는 위치에서 사물을 바라볼 수도 있으며, 시선 자체에 정서를 담아내는 역할까지 하기에 인간의 눈보다 훨씬 뛰어난 기계라고 할 수 있다.

그리고 카메라로 찍힌 영상물은 몽타주 기법[25]과 같은 편집술로 인

25) 몽타주란 가장 기술적인 의미로, 짧은 시간에 많은 정보를 제공하기 위해 편집된 형태를 말한다(제임스 모나코, 『영화, 어떻게 읽을 것인가』, 양윤모 역, 혜서원,

해 사건을 요약적으로 제시하고, 의미화하는 일종의 서술을 행하기도 한다. 위 장면에서 안숙선의 창으로 '갈까부다'라는 판소리가 배경 음악으로 깔리면서 화면에서는 매를 때리는 관속, 매를 맞는 춘향을 비롯하여, 매의 수를 표시하는 기구, 변 사또와 여러 관속들의 다양한 반응, 그리고 형틀 위에 고통을 참으며 꽉 쥔 춘향의 손, 피가 묻어나는 춘향의 속바지 등의 쇼트가 병치된다. 이 장면에서 몽타주는 요약, 선택적 강조, 수용 태도 형성 등의 서술 기능을 행하고 있다. 짧은 시간에 다양한 정보를 제공하며, 수용자로 하여금 단편화된 이미지를 통해 전체적인 동헌의 분위기를 인상적으로 포착하게 하는 몽타주는 서술의 한 기능으로서 시각적 요약이라고 할 수 있다. 그리고 매를 맞는 춘향의 고통에 대해 관객이 주의를 집중할 수 있도록 매를 맞는 춘향 얼굴, 고통의 강도를 보여주는 꽉 쥔 손, 속바지에 비친 피 등을 선택적으로 보여주는 것은 서술자가 재현 대상을 선택적으로 강조한 것에 해당한다. 그리고 이러한 선택적 강조를 통해 수용자가 춘향의 고통에 참여하게 함으로써 춘향의 저항을 정당한 것으로 여기게 하는 태도를 형성하기도 하는 것이다.

이렇게 영상은 실재하는 대상을 카메라가 기계적으로 찍어낸 것이 아니라 재현 대상을 선택적으로 구성하여 관객을 위해 편집하는 서술자라고 할 수 있다. 수용자는 이러한 촬영 기법과 편집술로 인하여 영화적 가상 세계의 모든 정황을 쉽게 파악하는 위치에 놓이지만 실제로는 수용자가 원한다고 가정하는 것을 알아서 전달하는 영상에 자신의 판단을 맡겨 버리는 것이다. 그렇지만 어떠한 영상물에서도 카메라 자체는 스스로 피사체가 되지 않기에 영상물의 수용자는 카메라가 자신과 가상 세계를 매개하는 서술자임을 잊게 된다. 카메라라는 서술자의 존재를 잊음으로 인해 수용자는 카메라에 의해 서술된 장면의 의미를 그대로 수용하면서도 영상물의 가상 세계 안에 펼쳐지는 사건과 존재

1992, 442면).

하는 인(人)과 물(物)의 정태(情態)를 스스로 파악하고 있다고 여기게 된다. 즉, 관객은 카메라라는 영상물의 서술자와 자기를 동일시하거나 서술자 없이 스스로 가상 세계를 관찰한다는 착각을 하면서 영상물이 재현하는 가상 세계에 대한 완전한 지배감과 전지전능하다는 느낌을 갖게 된다는 것이다.26)

이렇게 영상물이 서술된 것임을 잊게 만드는 재현 방식의 특성은 대표적인 '고전적 사실주의 영화' 규범이다. 고전적 사실주의는 일종의 양식적 분류로서 여기에는 대부분의 할리우드 극영화들이 속한다.27) 그러한 영화가 공통적으로 따르는 규범(norm)은 영화적 현실이 서술자 없이 스스로 존재한다는 것처럼 보이게 한다는 것이다.28) 담론(discourse)이라기보다는 이야기(histoire) 자체로 자신을 내보이고 싶어하는 고전적 사실주의 영화는 관객에게 그 어떤 음성이나 영상 조작의 형식으로도 말을 건네는 서술자의 존재 없이 혼자 힘으로 스스로를 드러낸다고 가정되는 세계를 제시하며 독자적으로 발생하고 있거나 발생했던 것으로 보이는

26) 영화이론은 정신분석학의 성과를 바탕으로 영화의 표상과 주체성과의 관계에 대한 논의를 풍부하게 전개하였다. 자세한 논의는 로버트 랩슬리, 마이클 웨스틀레이크의 책(『현대 영화이론의 이해』, 이영재, 김소연 역, 시각과 언어, 1995)의 '3장 정신분석학' 참조할 것. 이 연구에서는 주로 보드리(Boadry)와 메츠(Mets), 히스(Heath), 멕케이브(MacCabe)의 논의를 바탕으로 영화적 의미화 작용에서 비롯되는 주체의 자기 오인 이론을 수용하였다.

27) 고전적 사실주의 영화는 고전적 헐리우드 영화라고도 불려진다. 문학이론의 용어를 빌자면, 이 부류의 영화는 언어가 현실을 있는 그대로 전달한다는 잘못된 환상을 만들어냄으로써, 독자들로 하여금 텍스트 속의 현실이 이데올로기에 오염된 언어에 의해 '만들어진 것'이라는 사실을 잊게 하고 그것이 마치 실제 현실인 양 착각하게 만드는 '현실 효과'를 발휘하고 있는 것이라 할 수 있다. 현실 효과에 대한 논의는 R. Barthes, *Writing Degree Zero,* Trans. A. Lavers and C. Smith, Hill and Wang, 1968, pp.29～40.

28) 여기서 규범은 약호화되고 고정되어 있는 규칙이라기보다는 영화를 제작하기 위해 생산자가 이용하는 상식적인 가정이라고 할 수 있다. 이 규범은 한 편의 영화가 어떻게 작용해야 하는가에 관한, 즉 영화가 어떤 스토리들을 어떻게 이야기해야 하는가에 대한, 그리고 영화기법의 범위와 기능, 관객의 반응에 대한 가정의 집합체로 볼 수 있는 것이다(David Bordwell, Janet Staiger & Kristin Thomson, *The Classical Hollywood Cinema: Film Style and Mode of Production to 1960,* New York: Columbia University Press, 1985, p.3).

사건들을 하나하나 열거해 나간다.[29] 그러나 영상물이 창출하는 가상 세계는 실재하는 것이 아니라 실재하는 것처럼 자연스럽게 보이게 하는 기법의 산물이며, 앞서 몽타주 기법의 예에서처럼, 이러한 기법은 소설에서의 서술자처럼 서사 세계를 중개하면서 의미를 생산한다.

인용된 장면에서 공간 조직이 어떤 방식으로 자연스럽게 이루어지는지 살펴보면서 가상 세계 내의 공간을 실재처럼 보이게 하는 지배적인 영화 제작의 규범을 하는 논할 수 있다. 먼저 동헌이라는 공간 배치에 대해 알려 주기 위해 영화 전문 용어로 '설정 쇼트'라고 일컫는 풀 쇼트가 제시된다. 이 쇼트를 보면서 수용자는 동헌의 전체적인 구조와 인물이 존재하는 위치에 대해서 파악하게 된다. 이 설정 쇼트를 전체 공간에 대한 이미지로 가지고 있는 수용자는 이후에 이어지는 인물의 시점 쇼트에서도 부재하는 인물에 대한 상상을 할 수 있게 되는 것이다. 즉, '저 사람이 어디서 누굴 보고 얘기하는 거야?'라는 생각을 하지 않는다는 것이다. 춘향이 관장에 대해 발악을 할 때의 눈동자는 위를 향하고 있다. 이 시선으로 인해 우리는 춘향이 변학도를 향해 말하고 있음을 알 수 있는 것이다. 그리고 아무리 다양한 사물들이 빠른 이미지로 제시된다고 하더라도, 그것들이 한 공간 안에 있음을 이미 확인한 수용자는 혼란스럽지 않게 연속적인 장면을 받아들일 수 있게 된다. 또 위의 장면에서는 나오지 않았지만, 인물의 움직임과 더불어 공간이 이전 장면의 공간과 연속성을 가지고 제시되는 것은 많은 부분에서 확인할 수 있는 규범이기도 하다.

이렇게 고전적 사실주의 영상물은 수용자로 하여금 영상물 속의 공간이 실제적인 공간으로 지각될 수 있도록 하는 기법을 발달시켜 왔으며, 이제는 거의 자연화 되어 수용자는 영상물에서 제시되는 다양한 공간의 파편들에도 불구하고 혼란을 느끼지 않게 되었다. 이렇게 영화의 서사가 진행되는 세계 내의 공간 조작은 조작의 흔적을 보이지 않게 하

29) 로버트 랩슬리, 마이클 웨스틀레이크, 앞의 책, 233면.

는 조작이자 담론을 지우는 담론이라고 할 수 있다. 이러한 재현 방식을 통해 고전적 사실주의 영화는 영상물이 만든 세계가 자연발생적으로 존재한다고 믿는 수용 태도를 낳는 것이다. 그러면서 앞서 설명하였듯이, 이 부류에 속하는 대부분의 영상물은 가상 세계의 현실을 관객 중심으로 제시한다. 그래서 이때의 관객의 태도는 비유적으로 말하면, 원근법 회화를 보듯이 자신의 관점에 맞추어 변형된 세계를 편안히, 그러면서도 지배감을 느끼는 '나태한 신'과 같아지게 된다. 적어도 영상물의 서사가 진행되는 동안, 실제로 존재한다고 믿게 되는 세계와 그 세계 속의 현실을 장악하고, 등장인물을 모두 이해하고 있다는 전지전능한 느낌을 갖게 하는 것이 <최본>의 재현 방식이 갖는 가장 큰 특성이라고 할 수 있다.

(2) 영화 〈춘향뎐〉의 경우: 서술자로서 판소리를 활용한 영화적 실험

<표 3> 영화 <춘향뎐>의 십장가 장면 분석

대사	판소리	영상
씬 97 동헌 마당 …… ① 변사또(v.o): 집장사령! ② 집장사령(v.o): 예이! ③ 집장사령에게 호령하는 변 사또 변 사또: 그년 장처가 터지게 각별히 매우 쳐야지 만일 헛장 하다가는 네가 죽고 남지 못하리라! ⑤ 집장사령: 예이! ⑥ 집장사령, 나장에게 눈짓하면 형장 가지러 간다. ⑦ 들어와 형장 안고 나가는 나장 ⑧ 나장 형장 안고 와 동틀 옆에 늘어놓고 나면 집장사령 나와 형	소리 ⑥~⑧ 집장사령 거동을 보아라 별행장 한아람을 덤쑥 안어다가 동틀 밑에다 좌르르르르르 형장을 고르	① 변사또 중간 쇼트 …… ⑥~⑧ 집장사령의 움직임을 따라가며 롱 쇼트

장을 고르다가 집장사령: (춘향을 향해 오며) 꼼짝꼼짝 마라! 뼈 부러지리라! ⑨ 변사또: (지휘봉으로 춘향을 가리키며) 매우 쳐라! ⑩ 집장사령, 춘향 다리를 치면 부러져 나가는 형장 ⑪ 고통스러워하는 춘향 얼굴 ⑫ 형장 맞으며 변사또에게 십장가로 대드는 춘향 춘향: 일백번 죽사와도 일심에 정한 마음 일정 변치 아니리다. 일편단심 이내 마음 일부종사 하려는데 일개 형장이 웬일이요? 어서 바삐 죽여주오! ⑬ 변 사또: 매우 쳐라! ⑭ 춘향: 이 자로 아뢰리다. 이부불경 이내 마음 이군불사 다르리까….(십장가와 같은 대사 계속) 씬 98 소리판 ⑮ 십장가 하는 소리꾼, 고수 ⑯ 십장가 하는 소리꾼 얼굴 ⑰ 십장가 듣는 학생들, 아줌마들 ⑱ 십장가 들으며 우는 학생들	는구나. 이놈도 잡고 느끈능청. 저놈도 잡고 느끈능청 그 중으 손잽이 좋은 놈 골라 잡고 소리 ⑩~⑪ 춘향이 기가 막혀 왼몸에 소름이 끼치고 정신이 막막하나 아프단 말은 죽어도 아니하고 고개만 빙빙 두루면서 사또앞에 일자로 포악을 허는디 일자로 아뢰리다 ⑫ 일편단심 이내 마음 일부종사 허랴는듸 일개 형장이 웬 일이요 어서 바삐 죽여주오. 매우 쳐라. 예이, 딱! 이 자로 아뢰리다. 이부불경 이내 마음 이군불사 다르리까. (소리 계속) ⑮ 걸쳤어도 가망 없고 무가내요, 오자 낱을 딱 붙여노니 오마로 오신 사또 오륜을 밝히시오. (소리 계속)	⑨ 변학도 얼굴 중간 쇼트 ⑩ 춘향 상반신 측면에서 중간 쇼트 ⑫~⑭ 동헌 전경. 진양조장단에 맞추어 카메라 천천히 움직이며 줌 인 ⑮ 조상현의 풀 쇼트 ⑯ 조상현의 얼굴 정면 클로우즈 업 ⑰~⑱ 관객의 모습

앞선 십장가 장면과 비교해 볼 때, 이 장면은 음악을 어떻게 처리하느냐에서 가장 큰 차이를 보인다. <최본>에서는 안숙선의 창으로 '갈까부다'가 배경 음악으로 나오면서 춘향이 형장에서 당하는 고통이 극대화될 수 있었다. '갈까부다'로 시작하는 창은 원래 판소리에서 춘향이 떠나간 몽룡을 그리워하는 심경을 노래한 것으로 춘향이 변 사또에게 불려가기 전의 대목에서 불려진다. 그런데 이를 형장에서 매를 맞고 있

는 춘향의 장면에 삽입하여 <최본>은 이 소리가 형장에 있는 춘향의 심정을 대변하는 것으로 여기게 하였다. 이로 인해 수용자는 춘향의 고통에 대해 감상적 태도를 갖게 되는 동시에 춘향의 저항을 사랑 때문이라고 믿으며 그 절대적인 사랑에 공감할 수 있었다. 그리고 매를 맞는 춘향이 한 대 한 대 맞을 때마다 창을 한다는 것은 말이 되지 않는다는 합리성에 기초하여, <춘향전>에서는 "일편단심 이내마음 일부종사 하려는데 일개형장이 웬 말이오."와 "두 낭군 섬기라고 매를 친들 꺾이리오."로 춘향의 발악은 멈춘다.

한편, <임본>에서는 '십장가'가 그대로 삽입된다. 춘향이 형장을 맞으면서 구구절절하게 십장가의 가사를 그대로 읊었을 것이라고 상상하는 것은 '그럴듯함'이라는 재현 규범에는 어긋나지만, 판소리에서는 그러하였기에 <임본>은 십장가를 삽입하며, 춘향의 발화 내용과 소리를 일치시켜 판소리와 춘향의 대사를 동시에 진행시키는 것이다. 이러한 면모는 <임본>의 영화적 서술자가 판소리임을 암시하는 것으로 의미심장하다고 할 수 있다. 이 장면에서 카메라가 찍어내는 영상은 판소리에 종속되는데, 그러한 예는 '십장가' 부분만이 아니라 다른 곳에서도 확인된다. 영상 속 집장사령의 움직임은 소리에서 지시하는 행위와 그대로 일치한다. 소리가 "집장사령 거동 보아라"라고 하면, 카메라의 피사체는 집장사령이 된다. 그리고 소리에서 "별행장 한아름을 덤쑥"이라고 지시하면, 영상은 집장사령이 별행장을 한아름 안는 모습을 재현한다. 이후에도 소리와 집장사령의 행위 내용이 일치하며, 소리에 맞춰 움직이는 동작 속도로 인해 집장사령의 움직임은 세마치장단에 맞춰 건들거리는 춤에 가깝게 된다. 카메라 자체도 창이 흐르는 부분에서는 판소리 장단에 따라 쉼 없이 움직인다. 이렇게 판소리는 영화에서 재현하는 영상을 지시하며, 주도적으로 이끌어가는 서술자 역할을 한다고 할 수 있다.

그렇다고 카메라로 찍혀 편집된 영상이 서술자 역할을 완전히 내어주는 것은 아니다. <최본>에서처럼 영상 역시 서술자 역할의 일부를 담당한다.[30] 인용된 장면에서 춘향이 매를 맺고 고통스러워하는 부분에서 카메라는 춘향이 고통을 참으며 고개를 빙빙 돌리는 모습을 잠시 비추다가 동헌의 전경을 비춘다. 감독은 이러한 장면을 연출한 의도에 대해 개인의 저항이 동헌으로 표상되는 거대한 사회구조 앞에서 얼마나 무력한가를 보여주려 했다고 설명한 바 있다.[31] 실제 수용자에게 이러한 의도가 구현되었는지는 확인할 수 없지만, <최본>과의 비교를 통해 이 장면이 가지는 효과를 검토할 수는 있다. <최본>에서는 관객의 감상적 정서를 고양하는 배경 음악과 함께 클로즈 업된 춘향의 괴로워하는 얼굴과, 춘향의 고통을 그대로 표상하는 형장과 피를 보여주었다. 이러한 장면은 수용자가 등장인물과 정서적으로 연루되게 함으로써 '감정적 리얼리즘'[32]을 유발시킨다. 이에 비해 <임본>에서는 춘향의 고통스러워하는 모습이나 춘향에게 고통을 직접적으로 야기하는 상황을 영상화시키지 않음으로써 춘향과 관객이 정서적으로 동일시되지 않게 하고 있다. 대신 변 사또를 중심에 두고, 멀리서 동헌 전경을 잡다가 점차 변 사또에게 가까워지는 카메라 움직임을 통해 춘향의 저항보다는 변 사또로 표상되는 사회 제도의 견고함을 드러내는 영화적 서술을 행하고 있는 것이다.

이러한 영화적 서술은 관객이 보고 싶어 하는 것이라기보다는 관객이 봐야 하는 것으로서, 서사 세계 내에서 자연스럽게 관찰자의 시선을 따라가는 고전적 리얼리즘 영화의 서술 규범과 배치된다. 더욱이 영화가 소리판으로 배경을 옮겨가고 난 이후에는 판소리가 영상을 이끌어가고 있는 주체임이 더욱 분명히 드러난다. 판소리 공연장을 배경으로

---

30) <임본> 역시 판소리 없이 제시되는 부분에서는 고전적 사실주의의 규범에 충실하기 때문에 이에 해당하는 장면 분석은 생략한다.

31) 허문영 정리, <춘향뎐과 임권택>, 앞의 기사.

32) '감정적 리얼리즘'은 앙의 용어로 수용자들이 경험적으로 느끼는 감정을 드라마에서 느끼는 것을 말한다(I. Ang, *Watchind Dallas: Soap opera and the melodramatic imagination,* Methuen, 1985). 예를 들면, 평범한 인간이 재자가인이 등장하는 <춘향전>을 보고 우는 것은 춘향과 자신을 동일시해서가 아니라 춘향이 느꼈음직한 감정을 상상함으로 인해 떠올린 자신의 경험적 감정 때문이라는 것이다. 그러니까 춘향이 불쌍해서 우는 것이 아니라 자신을 불쌍히 여기면서 우는 것이 된다.

한 기록영화적인 장면이 극의 진행 중간 중간에 삽입되는 구성은 영화가 만들어내는 가상 세계가 독자적이고 완결된 것이 아님을 드러내는 것으로서 고전적 리얼리즘의 가장 기본적인 규범에서 일탈하고 있다. 이렇게 <임본>은 고전적 리얼리즘 영화의 규범을 따르지 않고, 판소리를 서술의 주체로 삼아, 효과에 불과하였던 음악으로 연기, 카메라 움직임, 장면 구성 등을 주도하게 하는 새로운 영화적 실험을 행하고 있다. 이러한 점으로 인해 <임본>은, <최본>을 비롯한 이전의 <춘향전> 영화가 춘향 이야기를 해석하여 영상화한 데 비하여, 판소리 자체를 영화화했다는 평가를 받는 것이다.

그렇지만 <임본>이 행한 재현 방식에서의 실험이 영상물 그 자체로서 완결되는 것이 아니라 수용자에 대한 의미화 전략으로서 어떤 의미를 갖는지를 확인해야 할 것이다. 이 영화는 관객 본위로 영상을 제조하여 주기보다는 제작자의 입장에서 관객에게 가르치려는 교육적 의도를 강하게 내보이는데, 이 영화가 관객에게 궁극적으로 교육하려 하는 것은 바로 판소리이다. <임본>의 도입부에는 '국악의 이해'라는 강좌를 수강하면서 판소리 공연을 들으라는 과제를 부여 받은 대학생들이 등장한다. 이들의 태도는 "야, 아예 우리가 여섯 명이니까 50분씩 나눠서 책임할당제 하자.", 혹은 "난 허리 아프고 졸려 가지고 긴 시간 못 버틴다구. 있잖아, 나 인터넷으로 판소리 검색해서 리포트 쓸 테니까 너희들 재밌게 보고 나와라."라는 말처럼 판소리에 전혀 흥미를 느끼고 있지 못한 학생들이다. 그러나 이 학생들은 십장가를 들으면서 울 수 있는 소위 '귀명창'으로 변하는데, 관객은 이러한 의도된 변화를 겪는 교육의 대상이 되는 것이다.[33]

이를 서사물의 소통 구조[34]라는 틀을 빌어 구조화하면 다음과 같다.

33) 감독은 다음과 같은 발언과 같이 관객에게 판소리의 맛을 느끼게 하려는 의도가 있음을 밝히고 있다. "조상현 명창의 완창 춘향가를 처음 들었을 때, 판소리가 주는 감동과 멋에 소름이 끼치는 경험을 했습니다….<춘향뎐>은 관객 여러분이 귀명창처럼 소리의 맛을 대번에 알아차릴 수 있는 영화입니다."(태흥영화사 편, 앞의 책, 5면) 자신이 경험한 바를 전수하려는 그의 태도는 분명 교육자적인 것이다.

<표 4> 영화 <춘향뎐>의 소통 구조

서사물의 소통 구조	<춘향뎐>의 소통 구조
실제 작가	감독, 배우, 제작자 등으로 구성된 실제 영화 생산 집단
내포 작가	판소리를 영상화하고자하는 의도를 가진 영화 생산자
서술자	판소리
피서술자	판소리를 즐겨 듣거나 판소리 세계를 이해하지 못하는 대중
내포 독자	판소리 자체와 영상화된 판소리를 이해할 수 있는 판소리 청중
실제 독자	영화 관객

학생들의 판소리 관람을 액자의 틀로 제시하고 있는 이 영화의 도입부에서 관객은 판소리를 이해하지 못하는 현대의 대중인 학생의 위치를 점하게 되며, 판소리에 대한 자신의 이해 수준을 지시받게 된다. 점차 피서술자를 영화는 판소리가 창출하는 세계, 곧 판소리 귀명창이 마음속에 떠올릴 만한 세계를 영상으로 그려내면서 점차 피화자를 판소리를 이해할 수 있는 판소리 수용자로 만들어간다. 액자의 틀에서 판소리를 즐길 수 없었던 학생들과 같았던 수용자는 점차 판소리가 그려내는 세계에 빠져들면서 판소리의 청중으로 자리를 옮기는 것이다. 이러한 자리 옮김이 이루어지고 있다는 것은 판소리 공연장에서 '십장가'를 들으면서 울고 있는 학생들의 모습을 통해 확인할 수 있다. 한편 감독을 비롯한 이 영화의 제작자는 위 구조에서 실제 작가이면서 판소리를 영상화하고자하는 의도[35]의 총체인 내포 작가이기도 하다. 실제로 감독인 임권택은 이미 판소리 영화(<서편제>, 1993)를 찍은 적이 있으며, 스스로를 판소리 귀명창으로 자임하였다. 이렇게 그는 이미 판소리가 떠올리게 하는 가상 세계를 눈으로 볼 수 있는 능력이 있기에 판소리의 내포 독자이기도 하였다. 이렇게 내포 독자의 자리에 서 있으면서 피서

34) S. 채트먼, 『영화와 소설의 서사구조』, 민음사, 1990, 183면.
35) 여기서 의도란 실제 의도라기보다는 영화를 통해 추론될 수 있는 성격의 것이다.

술자를 자신의 자리로 끌어오려는 내포 작자는 일종의 교사 역할을 하면서 판소리 듣기 방식을 가르치고 있는 것이다.

3. <춘향전> 교육에서 영상물의 활용

영상물을 교육의 장으로 도입할 때 야기되는 가장 큰 문제는 강력한 환(幻)을 창출하는 영상 매체의 속성 상 학습자들이 문학 텍스트에 관해 학습자들이 갖고 있는 이미지가 고정되며, 학습자들은 만들어진 이미지를 수동적 태도로 수용하는 데에 그친다는 점에 있다.[36] 레이놀즈는 매체를 이용한 교육의 장에서 중요한 교육적 활동은 학습자들이 영상물을 그저 보는 게(see) 아니라 주시하게(look) 만드는 것이라고 강조한다.[37] 즉, 영상물은 글과 같은 읽기의 대상이 되어야 한다는 것이다. 이 장에서는 이러한 영상물에 대한 '읽기'가 어떠한 방식으로 교육의 현장에서 실행되어야 할 것인지에 대하여 제안할 것이다. 특히 이 연구에서는 소설을 영상물로 매체 전환한 자료를 다루었기에 원작이 있는 영상물에 한정해서 논할 것이다. 그러나 소설이 영화적 상상력의 원천이 되기도 하였으며,[38] 여전히 소설과 영화가 서로 유사한 서사 내용을 공유하며 서로 영향을 주고받는 관계에 놓여있다고 할 때,[39] 이러한 제

36) 필자도 <토지>를 가르칠 때, 드라마 <토지> 비디오 요약본을 구해 보여주며, 학습자들의 빠른 이해를 도운 적이 있었다. 그러나 학습자들 중에는 더 이상 <토지>를 읽을 필요가 없다고 생각하는 학생이 많았다. 편집된 영상물을 통해 엄청난 양의 서사적 줄거리를 단시간에 파악할 수 있는 놀라운 '읽기 능력'을 소유한 이들은 2시간 분량의 영상물을 통해 <토지>를 다 이해했다고 여겼다. 그러나 이들은 영상 매체로 연행되는 텍스트에 대해서 비평적 거리를 갖지 않았으며, 영상물로 제시된 것이 문학 텍스트인 <토지>의 가상 세계라고 생각하였다.

37) Peter Reynolds, *Unlocking the Box: Shakespeare on film and video,* Shakespeare in the Changing Curriculum, Edit. L. Aers & N. Wheale, Routledge, p.201.

38) R. 리처드슨, 『영화와 문학』, 이형식 역, 동문선, 2000, 10~25면 참조.

39) 현재 한국 영화만 하더라도 소설을 원작으로 한 영화를 다수 찾아볼 수 있으며, 영화가 흥행에 성공하면 영화의 서사 내용을 매체 변용한 소설이 나오기도 한다.

한점은 '매체 변용'이라는 미디어 교육의 한 영역에 주요한 시사가 될 것이라 여겨진다.

이 연구에서는 두 영상물을 비교하면서 특정한 장면을 분석 자료로 삼았다. 이를테면, 춘향이 동헌에서 형장을 맞으면서 변 사또에 항거하는 장면을 두 영상물에서 공통적으로 추출하였다. 수업의 현장에서는 이러한 장면들이 영상 이미지의 시각 언어에 집중하도록 하는 교육의 자료로 활용될 수 있다. 2000년, 영국에서 발간된 <중등학교 교사를 위한 영상 이미지 교육 가이드>에서 '프레임별로 멈춰 보기'[40]와 관련된 설명을 바탕으로 춘향 이야기에 대한 두 영상물이 교육에서 어떻게 활용될 수 있는지 검토해 보도록 하겠다.

〈프레임 별로 멈춰 보기: 영상 이미지의 시각 언어에 집중하도록 하기〉

학습 목표

① 영상으로 변용된 이미지가 원래 문학 텍스트와는 매우 다르다는 점, 어떤 영상 이미지 텍스트이든 언제, 그리고 어떤 상황에서 만들어지느냐에 따라 각각 다른 텍스트가 된다는 점 알기.

② 영상 이미지 텍스트의 언어와 관습을 '읽고' 분석할 줄 알기.

③ 하나의 텍스트의 영상 이미지 버전과 문학 버전은 서사 형식과 같은 몇 가지 특질들을 공유한다는 점 알기.

④ 영상 이미지 텍스트에 의해 생성되는 다양한 종류의 즐거움을 인식하고 탐색할 것.

⑤ 다양한 개인들과 수용자들이 같은 텍스트에 대해서도 매우 다른 방식으로 반응한다는 점을 인식할 것.

---

40) 영국영화연구소, 영어미디어센터 편찬, *Moving Images in the Classroom: A Secondary Teachers' Guide to Using Film and Television,* 2000, 정현선, 「영국 미디어교육의 다양한 스펙트럼과 그 실천적 함의」, 『다매체시대의 국어교육과 문화교육』, 276면 재인용. 인용된 설명에는 논픽션 등의 영상물을 포함하여 논의하였기에 여기에는 영화나 드라마 관련 목록만 발췌하여 인용하였음.

⑥ 수용자의 영상 이미지 텍스트 감상이 그 텍스트의 형식이나 스타일상의 '창의성'만큼이나 장르적 기대의 충족에 기인한다는 점을 인식할 것.

학습 활동

· 문학 텍스트의 영상 이미지 버전을 하나 이상 학습하고 그 두 가지가 해석적 차원에서 어떻게 다른가를 시각적 관습과 사운드의 관습의 사용, 캐스팅, 작품의 가치를 통해 비교하고, 또 각각의 텍스트가 그것이 만들어진 시대에 의해 어떻게 규정되는가에 대해 학습할 것.

· 영상 이미지 텍스트가 이미지와 사운드의 조합을 통해 그 효과를 성취하는 특정한 방식들에 대해 학습하고, 문학 텍스트가 인물의 행위, 배경, 서사적 목소리 등을 해결하는 방식과 대조하는 학습.

· 영상 이미지 버전과 문학적 소스에서 하나의 동일한 서사 구조가 실현되는 방식을, 서사와 저자의 관점, 시간과 사건의 순서 및 플롯 구조의 구성을 통해 비교하는 학습.

· 특정한 텍스트들이 실제 수용자 혹은 독자에게 제공하는 즐거움을 식별할 것.

· 특정한 영화나 영화군에 대한 수용자에 대한 설문조사 혹은 포커스 그룹과의 인터뷰를 실시할 것.

· 텍스트가 수용자의 기대를 충족시키거나 배반하기 위해 어떻게 구성되어 있는지 검토할 것.

학습 결과

· 영상 이미지 버전을 갖고 있는 문학 텍스트를 골라, 문학 텍스트를 영상 텍스트로 구성하기 위한 장면 구성을 해 보고 영상 이미지 텍스트와 비교할 수 있다.

· 문학 텍스트의 새로운 영상 이미지 버전을 위한 '패키지'를 구성할 수 있다. 여기에는 캐스팅, 감독, 스크립트, 마케팅 전략 등이 담겨 있어야 한다.

· 어떤 문학 텍스트를 TV버전으로 만들기 위한 계획서를 쓸 수 있다. 이 계획서에는 어떤 사건들이 쓰일 것인지, 혹은 제외될 것인지, 어떤 장면들이

강조되거나 배경으로만 등장할 것인지에 대한 설명이 요약되어 있어야 한다.
· 특정한 영화나 TV 프로그램이 수용자에게 주는 즐거움의 핵심 요소를 보여줄 수 있는 쇼트의 목록을 만들고 그것을 이용한 예고편을 만들 수 있다.
· 같은 텍스트 혹은 비슷한 텍스트에 대해 다양한 반응들을 알아보기 위해 독자/수용자의 시청 다이어리를 만들어간 인터뷰를 수행할 수 있다.

'학습 목표'를 검토해 볼 때, ①과 같이 영상으로 변용된 이미지가 원래 문학 작품과 다르다는 점을 알며, 영상물은 특정한 해석적 관점이 반영된 산물임을 파악하는 것은 매우 중요해 보인다. 이 항목은 영상물이 단지 언어 텍스트의 특정 기호를 영상 텍스트의 기호로 치환한 결과물이 아니라 해석적 재구성의 산물이라고 파악하는 관점을 드러내고 있다. 그리고 영상물은 배우나 감독, 촬영 감독, 음악 감독 등 집단에 의해 창작된 산물이지만 영상물의 해석을 위해서는 '내포 작가'와 같은 추상적 존재를 가설적으로 상정하는 것이 필요하다.[41] 영상물 생산자의 의도가 그대로 실현되지는 않을지라도 영상물을 해석하는 수용자의 입장에서 추론된 의도의 주체로서 '내포 작가'는 교육적으로 매우 유용한 개념이기 때문이다. 그리고 영상물이 독특한 매체적인 특성을 가지면서도, 서사물로서 소설과 공통적인 속성을 가짐을 이해하는 것도 중요하다(②, ③) ④, ⑤, ⑥는 수용자 연구라고 할 수 있다). ④는 영상물이 수용자를 어떻게 취급하고 있으며, 수용자에게 어떤 즐거움을 주려 하는지에 대한 것으로 의사소통을 전제로 하는 영상물 자체의 분석을 통해 추출할 수 있으며, ⑤는 실제 수용자에 대한 탐구라고 할 수 있다.

41) 위 인용된 설명에서는 '시대나 상황'에 따라 달라지는 해석을 언급하고는 있으나 '내포 작가'라는 개념을 활용하지 않았다. 아마도 이는 작가주의에 대한 경계로 보인다. 즉, 영화에서 의미의 기원으로서 작가를 취급할 때, 작가의 세계관이나 영화관 등이 해석의 대상이 되어 수용자의 해석적 의미 생산이 제한될 것을 우려하는 것이다. 그러나 영상물을 의미체로 수용하기 위하여 실제 작가가 아니라 독자에 의해 추론된 작품 내적 작가인 '내포 작가'라는 개념이 교육적으로 더욱 유용할 것이라 판단된다.

⑥은 대중문화의 수용자에 대한 연구인데, 자칫 '창의성'에 높은 평가를 하여 대중문화의 수용자가 갖는 관습적 기대와 그 기대를 충족시키는 대중문화물에 대한 폄하로 수용자 연구가 귀결되지 않도록 하는 배려라고 파악된다.

이를 바탕으로 <춘향전> 교육에서 영상물의 활용을 위한 학습 활동의 내용을 구성하면 다음과 같다. 이 교육에서 자료로 하는 것은 텔레비전 드라마 <춘향전>과 영화 <춘향뎐>이라고 할 때, 다음과 같이 교육내용을 구성할 수 있을 것이다.

학습 활동

· 〈춘향전〉의 영상 이미지 버전인 텔레비전 드라마 〈춘향전〉과 영화 〈춘향뎐〉을 보고 그 두 가지가 해석적 차원에서 어떻게 다른가를 재현 대상과 재현 방식으로 나누어 학습한다. 배우의 캐스팅과 소품과 세트 구성, 재현된 서사 내용 등을 '재현 대상'이라는 점에서 비교하고, 이 비교의 결과가 소설이나 판소리에 대한 어떠한 해석에서 비롯된 것인지에 대해 이야기하며, 자신의 해석과 차이점을 생각해 본다. (관련 학습 목표는 ①´)

· 영상물이 이미지와 사운드의 조합을 통해 그 효과를 성취하는 특정한 방식들과 특정한 영상물이 수용자에 대해 어떠한 가정을 가지고 있는지에 대해 '재현 방식'이라는 점에서 비교한다. 이를 바탕으로 영상물이 갖는 재현 방식의 특성을 이해하고, 문학 텍스트가 인물의 행위, 배경 묘사, 서술적 목소리 등을 구성하는 방식과 대조한다. (②´ ④´)

· 영상물과 문학에서 하나의 동일한 서사 구조가 실현되는 방식을 시간과 사건의 순서 및 플롯 구조의 구성을 통해 비교한다. (③´)

· 영상물을 보고 난 후에 수용자에 대한 설문 조사를 실시하고, 범주화된 특정 집단(예를 들면 가족이나 고등학생)과 인터뷰를 실시한다(⑤´).

· 영상물이 수용자의 기대를 충족시키거나 배반하기 위해 어떻게 구성되었는지를 검토한다. (⑥´)

앞선 인용에서 학습 결과는 다시 영상텍스트의 생산자로서 학습자를 상정하여 설정된 것이다. 이는 미디어 교육이 단지 미디어를 비판적으로 '읽는 것'에서 그치는 것이 아니라 '쓰기'로 나아가는 것을 궁극적인 목표로 삼고 있음을 말해준다. 실로 제대로 읽어내기 위해서라도 쓰고, 쓰기 위해서 읽는 '읽기와 쓰기의 순환적 관계'가 학습 활동과 학습 결과에 구현되어 있는 것이다. 현재 국어교육에서 학습자들에게 <춘향전>에 대한 자기만의 이본을 영상물로 만들라고 요구할 수는 없으나, 적어도 '내가 감독이라면' 혹은 '내가 이 영화를 홍보한다면'이라는 식으로 매체적인 상상력을 발휘할 수 있는 수준의 학습 결과는 기대할 수 있을 것으로 생각된다.

학습 결과

· 〈춘향전〉에서 자신이 독창적으로 만들어보고 싶은 부분의 장면을 구성해 보고 자신이 만든 장면이 영상물과 어떤 점에서 다를 수 있는지 차이점을 말할 수 있다.

· 〈춘향전〉을 새롭게 영화화한다고 할 때, 감독은 누가 좋을 것인지, 어떤 배우가 어떤 역할을 맡는 게 좋을지, 이 영화의 홍보는 어떻게 할 것인지를 생각하며, 그 이유를 말할 수 있다.

· 〈춘향전〉을 텔레비전 드라마로 만들기 위한 계획서를 쓸 수 있다. 이 계획서에는 어떤 사건들이 쓰일 것인지, 혹은 제외될 것인지, 어떤 장면들이 강조되거나 배경으로만 등장할 것인지에 대한 설명이 요약되어 있어야 한다.

· 텔레비전 드라마 〈춘향전〉과 영화 〈춘향뎐〉의 예고편을 만든다고 가정하고, 예고편을 만들기 위한 계획서를 쓸 수 있다. 이 계획서에는 수용자에게 즐거움을 주는 쇼트의 목록과 그것을 어떻게 제시할 것인지에 대한 설명이 요약되어 있어야 한다.

· 수용자의 반응을 알아보기 위한 설문지를 만들고, 실제 수용자와 영상물이 주는 즐거움에 관해 인터뷰를 수행할 수 있다.

4. 결론

이 연구에서는 재현 대상과 재현 방식의 차이를 중심으로 <춘향전>을 매체 변용한 두 영상물을 분석하였다. 그 결과 이 연구에서 밝혀낸 바는 다음과 같다.

첫째, 두 영상물은 영상 이미지로 재현할 대상을 선택하는 기준의 차이를 보인다. <최본>의 경우, 현재 대중문화의 수용자들에게 친숙하고, 그럴듯해 보이는 인물과 사물, 서사 내용을 재현 대상으로 삼았으며, <임본>의 경우, 판소리가 널리 향유되었을 당시의 판소리 수용자가 머릿속에 떠올렸을 법한 이미지를 참조하여 재현 대상을 구성하였다.

둘째, 두 영상물은 서사 내용의 변용을 통해 각기 다른, 주제에 대한 해석을 제시하였다. <최본>의 경우, 춘향의 애정을 강조함으로써 춘향 이야기의 가장 중추적인 사건인 '춘향의 관정 발악'을 애정 가치를 사수하기 위한 사적인 저항으로 이해하게끔 하였으며, <임본>의 경우, 신분질서의 대변자로서 변학도의 면모를 부각시킴으로써 견고한 제도에 맞선 미약한 개인의 용감한 투쟁으로 이해하도록 하고 있다.

셋째, 두 영상물은 재현 방식의 면에서도 큰 차이를 보인다. <최본>의 경우, 영화의 가상 세계가 자율적이며 독립적으로 존재한다는 환(幻)을 창출하며, 등장인물의 감정에 동화될 수 있도록 유도한다. <임본>의 경우, 고전적 사실주의 영화의 관습에서 벗어나 판소리를 서술자로 삼아, 영화가 판소리에 의해 매개되는 것임을 분명히 하고 있다. 그리고 이 영화는 등장인물에 동화되기보다는 수용자가 판소리가 창출하는 세계를 눈으로 보면서 자연스럽게 판소리를 제대로 감상할 수 있는 능력을 갖게끔 유도하고 있다.

그리고 이 연구에서는 <춘향전> 교육에서 영상물이 활용될 때 유용한 학습 활동을 제안하고 예상되는 학습 결과를 제시하였다. 영상물을 활용하는 교육에서 중요한 것은 영상물을 그저 보게 하는 것이 아니라 읽게 해야 한다는 것이다. 특히 소설을 바탕으로 만들어진 영상물을 교육에서 활용할 때에는 영상물이 문학 작품에 대한 하나의 해석적, 비평적 관점의 표상임을 학습자들에게 인식시켜야 할 것이다.

<춘향전>이 고전이 되는 까닭은 작품 자체의 속성 때문이 아니라 <춘향전>을 고전답게 가르치는 교육적 실천이 있기 때문이다. 여기서 '고전답게 가르침'은 학습자들에게 <춘향전>이 고전이 되게 한 요인을 주입식으로 전수함을 의미하는 것이 아니라 개별 학습자들이 <춘향전>을 개인적 고전 목록에 포함시키도록 해야 함을 뜻한다. 이를 위해 학습자들은 집단적으로, 또는 개별적으로 <춘향전>과 해석적인 대화를 해야 하고, 대화의 결과로 생성된 의미를 자기의 것으로 만들어야 할 것이다.

<춘향전>을 고전답게 가르치는 교육에서 영상물의 활용은 교육 방법에 따라 독이 될 수도, 약이 될 수도 있다. <춘향전>에 대한 이해를 쉽게 하기 위해 영상물을 보여주기만 한다면, 특정한 해석 관점에서 특정한 반응을 유도하는 영상물을 무비평적 태도로 수용하면서, 학습자들은 <춘향전>에 대한 해석적 대화를 그치게 될 위험성이 있다. 그러나 두 가지 이상의 영상물의 차이를 확인하거나 영상물이 누군가의 관점에서 만들어진 것이며, 특정한 관습과 기법을 활용하여 수용자의 반응을 이끌어내는 기호적 구조물임을 깨닫게 한다면 영상물은 <춘향전>과 학습자간의 해석적 대화를 추동하는 훌륭한 자극제가 될 수 있다.

참고 문헌

I. 자료

완판84장본 <烈女春香守節歌>, 구자균 校注, 『春香傳』, 민중서관, 1970.
김윤식 외 편, 『新小說・飜案(譯)小說』, 아세아문화사, 1978.
이광수, <一說春香傳>, 광영사, 1958, 『동아일보』, 1925~1926.
이광수, <무정>, 『동아일보』, 1917.
이해조, <옥중화>, 『매일신보』, 1912.
최인훈, 「놀부뎐」, 『우상의집』, 문학과지성사, 1976.
최인훈, <춘향뎐>, 『웃음소리』, 민음사, 1987.
김진영, 김현주 역주, 『명창 장자백 창본 춘향가』, 박이정, 1996.
성현경, 조융희, 허용호 譯註, 『광한루기 역주 연구』, 박이정, 1997.
강경옥, <라비헴폴리스> 1~3권, 시공사, 2000.
원수현, <풀하우스> 1~16권, 서울문화사, 2002.
이미라, <인어공주를 위하여> 1~7권, 시공사, 2001.
(남창) 춘향가, 『신재효 판소리사설집』, 강한영 교주, 이병기・이희승・이숭녕・구자균 편, 민중서간, 1971.

II. 논저

1. 국내

1) 단행본

구인환 외, 『문학교육론』, 삼지원, 1988.

김　현, 『수사학』, 문학과 지성사, 1992.
김경용, 『기호학이란 무엇인가』, 민음사, 1994.
김교봉, 설성경, 『근대 전환기 소설 연구』, 국학자료원, 1991.
김기배, 『문화재생산이론』, 교육과학사, 1991.
김기현, 『한국문학논고』, 법문사, 1973.
김대행, 『한국시가구조연구』, 삼영사, 1976.
김대행, 『국어교과학의 지평』, 서울대출판부, 1995.
김대행, 『시가시학연구』, 이화여대출판부, 1991.
김동욱 외, 『춘향전 비교연구』, 삼영사, 1979.
김동욱, 『춘향전연구』, 연세대출판부, 1995.
김병국 외, 『춘향전 어떻게 읽을것인가』, 신영출판사, 1993.
김병국, 『한국고전문학의 비평적 이해』, 서울대출판부, 1995.
김성곤, 『포스트모던 소설과 비평』, 열음사, 1993.
김윤식, 『이광수와 그의 시대』 1, 2, 3, 한길사, 1986.
김윤식, 『한국근대문학연구』, 일지사, 1973.
김윤식, 『한국문학논고』, 법문사, 1977.
김윤식 · 정호웅, 『한국소설사』, 예하, 1993.
김종철, 『판소리의 정서와 미학』, 역사비평사, 1996.
김창남, 『대중문화와 문화실천』, 1995.
김천혜, 『소설 구조의 이론』, 문학과지성사, 1990.
김치수, 『구조주의와 문학비평』, 홍성사, 1985.
김태준, 『증보조선소설사』(박희병 교주), 한길사, 1990.
김　현 편, 『수사학』, 문학과지성사, 1985.
김현실 외, 『한국패러디소설연구』, 국학자료원, 1996.
박성봉, 『대중예술의 미학』, 동연, 1995.
박일용, 『조선시대 애정소설』, 집문당, 1993.
사재동 編, 『한국 서사 문학의 연구』 I, IV, 중앙문화사, 1995.
서영채, 『소설의 운명』, 문학동네, 1995.

서울대 국어교육연구소 편, 『국어교육학사전』, 대교, 1999.
서울대학교 인문과학연구소, 『고전읽기 활성화 방안 연구』, 1993.
설성경 외, 『춘향전의 종합적 고찰』, 아세아문화사, 1993.
송영배, 『유교적 전통과 중국 혁명』, 철학과현실사, 1992.
양회석, 『중국희곡』, 민음사, 1994.
우한용 외, 『소설교육론』, 평민사, 1993.
우한용, 『한국 현대소설구조연구』, 삼지원, 1990.
윤호병 외, 『후기 구조주의』, 고려원, 1992.
이상익 외, 『고전문학 어떻게 가르칠 것인가』, 집문당, 1994.
이용남, 『이해조와 그의 작품 세계』, 동성사, 1986.
임화, 임규진 · 한진일 편, 『신문학사』, 한길사, 1993.
장덕순 외, 『한국 문학사의 쟁점』, 집문당, 1986.
장덕순 외, 『한국문학사의 쟁점』, 집문당, 1990.
장상호, 『인격적 지식의 확장』, 교육과학사, 1994.
정노식, 『조선창극사』, 동아일보출판부, 1940.
정병헌, 『판소리문학론』, 새문사, 1992.
정성희, 『조선의 성풍속』, 가람기획, 1998.
정요일 외, 『고전비평 용어 연구』, 태학사, 1999.
정재철 편, 『문화연구이론』, 한나래, 1998.
정현선, 『다매체시대의 국어교육과 문화교육』, 역락, 2004.
조동일, 『한국문학통사』 1, 2, 5, 지식산업사, 1989.
차봉희 편저, 『수용미학』, 문학과지성사, 1989.
최병규, 『풍류정신으로 보는 중국문학사』, 예문서원, 1998.
태흥영화사 편, 『춘향뎐』, 서지원, 2000.

2) 논문

성현경 외, 「<광한루기>의 비교문학적 연구」, 『광한루기 역주 연구』, 박이정, 1997.

유영대, 「판소리에서 임기응변과 변조의 의미」, 『구비문학의 연행자와 연행양상』, 한국구비문학회편, 박이정, 1999.

곽선영, 「여성장르로서의 순정만화의 특성에 관한 연구」, 서강대 석사학위논문, 2001.

권오현, 「문학소통이론연구」, 서울대 박사학위논문, 1992.

김대행, 「매체언어 교육론 서설」, 『국어교육』 97, 한국국어교육연구회, 1998.

김동환, 「문화교육으로서의 국어교육」, 『국어교육학연구』 15, 국어교육학회, 2002.

김상욱, 「소설 담론의 이데올로기 분석방법 연구」, 서울대 박사학위논문, 1995.

김석배, 「춘향전 이본의 생성과 변모 과정 연구」, 경북대 박사학위논문, 1992.

김성룡, 「전범학습과 중세의 문학교육」, 한국문학교육학회 3차 연구발표회 요지문, 1997.

김우종, 「향거없는 춘향」, 『현대문학』(30), 현대문학사, 1957.

김종철, 「<춘향전> 교육의 시각(1)」, 『고전문학과 교육』 1, 한국고전문학교육학회, 1999.

김풍기, 「수산광한루기의 평비에 나타난 비평의식」, 『어문논집』 31, 고대국어국문학회, 1992.

김한식, 「시간, 이야기, 그리고 존재의 시학」, 『현대비평과 이론』 9, 한신문화사, 1995.

김한영, 「21세기 영상예술에서의 춘향」, 『춘향과 21세기 한국 문화』, 판소리학회 발표문, 2000.

김현주, 「경판과 완판의 거리」, 『국어국문학』 116, 1996.

김흥규, 「고전 문학교육과 역사적 이해의 원근법」, 『현대비평과 이론』 3, 한신문화사, 1992.

김흥규, 「신재효 개작 춘향가의 판소리사적 위치」, 『한국학보』 10, 일지사, 1978.
노세경, 「<혈의 누>의 서사 형식 연구」, 서울대 석사학위논문, 1996.
노향복, 「춘향의 성격변화와 분장의 변화에 관한 연구」, 한성대 석사학위논문, 2003.
류수열, 「사설시조의 텍스트 구성 원리 연구」, 서울대 석사학위논문, 1996.
박명진, 「즐거움, 저항, 이데올로기」, 『사회과학과 정책연구』 13~2, 서울대 사회과학연구소, 1991.
박인기, 「문화적 문식성의 국어교육적 재개념화」, 『국어교육학연구』 16, 국어교육학회, 2003.
박인하, 「라비헴폴리스: 사람들에게서 사랑을 배운다」, 『고구마(http://goguma.komics.net)』 12호, 2002.2.
박희병, 「춘향전의 역사적 성격 분석」, 『전환기의 동아시아 문학』, 창작과비평사, 1985.
백대웅, 「판소리 다섯 바탕의 눈」, 『다시 보는 판소리』, 어울림, 1996.
서영채, 「한국소설과 근대성의 세 가지 파토스」, 『문학동네』, 1999 여름호.
서유경, 「임경업전의 향유방식에 관한 연구」, 서울대 석사학위논문, 1997.
서종대, 「한국 전통문화정책의 형성과 특징에 관한 일 연구」, 서울대 석사학위논문, 1993.
성현경 외, 「<광한루기>에 나타난 <춘향전>과 <서상기>」, 『광한루기 역주 연구』, 박이정, 1997.
소재영, 「수산 광한루기 해제」, 『숭실어문』 4, 숭실대 숭실어문학회, 1987.
신딸기, 「순정만화에서의 강간에 대한 두려움으로부터의 도피 전략」, 『달나라 딸세포(http://dalara.jinbo.net/webzine0)』.
염은열, 「고려속요의 미적 구조에 관한 연구」, 서울대 석사학위논문, 1993.
염은열, 「대상 인식과 내용 생성의 관계에 대한 표현교육론적 연구」,

서울대 박사학위논문, 1999.
오춘택, 「한국고소설비평사연구」, 고려대 박사학위논문, 1990.
윤용식, 「신재효 판소리 사설과 이해조 판소리계 작품과의 비교연구」, 서울대 석사학위논문, 1982.
이경숙, 「놀이 구조를 통한 희곡 해석 방법 연구」, 서울대 석사학위논문, 1994.
이구슬, 「전통과 비판: 가다머와 하버마스의 해석학 논쟁」, 서울대 박사학위논문, 1994.
이상택, 「춘향전 연구」, 『국문학연구』(3), 서울대 국문학연구회, 1966.
이상희, 「한국의 대중문화에 대한 문명비판론적 연구」, 『조선조사회의 커뮤니케이션 현상 연구』, 나남, 1993.
이지호, 「고전 소설의 대화 유형 연구」, 서울대 석사학위논문, 1994.
인권환, 「토별가에 나타난 신재효의 작가의식」, 『문학사상』 146, 문학사상사, 1984.
임성래, 「연애소설의 관점에서 본 <춘향전>」, 『매지논총』(17), 1999.
임재해, 「구비문학의 연행론, 그 문학적 생산과 수용의 역동성」, 『구비문학의 연행자와 연행양상』, 한국구비문학회편, 박이정, 1999.
정은주, 「향토축제와 '전통'의 현대적 의미」 서울대 석사학위논문, 1992.
정재찬, 「현대시 교육의 지배적 담론에 관한 연구」, 서울대 박사학위논문, 1996.
정재찬, 「사회문화적 맥락 중심의 문학교육과정 내용체계」, 『문학 영역 교육과정 체계화 연구』, 서울대국어교육연구소, 1996.
정하영, 「광한루기 연구」, 『이화어문논집』 12, 이대 어문학연구소, 1992.
조윤제, 「춘향전 이본고」, 『춘향전』, 을유문화사, 1957.
조현범, 「한국사회의 민속담론과 민속종교에 대한 연구」, 서울대 석사학위논문, 1993.
조혜정, 「결혼, 사랑, 그리고 성」, 『새로 쓰는 사랑이야기』, 또 하나의 문화, 1991.

조희정, 「고려시대 시의식에 관한 연구」, 서울대 석사학위논문, 1996.
황혜진, 「춘향전 개작 텍스트의 서사 변형 연구」, 서울대 석사학위논문, 1997.
최원식, 「이해조 문학 연구」, 서울대 박사학위논문, 1986.
허문영, 특집 기사 「춘향전화 임권택」, 『시네 21』, 2000년 2월호.

2. 국외

Anderson, Benedict, 윤형숙 역, 『민족주의의 기원과 전파』, 사회비평사, 1996.
Atkins, G. Douglas & Johnson, Michael, L. *Writing and Reading DIFFERENTLY: Deconstruction and the Teaching of Composition and literature,* University of Kansas, 1985.
Bakhtin, Mikhail Mikhailovich, 전승희 외 역, 『장편소설과 민중언어』, 창작과비평사, 1988.
Barthes, Roland, *S/Z.* trans. Miller, Richard, New York, Hill and Wang, 1974.
Barthes, Roland, *Writting Degree Zero,* trans. Annette Lavers and Colin Smith, New York, Hill and Wang, 1968.
Barthes, Roland, 김희영 역, 『텍스트의 즐거움』, 동문선, 1997.
Beach, Richard, *A Teacher's Introduction to Reader-Response Theories,* University of Minnesota, 1993.
Belsey, Catherine, 정형철 역, 『비평적 실천』, 지평, 1992.
Benjamin, Walter, 반성완 편역, 『발터벤야민의 문예이론』, 민음사, 1983.
Bennett, Tony & J. Woollacott, Bond and Beyond, London; Macmilla, 1988.
Bennett, Tony, 임철규 역, 『형식주의와 마르크스주의』, 현상과인식, 1989.
Booth, Wayne C., 최상규 역, 『소설의 수사학』, 새문사, 1994.

Bordwell, David, Staiger, Janet & Thomson, Kristin, *The Classical Hollywood Cinema: Film Style and Mode of Production to 1960,* Columbia University Press, 1985.

Bourdieu, Pierre, *La distinction,* 1979. 최종철 역, 『구별짓기』, 새물결, 1995.

Bourdieu, Pierre, 정일준 편역, 『상징폭력과 문화재생산』, 새물결, 1995.

Chatman, Seymour, 김경수 역, 『영화와 소설의 서사구조』, 민음사, 1996.

Doug, Brent, *Reading as Rhetorical Invention: Knowledge, Persuasion, and the Teaching of Research-Based Writing,* University of Calgary, 1992.

Eagleton, T., 여홍상 역, 『이데올로기 개론』, 한신문화사, 1994.

Eagleton, Terry, 김명환 외 역, 『문학이론입문』, 창작과비평사, 1986.

Eagleton, Terry, 여홍상 역, 『이데올로기 개론』, 한신문화사, 1994.

Easthope, Antony, 임상훈 역, 『문학에서 문화연구로』, 현대미학사, 1994.

Eco, Umberto, 서우석 · 전지호 역, 『기호학과 언어철학』, 청하, 1987.

Eco, Umberto, 조형준 역, 『대중의 영웅』, 새물결, 1994.

Eco, Umberto, 김운찬 역, 『소설 속의 독자』, 열린책들, 1996.

Eco, Umberto, 조형준 역, 『열린 예술작품』, 새물결, 1995.

Ferry, Luc, *Homo Aestheticus,* 1990. 방미경 역, 『미학적 인간』, 고려원, 1995.

Fiske, John & Hartley, John, 이익성 · 이은호 역, 『TV읽기』, 현대미학사, 1994.

Frye, Nothrop; 임철규 역, 『비평의 해부』, 한길사, 1985.

Genette, Gérard 외, 석경징 외 편역, 『현대 서술 이론의 흐름』, 솔, 1997.

Giddens, A., 배은경 · 황정미 역, 『현대 사회의 성 · 사랑 · 에로티시즘(Sexuality, Love, and Eroticism in Modern Societies)』, 새물결, 1995.

Giddens, A., 『현대사회학(Sociology)』, 을유문화사, 1994.

Gilligan, Carol, *In a Different Voice: Psychological Theory and Women Development,* Harvard University Press, 1982.

Girard, R., 김치수 · 송의경 역, 『낭만적 거짓과 소설적 진실(Mensonge Romantique et Vérité Romanesque』, 한길사, 2001.

Giroux, Henry 외 편저, 한준상 외 역, 『교육과정논쟁』, 집문당, 1991.

Greimas, A. J. & Courtés, J., 오원교 역, 『기호학입문: 방법론과 적용』, 신아사, 1992.

Habermas, Jürgen, 이진우 역, 『현대성의 철학적 담론』, 문예출판사, 1994.

Hall, Stuart 외, 전효관 外 역, 『현대성과 현대문화: 형성』, 현실문화연구, 1996.

Hall, Stuart, 임영호 편역, 『스튜어트 홀의 문화 이론』, 한나래, 1996.

Hartley, John 外, 박명진 外 편역, 『비판케뮤니케이션과 문화이론』, 나남, 1989.

Hauser, A., 백낙청 · 반성완 역, 『문학과 예술의 사회사-근세편』, 창작과비평사, 1994.

Hauser, Arnold, 최성만 · 이병삼 역, 『예술의 사회학』, 한길사, 1983.

Hodge, Robert, *Literature as Discourse : Textual Strategies in English and History,* Polity Press, 1990.

Hoy, David Couzens, 이경순 역, 『해석학과 문화비평』, 문학과지성사, 1994.

Hutcheon, Linda, 김상구 · 윤여복 역, 『패러디이론』, 문예출판사, 1992.

Ien Ang, *Watching Dallas,* Methuen, 1985.

Jauß, Hans Robert, 장영태 역, 『도전으로서의 문학사』, 문학과지성사, 1983.

Kristeva, Julia 外, 여홍상 편, 『바흐친과 문학 이론』, 문학과지성사, 1997.

Kristeva, Julia, The Kristeva Reader, ed. Toril Moi, New York, Columbia University Press, 1986.

Lapsley, Robert & Westlake, Michael, 이영재 · 김소연 역, 『현대 영화 이론의 이해』, 시각과 언어, 1995.

Luhmann, N. *Love as Passion,* Cambridge, 1986.

Lukàcs, Georg, 반성완 역, 『소설의 이론』, 심설당, 1995.

Lukàcs, Georg, 이영욱 역, 『역사소설론』, 거름, 1987.

Macdonell, Diane, 임상훈 역, 『담론이란 무엇인가』, 한울, 1992.

Meyerhoff, Hans, 이종철 역, 『문학과 시간의 만남』, 자유사상사, 1994.

Monaco, James,, 양윤모 역, 『영화, 어떻게 읽을 것인가』, 혜서원, 1992.

Ong, W. J., 이기우 · 임명진 역, 『구술문화와 문자문화』, 문예출판사, 1995.

Parret, Herman, 김성도 역, 『현대기호학의 흐름』, 이론과실천, 1995.

Rath, W., 장혜경 역, 『사랑 그 딜레마의 역사』, 1999.

Reboul, Olivier, 홍재성 · 권오룡 역, 『언어와 이데올로기』, 역사비평사, 1994.

Richardon, Robert, 이형식 역, 『영화와 문학』, 동문선, 2000.

Ricoeur, P., 김윤성 · 조현범 역, 『해석 이론』, 서광사, 1998.

Robert Scholes, *Textual Power,* 1985, 김상욱 역, 하우, 1995.

Scholes, Robert, 유재천 역, 『기호학과 해석』, 현대문학, 1988.

Scholes, Robert, 위미숙 역, 『문학과 구조주의』, 새문사, 1992.

Scholes, Robert, 김상욱 역, 『문학이론과 문학교육 : 텍스트의 위력』, 하우, 1995.

Snow, C. P., 오영환 역, 『두 문화(Two Cultures)』, 민음사, 1996.

Tambling, Jeremy, *Narrative and Ideology,* Open University Press, 1991.

Terry Eagleton, *The Ideology of the Aesthetic,* 1990, 여홍상 역, 『미학사상』, 한신문화사, 1995.

Todorov, Tzvetan 외 편저, 윤희원 역, 『문학의 교육』, 하우, 1996.
Todorov, Tzvetan, 최현무 역, 『문학사회학과 대화이론』, 까치, 1987.
Todorov, Tzvetan, 신동욱 역, 『산문의 시학』, 문예출판사, 1992.
Toolan, Michael J., 김병욱 · 오연희 역, 『서사론』, 형설출판사, 1995.
Turner, Graeme, 김연종 역, 『문화이론입문』, 한나래, 1995.
Williams, Raymond, *The Long Revolution,* Chatto and Windus, 1961.
Williams, Raymond, 설준규 · 송승철 역, 『문화사회학』, 까치, 1987.
Williams, Raymond, 임순희 역, 『현대비극론』, 학민사, 1992.
Willis, P., *Common Culture,* Open University Press, 1990.
Zima, Peter V., 허창운 역, 『문예미학』, 을유문화사, 1997.
Zima, Peter V., 정수철 역, 『문학의 사회비평론』, 태학사, 1996.
Zima, Peter V., 서영상 · 김창주 역, 『소설과 이데올로기』, 문예출판사, 1992.
Zima, Peter V., 허창운 · 김태환 역, 『이데올로기와 이론-비판적 인문사회과학을 위하여』, 문학과지성사, 1996.
四方田犬彦, 김이랑 역, 『만화원론』, 시공사, 2000.
劉勰, 최신호 역주, 『문심조룡』, 현암신서, 1970.

찾아보기

ㅇ

ㅎ

황혜진

서울대학교 사범대학 국어교육과 졸업(1995), 동대학원 석사(1997), 박사(2006) 졸업.

서울대, 한양대, 서울여대, 경인교대, 청주교대, 아주대 등에서 강의하였으며, 현재는 서울대 선임연구원으로 재직 중이다.

그리 고전적이지도, 아주 현대적이지도 않은 어정쩡한 감수성과 호기심에 이끌려 이것저것 헤집어 놓는 오지랖 때문에 고전과 현재문화를 넘나드는 다양한 영역의 연구를 즐긴다.

저서로 『최척전』(나라말, 2006), 『고전소설과 서사론』(월인, 2007), 『고전소설과 가치교육』(출간 예정) 등이 있다.

춘향전의 수용문화

초판 1쇄 인쇄 • 2007년 7월 10일
초판 1쇄 발행 • 2007년 7월 16일
지은이 • 황 혜 진
펴낸이 • 박 성 복
펴낸곳 • 도서출판 月印
서울특별시 강북구 수유2동 252-9(흰구름길 19-3)
등록 • 제6-0364호 / **등록일** • 1998년 5월 4일
대표전화 • 02) 912-5000 / **팩스** • 02) 900-5036
http://www.worin.net
e-mail worinnet@hanmail.net

ISBN 978-89-8477-367-7 93810

값 13,000원